a política
do
artificial

VICTOR MARGO

política

do
artificial

NSAIOS E
STUDOS
OBRE

design

tradução de
CID KNIPEL MOREIRA

1ª edição

CIVILIZAÇÃO BRASILEIRA

2014

TÍTULO ORIGINAL
The politics of the artificial

Revisão técnica
João de Souza Leite

Projeto gráfico
Leonardo Iaccarino

CIF-BRASIL. CATALOGAÇÃO NA FONTE
SINDICATO NACIONAL DOS EDITORES DE LIVROS, RJ

M28p

Margolin, Victor, 1941-
    Políticas do artificial : ensaios e estudos sobre design /
Victor Margolin ; [tradução Cid Knipel Moreira]. – Rio de
Janeiro : Record, 2014.

    Tradução de: The politics of the artificial
    ISBN 978-85-200-0974-1

    1. Desenho (Projetos) – História – Século XX. 2. Desenho
(Projetos) – Aspectos sociais. I. Título.

10-5207   CDD: 745.409
                             CDU: 745(09)

Direitos desta tradução adquiridos
EDITORA CIVILIZAÇÃO BRASILEIRA
Um selo da
EDITORA JOSÉ OLYMPIO LTDA.
Rua Argentina, 171 – Rio de Janeiro, RJ – 20921-380 – Tel.: 2585-2000
Seja um leitor preferencial Record.
Cadastre-se e receba informações sobre nossos lançamentos
e nossas promoções.
Atendimento e venda direta ao leitor:
mdireto@record.com.br ou (21) 2585-2002.

Impresso no Brasil
2014

Para minha esposa Sylvia e minha filha Myra.

Ambas me ajudaram a ampliar e
aprofundar minha ideia de design.

sumario

sumário

introdução

1: DESIGN

Quando estava com 20 e poucos anos, decidi criar uma cosmologia. Minha intenção era explicar a relação entre as diferentes forças no mundo, da mais nobre à mais básica. Tomado pela esperança e expectativa do jovem que deixou os estudos com uma boa formação universitária, e imaginando que seria eu quem realizaria o que nenhum filósofo ainda conseguira realizar, mergulhei no vasto mar de conhecimento e intuitivamente me agarrava a qualquer coisa que trouxesse a promessa de desvendar os mistérios do universo.

Minha leitura da literatura esotérica sufi me introduziu no inshan kamil, ou homem perfeito. Em uma ordem cósmica de sete níveis, ele era o quinto. Acima dele estavam dois domínios angelicais e, abaixo, quatro domínios significando as forças materiais, vegetais e humanas. Desejava aplicar essa estrutura esotérica a um entendimento mais amplo do mundo e que iria, de uma vez por todas, explicar os princípios subjacentes que vinculavam todas as formas de conhecimento, por mais díspares que pudessem parecer. Depois de extensas leituras na vasta e eclética literatura de construção de sistemas, salpicada das tentativas de John Bennett, Herbert Spencer, Peter Ouspensky, George Perugio Conger e Ludwig von Bertalanffy para produzir ordem a partir do caos, tanto em termos cósmicos como em termos sociais mais mundanos, senti-me suficientemente autorizado a começar a construir meu modelo cósmico.

Meu método era altamente intuitivo. Derivava mais de imagens e lampejos espontâneos do que de dedução lógica. Inventei um sistema de três esferas — a cosmosfera, a biosfera e a sociosfera. Essas esferas se ajustavam bem a um diagrama triangular. A cosmosfera era o domínio da energia indefinida que precisava encontrar uma forma. Essa energia era inteligente e encarnava uma intencionalidade para guiar a construção de um mundo benéfico. A biosfera era um transformador que convertia energia cósmica em organização social. Continha a realidade biológica desse mundo de onde emergiam as diferentes formas de vida. E a sociosfera era o domínio da cultura por meio do qual os seres humanos se organizavam e organizavam os recursos da Terra. A relação entre esses domínios era dialética. No melhor de todos os mundos possíveis, os seres humanos na biosfera transformavam energia da cosmosfera numa sociosfera humana.[1]

Empenhei-me muito em um sistema de nomenclatura capaz de funcionar metaforicamente como uma forma de taquigrafia para me ajudar a articular ideias complexas e enchi blocos e blocos tamanho ofício com sinais que alguns anos mais tarde eu mesmo acharia incompreensíveis. A cosmologia me envolveu por cerca de dois anos. Tentei extrair palavras-chave das fontes mais diversas, de biografias de cientistas a tratados sobre direito internacional. Certos dias me sentia quase alcançando a chave para compreender todas as relações. Em outros, achava que meus apontamentos eram tão insignificantes quanto três figuras de frutas diferentes em um caça-níquel de Las Vegas. Anos mais tarde um conhecido meu apelidou esse período de minha "fase Karl Marx". Ele fazia uma analogia com a época em que Marx passou no Museu Britânico trabalhando em *Das Kapital*. No entanto, não produzi nenhum volume parecido, apenas mil páginas de fórmulas e equações cheias de termos estranhos, todos começando com cosmo, bio ou sócio. Algum tempo depois, em um ato de liberação, joguei fora o material todo, após concluir que meu objetivo era inalcançável.

Entretanto, os impulsos que me animavam a criar uma cosmologia permaneceram latentes e se reacenderam quando comecei minha carreira no magistério. Embora começasse como historiador do design, a oportunidade de ajudar a fundar e depois editar

Design Issues, um periódico de história, teoria e crítica do design, atraiu-me para um domínio mais amplo da cultura do design.[2] À medida que passei a me envolver mais com essa cultura, não retornei às três esferas, mas comecei a pensar no design como um veículo que revelava as intenções humanas na produção do mundo. Desse modo, comecei a olhar para determinados objetos projetados como prova de uma visão maior de como seus designers julgavam que o mundo era ou poderia ser. Essa maneira de pensar, como percebi mais tarde, fazia eco à crença de Santo Agostinho de que "por meio de coisas corpóreas e temporais podemos compreender o eterno e o espiritual".[3] Na época não estava pensando conscientemente em como o design propiciava prova de espiritualidade ou sinais de como poderia ser a vida em um mundo do além, mas isso emergiu mais tarde como tema de minha reflexão, embora raramente o antecipasse em minhas aulas ou ensaios. Levou-me, porém, a dirigir grande parte de meu pensamento mais para os efeitos do design do que para suas características formais. Meu interesse nos usuários, por exemplo, ou em questões ecológicas é prova dessa orientação.

Em um trabalho apresentado em 1983 ao congresso do International Council of Societies of Industrial Design (ICSID, ou Conselho Internacional das Sociedades de Design Industrial) em Milão, explorei o conceito de um "ambiente sensível". Essa foi minha primeira tentativa de equacionar uma problemática de como o design poderia desempenhar um papel espiritual no desenvolvimento humano. O ambiente sensível era antes uma imagem do que uma teoria. Em seu cerne estava a ideia de que os produtos projetados existiam coletivamente como uma espécie de meio cujo conteúdo antecipava e facilitava as atividades humanas. Em um mundo ideal em que todos os projetos melhorassem a vida, o ambiente sensível sustentaria a atividade humana produtiva, tanto como meio de comunicação (design gráfico) quanto como ação (produtos materiais). Desse modo, o ambiente sensível se referia a uma característica do design que era antes a de possibilitar o desenvolvimento humano do que manifestar o sagrado em termos formais particulares.

A sustentabilidade é central à questão do desenvolvimento humano e no início dos anos 1990 comecei a estudá-la como uma questão de design. "Expansão ou sustentabilidade: dois modelos de desenvolvimento" é um dos dois ensaios neste livro que tratam do assunto. Sua origem foi um trabalho apresentado numa conferência em Londres e é uma resposta aos relatórios do Clube de Roma que começaram com *Os limites ao crescimento* de 1972. Admiro a abordagem sistêmica que os pesquisadores do Clube de Roma adotaram para os problemas mundiais, mas eles foram mais eficazes na análise do que na concepção de planos de ação. A economia global continua a expandir-se e o modelo de consumo criado nas nações mais desenvolvidas continua a ser a meta até para as populações mais empobrecidas dos países do Terceiro Mundo.

Atravessando o conflito retórico entre um modelo sustentável que advoga a necessidade de conservar recursos naturais e um modelo de expansão que desconsidera as consequências ambientais de longo prazo, sugiro que a atividade de design, como uma forma demonstrativa de solução de problemas, pode fornecer novas e válidas soluções de compromisso para o atual impasse ideológico entre os proponentes dos dois modelos.

O outro ensaio sobre sustentabilidade, "Design para um mundo sustentável", foi escrito inicialmente como trabalho para a conferência "Globalização e regionalização" realizada em Ulm, Alemanha. Nesse ensaio meu foco são os planos de ação para designers, usando como texto central o relatório da conferência de cúpula Rio-92, *Agenda 21: a estratégia da Cúpula da Terra para salvar nosso planeta*. Se as várias organizações de design do mundo inteiro estivessem mais sintonizadas com esse evento, poderiam ter dado uma contribuição para o documento, que, mesmo assim, está cheio de ideias valiosas para projetos de design socialmente responsáveis. Nesse ensaio faço referência a Curitiba, uma cidade no Brasil onde o pensamento de design é evidente em muitas formas de ação cívica. Na época da Cúpula da Terra no Rio, o prefeito de Curitiba era Jaime Lerner, arquiteto cuja inclinação ecológica tornou a cidade conhecida internacionalmente. Curitiba permanece um exemplo para outras cidades de como a liderança civil pode usar o design de maneira criativa para melhorar a qualidade de vida. O processo que Lerner iniciou também demonstra o que pode ser realizado quando o design é reconhecido como um serviço social. A política de design em Curitiba sustenta minha proposta pessoal de expansão do lócus da atividade de design do mercado tanto para o domínio de preocupações relativas ao ambiente natural como para os problemas do mundo social.

Tal como tentava desenvolver intuitivamente minha cosmologia, vinha trabalhando de modo parecido numa filosofia social do design, usando ocasiões retóricas como congressos e simpósios para explorar problemas específicos. Na busca dessa meta, fiquei num vaivém entre questões de design em escalas que variavam do global até o individual. Essa mudança é evidente em meu ensaio "A experiência com produtos", em que desenvolvo a ideia de como o design contribui para as situações em que seres humanos obtêm experiência individualmente. As pessoas dependem dos produtos para realizar certas tarefas e certos objetivos. Produtos que suscitam uma relação frutífera com um usuário se tornam parte do ambiente sensível. Conforme salientaram Donald Norman e outros, os designers nem sempre atentaram para o modo como as pessoas se envolvem com seus produtos. Quanto mais os designers e os fabricantes levarem isso em conta, tanto mais prestarão um serviço ao usuário. "A experiência com produtos" começou como um trabalho apresentado à conferência "Design — Prazer ou responsabilidade", realizada em Helsinki. Como base para o trabalho, li *A arte como experiência*, de John Dewey, e relacionei sua noção de experiência com o uso dos produtos. Fiquei intrigado com a consciência de Dewey de como os bens materiais contribuem para a experiência. Por volta do final de meu ensaio abordei a questão de políticas de pesquisa para o design, observando que a relação entre os produtos e os usuários ainda se encontra muito pouco pesquisada. Precisamos de mais dados sobre as consequências pessoais e sociais do desenvolvimento de produtos. Comparada com a pesquisa sobre meio ambiente, violência, sexualidade e uma infinidade de outras questões, a pesquisa sobre o uso de produtos praticamente inexiste.

"O design na encruzilhada" começou como uma conferência à seção de Chicago da Sociedade Americana dos Designers. Considerando a organização da atividade do design, argumento que as várias especializações de design ainda não aprenderam a compartilhar efetivamente o conhecimento. O ensaio afirma um tema que é evidente em outro de meus textos: os designers precisam pensar de uma forma mais integrada sobre como trabalham e precisam encontrar modos melhores para navegar a interseção entre conhecimento de domínio e conhecimento compartilhado. As habilidades para manobrar entre os dois não são bem ensinadas nas escolas de design e, por isso, os designers raramente são preparados para situações que exigem cooperação com aqueles cujo conhecimento de domínio é diferente.

Embora adote uma abordagem interdisciplinar no design de produtos em situações complexas, também valorizo o designer individual. Uma pessoa assim é Ken Isaacs, meu amigo e colega, que construiu uma longa carreira como designer e arquiteto com base em uma noção singular — a matriz. Por mais de 50 anos, Ken sustentou um sólido compromisso com um conceito de design que funciona para ele como uma metáfora para toda a vida. A matriz funciona como seu grão de areia, que observado mais de perto revela a plenitude do universo. Ele reduziu seu vocabulário de design a uns poucos elementos essenciais e com eles concebeu uma grande variedade de resultados.

No último ensaio da primeira parte, "A política do artificial", que se originou de um trabalho apresentado ao College of Arts and Crafts, examinei a questão da espiritualidade como meio de comparar o niilismo da teoria pós-moderna e o materialismo do discurso pós-humano. Quando me informei mais sobre o Projeto Genoma Humano e as inovações em bioengenharia, ficou claro para mim que estamos no limiar de um projeto inteiramente novo — o design de nós mesmos. Como fixaremos os limites de intervenção, assim que roteirizarmos um léxico genético que controla formas particulares de comportamento e condições biológicas? A noção que alguém tiver do bem social nos estimulará a tomarmos como alvo pessoas diagnosticadas como socialmente indesejáveis e tentarmos "corrigir" geneticamente seu comportamento? Embora possa parecer um cenário fantástico, diante de personalidades difíceis como as de infratores sexuais reincidentes, o incentivo a alterar seu comportamento por meio de engenharia genética aumentará.

No ensaio, argumento em favor de uma fonte transcendental de responsabilidade que possa informar nosso julgamento acerca de como fixar limites para intervenções de design. Aqui emprego muito amplamente o termo design em uma acepção polêmica para reforçar a ideia de que estamos pensando como designers tanto ao considerar uma alteração genética para produzir um determinado resultado biológico como ao imaginar a forma de um novo brinquedo para as crianças. O título do ensaio brinca polemicamente com as "ciências do artificial" de Herbert Simon, contrapondo o modelo de racionalismo inconsútil de Simon com o de uma controvertida luta para determinar os limites do design.

Os ensaios da primeira parte são abertos por meu relato da conferência, "O fim do milênio", do Museu Nacional de Design Cooper-Hewitt, em 1992. Uso a conferência, que foi uma ocasião retórica para estudiosos e designers de vários continentes avaliarem o significado do design ao final do século XX, como ponto de partida para minhas reflexões. Embora o evento revelasse mais conflito do que consenso, conseguiu levantar vários assuntos e debates com que hoje nos defrontamos, particularmente em relação à cidade.

2: ESTUDOS EM DESIGN

Quando era um jovem movido por uma arrogância juvenil e uma paixão por entender o universo, julguei poder fazer isso sozinho. Os pensadores que mais admirava também haviam tentado dar as próprias explicações do cosmos. Revirando os quatro volumes de *The Dramatic Universe*, de John Bennett, admirei-me com o vasto estoque de conhecimento do autor. Mas hoje sua obra maior foi relegada às esferas intelectuais e é conhecida apenas como uma nota de rodapé esotérica ao corpo menos respeitável do pensamento filosófico, a construção de sistemas.

O conhecimento aumentou exponencialmente várias vezes desde que Bennett publicou *The Dramatic Universe*, em 1956, e a complexidade da vida contemporânea nutriu estratégias de busca intelectual baseadas mais fortemente em comunidades de pesquisadores do que Bennett ou seus antepassados do século XIX poderiam ter imaginado ou desejado.

Os ensaios na segunda parte deste livro são dedicados a questões no campo emergente das pesquisas em design, que incluem os problemas e desafios de construir uma comunidade de pesquisa. Embora meu principal domínio de conhecimento seja a história do design, também participo da comunidade mais ampla de pesquisadores e acredito firmemente na formação de elos entre suas distintas vertentes.

A criação de uma comunidade ampla de pesquisa, especialmente uma comunidade internacional, suscita os próprios problemas de design. A história pode ser útil nesse processo. Ela é inestimável para localizar as origens das tendências de pesquisa e avaliar seus resultados. Também é particularmente útil como ferramenta cartográfica para mostrar onde e quando surgiram diferentes iniciativas de pesquisa e pode ajudar a explorar as razões por que se uniram ou permaneceram separadas.

Meu ensaio "História do design nos Estados Unidos, 1977-2000", apresentado originalmente como trabalho em Brighton, Inglaterra, à conferência do décimo aniversário da Design History Society, em 1987, e depois atualizado para este livro, revela múltiplas áreas de pesquisa de história do design e nos capacita a cuidar para que essa história não se desenvolva de modo linear. A investigação da cultura visual e material americana e sua história tem uma pluralidade de pontos de partida e continua a ocorrer em diferentes comunidades de pesquisa que levantam as próprias questões sobre a história do design e os critérios divergentes para o seu estudo. Essa multiplicidade de locais pareceria operar contra o estabelecimento de uma nova disciplina de história do design com limites estritos. Em vez disso sugere o valor maior de um domínio pluralista no qual os resultados de pesquisa podem ser compartilhados entre comunidades diferentes por um processo de comunicação mais intenso do que o atual.

Enfatizo esse aspecto da comunicação em "História do design e estudos em design", apresentado inicialmente em uma conferência sobre história do design em Milão. O trabalho original e o artigo dele derivado receberam inicialmente o título de "História do design ou estudos em design" e tenho certeza de que incomodei alguns de meus colegas britânicos ao propor que a história do design fosse fundida em uma comunidade de pesquisa mais ampla. Em retrospecto, fui muito inflexível em minha proposta de dissolução de uma prática emergente. Hoje acredito que uma comunidade pluralista de pesquisa possa funcionar melhor como uma rede de comunicações entre vários tipos de pesquisadores do que como lugar onde diferentes tipos de pesquisa sejam forçados a entrar em uma hierarquia abrangente. No entanto, continuo a afirmar que os historiadores do design têm muito a contribuir e a aprender com a comunidade mais ampla de pesquisa em design e proponho a intensificação de sua relação com essa comunidade.

Em "Os dois Herberts", justaponho a famosa proposta de Herbert Simon por uma ciência do design à ideia de Herbert Marcuse de uma história como ferramenta de reflexão crítica. Uso Marcuse para contestar a suposição implícita de Simon de que é possível conceber planos de ação sem se envolver com todas as complexidades e contradições do mundo social e sem uma reflexão crítica sobre essas complexidades. Embora Marcuse seja considerado em alguns círculos uma figura irrelevante dos anos 1960 — um "romântico freudiano", como um colega o chamou —, continuo a ser movido por sua convicção de que a história pode funcionar como um instrumento de libertação humana por oferecer-nos uma perspectiva estratégica fora dos valores vigentes da sociedade e da qual possamos ver esses valores com mais clareza e formular melhor nossa própria relação com eles.

Retorno a minhas atividades de mapeamento em "As múltiplas tarefas dos estudos em design" e tento traçar o terreno de uma comunidade de pesquisa em design concebida em termos amplos. O ensaio se baseia em um trabalho que apresentei a uma conferência sobre pesquisas em design em Helsinki. Originalmente propunha os estudos em design como um campo que consideraria o design principalmente de uma perspectiva cultural. Mas uma comunidade diversificada de pesquisa internacional em design começou a surgir e parece haver entre muitos pesquisadores uma disposição de participar de eventos que não sejam limitados por fronteiras disciplinares estritas. Ficou claro para mim que o design seria mais bem servido por uma comunidade pluralista capaz de abarcar o mais amplo leque de iniciativas. Uma vez que as pesquisas em design estão relacionadas com uma atividade prática — a de projetar —, pelo menos parte de sua responsabilidade deve derivar de sua utilidade para todos os tipos de designers em exercício, não necessariamente na acepção estreita de informar a técnica, mas também no sentido maior de contribuir para o desenvolvimento de consciência e valores.

O desafio de criar tal comunidade é estabelecer ligações entre grupos diferentes de pesquisadores. Para parafrasear a noção do antropólogo Clifford Geertz de "descrição densa", o resultado pode ser uma espécie de "discurso denso", que brota do reconhecimento de que o novo pensamento cresce em grande medida do envolvimento com o pensamento de outros, e não da tentativa de inventar teorias e argumentos em isolamento dos demais. Há pouca tradição no discurso do design em favor desse tipo de envolvimento intertextual, mas à medida que mais estudiosos produzirem novos trabalhos, surgirá a possibilidade do crescimento de uma comunidade a partir de múltiplos diálogos e referências ao trabalho de seus membros.

Em "Problemas narrativos da história do design gráfico", abordo uma questão específica em um campo do design. Meu argumento principal nesse ensaio é que o design gráfico, como a história do design, não é uma atividade claramente delimitada e que a narrativa de sua história precisa dar conta das múltiplas vertentes da prática que passaram a ter outras metas e propósitos específicos. Todavia, essas vertentes não continuaram em sendas paralelas discretas; ao contrário, frequentemente se cruzaram e algumas delas foram amalgamadas em novas práticas. A divisão do design gráfico em vertentes específicas pode parecer antiética em relação à minha afirmação de que o design pode ser encontrado em todos os domínios do artificial, mas as duas ideias são complementares. Ambas reconhecem antes a construção social do que a diferenciação epistemológica das práticas profissionais. A noção de vertentes representa a especificidade da atividade de design, enquanto a ideia de que o design abarca todo o mundo artificial se refere a um terreno aberto por novas práticas socialmente construídas.

"O estojo de maravilhas de Micky Wolfson" examina as motivações de colecionador de um homem que muito admiro. Como sou também coletor de objetos, tenho um interesse particular pelos motivos pelos quais as pessoas adquirem coisas. No caso de Wolfson, cuja coleção está agora alojada no próprio museu, o Wolfsoniano, existe tanto um propósito público, que é explorado no catálogo que examino em meu ensaio, como um propósito privado que ainda está por ser exposto. Incluo o ensaio aqui a título de exemplo de como o significado cultural de um objeto de design se expande à medida que o objeto circula por situações diferentes, desde seu uso até sua exibição no museu.

A interação entre as explicações públicas da coleção wolfsoniana e as profundas razões pessoais de Micky Wolfson para adquirir coisas também é relevante para o que tentei apresentar nesta introdução. Por um lado, este livro de ensaios é uma contribuição para a literatura de pesquisa em design e representa um exemplo de como poderia trabalhar um especialista em estudos de design. Por outro, a amplitude dos temas tratados aqui é parte de uma contínua indagação pessoal para entender o mundo por meio do design.

Começando pelo simpósio Cooper-Hewitt que debateu o futuro do design e terminando com a proposta de uma nova comunidade de pesquisa, tentei demonstrar que o conhecimento do design é produzido por uma pluralidade de ocasiões retóricas, pesquisas publicadas e ideais comunitários. Estamos começando a aprender como melhor desenvolver esses esforços como uma comunidade de designers e pesquisadores. Antevejo resultados frutíferos para os próximos anos.

Notas

1 Atualmente, chamaria a sociosfera de domínio do artificial e a biosfera de domínio do natural. Entretanto, os avanços tecnológicos, como sugiro em "A política do artificial", resultaram em incursões mais frequentes do artificial no domínio do natural e levaram alguns pensadores a proclamar a morte do natural.

2 A decisão de fundar um periódico acadêmico de design na Universidade de Illinois, Chicago (UIC), foi tomada por volta de 1982 por Martin Hurtig, então diretor da escola de arte e design da universidade. A equipe que o pintor Hurtig reuniu para criar o periódico era composta por Leon Bellin, também pintor, Larry Salomon e Simon Steiner, ambos designers industriais, e eu. Hurtig e Bellin só estudaram no Instituto de Design (ID) vários anos depois da morte de Moholy-Nagy, o primeiro diretor, e gosto de pensar que o ímpeto para fundar *Design Issues* foi motivado em parte pela relação franca entre arte e design no ID quando eles estavam lá. Bellin concebeu o título do periódico. Fui o editor durante os primeiros três anos. Depois disso, a Escola de Arte e Design da UIC continuou a publicar o periódico por mais seis anos. O conselho editorial foi ampliado e os membros se revezaram como coordenadores editoriais. Em 1994, o periódico transferiu-se para a Escola de Design da Universidade Carnegie Mellon, onde agora se encontra. Na época da mudança, a estrutura editorial foi revista e Richard Buchanan, Dennis Doordan e eu, que já havíamos sido do conselho editorial, nos tornamos coeditores.

3 Santo Agostinho, *On Christian Doctrine* [A doutrina cristã], Indianápolis, Bobbs-Merrill, 1958, p. 9. Foi meu colega Richard Buchanan quem me chamou a atenção para essa ligação.

1:

de-
si
gn

O arquiteto mexicano Eduardo Terrazas falando no simpósio "O fim do milênio", no Museu Nacional do Design Cooper-Hewitt.

PENSANDO O DESIGN NO FIM DO MILÊNIO

Em termos gerais, falamos hoje de diferenças entre o pensamento e a experiência dos séculos XIX e XX, mas é muito difícil isolar um momento específico em que o paradigma do século XIX desabou e surgiu um novo. Entretanto, podemos detectar nas décadas posteriores do século XIX um acúmulo constante de projetos científicos e artísticos que entraram em erupção nos primeiros anos do século XX como uma contestação radical ao que viera antes — acorrem à mente a teoria quântica, a teoria da relatividade, o princípio de indeterminação, o cubismo, o futurismo, o suprematismo, o dada, o romance do fluxo de consciência, a música dodecafônica e o desenvolvimento de mídias inteiramente novas, como o filme. Embora seja igualmente difícil encontrar em nossa experiência recente do final do século XX um sinal isolado para caracterizar a vida no século XXI, é muito provável que neste novo século experimentemos mudanças tão importantes quanto as que ocorreram no início do século passado. As paradas dessa aposta são elevadas pela virada do milênio, que realçam ainda mais o drama de um novo começo.

Dado o vulto dessa mudança, foi apropriado e corajoso que o Cooper-Hewitt, designado museu nacional americano do design, organizasse um simpósio sobre o tema do design ao final do milênio, realizado em Nova York, no histórico Great Hall da Cooper Union, nos dias 15 a 18 de janeiro de 1992.[1] A diretora Dianne Pilgrim disse à plateia em suas observações introdutórias que o Cooper-Hewitt estava em transição enquanto se preparava para o centenário, em 1997. O museu havia começado como depositário de desenhos, gravuras, livros e artes decorativas. Sob a direção de Dianne, começou a pensar o design em termos mais amplos, que abrangiam objetos do museu tradicional sem se limitar a esses. Como parte desse processo, Susan Yelavich, diretora de educação, organizou "O fim do milênio" para iniciar um diálogo que em última instância repercutiria a própria reflexão do museu sobre suas metas. O fato de o simpósio ser organizado pelo Museu Nacional do Design colocava-o no contexto das possibilidades de ação do museu, com isso conferindo-lhe um significado elevado como ocasião retórica.

O simpósio congregou arquitetos, designers, críticos, historiadores e teóricos durante uma noite e três dias para especular sobre a situação atual do design — incluindo arquitetura, produtos e artes gráficas — no final do século XX. O marco intelectual do simpósio e o cerne de suas preocupações brotavam principalmente da experiência e do discurso dos designers no mundo desenvolvido. Em suas observações introdutórias, Susan Yelavich fez referência ao pós-modernismo, pós-estruturalismo e à desconstrução como importantes modos de pensar que influenciaram sua escolha dos temas do simpósio. Robert Campbell, crítico de arquitetura do Boston Globe, que atuou como consultor-chave do evento, fez coro a essa orientação pós-moderna com suas referências a um mundo de simulações, um futuro contingente e a perda de uma grande narrativa clara. À medida que o simpósio avançou, porém, o sentido de um momento pós-moderno deixou de ser compartilhado por todos os oradores e foi contraposto particularmente pelo designer e teórico italiano Andrea Branzi, que argumentou vigorosamente em favor de uma "segunda modernidade".

A falta de consenso na caracterização do momento cultural atual era indicadora de várias opiniões e argumentos em oposição no simpósio. E essa foi uma de suas forças. Susan Yelavich reuniu uma gama muito maior de oradores — caracterizados por diferenças nas opiniões sociais, culturais, filosóficas e tecnológicas, bem como nas estratégias retóricas — da que habitualmente é encontrada em uma conferência sobre design. De fato, o evento em particular se diferenciou das conferências realizadas por organizações profissionais de design pela ênfase na cultura como um importante dispositivo de enquadramento das apresentações e discussões. Embora essa ênfase muitas vezes aconteça em conferências e simpósios de arquitetura, ocorre com menos frequência quando a discussão gira em torno do design de produtos e do design gráfico.

Depois de Campbell na primeira noite, o cientista político Michael Barkun traçou um panorama geral do pensamento milenarista do último século e apresentou sua visão do próximo milênio. Barkun deu particular atenção ao argumento do "fim da história" de Francis Fukuyama, que, segundo ele, sugere um futuro destituído de conflito, mas caracterizado pelo tédio absoluto. Também enfatizou as expectativas de desastre que caracterizaram o pensamento milenarista e falou ainda da fé que no passado se tinha na capacidade da ciência de produzir uma ordem racional.

Barkun levantou a importante questão de que muitas pessoas se desiludiram com a tecnologia como uma força redentora. Basta evocar, como ele fez, alguns dos desastres dos últimos anos — Three Mile Island, Bhopal, Chernobyl, o vazamento de petróleo do Exxon Valdez — para perceber que muita coisa pode dar errado com os planos tecnológicos. Ao final da fala, fez vários prognósticos convincentes, entre os quais a perda de fé na tecnologia, uma atração renovada pela vida em pequenas comunidades e uma retomada da atenção aos valores artísticos e espirituais.

Essas declarações lembram movimentos sociais específicos dos anos 1960 e 1970, notadamente a contracultura americana e o movimento de tecnologia intermediária inspirado pela obra de E. F. Schumacher. Poder-se-ia transmitir uma visão milenarista de outras maneiras: de fato, várias apresentações nos dias seguintes evidenciaram uma grande fé nas cidades, nas novas tecnologias e nas inter-relações globais que não encontraram lugar confortável na visão de Barkun.

Esposando plenamente a noção do milênio como final apocalíptico, o designer gráfico Tibor Kalman e a crítica Karrie Jacobs, da revista de design *Metropolis*, anunciaram o fim do design em sua apresentação multimídia em slides e vídeo. O modo retórico da conferência havia passado da fala erudita de Barkun para a mídia audiovisual relâmpago de Kalman e Jacobs, formato que caracteriza muitas conferências de design. Eles apresentaram um aparelho Black & Decker de plástico que separa filtros para café como a corporificação de tudo o que é trivial e descartável no design de produtos. Infelizmente, disseram, era esse o nível de problemas que os designers eram capazes de solucionar.

Foi possível perceber na apresentação muita frustração e muito descontentamento com o papel social predominante do designer. Em foros anteriores, Kalman havia sido bem eloquente sobre o que considerava a trivialidade de grande parte da atividade de design e a falta de iniciativa do designer na formação de uma agenda do design. Ele e Karrie Jacobs lançaram um desafio ao simpósio com a afirmação de que o design se tornara uma prática incoerente. Não houve resposta direta a esse repto por parte de nenhum dos outros oradores nos dias que se seguiram, embora Branzi falasse do projeto do design, il progetto, como os italianos o chamam, como algo extremamente significativo embutido nas noções mais profundas de quem somos.

O ESTADO DA ARQUITETURA

As diferenças nos modos de apresentação durante o simpósio deixaram claro que não havia uma cultura única do design nos Estados Unidos ou em outro país na qual seria fácil estabelecer ligações entre opiniões e posições. Nos últimos 20 anos mais ou menos, a arquitetura, que era o tema do primeiro dia, reivindicou a primazia entre as práticas do design como aquela com a maior disciplina intelectual. Foi para a arquitetura que os teóricos literários e filósofos bandearam e é na arquitetura que os debates sobre a prática e o significado assumiram a forma de um discurso talmúdico, com todas as complexidades de interpretação e questões de moralidade que tal discurso acarreta.

A historiadora Rosemarie Bletter apresentou um breve panorama da prática utópica no século XX, conduzindo a plateia pela Broadacre City de Frank Lloyd Wright, a Futurama na Feira Mundial de 1939 e na de 1964, em Nova York. Poucas pesquisas foram feitas sobre esse último evento e a professora Bletter destacou que foram poucos os projetos ali antecipados que se realizaram. O otimismo tecnológico que caracterizou aquele momento, notadamente a promoção entusiástica da energia atômica, como notou o professor Barkun, havia sido radicalmente atenuado. E projetos concebidos em uma era de otimismo econômico, como hotéis subaquáticos e agricultura automatizada, perderam o brilhantismo. Embutida na fala da professora Bletter, embora não explicitamente desenvolvida, estava a tese de que o pensamento visionário tem muito a ver com o momento histórico. As "cidades instantâneas" do grupo britânico de arquitetos Archigram, as arcologias de Paolo Soleri e as cúpulas de construção barata de Drop City no Colorado, todas visões proeminentes dos anos 1960, foram suplantadas por outras visões menos abrangentes de como poderíamos viver. De fato, Peter Cook, um dos principais representantes do grupo Archigram, com a colega Christine Hawley, fez no simpósio uma apresentação sobre Londres em que os dois transmutaram as intervenções visionárias do Archigram em maneiras mais modestas de trabalhar nos interstícios da vida urbana, nos quais apenas mudanças menores parecem possíveis. Em certo sentido, a sólida convicção de Cook na mudança, mesmo em uma escala reduzida, apoiou a referência de Bletter à definição de utopia do filósofo alemão Ernest Bloch como uma crítica do presente que marca o que pode ser alcançado.

Em sua introdução ao grupo seguinte de oradores, cujo tema era a essência espiritual das cidades, Yelavich humanizou a cidade, referindo-se a Nova York e Berlim como cidades outrora autênticas que foram patologicamente danificadas. Algumas de suas imagens e de vários outros oradores nessa sessão foram tiradas do texto de John Hejduk, decano da Escola de Arquitetura na Cooper Union. Yelavich foi a primeira dentre vários oradores a citar a declaração de Hejduk de que "para ficar bem, a cidade deve respirar o pensamento do feminino".

A apresentação de Alan Balfour, o novo diretor da Associação Arquitetônica em Londres, fazia referência à cidade como o local de intercâmbios complexos entre necessidade e desejo. Por um lado, afirmou, a indústria mundial deve usar a mais avançada tecnologia de construção para atender às demandas urgentes por moradia; por outro, podem ser encontradas provas do que chamou de "desejo autêntico" em manifestações mais diminutas, como templos comunitários e pequenos jardins no Japão. Ao contrário de Barkun, que visualizou um futuro de pequenas comunidades descentralizadas, Balfour afirmou que num futuro próximo a cidade dominaria nossa imaginação.

A filósofa da Pace University Peg Birmingham, que admitiu ter um conhecimento limitado da arquitetura, adotou o texto meditativo de Hejduk como meio para configurar o discurso sobre as cidades, em particular em termos de gênero. Sua fala foi extremamente difícil de acompanhar porque ela usou uma estratégia retórica baseada numa sequência alternada de afirmações e imagens, que obrigava a plateia a ouvir de um modo a que estava pouco habituada. Ao mesmo tempo, apresentou relatos resumidos de discussões feministas extremamente complexas que têm sido desenvolvidas e entendidas entre uma comunidade de discurso específica, mas que podem ser obscuras quando expressas de uma forma abreviada para um público geral. Uma série de imagens pungentes era entremeada em sua fala no intuito de assumir valor retórico, mas fracassou por causa da relação intangível com a discussão que ela fazia. Ela relatou com muito vigor, por exemplo, cenas fortes da vida de rua no Harlem, entre as quais o assassinato por um comerciante de um menino que havia roubado algumas joias de sua loja.

Minha dificuldade para entender a discussão da professora Birmingham começou a esclarecer uma questão muito mais ampla sobre como é conduzido o discurso social contemporâneo. Particularmente na academia, mas também nas profissões, as questões e os problemas tendem a ser equacionados em termos de comunidades de discurso isoladas, grupos que desenvolvem os próprios termos, quadros de referência, estratégias retóricas e questões e falam principalmente entre si. Evidentemente, Birmingham estava se dirigindo a um público geral de dentro do discurso de uma comunidade específica, o feminismo acadêmico. Ela descobriu uma ligação com a comunidade de arquitetos graças ao trabalho de Hejduk, que da mesma forma serviu como ponte para o próximo orador, o filósofo David Krell.

O professor Krell enfocou um projeto de Hejduk chamado de "sala para pensamento", um silo quadrado com assentos nos quatro cantos. Para Krell, a "sala para pensamento", como a noção de utopia de Bloch, é um espaço de possibilidades. Em determinado ponto, Krell caracterizou o planejamento como um afastamento do que pede para ser pensado, sugerindo a diminuição de possibilidades inerentes à ação, mas de certo modo argumentando em favor de um sentido de perda com mais força do que seria possível a um profissional (já que ele é um pensador, e não um planejador).

O envolvimento de Krell com a arquitetura como pensador e sua proposta de uma relação entre pensamento e ação na qual essa última poderia ser vista como uma liquidação do pensamento possível destacam algumas das dificuldades que os teóricos da arquitetura inspirados pela literatura, filosofia ou psicanálise encontram no ato de construir. Tais teóricos costumam ser extremamente impacientes com as limitações do planejamento e se esforçam por definir a arquitetura como algo distinto da edificação. Eles a veem como um meio de manter aberto um modo aparentemente maior e mais profundo de pensamento; por isso, não admira que os textos de Hejduk tivessem sido de grande interesse tanto para Birmingham como para Krell, já que Hejduk situa a arquitetura em um espaço de possibilidades não obstruído pela presença do cotidiano.

O próprio Hejduk foi o orador final da manhã. Grandalhão, sua presença também parecia ser de grande escala. Pode-se dizer que falou com uma retórica de profecia, proferindo as palavras lentamente, num ritmo sereno. Os profetas não precisam analisar, justificar ou racionalizar. Fazem afirmações com uma força espiritual que os coloca além das convenções da resposta crítica.

Hejduk apresentou sua equação do espírito com tempo lento mediante seu retrato da vida no Bronx durante os anos 1930. Para ele, esse era um momento pleno do que chamou "tempo do espírito". O bonde era a imagem geradora. Ele se movia devagar pela paisagem urbana, possibilitando que os passageiros vivenciassem plenamente a jornada. Parava em lugares dotados de uma presença divina. Hejduk descreveu o Bronx de sua juventude como um lugar frugal. Com sua profusão de lotes vagos, tinha um ar de vazio.

A qualidade de sentimento que Hejduk introduziu na discussão foi mais palpável do que a oferecida pelos oradores que o antecederam. Era um exemplo em que a mistura de estratégias retóricas atendia a um fim produtivo. Também deixava claro que esse simpósio não tendia a gerar um conjunto de conclusões com base em convenções discursivas comuns. Em vez disso, o simpósio exigiria mais da plateia, que teria de admitir as estratégias retóricas dos oradores e ao mesmo tempo se envolver nelas.

Se o programa da manhã poderia ser visto como uma reflexão sobre as fontes filosóficas e espirituais da prática arquitetônica, os quatro estudos de caso da tarde — Londres, Los Angeles, México e

Tóquio — foram apresentados como os campos de prova para as premissas mais nobres do pensamento arquitetônico. Londres, conforme descrita pelos arquitetos Peter Cook e Christine Hawley, oferecia espaço apenas modesto para pensar e pouco espaço para agir. Ambos atribuíram grande ênfase à pesquisa de campo em pequenas regiões da cidade como uma maneira de conhecê-la e, consequentemente, conceber estratégias de ação. Para eles, Londres não se caracterizava por um plano abrangente; de fato, lamentavam a ausência de um plano dessa ordem no futuro próximo da cidade e, em vez disso, propunham pequenas intervenções que atendessem tanto a necessidades complexas de estímulos visuais como a exigências menores.

Como método para observar a atividade dentro de um espaço físico, Christine Hawley sugeriu uma representação de áreas por meio de camadas de imagens projetadas que criassem um contexto para ação. Ela e Cook caracterizaram isso como uma arquitetura mais de sobreposição do que de inserção. A percepção deles da colagem como metáfora para a vida urbana evoca a bricolagem descrita por Colin Rowe e Fred Koetter no livro *Collage City*. Há um sentido de descoberta nesse método. O arquiteto deve encontrar todos os elementos sutis, inclusive vestígios de atividade humana, que constituem a área a fim de utilizá-los num projeto.

Em contraste, o arquiteto Eduardo Terrazas, que falou sobre a Cidade do México, descreveu a capital mexicana como um espaço no qual o planejamento de grande escala ainda era possível, e até necessário. Mesmo sendo na conferência o único orador de um país em desenvolvimento, Terrazas procurou explicar a Cidade do México

em termos do discurso cultural do mundo desenvolvido. Caracterizou a cidade como pós-moderna, em virtude da passagem de ponto de entrada da modernização no México, representada por uma concentração de comércio, educação e bens e serviços, para algo novo, ainda a ser caracterizado, que resulta de uma reversão das políticas centralizadoras do governo.

No entanto, Terrazas também pareceu ambivalente sobre a descentralização. Falou de edifícios e monumentos como educadores do público e de artefatos urbanos como testamentos de um passado nacional. À medida que avançava a discussão, o pós-modernismo para ele parecia ter mais a ver com justaposições elaboradas de modernidade e tradição, cultura de vanguarda e artes nativas e etnias múltiplas do que com um sentido do inautêntico proclamado por muitos teóricos pós-modernos.

Em lugar de pós-moderna, porém, a situação descrita por Terrazas podia também ser caracterizada como moderna tardia ou, em termos de Andrea Branzi, uma segunda modernidade, em particular a coexistência de colossais feitos de engenharia, tais como o gigantesco sistema de bombeamento que traz das áreas periféricas água para a cidade e os projetos nativos de construção barata feitos pela classe baixa sem arquitetos ou engenheiros.

Uma discussão interessante poderia ter sido gerada mediante uma comparação detalhada entre a Cidade do México e Los Angeles, que foi descrita por John Kaliski, arquiteto-chefe da Agência de Redesenvolvimento Comunitário da cidade. Embora, para a Cidade do México, a autorrepresentação, como Terrazas a descreveu, ainda fosse vista em termos de identidade nacional e os projetos urbanos fossem sustentados em grande parte por fundos estatais, Los Angeles é uma cidade que foi desenvolvida com vultosas infusões de capital privado e múltiplas visões independentes da vida urbana. Para equilibrar a preservação de bairros essencialmente residenciais com a necessidade de expansão, Kaliski delineou uma rede de avenidas comerciais com áreas residenciais atrás delas.

Mesmo esse grau de planejamento, porém, não podia ser encontrado em Tóquio, como retratou o arquiteto e crítico Marc Treib. Tóquio se aproxima mais da visão de Jean Baudrillard de um mundo movido por simulacros do que qualquer das outras cidades discutidas no programa. Treib caracterizou Tóquio mais como um processo do que como um produto urbano, observando seu desenvolvimento caótico. Originalmente um grupo de aldeias, ainda não tem muitas das características de uma metrópole, como um sistema de nomes de ruas, por exemplo.

O Japão é uma nação que possuía um significativo excedente monetário no início dos anos 1990 para sustentar um programa idiossincrático de edificações. Treib notou que poucos arquitetos trataram a cidade em seus edifícios, preferindo criar estruturas extravagantes que se destacam em relação aos arredores. Para muitos arquitetos japoneses, segundo pareceu, Tóquio é um recurso, um lugar mais para fazer novas proposições do que para descobrir padrões de atividade existentes e relacionar-se com eles. A ênfase de Treib sobre o modo como alguns arquitetos japoneses transformam tipos de edifício em ícones de outros objetos sugere muito uma leitura de Tóquio diferente da que um modernista ortodoxo poderia oferecer.

As descrições das quatro cidades eram tão ricas em dados que nenhum intercâmbio superficial poderia extrapolar facilmente as ligações entre elas, seja em termos de pontos comuns ou de diferenças. No painel de discussão seguinte, moderado por Alan Platus, decano associado da Escola de Arquitetura de Yale, foi feita uma tentativa, porém pouco conclusiva. As cidades tinham sido bem escolhidas por suas diferentes identidades sociais, econômicas e culturais e se essas tivessem sido mais destrinchadas, poderiam ter ajudado a plateia a obter um entendimento melhor das preocupações maiores sobre o milênio que motivavam o simpósio.

A SEMÂNTICA E A PRAGMÁTICA DO DESIGN DE PRODUTOS

Em consonância com o tema cultural da conferência, o orador principal no segundo dia foi o jornalista e consultor britânico em design John Thackera, que adotou um conceito de "engenharia cultural" que ele estava ajudando várias corporações e instituições públicas a desenvolver. Thackera definiu esse conceito como um caminho para as corporações se envolverem com programas culturais e educação. Em termos pragmáticos, isso significa conectar-se com instituições que, em um sentido otimista, possam ajudar a transmitir ao público o significado cultural do design; em um sentido pessimista, pode ser simplesmente outra maneira de promover produtos.

Embora os demais oradores do dia divergissem consideravelmente em suas preocupações, todos compartilhavam o mesmo interesse na relação entre os produtos industriais e o usuário. Michael McCoy, codiretor do Departamento de Design da Academia de Arte de Cranbrook, falou sobre a forma dos produtos. Sob a liderança de McCoy, o programa de Cranbrook estava enfatizando o valor semântico de produtos tal como evidenciado nos objetos poéticos que McCoy acredita significarem mitos culturais. Tais objetos projetados por alunos de Cranbrook se tornaram as demonstrações mais visíveis de como a semântica do produto, uma teoria recente que explora o significado dos produtos, pode efetuar o desenvolvimento das formas. Inserido em uma escola de arte, McCoy atribuiu mais ênfase aos aspectos formais do design do que à engenharia ou à indústria. Como fontes de formas de produto, McCoy referiu-se a diferentes exemplos de cultura popular, notadamente filmes como *2001*, *Blade Runner* e *Mad Max*, mas também a objetos vernaculares. Afirmou que um produto se torna mítico por funcionar como uma espécie de objeto de cena para viver e por isso ele enfatiza o visual em Cranbrook. Mencionou vários conceitos que funcionavam como estratégias: prótese (o produto como uma extensão do corpo), antropomorfismo (a forma do produto antropomorfizada para torná-la mais aceitável) e forma vernacular (a forma do produto como uma referência a produtos anteriores; isto é, uma secretária eletrônica com uma relação icônica com uma caixa postal rural). No fundo, a apresentação de McCoy sugeria que em Cranbrook a intuição era uma base mais forte do que a teoria para a geração de formas. Em sua discussão da teoria, não era um conjunto de princípios, mas uma série de hipóteses sobre mito e tecnologia que norteava a descoberta de formas.

Se Hejduk falara no dia anterior com a voz do profeta, Branzi, que se seguiu a McCoy, fez o discurso de um estadista. Apresentou três teoremas para uma ecologia do mundo artificial, que enquadrou no contexto cultural de uma segunda modernidade. Conquanto Hejduk compartilhasse a experiência pessoal de um momento histórico determinado, o Bronx nos anos 1930, apresentando-o como confirmação do valor do tempo lento, Branzi deu à plateia uma visão abrangente da cultura contemporânea que ganhou crédito por sua imensa envergadura no campo do design. Inicialmente participou do movimento do "design radical" na Itália no final dos anos 1960, depois se tornou um formulador do "novo design" italiano, foi um dos integrantes do grupo Memphis e professor na Academia Domus de Milão. Seus textos e projetos tiveram grande influência entre designers do mundo inteiro durante vários anos.

Branzi, que transferiu o lócus de seu pensamento da pós-modernidade para uma modernidade ampliada e renovada, é representante de uma posição mais filosófica na cultura do design italiano. Como vários designers italianos, falou do "projeto de design", um conceito abrangente que situa o design no centro do processo de transformação cultural. Sempre considerei inspirador esse conceito, que impõe a necessidade de uma contínua análise cultural. Se o projeto de design tem a importância cultural que Branzi e outros teóricos italianos do design lhe atribuem, então é preciso que estejamos profundamente envolvidos com as grandes questões da transformação social, já que essas afetarão a natureza do projeto.

A apresentação de Branzi demonstrou o valor de designers bem informados e sofisticados que sejam capazes de declarar a própria vontade de projetar em termos culturalmente influentes. Ele admitiu a complexidade da condição contemporânea e declarou que o novo design deve dar total consideração a essa. Declarou ainda que existem limites para o sistema capitalista industrial, mas também afirmou que o colapso do socialismo na Europa Oriental tornou difícil a proposição de uma alternativa. Mesmo assim, mantinha a possibilidade em aberto.

O foco no design, declarou Branzi, não é o objeto isolado, mas uma ecologia do mundo inteiro. Esboçou em seguida uma série de teoremas que tinham a ver com equilibrar lógicas de produção contraditórias — tecnologia avançada e artesanato, padronização e diversidade, seres humanos e máquinas. Branzi finalizou com um resumo próprio de estadista sobre onde a primeira modernidade ficara devendo e em que o design pode contribuir para uma modernidade renovada.

Chamou a atenção para o que entendia como "complexidade violenta da metrópole", contraposta em parte pelo espaço virtual, por ele descrito como um "mundo de ficção e simulacros". Branzi terminou sua participação apresentando antes opções do que uma receita. Os designers, disse, precisam decidir se trabalham no mundo real ou no mundo virtual. Não era um discurso a ser dissecado como se faria com um trabalho de erudição, mas sim uma visão de estadista do mundo contemporâneo e das possibilidades que esse reserva para os designers.

Infelizmente, a retórica de estadista de Branzi não foi reconhecida por seu debatedor, Michael McDonough, jovem arquiteto de Nova York que contrapôs à visão global de Branzi uma rejeição de autoridades e peritos que soava como a retórica da contracultura dos anos 1960. McDonough caracterizou os americanos como populistas, desconfiados dos especialistas, cínicos em relação a culturas do design orientado para reformas, e adeptos das mudanças efetivadas de baixo para cima. Na leitura patrioteira de McDonough, Branzi representava uma alta cultura europeia irrelevante para a experiência americana.

Foi uma interpretação lamentável da fala de Branzi, particularmente para uma plateia geralmente não familiarizada com o discurso do design italiano, já que McDonough tentou menosprezar a importância da visão de Branzi como instrumento para dar poder aos designers. Conclamou a uma resistência ao projeto de design na forma proposta por Branzi, preferindo advogar pelos microcosmos desordenados do multiculturalismo americano. Não é preciso dizer que Branzi havia admitido e até argumentado em favor da mesma diversidade que McDonough celebrava em sua réplica.

A diferença entre os dois, porém, foi que Branzi, fruto de uma forte tradição cultural europeia, formulava as questões de design no âmbito de uma longa perspectiva histórica e relacionava a prática atual a realizações eminentes do passado. McDonough, por outro lado, num sentido que é americano mas não muito característico, considerava a prática uma resposta imediata e existencial a uma situação. Enquanto Branzi preferia pensar em termos mais amplos, McDonough se contentava em agir microcosmicamente, sem relacionar a ação do designer a uma perspectiva maior da cultura contemporânea ou aos precedentes do passado.

MUNDOS VIRTUAIS E PROBLEMAS AMPLOS PARA OS DESIGNERS

O mundo virtual a que Branzi aludia foi apresentado e trazido para o centro das atenções pelo primeiro orador da tarde, Bruce Sterling, consagrado autor de ficção científica e fundador do cyberpunk, um gênero sci-fi radicado no envolvimento com a cultura pop e a alta tecnologia. Sterling apresentou seu pensamento na forma de uma conversa com o designer de produtos Tucker Viemeister. O diálogo foi ambientado em uma apresentação fluida de slides, videoclipes e música. Era intencionalmente provocador, a ponto mesmo de estar estruturado de modo indeterminado por seis seções narrativas. A ordem dessas seções era decidida pela plateia, que escolhia ao acaso as transparências projetadas que identificavam cada seção.

Sterling falou como um visionário, oferecendo à plateia um cenário de possibilidades tecnológicas. No centro dessas possibilidades estava o ciberespaço, um termo introduzido por William Gibson em seu romance cyberpunk *Neuromancer* para denotar o espaço virtual possibilitado pela comunicação através de computadores. Em sua protoforma inicial, o ciberespaço era caracterizado por *bulletin boards* computadorizados (BBS), mas Sterling e outros mais tarde o conceberam como um ambiente simulado alternativo tornado cada vez mais tangível pela tecnologia da realidade virtual (VR).

O subtexto ao retrato otimista do ciberespaço de Sterling era uma filosofia libertária que esbarra em restrições sociais e está acoplada a uma visão cínica dos burocratas e tecnogerentes que prejudicou seriamente a administração de nosso futuro. "Escapista" seria um termo simples demais para a posição de Sterling. Ele acredita que o futuro pode ser reinventado no ciberespaço e que os enganos do mundo corpóreo podem ser corrigidos no mundo virtual.

A atração do ciberespaço para Sterling é sua ausência de lei. De uma autêntica maneira libertária, referiu-se a ele como a "última mídia projetável" em que as possibilidades podem ser realizadas sem restrições indesejáveis. Ele o chamou de uma fronteira, tal como os americanos no século XIX se referiam à paisagem do Oeste e como John F. Kennedy no princípio dos anos 1960 caracterizou o espaço sideral como a "nova fronteira".

A caracterização do ciberespaço por Sterling derivou de uma mistura complexa de anarquia, cinismo, ideias libertárias, alienação, autoconfiança, hedonismo e fascínio pela alta tecnologia. Embora o ciberespaço possa se tornar a última mídia de fantasia nas mãos das corporações Nintendo e Disney, Sterling o considerou um sério espaço político que critica vigorosamente as limitações da vida contemporânea.

Ele levantou um número enorme de questões, mas infelizmente não havia nenhum formato para decifrá-las ou para colocar a sua versão de uma realidade alternativa em interação com o que até então fora apresentado no simpósio. Sua visão do futuro não poderia estar mais distante da narrativa de Barkun sobre pequenas comunidades descentralizadas, nem poderia diferir mais da noção de tempo lento de Hejduk ou da ecologia do artificial de Branzi. Como a professora Birmingham caracterizaria o ciberespaço em termos feministas ou Krell como lugar para pensar o que pede para ser pensado? Em que base poderiam os designers gerar as formas de objetos virtuais? Seriam esses objetos considerados menos triviais do que os depreciados por Tibor Kalman e Karrie Jacobs? E os projetos poéticos dos alunos de McCoy em Cranbrook representaram de algum modo os mitos subjacentes à consciência do ciberespaço?

Com o grupo seguinte de oradores, todos enfatizando questões relativas aos usuários de produtos, o simpósio retornou da realidade virtual para a corpórea. Donald Norman, um cientista cognitivo conhecido na comunidade do design pelo livro *The Psychology of Everyday Things* [A psicologia das coisas cotidianas], foi o primeiro. Norman conquistou considerável reputação pela afirmação amplamente divulgada de que muitos produtos, se não a maioria, são mal projetados. No simpósio adotou a posição de um pragmatista que acredita que a relação funcional do produto com o usuário é a única questão digna de ser abordada. Para ele, a preocupação de McCoy com o mito encarnado na forma era irrelevante, tal como todo o "pensamento literário profundo" que confunde a questão de como projetar.

Norman não podia ter sido mais óbvio na denúncia do discurso inconsequente e ao fazer isso revelou considerável ignorância da cultura do design. Segundo ele, a maioria dos designers não sabe como fazer um produto que funcione bem. Tal declaração só pode vir de alguém não familiarizado com a história e prática atual do design. A tese de Norman de que muitos produtos são mal projetados é indiscutível, mas seu foco estreito nessa questão como cerne do pensamento em design estava deslocado. Foi muito mais gratificante ouvir a reflexão generalizada de Branzi sobre o design na cultura do que o moto-contínuo de Norman, que martelou mais do que o necessário, exibindo para a plateia exemplos de produtos mal projetados.

Como participante no discurso sobre produtos, Norman identificou um problema central do design, embora reconhecendo pouco da cultura mais ampla da qual o design é uma parte. Esse paradoxo ainda é inerente ao atual pensamento de design, que está tateando caminhos para integrar interesses pragmáticos ou operacionais com interesses semânticos ou simbólicos. Norman, porém, não quis reconhecer essa complexidade. Em vez disso, preferiu privilegiar problemas de função dos produtos e rejeitar todos os demais interesses. Por conseguinte, sua apresentação foi uma das menos satisfatórias do simpósio, graças à falta de indisposição de chegar a um acordo com as ideias da maioria dos outros oradores.

As apresentações dos dois oradores que se seguiram a Norman, John Seely Brown, diretor do Centro de Pesquisas da Xerox em Palo Alto, e John Rheinfrank, designer da Fitch Richardson Smith, embora mais detalhadas e mais racionais do que a lamentação de Norman, também se concentraram mais em questões pragmáticas do que culturais. Essa separação entre problemas pragmáticos e culturais no design de produtos está em marcado contraste com a arquitetura, na qual séculos de tradição de status cultural elevado e avanço tecnológico, juntamente com uma consciência histórica bem desenvolvida, têm impregnado o discurso arquitetônico nas questões culturais.

O paradoxo, porém, é que um trabalho imensamente interessante está sendo realizado por designers de produto, apesar da cisão entre pragmática, teoria cultural e consciência histórica. O trabalho descrito por Brown no Centro de Pesquisas da Xerox é um bom exemplo. Brown se concentrou no tema da ubiquidade da computação, que definiu como "tirar o computador da caixa", e o desenvolvimento de redes para estabelecer múltiplos acessos a um único programa. Após uma atraente declaração introdutória de que ele e seus colegas em Palo Alto estavam "repensando a fronteira no design de produtos", passou a relatar as particularidades do trabalho em curso em seu centro de pesquisa como se estivesse falando em um encontro de colegas de profissão. Embora de interesse, essa retórica descritiva não se estendeu sobre o significado mais profundo inerente à reflexão sobre as fronteiras do design, que, se articulado, poderia ter ajudado a estabelecer conexões entre as apresentações de outros oradores.

Rheinfrank ilustrou um conjunto de princípios gerais sobre design com estudos de casos do trabalho da própria firma. Entre esses se encontrava o redesenho de uma copiadora Xerox que exemplificava a ergonomia cognitiva defendida por Norman. A intenção das apresentações de Brown e Rheinfrank era serem demonstrações de design de ponta, mas suas estratégias retóricas estavam incrustadas no discurso de encontros profissionais entre colegas e clientes. Em geral os objetivos desses encontros são os de procurar apoio do cliente ou suporte gerencial para atividade adicional ou demonstrar possibilidades de prática para outros profissionais. Não é surpresa, portanto, que várias perguntas que se seguiram a essas duas apresentações se referiam antes a preocupações profissionais sobre como projetar produtos do que a questões culturais maiores, das quais o trabalho discutido poderia ter sido indicativo.

ENTRE A PRÁTICA MODERNISTA E A DIVERSIDADE GLOBAL

As apresentações finais sobre design gráfico foram um pouco diversificadas, mas tiveram em comum a preocupação por uma nova base para a prática. Supunha-se que o orador inicial, o jornalista Michael Thomas, contestaria o mito da "era da informação", mas sua fala foi simplesmente uma queixa rabugenta sobre os males do presente. Ofereceu poucas informações novas e até suas opiniões eram facilmente enquadradas em convenções bem conhecidas.

Lorraine Wild, professora de design gráfico no California Institute of the Arts, devolveu ao colóquio os problemas do projeto. Enquanto Brown e Rheinfrank, como designers em atividade e gerentes de design, transpiravam uma confiança sobre os problemas e projetos com que estavam envolvidos, Lorraine Wild comentava a perda de consenso quanto ao que era o design gráfico. Essa perda, disse, resultava de uma crença de que a filosofia modernista do design e a inovação formal haviam se esgotado. Lorraine estudou com Paul Rand e Bradbury Thompson em Yale e depois trabalhou no escritório de Massimo Vignelli em Nova York. Ficou particularmente decepcionada com o modo como Vignelli defendia sua versão do modernismo atacando designers mais jovens como os editores da *Emigre*, bem como designers que dependiam fortemente do computador, que, segundo ela, Vignelli qualificava como "uma ferramenta que lhes dá a licença para matar".

Para além da sua própria perspectiva de um modernismo moribundo, Lorraine Wild via um confuso cenário de design, no qual muitos designers haviam perdido o sentido modernista de propósito social. Em seu lugar, eles se ocupavam com exercícios estéticos e tecnológicos egocêntricos. Tal como muitos artistas, arquitetos e designers que haviam menosprezado uma versão do modernismo que parece preconizar soluções universais, ela propunha um pluralismo de ideias que, em seu entender, poderia ser facilitado por um estudo de teorias da linguagem, particularmente a semiótica e a retórica. Também afirmou que o desenvolvimento de uma expressão pessoal deveria ser priorizado na agenda da educação em design gráfico.

Manifestar-se com veemência contra um modernismo que lhe parecia moribundo era visivelmente uma experiência emocional para Lorraine Wild. Como uma das principais lideranças na educação em design gráfico em metade da carreira, também estava verbalizando os sentimentos de incontáveis jovens designers e estudantes, muitos dos quais são mulheres. Dentro do design gráfico, declarou, havia uma busca por uma nova direção que possibilitaria aos designers a combinação de um sentido de honestidade de propósito com novos tipos de soluções formais ao mesmo tempo mais pessoais e mais adequadas do que o repertório visual limitado usualmente associado com o modernismo.

O chamado por uma nova sensibilidade também foi central à estimulante palestra com slides sobre sinais de informação apresentada por Ellen Lupton e Abbott Miller. Eles deram continuidade à crítica de Lorraine Wild às soluções gráficas universais, argumentando que a apresentação de informações, particularmente na forma de ícones visuais, não é isenta de valor. A apresentação combinava a crítica dos sinais existentes, assim como sua exposição sobre o viés sexista no sistema de sinalização do Departamento [ministério] de Transportes dos Estados Unidos, com uma proposta para que os ícones de informação sejam utilizados com mais sensatez para denotar diferenças de gênero e cultura.

Distinções culturais foram exemplificadas nas duas apresentações da tarde, cujo tema era o design gráfico na ex-Alemanha Oriental e ex-União Soviética. Essas falas enfocaram como a experiência socialista moldou o pensamento do design. O primeiro orador foi Eric Spiekermann, um dos fundadores da Meta Design, em Berlim, que realizara muitos trabalhos no ex-setor oriental da cidade. Ele destacou que o esforço rumo a um estilo socialista de artes gráficas públicas na Alemanha Oriental acabou sendo erodido pelo crescente conhecimento da prática ocidental. Depois dele, o orador foi Constantin Boym, designer russo de produtos e exposições que se transferiu de Moscou para Nova York. Boym contou a história pungente de Vladimir Chaika, designer gráfico de Moscou que fora trabalhar em Nova York. Desiludido com a forte ênfase no atendimento às necessidades do cliente, Chaika regressou a Moscou e estava tentando ganhar a vida como artista. Seria a intenção do relato narrativo de Boym expressar uma sensibilidade russa mais generalizada apanhada entre a frustração do subdesenvolvimento e as demandas de superdesenvolvimento? Com certeza havia mais a explorar nesse tema do ajuste cultural.

Sinalização direcional, Aeroporto Internacional O'Hare, em Chicago (à esquerda) e Aeroporto de Sydney (à direita). O sinal em O'Hare representa um elevador com três figuras masculinas de pé dentro de um quadrado enquanto o do aeroporto de Sydney transmite o mesmo significado com duas figuras femininas e uma masculina. A diferença entre eles indica a política de gênero de usar figuras derivadas do Isotype para sinalização pública.

CONCLUSÃO

Com uma exceção, os membros do painel de encerramento, que deveriam resumir o simpósio, esquivaram-se da tarefa e fizeram as próprias apresentações. Essas variaram do moderador Michael Sorkin, que designou a transação em um caixa automático como metáfora para o declínio do espaço público, até o argumento do crítico Hugh Aldersey-Williams em favor do reconhecimento de características nacionais no design. Somente Kathy McCoy, de Cranbrook, tentou tirar algumas conclusões do evento. Sua declaração mais veemente foi que a arquitetura havia se desgastado.

Do simpósio ficou evidente que os que participam do discurso sobre o design e o ambiente construído não compartilham uma visão comum sobre o que constitui nossa condição contemporânea e tampouco o simpósio evidenciou qualquer acordo sobre o que o design pode se tornar no próximo milênio. Embora o evento oferecesse uma experiência rica com muitas vozes falando sobre arquitetura e design, não se desenvolveram diálogos entre os oradores. Consequentemente, as questões mais profundas imbricadas nas apresentações não foram deslindadas e discutidas.

Essa dificuldade de descobrir temas comuns e conversar sobre eles permanece indicativa do nosso momento cultural. O que falta entre os intelectuais é a vontade de superar essas diferenças e forjar conversas mais amplas em torno de temas importantes. Porém, mais do que na maioria das conferências de design, "O fim do milênio" reuniu muitos oradores com preocupações diferentes. A oportunidade de ouvi-los como parte de uma narrativa única, porém polifônica, me possibilitou comparar melhor seus temas e suas estratégias retóricas. Também reforçou o desafio de criar comunidades discursivas produtivas. Foi isso, especificamente, que o fez valer a pena.*

---

* Os trabalhos apresentados foram publicados como *The Edge of the Millennium: An International Critique of Architecture, Urban Planning, Product e Comunication Design*, Susan Yelavich (ed.), Nova York, Whitney Library of Design, 1993.

O DESIGN NA ENCRUZILHADA

Na universidade, onde ocorre grande parte da formação profissional em design, as diferentes práticas são separadas em distintos programas acadêmicos que servem para obstruir o diálogo produtivo. Isso em parte se deve aos vários tipos de conhecimento abarcados pelas práticas do design. Há uma divisão entre as práticas que foram historicamente reconhecidas como intuitivas e estéticas, e, por isso, localizadas em escolas e departamentos de arte, e aquelas vistas como técnicas e, dessa forma, encontradas em faculdades de engenharia e departamentos de ciências da computação. Uma vez divididas, as práticas desenvolvem direções e discursos próprios, o que tende a reforçar a mútua separação.

Com a divisão da formação em design em especialidades profissionais, os engajados nessas especialidades atribuem valores divergentes à importância de explicar a si mesmos e aos demais o que fazem. Isso tem contribuído para a dificuldade de estabelecer um diálogo entre eles. Dessa forma, um discurso consistente sobre o design como uma atividade humana geral demorou a se desenvolver. A tentativa de compartilhar entre si um entendimento do que fazem tem sido menos comum entre os designers do que entre outros

Manequim usando patins motorizados projetados por Pirello, c. 1948. Museu Henry Ford, Dearborn, Michigan.

profissionais, como os advogados. Na história do direito ocidental, por exemplo, os debates sobre interpretação legal são renhidos e permanentes. Muitos advogados têm sido também pesquisadores jurídicos. Além disso, os advogados abrem seu discurso a pensadores de outras disciplinas que se envolvem nos debates internos à profissão.

Por outro lado, podemos tomar o exemplo do design de produtos e consultar a história para explicar por que a autorreflexão não é mais forte nesse campo específico. O design de produtos, definido estritamente como uma prática de dar forma a objetos materiais, tem suas raízes nas artes plásticas e só gradualmente adotou um conjunto limitado de conhecimento técnico. Os primeiros designers de produto no sistema europeu de produção industrial eram artistas que simplesmente forneciam desenhos para os fabricantes. A teoria do design do século XIX era o que alguns hoje chamariam "teoria soft". Tinha mais a ver com questões de decoração e forma, que representavam a preocupação dos designers na época, do que com experiência técnica.[1] A situação não era muito diferente nos anos 1930 nos Estados Unidos, quando o design industrial passou a ser em geral identificado como parte do processo de fabricação. Raymond Loewy, Walter Dorwin Teague, Norman Bel Geddes e Henry Dreyfuss vieram para o design industrial com formação ora em ilustração, ora em cenografia ou mesmo em design de vitrinas. O que os unificava como designers industriais era uma forte orientação para a aparência dos objetos e, de fato, abriram um novo caminho para o design conhecido como estilização,* ou seja, o ato de dar ao produto uma forte imagem visual.

Esses designers tinham senso de oportunidade e grande habilidade comunicativa, talentos que lhes possibilitavam transformar encargos inicialmente modestos em projetos de grande escala. Em seis anos Loewy passou de seu primeiro design de produtos, a embalagem para a copiadora Gestetner, para o desenho de um automóvel, o Hupmobile, e, em seguida, para um motor para a Pennsylvania Railroad. Loewy conseguiu dar esses saltos graças a vários fatores: contratou um pessoal que poderia fornecer o conhecimento técnico que lhe faltava, mas também demonstrou uma continuidade de

---

* No original, *styling*, aqui traduzido pela acepção conferida ao texto e não no sentido pejorativo habitual no campo. (*N. do R. T.*)

método e apresentação que inspirava confiança nos clientes. Loewy e os outros designers consultores fizeram muito pelo design industrial por promovê-lo como um componente importante do processo de fabricação. Seu sucesso foi apoiado por estatísticas de vendas do produto, bem como por outros dados relativos à resposta dos usuários. Ao mesmo tempo, esses designers eram mais conhecidos por uma bagagem artística do que pela experiência técnica. Até certa medida, Dreyfuss foi uma exceção. Foi um dos primeiros designers industriais, além dos militares, a usar informações de fatores humanos no design de produtos.

Apesar de instalarem estúdios multidisciplinares, bem como terem a capacidade de gerar produtos de sucesso, os consultores prestavam mais atenção à sua imagem pública como homens de negócios do que às questões culturais e sociais da profissão. Como profissionais, situavam-se em algum ponto entre os engenheiros, cujo trabalho se baseava em conhecimento técnico, e os arquitetos, que mantinham uma forte influência cultural. Embora posteriormente tenha havido designers que levantaram questões sobre as condições culturais em que o design de produtos — um termo que muitos designers hoje preferem a "design industrial" — é praticado, esses argumentos isolados ainda não se amalgamaram em um discurso que perpasse o campo como um todo e funcione como fonte de contínua discussão e debate.

Hoje, a arquitetura ainda continua a se manter no ápice da hierarquia do design. Os arquitetos têm sua própria compreensão de valor cultural, que normalmente os mantém apartados de outros designers.[2] Enfatizo essas distinções culturais porque elas ajudam a explicar por que as profissões do design permanecem separadas nas universidades. As questões não são meramente epistemológicas. As diferentes maneiras de valorizar o conhecimento estético e técnico estão profundamente imbricadas na cultura em geral e têm impedido maior comunicação entre designers e educadores em design. Dada a dificuldade de superar tão agudos e variáveis níveis de reflexão e autopercepções, podemos indagar o que no momento nos motiva a tratar dessa separação entre profissionais do design como um importante tema de discussão.

Uma resposta é que as divisões convencionais entre as práticas do design estão caindo por si mesmas, à medida que os designers enfrentam problemas que não conseguem compreender ou solucionar. Podemos encarar isso como uma crise, mas podemos também considerá-lo uma saudável oportunidade de olhar para além das fronteiras existentes entre as distintas práticas profissionais. Apesar da história pregressa de separação dessas práticas entre alguns educadores existe um novo interesse em gerar novos programas acadêmicos que cruzem transversalmente os departamentos de engenharia, design industrial e marketing, por exemplo, ou em montar outros projetos em que estudantes de diferentes departamentos, como arquitetura e design, possam trabalhar juntos.[3]

Antes de avançar na análise dos problemas específicos enfrentados pelos designers, consideremos sucintamente alguns dos principais fatores econômicos, tecnológicos e sociais que os geraram. Aqui se incluem a aceleração da invenção e a rápida ascensão de novos e vigorosos atores no jogo da produção e distribuição de mercadorias. Hoje, invenções como o microprocessador não só estão alterando os tipos de produtos que usamos, mas também, por meio desses produtos, o modo como trabalhamos e nos comunicamos. A existência do computador, por exemplo, criou um novo campo de design de software que trouxe para o processo do design especialistas em inteligência artificial, psicologia cognitiva e outras disciplinas. Rápidos avanços na tecnologia robótica, entre eles a aplicação de sensores capazes de detectar erros com alta precisão, estão transformando o processo de fabricação, não só pela aceleração, mas também por possibilitar uma gama maior de variações nos produtos, mediante o processamento por lotes. Atualmente falamos de Sistemas de Fabricação Flexíveis [FMS ou Flexible Manufacturing Systems] como alternativa às linhas fixas de montagem que necessitam de grandes ciclos e de tempo despendido.

Ao mesmo tempo, aumentou, entre os países, a concorrência por mercados, e a velocidade com que uma companhia consegue levar um produto ao mercado é hoje um fator decisivo para o sucesso desse produto. Houve também um crescimento nas expectativas do usuário em relação à qualidade e ao valor dos produtos. Uma pesquisa realizada nos Estados Unidos há mais de dez anos demonstrou a concordância quase unânime entre os usuários de que o mais importante valor de design era a capacidade do produto de funcionar conforme o prometido; logo em seguida vinha a durabilidade e facilidade de reparo. Embora o design atraente e a inovação tecnológica também fossem vistos como importantes, tratavam-se de considerações secundárias à demanda básica de que o produto fosse confiável.[4] Agora consideremos vários problemas enfrentados pelos designers em decorrência do ritmo acelerado da inovação tecnológica e da competição econômica, bem como das crescentes demandas dos usuários por produtos de qualidade. O primeiro é o problema da coordenação de aspectos diferentes do processo de design, bem como a relação entre design e fabricação no âmbito de uma companhia. Daniel Whitney abordou a questão da seguinte forma na *Harvard Business Review*:

> **Em muitas grandes empresas, o design se transformou num emaranhado burocrático, um processo confundido por fragmentação e superespecialização, pelas lutas de poder e por atrasos. Um gerente de engenharia responsável por projetar uma única peça em uma companhia automobilística me contou que o processo de design exige 350 passos — não 350 cálculos ou experimentos de engenharia, mas 350 propostas exigindo 350 assinaturas.[5]**

Whitney identifica inúmeros problemas no processo de produção em consequência do não entendimento de como ou quando envolver os vários designers — os engenheiros de fabricação, os engenheiros de reparo ou o departamento de estilo. Quando as decisões de design não são integradas, transparentes e equilibradas, diz, surgem dificuldades. A solução que preconiza é a formação de equipes multifuncionais, que em geral podem incluir até 20 integrantes. Entre os nomes dados a essa abordagem de equipes encontram-se "engenharia simultânea" e "design concomitante".[6]

Dentro de uma grande companhia, a abordagem de equipe enfatiza a necessidade de uma visão geral do processo de produção como um todo. Cada pessoa envolvida precisa ter um entendimento básico de como sua contribuição se relaciona com todo o processo e deve estar disposta a modificar suas próprias recomendações, a fim de alcançar o bem do conjunto. Whitney cita um engenheiro da companhia japonesa Nippondenso que chama a fábrica de [nas palavras de Whitney] "uma fusão cuidadosamente elaborada de um produto estrategicamente projetado e os métodos para produzi-lo".[7] Whitney considera o design em termos amplos. Afirma que o design estratégico de produtos impregna todos os aspectos da produção. "Isso obriga gerentes, designers e engenheiros a cruzarem velhas fronteiras organizacionais", diz, "e inverte algumas antigas relações de poder".[8]

Os problemas que as companhias enfrentam por não integrar os diferentes participantes no processo de design são mais detalhados por James Dean Jr. e Gerald Susman em outro artigo da *Harvard Business Review*, "Organizing for Manufacturable Design".[9] Os autores notam que um requisito fundamental para alterar o processo de design dentro de uma empresa é mudar a estrutura da organização. Entre as estratégias para se fazer isso está a introdução de uma pessoa conhecida como "o integrador". O papel dessa pessoa é trabalhar com os designers para garantir que os projetos levem em conta todos os fatores de produção a que estarão sujeitos. Mas os autores destacam a dificuldade de encontrar esses tipos integradores. "Engenheiros de produção e de projeto são produtos de programas de graduação distintos e separados", escrevem. "Normalmente existe pouca oportunidade de ampliar sua perspectiva setorial para incluir os interesses de outros grupos."[10] O que esses exemplos deixam claro é a importância de uma concepção compartilhada do produto dentro do processo de design e produção. Isto só pode resultar de um maior entendimento e colaboração entre os diferentes participantes do processo. Conforme sugerem Dean e Susman, as diferenças entre os profissionais são instiladas durante a formação profissional. Essas diferenças tendem a reforçar o isolamento de segmentos separados do processo de design em relação a cada um dos demais. Os resultados são a perda de tempo de produção por meio da comunicação deficiente e dinheiro desperdiçado na tentativa de superar mal-entendidos.

Uma segunda área de problemas, porém relacionada, é a organização da inovação. Don Kash afirma que inovação inclui "não só a fase de descoberta e invenção, mas também o desenvolvimento, a produção e a venda de novos produtos e processos".[11] Argumenta que o tempo do inventor/empreendedor isolado na área *high-tech* não existe mais e que agora dependemos de uma gama mais ampla de informações, conhecimento e habilidades do que uma pessoa isolada é capaz de assimilar para inovação de produtos. Mais uma vez encontramos aqui a questão da integração da experiência profissional individual nos esforços de equipe. Mas Kash, em sua definição de inovação, introduz um fator que ainda não discuti: a limitação de uma formação profissional que não promove a capacidade de invenção. Mais uma vez, quando olhamos para a história do design de produtos, descobrimos que poucos designers propuseram produtos novos.

A maioria refinou ou reprojetou produtos existentes. A separação entre design e invenção acarretou uma perda para a profissão de design de produtos e contribuiu para sua luta pela relevância dentro do processo de produção mais amplo. Essa situação também resultou numa série de oportunidades perdidas. Em 1976, Robert N. Noyce, presidente da grande firma de eletrônica Intel, observou que havia mais de 25.000 aplicações potenciais de semicondutores, mas "possibilidades design estão sendo buscadas em apenas cerca de 10% delas".[12]

No modo como tendemos a separar as profissões, a invenção é separada da maioria das formas de design.[13] A invenção prevalece nas formas artísticas de design como a moda, na qual os resultados são estéticos. Mas em áreas mais técnicas, ela não é considerada parte do trabalho do designer. O inventor japonês Yoshiro Nakamatsu, um homem praticamente desconhecido no panteão dos grandes designers de produto, exemplifica as qualidades mentais que caracterizam o processo de invenção. Ele detém 2.360 patentes, mais do que o dobro de Thomas Edison. Nakamatsu pensa em termos das necessidades a serem atendidas antes de se ocupar com as formas do produto. Em alguns casos, tais como o disco flexível, a forma é a parte menos importante da invenção. O disco é essencialmente um meio de armazenamento para bits de informação. Mas Nakamatsu também é responsável por produtos de baixa tecnologia, como a pequena bomba-sifão de plástico que milhões de donas de casa japonesas utilizam para transferir molho de soja de tambores de 20 galões para vasilhas menores.[14] O processo de invenção de Nakamatsu, como o da maioria dos inventores, depende de duas habilidades básicas: aplicação do quesito conhecimento técnico, para levar o conceito de um produto até o estágio de protótipo no qual possa ser patenteado, e entendimento das necessidades dos usuários.

Esse último é uma terceira principal área de problemas enfrentados pelos designers. Ao longo do espectro das diferentes práticas de design, o usuário entra no processo em uma série de modos diferentes. Nas práticas mais estreitamente ligadas à arte, tais como o design de moda, a responsabilidade para com o usuário é diferente da engenharia mecânica ou elétrica ou da ciência da computação. Quando um designer de moda cria um vestido, um valor elevado é atribuído ao estilo. Afora produzir um traje que caia bem, o designer é responsável principalmente em relação ao gosto do usuário. Mas um designer de software deve envolver o usuário de uma forma diferente. A interação entre o usuário e o software é um processo mais complexo e o designer tem muito mais fatores a considerar. Um software é um produto do qual o usuário participa e o designer deve entender o seu comportamento a fim de satisfazê-lo. Os problemas do "design de interfaces" estão se tornando centrais ao uso de uma ampla gama de pequenos produtos cujas funções devem ser ativadas pelo usuário mediante a manipulação de algum tipo de painel de controle. À medida que observamos o número crescente de objetos inteligentes que os usuários devem aprender a operar a fim de obter o que necessitam deles, podemos verificar como é importante a interface homem/máquina. Os problemas de forma ocupam um lugar secundário em relação aos problemas de comunicação. Ben Schneiderman caracteriza a tarefa do designer de interfaces da seguinte forma:

> **Os designers de sucesso vão além da noção vaga de "usabilidade amigável" e investigam mais do que uma lista de checagem de diretrizes subjetivas. Eles precisam ter um entendimento completo da diversificada comunidade de usuários e das tarefas que devem ser executadas. Além disso, precisam adotar um profundo compromisso com o atendimento aos usuários.[15]**

O compromisso também deve se estender para além da manipulação do produto até o inteiro sistema que garante sua manutenção efetiva. Em outro trabalho chamei esse sistema de "ambiente do produto", que é o conjunto de condições que satisfazem a todos os requisitos de uma relação "viva" satisfatória com o produto. O ambiente do produto é basicamente um aspecto de pós-venda do ciclo total do seu desenvolvimento e uso. Conforme indicou a pesquisa de opinião anteriormente mencionada, os usuários atribuem o mais alto valor à confiabilidade. Isso significa que o produto deve estar pronto para o uso quando necessitado. Assim, todos os componentes periféricos devem ser facilmente adquiríveis, os reparos devem também ser facilmente concluídos e um suporte satisfatório deve ser prontamente fornecido. Esse ambiente do produto, que é um componente essencial da relação produto-usuário, deve também ser projetado e as várias dificuldades que o usuário pode encontrar com o produto precisam ser antecipadas.[16]

Diria que a maioria dos designers não foi suficientemente preparada para abordar as áreas problemáticas descritas anteriormente e outras adicionais, cujo entendimento melhoraria em muito sua participação no processo de produção. Certamente há mais problemas do que é possível discutir, mas os já mencionados bastam para reforçar meu argumento de que é necessário repensar o ensino e a prática do design.

Meus comentários sobre as limitações das especialidades e subespecialidades de design estreitamente definidas destinam-se a ajudar a promover outras maneiras pelas quais os designers possam ser educados para tratar novos problemas. Os recursos de um designer são conhecimento, informações, sensibilidade e habilidades. Normalmente pensamos nesses recursos como categorias que se somam a formações profissionais específicas, como design de produtos, design gráfico, arquitetura ou engenharia mecânica. Mas o que aconteceria se começássemos a identificar e isolar o conhecimento, as informações, a sensibilidade e as habilidades que agora constituem as trilhas profissionais que conhecemos? Poderíamos eliminar algumas e recombinar outras em novas formações profissionais que preparariam melhor os designers para tratar de problemas contemporâneos.

Também precisamos colocar um foco maior na pesquisa integrada no ensino do design. Embora atualmente careçamos de bons modelos de pesquisa, um grande volume da pesquisa se encontra hoje espalhado por diversos campos e disciplinas e ainda está por ser combinado dentro de um novo marco referencial. O primeiro passo no desenvolvimento de uma nova agenda de pesquisa é que vários designers iniciem diálogos com colegas em campos afins. Se efetuado com o objetivo de ampliar a comunidade de debates, o intercâmbio de experiências pode dar resultados profícuos.[17] Os designers necessitam desesperadamente aprender como conversar com colegas que realizam trabalhos afins. Pessoas de fora ingressaram em diferentes campos profissionais quando se sentiram bem-vindas e quando perceberam que tinham algo a ganhar por meio do diálogo com os profissionais de uma dada área. Na medida em que prevaleça no design uma mentalidade profissional insuficientemente desenvolvida, é improvável que tais diálogos ocorram. Em termos de prioridades, as especializações do design devem primeiro gerar um diálogo significativo entre elas mesmas antes que possam esperar que outras se juntem a elas com algum nível de compromisso.

A criação de comunidades de debate é o primeiro passo necessário. Mesmo que possamos perceber relações epistemológicas entre áreas de conhecimento aparentemente diferentes, ainda permanecem muitos obstáculos para que seu encontro se dê na prática. Esses obstáculos, como já afirmei, têm a ver com as autopercepções dos profissionais, a maturidade do diálogo interno, a amplitude ou estreiteza dos problemas com os quais estão envolvidos e a disposição de colaborar com colegas de fora de suas disciplinas.

Como o amplo papel do design na sociedade não foi suficientemente conceituado, para muita gente este ainda parece ser um assunto marginal. Mas as desafiadoras transformações ocorridas na fábrica, no escritório, no lar e na economia global deixam claro, mais do que nunca, que é necessária uma nova abordagem no design.

Notas

1 Em contraste, a formação em engenharia no século XIX tratava de questões de forma e técnica. Ver Yves DeForge, "Avatars of Design: Design before Design", em Victor Margolin e Richard Buchanan (eds.), *The Idea of Design: A Design Issues Reader*, Cambridge: MIT Press, 1995, pp. 21-28. O artigo foi publicado originalmente em *Design Issues* 6, nº 2 (primavera de 1990): 43-50.

2 Uma exceção é a Itália, onde, até recentemente, quase todos os designers de produto proeminentes eram arquitetos.

3 Alan Samuels descreveu um interessante projeto interdisciplinar na Universidade de Michigan, que foi financiado pela National Science Foundation no final dos anos 1980. Alunos dos departamentos de design industrial, engenharia mecânica, engenharia aeroespacial, engenharia elétrica e de computadores e engenharia de operações industriais foram divididos em equipes multidisciplinares que elaboraram três projetos durante os três anos do estudo. Uma série de observações sobre o processo do design foi gerada e incluía o seguinte: "Designers de diversos tipos aprendem metodologias, ferramentas e habilidades específicas à disciplina, resultando em pontos de vista específicos e parciais. Esses vieses muitas vezes bloqueiam tentativas lógicas de colaboração. Somos hoje ensinados a não ouvir e a não trabalhar com os outros" (44). Ver Alan Samuels, "Observations on the Designing of Projects, Processes,

and Products", em Marco Diani e Victor Margolin (eds.), *Design at the Crossroads: A Conference Report*, *Cira Seminar Monograph Series*, nº 2, Evanston: Northwestern University Center for Interdisciplinary Study in the Arts, 1989, pp. 36-45.

4 "Making It Better", *Time*, 13 de novembro de 1989, p. 80.

5 Daniel E. Whitney. "Manufacturing by Design", *Harvard Business Review* 66, nº 4 (julho-agosto de 1988): 83.

6 Ibid., p. 85.

7 Ibid., p. 88.

8 Ibid., p. 5.

9 James W. Dean Jr. e Gerald I. Susman, "Organizing for Manufacturable Design", *Harvard Business Review* 67, nº 1 (janeiro-fevereiro de 1989): 28-36.

10 Ibid., pp. 29-30.

11 Don E. Kash, *Perpetual Innovation: The New World of Competition*, Nova York: Basic Books, 1989, p. 62.

12 Robert N. Noyce, citado em A. A. Perlowski, "The 'Smart' Machine Revolution", em Tom Forester (ed.), *The Microprocessor Revolution*, Cambridge: MIT Press, 1981, p. 122.

13 Peter Whalley apresenta um excelente relato das dificuldades do inventor independente em "The Social Practice of Independent Inventing", *Science, Technology, & Human Values* 16, nº 2 (primavera de 1991): 208-232.

14 "Dr. Nakamatsu Has Inventive Knack That He Finds Lacking in Americans", *Chicago Tribune*, 1º de outubro de 1989.

15 Ben Schneiderman, "Designing the User Interface", em Tom Forester (ed.), *Computers in the Human Context*, Cambridge, MIT Press, 1989, p. 167.

16 Desenvolvo esse conceito em meu artigo "Expanding the Boundaries of Design: The Product Environment and the New User", em *The Idea of Design: A Design Issues Reader*, pp. 275-280.

17 Augusto Morello, presidente do International Council of Societies of Industrial Design (ICSID), visualiza o novo designer como alguém com a capacidade específica para trabalhar dentro de uma ampla comunidade de debates. "As contribuições individuais dos (velhos) designers sobreviverão", escreve, "se — e somente se — eles estiverem disponíveis para uma nova modalidade de profissão, a de um metadesigner — ou um designer de interfaces entre corpos criativos, pessoas e computadores". Augusto Morello, "The (New) Design Profession", *ICSID News 3* (junho de 1999): 3. Helen Rees, ex-diretora do Museu do Design em Londres, falou anteriormente no Congresso Internacional de Design em Glasgow de um "designer da Renascença", em referência a artistas do Renascimento que "estavam no coração de um novo movimento de busca intelectual, preocupado principalmente com os direitos e as responsabilidades do indivíduo em uma sociedade justa". Helen Rees, "What Makes a Renaissance Designer?", em Jeremy Myerson (ed.), *Design Renaissance: Selected Papers from the International Design Congress*, Horsham: Open Eye, 1994, pp. 101-104.

A EXPERIÊNCIA COM OS PRODUTOS

Não há no mundo disciplina mais rigorosa do que a disciplina da experiência submetida aos testes de desenvolvimento e aplicação inteligentes.

JOHN DEWEY, *Experiência e educação*

INTRODUÇÃO

As questões sobre como os seres humanos atribuem valor aos produtos são de crescente interesse dos fabricantes. Frequentemente os consumidores se sentem confusos diante do vasto leque de produtos em constante transformação no mercado, embora esses se tornem mais sofisticados do que nunca e coloquem aos fabricantes poderosas demandas pela qualidade do produto. Como a competição é muito intensa, as questões de satisfação do usuário outrora ignoradas pelos fabricantes podem agora determinar o sucesso ou fracasso de um novo produto.

A atenção atual às questões do usuário também tem implicações para os que estão mais envolvidos com o discurso sobre produtos do que com o design e a fabricação. Isso provoca a necessidade de que esse discurso — que tradicionalmente se concentrou nas qualidades dos objetos — inclua também a natureza da experiência.

Os objetos têm sido o principal tema do discurso do design desde o início do século XIX. Debatiam-se questões em torno da integridade da matéria-prima, os refinamentos da forma, artesanato versus produção em massa e a relação entre forma e função.[1] Na medida em

Showroom, AS Tiram Produkter, Karasjok, Noruega, 1994. A AS Tiram Produkter é uma pequena empresa que vende trajes esportivos e equipamento de camping projetados pela proprietária, Marit Kemi Solumsmoen.

que o discurso sobre os objetos dominou o pensamento projetual, uma atenção secundária era dedicada à relação entre os objetos e a experiência dos usuários. Dieter Rams, que durante anos foi o principal designer da companhia Braun de eletrodomésticos, sugeriu o seguinte em uma palestra de 1983:

> O rígido funcionalismo do passado ficou um tanto desacreditado nos últimos anos. Talvez com certa justiça, porque as funções que um produto tinha de cumprir eram frequentemente vistas de modo estreito demais e com excessivo puritanismo. O espectro das necessidades de uma pessoa costuma ser maior do que aquele admitido, ou mesmo possível de ser admitido, pelos designers. Funcionalismo pode muito bem ser um termo com uma multiplicidade de definições; entretanto, não há outro.[2]

Conquanto Rams reconhecesse a importância das considerações do usuário no design de um produto, ele não levou muito longe o questionamento de como o produto se torna parte da experiência do usuário. Essa questão é o objeto de uma nova disciplina que promete ter importantes aplicações para a prática do design e as pesquisas em design nos próximos anos.

A NATUREZA DA EXPERIÊNCIA

Para descrever a ideia de experiência, recorrerei muito ao trabalho do filósofo pragmatista americano John Dewey. A experiência foi um tema central de reflexão filosófica para Dewey, que não a via simplesmente como categoria a ser explorada de forma abstrata. Em lugar disso, ele a examinava no âmbito de um estudo das instituições e práticas que poderiam ser alteradas a fim de melhorar a qualidade da experiência. Em seu inspirador livro *A arte como experiência*, constituído por um ciclo de palestras proferidas na Universidade de Harvard em 1931, Dewey tentou trazer a arte para mais perto da experiência da vida cotidiana. E em seu pequeno livro de 1938, *Experiência e educação*, ele argumentou em favor de um tipo de educação progressista que concedia mais poder aos estudantes porque levantava a questão de como, na sala de aula, poderiam utilizar sua experiência e seu conhecimento prévios.[3]

O mais importante na discussão da experiência por Dewey é sua afirmação de que ela não é uma coisa exclusivamente interna ao indivíduo, mas é afetada pelo ambiente. Como ele escreve em *Experiência e educação*:

Em uma palavra, do nascimento até a morte vivemos em um mundo de pessoas e objetos que, em grande parte, é o que é graças ao que foi feito e transmitido por atividades humanas anteriores. Quando esse fato é ignorado, a experiência é tratada como se fosse algo que ocorre exclusivamente no interior do corpo e da mente do indivíduo.[4]

Dewey cita as estradas, os transportes, as ferramentas, os móveis e a energia elétrica como exemplos de coisas que contribuem para as condições da experiência. Levando mais longe, poderíamos dizer que o design — a concepção e planejamento de produtos materiais e imateriais — é central à criação dessas condições.

Segundo Dewey, pessoas e objetos constituem o ambiente no qual estamos situados. Esse ambiente não é estático, mas está em constante transformação. Nele nos envolvemos com as pessoas e os objetos para criar experiências. "O ambiente, em outras palavras", diz Dewey, "são todas as condições que interagem com as necessidades, os desejos, os propósitos e as capacidades pessoais para criar a experiência que se tem".[5] As experiências são contínuas em termos pessoais e sociais no sentido de que "cada experiência tanto assume algo das que aconteceram antes como modifica de algum modo a qualidade das que virão depois".[6] Assim, a experiência pode tornar-se mais rica e mais profunda quanto mais essa consciência e compreensão forem trazidas do passado.

Dewey emprega o termo "interação" para caracterizar a relação entre o indivíduo e o meio ambiente que resulta em experiência. Ele diz que essa relação é composta tanto pelas condições objetivas como pelas condições internas. As condições objetivas são as do meio ambiente, enquanto as internas são as do indivíduo. Dewey chama de situação a interação entre esses dois conjuntos de condições. Vivemos, diz ele, em uma série de situações. Para Dewey, a palavra "em", como na frase "estar em uma situação", designa um local em relação ao meio ambiente. Dessa forma, diz ele,

As concepções de *situação* e de *interação* são inseparáveis entre si. Uma experiência é sempre o que é por causa de uma transação que ocorre entre um indivíduo e o que, no momento, constitui seu ambiente.[7]

Dewey desenvolveu seu conceito de situação no contexto de uma proposta de reforma educacional que tornaria as escolas mais atentas às condições internas que os alunos levam para o ambiente do ensino. De fato, falava sobre as condições para a aprendizagem como se fossem resultados de projeto. Isso corresponde ao conceito de "projeto situacional" do crítico de design Ralph Caplan, que consiste, segundo ele, em "captar um propósito; definir a situação ou o problema; identificar restrições e organizar materiais, pessoas e eventos de uma forma que possa ser previamente modelada e visualizada".[8]

O desenvolvimento humano saudável, segundo Dewey, depende da capacidade do indivíduo de integrar sucessivas experiências entre si. Isso, por sua vez, exige situações que façam sentido para o indivíduo e nas quais esse possa ter uma experiência gratificante. Conforme observa Dewey: "[U]m atento cuidado deve ser dedicado às condições que conferem a cada experiência presente um significado valioso".[9]

Mas, diz Dewey, nem todos os encontros entre o indivíduo e o ambiente resultam em uma experiência. Uma experiência precisa ter uma coerência narrativa que "carrega consigo a própria qualidade individualizante e autossuficiência".[10] Para que uma situação resulte em experiência, deve ter uma conclusão, bem como uma unidade que lhe confira um sentido de particularidade. Uma experiência não é genérica. Ela tem uma identidade discreta com as próprias qualidades. Essa identidade confere sentido à experiência. Dewey não descreve uma experiência como uma entidade tangível. Em vez disso, ele a explica em termos das condições concretas que produzem suas qualidades. Essas condições podem derivar de pessoas ou coisas.[11]

Dessa forma, um discurso sobre a experiência em sua relação com o design é sobre a interação humana com produtos — seres materiais ou imateriais que são concebidos e planejados. Essa interação possui duas dimensões: operativa e reflexiva. A dimensão operativa refere-se à maneira como utilizamos os produtos para as nossas atividades. A dimensão reflexiva trata do modo como pensamos ou sentimos em relação a um produto e lhe conferimos significado. Claro que as duas dimensões atuam juntas, já que não utilizamos um produto sem considerar o que esse uso significa para nós.

O psicólogo cognitivo Donald Norman abordou a dimensão operativa da experiência com produtos em seu livro *The Psychology of Everyday Things*, no qual afirma que muitos produtos são projetados sem considerar o usuário.

> **Por que suportamos as frustrações com os objetos cotidianos, com os objetos que não conseguimos saber como usar, com os pacotes envoltos em plástico transparente que parecem impossíveis de abrir, com as portas que prendem as pessoas, com as máquinas de lavar e secadoras de roupas que se tornaram confusas demais para se usar, com os aparelhos de som estéreo, televisores e gravadores de videocassete que propalam fazer tudo em seus anúncios, mas que tornam quase impossível que se faça qualquer coisa?[12]**

Como Norman deixa claro, produtos que frustram o usuário aumentam a tensão da vida. Seu foco na dimensão operativa do design dos produtos destaca o modo como os produtos que não criam condições satisfatórias de uso contribuem para uma experiência negativa para o usuário. Nos termos de Dewey, esses produtos não contribuem para uma experiência completa.[13]

Uma interação operativa inviável com um produto é como as formas fracassadas de pedagogia didática criticadas por Dewey em *Experiência e educação*. O conhecimento sobre o aluno que ele esperava que um educador capaz tivesse é similar ao entendimento sobre o usuário que seria desejável que o designer de produtos bem-sucedido tivesse. Dewey afirmava que, para influenciar na educação do aluno, o educador deve criar um ambiente que irá "interagir com as capacidades e necessidades existentes dos educandos para criar uma valiosa experiência".[14] O conceito de educação progressiva de Dewey transferia o lócus da pedagogia do professor para o aluno. Dewey entendia que o objetivo final da educação é mais aprender do que ensinar e que as motivações e energias do aluno precisam estar no centro do processo educacional. Dessa forma, um ambiente de produtos que sejam satisfatórios ao uso contribuirá para o desenvolvimento saudável do indivíduo.

Mesmo assim, muitas vezes há uma discrepância entre o usuário visualizado pelo designer e pelo fabricante e a pessoa que efetivamente se envolve com o produto. O designer e pedagogo Bernhard Bürdek descreveu bem essa discrepância em um trabalho intitulado "Design and Miniaturization":

> O aparelho telefônico em meu escritório tem 30 teclas; o sistema é tão inteligente que posso usar apenas umas duas ou três funções básicas. Não quero me lembrar de todas as outras e realmente não desejo ler o manual do usuário durante uma chamada telefônica.[15]

A experiência aqui se torna relevante em diversos sentidos. Como usuário, o professor Bürdek não tem conhecimento vivencial suficiente para acessar a plena gama de funções de seu sistema telefônico. As capacidades do produto ultrapassaram sua experiência e por isso ou ele deve ignorar as funções adicionais ou fazer um esforço para aprender como usá-las, algo que está relutante em fazer. A ação que resulta de sua relação com o sistema telefônico é, assim, limitada a sua experiência como conhecimento. Entretanto, há um outro sentido em que a experiência entra em ação e que é o sentido da experiência como satisfação. O professor Bürdek tem a capacidade intelectual para aprender funções, mas isso não lhe promete nenhuma satisfação e por isso ele se recusa. Por conseguinte, usa o sistema telefônico de um modo limitado e ficaria muito bem com um sistema que tivesse menos funções.

Os designers do sistema telefônico tinham um entendimento da função mecânica, bem como de sua relação com possíveis ações. Entretanto, não reconheceram a importância da experiência quando previram a relação do usuário com o sistema. No trabalho acima mencionado, o professor Bürdek argumenta que os produtos devem tornar-se mais fáceis de usar. Embora não fale explicitamente sobre a experiência, a implicação de seu argumento é que os designers melhorarão a relação entre usuários e produtos à medida que entenderem melhor como aproveitar a experiência que as pessoas já têm, em lugar de imporem a eles demandas exageradas para obtenção de novos conhecimentos.

Identificar a dimensão operativa da interação com o produto é mais fácil de que caracterizar sua dimensão reflexiva. Em geral, os critérios para determinar a operação efetiva de um produto podem ser claramente articulados. Eles são descritos na literatura de propaganda e nas instruções que acompanham os produtos. Quando comparamos nossas expectativas dos serviços do produto com nossa

capacidade de acessá-los, podemos atribuir um valor a nossa experiência operativa com o produto. Esse valor também pode ser entendido por outros que usarem os mesmos critérios para avaliá-la.

Entretanto, precisamos estar cientes de que os parâmetros operativos de um produto diferem de seus parâmetros reflexivos. Os primeiros são limitados pela configuração do próprio produto. Não podemos fazer com o produto mais do que o permitido por essa configuração. Mas não há limite para os parâmetros de reflexão. Podemos pensar um produto ou ter sentimentos sobre ele em qualquer sentido que escolhamos, quer nos concentremos em seu valor operativo, suas qualidades poéticas ou sua importância social. Essas qualidades não terão a mesma importância para todos os indivíduos e estarão presentes em sua consciência em graus variados.

Podemos notar isso nos comentários que o designer Massimo Vignelli fez em um painel de discussão sobre o futuro dos museus realizado em Chicago em 1987. Referindo-se à poltrona que Ludwig Mies van der Rohe projetou para a casa Tugendhat em Brno, República Tcheca, Vignelli celebrou mais o seu valor estético do que suas qualidades funcionais:

> **Sento-me numa cadeira Brno o dia inteiro, não a mais confortável das poltronas. Existem mil outras poltronas feitas por amigos e que são geniais e muito mais confortáveis, mas nenhuma tem essa classe. O tempo todo meu espírito é massageado por essa classe![16]**

A experiência existe na consciência do indivíduo em consequência da sua interação com um produto. Dessa forma, dois indivíduos não terão uma experiência idêntica. Cada pessoa trará diferentes condições internas para uma situação de utilização e com isso atribuirá a sua interação com o produto um significado que pertence apenas a si mesma.

A experiência de Vignelli com a cadeira Brno é um exemplo. Posso apresentar outro mais pessoal. Alguns anos atrás, minha mãe deu de presente a mim e a minha esposa Sylvia um aparelho de jantar tcheco que pertencera à minha avó. Quando o usamos para servir uma refeição, nós e nossos convidados compartilhamos um julgamento sobre seu valor operativo. O aparelho de jantar possibilita que

nós todos comamos e bebamos. Também podemos compartilhar um reconhecimento do valor estético do aparelho de jantar e uma apreciação comum de sua idade. Além disso, Sylvia e eu compartilhamos a experiência de ter escolhido o aparelho de jantar para diferentes ocasiões sociais e podemos evocar essas ocasiões sempre que o usarmos. Sylvia também pode encontrar sentido em usar o aparelho de jantar que tem uma longa história em minha família, enquanto para mim o aparelho de jantar representa uma ligação com meus pais e avós. Essa ligação será reforçada por minha filha, Myra, quando Sylvia e eu legarmos a ela o aparelho de jantar.

A partir desse exemplo, é evidente que o envolvimento com um produto terá graus diferentes de completude, dependendo de como a interação de um indivíduo com ele encontrar ressonância em suas próprias sensibilidades e experiências passadas.

O ENTORNO DO PRODUTO

Para avançar na questão de como os produtos contribuem para a experiência humana, é necessário considerar a esfera social mais ampla na qual eles existem. Cunhei o termo entorno do produto para caracterizar o agregado de produtos materiais e imateriais, incluindo objetos, imagens, sistemas e serviços, que preenchem o mundo vivido.[17] Esse entorno é vasto e difuso, mais fluido do que fixo. Está sempre presente física e psiquicamente e consiste em todos os recursos que os indivíduos utilizam a fim de viver suas vidas. Cada um dos produtos no mundo vivido tem a própria história. Suas vidas cobrem diferentes durações, já que as transformações no entorno ocorrem em ritmos variáveis em diferentes campos de produtos. Essas mudanças ocorrem mais rápido no campo do software, por exemplo, do que no campo dos móveis domésticos, onde peças mais antigas frequentemente valem mais do que as novas. Dessa forma, simultaneamente nos envolvemos com produtos desenvolvidos em diferentes momentos históricos. Eles corporificam diferentes graus de simplicidade ou complexidade operacional, bem como o potencial para diferentes tipos de satisfação.

Como conceito, o entorno do produto é mais útil no reforço ao fato de que o envolvimento com produtos é um componente central do desenvolvimento humano. E questões de como os produtos entram no entorno, como chegam até os usuários e o que os usuários fazem com eles estão muito mais estreitamente ligadas à psicologia, sociologia e antropologia — disciplinas que estudam o desenvolvimento humano — do que anteriormente percebíamos.

O entorno do produto não constitui em si mesmo um conjunto estruturado de condições a que os indivíduos se adaptam. Ao contrário, os produtos no entorno são reunidos em situações graças à ação humana. Consideremos, por exemplo, o modo como um banco projeta seus serviços. Eles se estendem dos caixas automáticos nas ruas até a criação de produtos financeiros para os clientes e a organização de sistemas eletrônicos para acompanhar as contas. Muitas vezes esses serviços são projetados sem nenhuma atenção ao bem-estar do usuário final e, por isso, podem ser facilmente encarados como hostis ou até desumanos.

Mesmo quando a interação dominante em uma situação é com seres humanos, são produtos como automóveis, aviões, telefones ou computadores que tornam as pessoas acessíveis e são frequentemente os produtos que constituem a base para a interação com elas. As situações variam à medida que mudamos os produtos com os quais interagimos, mas nossa experiência com eles é contínua. Passamos de uma situação para outra, de um produto para outro, à medida que somos movidos por nossos projetos pessoais.

Dividi o entorno do produto em três esferas distintas, porém associadas: projetos públicos e estatais, o mercado e a esfera do design independente, que abrange os produtos que as pessoas fazem por si mesmas. Nossa experiência com produtos está ligada a cada uma dessas esferas. Nelas temos graus variáveis de controle sobre os produtos com os quais nos envolveremos e como faremos isso. Podemos adquirir um carro de nossa preferência mas trabalhar em um edifício de que não gostamos e seguir um conjunto de normas ou protocolos de trabalho que nos aborrecem. Alguns produtos, como edifícios, só podemos alterar com dificuldade e despesas, ou não alterá-los em nada, mas outros, como utilidades domésticas, podem facilmente ser trocados por melhores.

A ideia que desejo apresentar aqui é que temos um envolvimento constante com muitos tipos de produtos. A cada dia estamos em inúmeras situações com produtos e essas situações resultam em experiências de satisfação variável. Quanto maior a escala de um produto, tal como um edifício de escritórios, menor a chance que temos de modificá-lo. Temos o máximo controle sobre produtos que adquirimos no mercado ou foram produzidos por nós mesmos.[18] Uma vez adquirido ou feito, o produto se torna parte de nosso portfólio pessoal, ou rede de produtos, que pode incluir várias centenas de artigos diferentes, desde bens materiais, como vestuário e eletrodomésticos, até bens imateriais, como redes telefônicas.

Nós nos tornamos gerentes de grandes redes de produtos que exigem conhecimento, energia e recursos financeiros para operar e apoiar. Isso requer nossa familiaridade com acordos de garantia, centros de atendimento e pontos de varejo para papel de fax, baterias, cartuchos de impressora, disquetes e fitas para secretária eletrônica. A manutenção, em sua maior parte, deve ser operada por serviços de reparos profissionais. O tempo considerável que gastamos na administração de nossas redes de produtos torna-se, assim, um componente ainda maior de nossa experiência com produtos. Por isso, precisamos levar em conta essa atividade gerencial ao avaliar a contribuição dos produtos para a qualidade da experiência.[19]

O CICLO DO PRODUTO

Os produtos entram no entorno do produto e passam por ele em uma série de etapas que chamo de ciclo do produto. Cada produto passa por um processo de desenvolvimento e uso que começa com a concepção, o planejamento e a fabricação, move-se para a aquisição e o uso e termina com a desmontagem ou o descarte.[20] Para certos produtos o ciclo é extremamente curto, ao passo que para outros, como o aparelho de jantar de minha avó, pode durar gerações. Embora esse ciclo possa ser muito facilmente representado na circulação de produtos no mercado, também faz referência a produtos que as pessoas criam por si mesmas, muitas vezes com materiais obtidos no mercado.

Nos últimos anos, os designers têm procurado incorporar mais conhecimento sobre o ciclo do produto ao processo de concepção e planejamento. Isso tem sido provocado pelas consideráveis demandas que os novos produtos inteligentes colocam para o usuário, bem como por crescentes preocupações ambientais. À medida que os designers têm de considerar aspectos adicionais de um produto, o ato de projetar se torna uma atividade mais complexa. Assim, o design de produtos hoje é frequentemente realizado por equipes de profissionais que incluem, além de designers e engenheiros, cientistas sociais que são formados para estudar as características e as qualidades da experiência humana.[21]

A qualidade da experiência que um produto tende a oferecer é antecipada pelos usuários para os quais a descoberta e aquisição é a primeira etapa do envolvimento com ele. O produto pode ser novo e o usuário vê-lo num ponto do varejo ou saber dele através de um anúncio.[22] Ou um produto usado pode figurar em uma venda de garagem, uma loja de segunda mão, brechó ou em um dos sites cada vez mais numerosos da Web como o eBay, onde se compram e vendem bens.[23] Antes que o ato de descoberta culmine numa aquisição, há também uma etapa de avaliação durante a qual o potencial usuário faz um juízo sobre o valor potencial que o produto tem para si. A antecipação pelo indivíduo da experiência que um produto pode fornecer é um fator poderoso em sua motivação para adquiri-lo e usá-lo. A antecipação não é somente provocada pela propaganda e promoção, mas também por experiência prévia. Alguém que tenha tido uma interação satisfatória com um produto pode empenhar-se pela continuidade da experiência adquirindo uma nova versão ou modelo dele, como na compra de uma atualização de software.[24]

Em nossas relações com produtos, precisamos entendê-los antes de poder acessar seus serviços. Fazemos isso inicialmente por meio de uma *interface*, que defino aqui em termos mais amplos do que a interface num painel de controle ou numa tela de computador. A interface nesse sentido mais amplo é o conjunto de características que definem um produto para nós. Em um produto simples como uma xícara, por exemplo, a interface é sua forma. Por experiência com xícaras anteriores, conhecemos a interface xícara bem o bastante para reconhecê-la numa variação extrema. Como a xícara é um objeto comum que se alterou pouco ao longo do tempo, podemos recorrer mais ao conhecimento cultural anterior do que à aprendizagem especial para estabelecer uma relação operativa com ela.

Nos termos de Dewey, a forma de uma xícara constitui a condição objetiva de uma situação na qual a encontramos, mas a condição interna que trazemos para a situação pode mudar o uso que fazemos dela. Dependendo de nossa experiência passada com xícaras e objetos similares a xícaras, podemos usar a xícara para beber, para transferir uma substância de um recipiente para outro ou mesmo para guardar canetas e lápis. Nos dois primeiros casos, usamos a alça para erguer a xícara, enquanto no último ignoramos a alça e tratamos a xícara como se ela fosse um simples recipiente cilíndrico.

Uma interface simples pode ser apenas uma forma, mas à medida que as interfaces se tornam mais complexas, a relação entre nosso encontro perceptivo inicial com elas e o conhecimento de como fazê-las funcionar exige aprendizagem específica acima e além de nossa experiência cultural anterior. Comparemos a forma da xícara com o teclado de uma antiga máquina de escrever. Quando as máquinas de escrever foram lançadas nos Estados Unidos e na Europa, a experiência cultural não era suficiente para os indivíduos as operarem sem treinamento e, por isso, novos cursos tiveram de ser organizados para ensinar as pessoas a datilografar. Esses cursos passaram a fazer parte do currículo das escolas públicas e foram oferecidos também em escolas particulares especiais. De fato, desenvolveu-se um subsetor para ensinar a datilografar, incluindo a criação de livros e materiais de ensino. Embora aprender a digitar fosse e seja uma experiência em si mesma, era preliminar ao acesso ao serviço da máquina de escrever, que era o de imprimir letras numa página em branco. Para muitas pessoas, a habilidade de digitar passou a fazer parte do conhecimento cultural que mais tarde as capacitou a aprender rapidamente a usar um teclado expandido de computador.

Com produtos que exigem menos conhecimento para sua operação, o aprendizado normalmente ocorre pelo seguimento de pistas dentro da interface. Essas pistas são conhecidas na literatura psicológica como *affordances*. Conforme observação de Norman, os produtos muitas vezes fracassam porque suas interfaces não fornecem *affordances* que façam referência ao conhecimento cultural anterior do usuário. Após aprender a manipular botões e seletores em rádios, as pessoas poderiam depois descobrir interfaces mais novas nos televisores. Mas as muitas funções na interface de um VCR ou a pletora de botões no controle remoto de um televisor comum ultrapassaram em muito o conhecimento cultural da pessoa comum e exigem aprendizado especializado que muitas pessoas se recusam a receber. Esses são exemplos de onde os *affordances* da interface são deficientes.

Nos anos 1980, tornou-se evidente aos fabricantes e designers que mais complexidade não era necessariamente melhor. Eles descobriram que o uso do produto deve apoiar-se o máximo possível na experiência anterior e menos em processos especiais. Isso tem sido confirmado pela grande atração das interfaces icônicas dos computadores. Eliminar um documento arrastando-o para uma lata de lixo foi uma tentativa de reproduzir visualmente uma atividade cultural com que já estamos familiarizados. Na verdade, o uso de ícones conhecidos no design de interfaces está em consonância com os princípios da educação progressista que Dewey adotou de criar situações nas quais o educando pode trazer sua experiência anterior para o processo de aprendizagem.

Onde a interface do produto não fornece pontos de ligação suficientes para um envolvimento pragmático, temos de recorrer a algum tipo de instrução que nos mostre como acessar os serviços do produto.[25] Manuais, guias ou documentos de ajuda de programas de software nos ensinam a usar o produto. Uma interface complexa como a de um automóvel não só inclui comando e botões como também pode incorporar instrumentos como alavancas de mudança, teclados, dispositivos de controle remoto e mecanismos de direção que precisamos aprender a manipular. Isso exige a coordenação de habilidades físicas e cognitivas.

Quando conseguimos acessar o serviço de um produto, estabelecemos uma relação bem-sucedida com ele e isso resulta em uma experiência satisfatória. A satisfação deriva de nossa capacidade de fazer o produto funcionar, o que então nos permite realizar ações que são importantes para nós. Dessa forma, os produtos fornecem as condições para crescermos como seres humanos por nos ajudar a transformar nossos projetos em ações. Também afirmam nossa competência para dominar os dispositivos de que necessitamos para esse fim. Quando os produtos não fazem isso, como argumenta Norman, eles impedem que atuemos como desejamos, ao mesmo tempo que enviam uma mensagem que pode abalar nossa sensação de competência.[26]

A última parte do ciclo do produto a que demos pouca atenção até alguns anos atrás é o descarte. Enquanto os produtos se encontram disponíveis para uso, podemos dizer que estão em circulação. Descartar um produto significa tirá-lo de circulação. Ao contrário da "estética do desperdício" adotada por Rayner Banham e teóricos do design pop dos anos 1950 e 1960, a longevidade é hoje um valor desejado nos produtos e alguns designers e fabricantes estão dedicando mais atenção à questão de como estender os ciclos dos produtos para que esses possam permanecer em circulação por períodos de tempo mais longos.[27] Na verdade, a longevidade ocorre de muitas maneiras. A designação de um produto como antiguidade ou artigo de colecionador o mantém em circulação porque ele se tornou uma marca de capital cultural. Outros produtos destinados a ser reutilizados circulam por meio de mercados secundários e terciários como vendas de garagem, ferros-velhos e atacadistas de artigos de segunda mão. Em países onde os produtos novos ou não são encontrados ou são caros demais, os produtos mais velhos são mantidos em funcionamento por meio de extensas redes de reparos. Automóveis americanos fabricados nos anos 1930 e 1940 que ainda estão nas ruas em toda Cuba são um bom exemplo disso.

Além dessas atividades, porém, há uma nova consciência relativa à reciclagem e reutilização de produtos. Os termos ecodesign e design sustentável hoje caracterizam produtos que incorporam uma estratégia de design condizente com os valores de minimização do lixo, menos consumo de energia e redução da quantidade de material que relegamos aos aterros sanitários. Tony Fry, diretor da Fundação EcoDesign em Sydney, Austrália, escreve na introdução ao catálogo da Green Desires, uma exposição de produtos projetados com preocupações ecológicas, que

> [o] desejo de Green Desires é um desejo para a vida inteira. Um desejo pelo constante bem-estar... Se for para se tornar um meio de acionar a mudança, o que lhe é possível, esse desejo precisa ser convertido em coisas que vemos e queremos. Ele tem de estar voltado para a produção, produtos e estilos de vida.[28]

O que está implícito na proposta de Fry para produtos ecologicamente saudáveis é uma preocupação de manter os produtos e seus componentes em circulação. Pensar ecologicamente aprofundou nossa experiência com produtos por relacionar seu uso e sua manutenção à tarefa de sustentar o planeta. Propiciou uma nova consideração pelo ciclo do produto e colocou novos argumentos em favor do prolongamento da vida do produto.

EXPERIÊNCIA E VALORES DO USUÁRIO

Para os designers e pesquisadores do design, a teoria da experiência de Dewey abre um fértil campo novo para reflexão. Desde que admitamos a relação inextricável entre a qualidade dos produtos e o modo como vivenciamos o mundo, percebemos o quanto há a aprender sobre o modo como os produtos influenciam nossa vida. Na maioria dos casos, a inovação do produto — quer seja um novo objeto material ou o sistema de *voice mail* de uma empresa — ocorre com atenção insuficiente ao modo como afeta a experiência dos usuários. Por um lado, há um aspecto extremamente libertador na ampla disponibilidade de bens e serviços no entorno global dos produtos. Mas, ao mesmo tempo, há um determinismo tecnológico que exclui as escolhas dos usuários e muitas vezes os obriga a interagir com sistemas inóspitos de prestação de serviços ou acesso a produtos. O rápido crescimento da curva do aprendizado para dominar novos produtos pode convir bem aos jovens, mas se torna oneroso para os mais velhos e habituados ao acesso mais fácil aos produtos de que necessitam. Assim, muitas pessoas nas sociedades tecnologicamente avançadas se sentem cada vez mais alienadas de sistemas de cujos procedimentos e dispositivos dependem, mas que acham cada vez mais difíceis de utilizar.

O que é problemático no ritmo atual da inovação é que há pouca discussão do bem-estar do usuário final. Frequentemente a inovação tecnológica traz mais, e não menos, trabalho para o usuário final. Ninguém é mais eficiente do que um operador humano de telefonia, que consegue conectar uma chamada a uma pessoa qualquer de uma companhia em questão de segundos. Os sistemas de secretária eletrônica, que em grande parte substituíram as telefonistas, poupam dinheiro para as empresas, mas geram mais trabalho para os que telefonam, que precisam percorrer extensos menus de opções até chegar à pessoa com quem precisam falar. Muitas vezes há longas demoras pelas quais ninguém se responsabiliza.

A passagem do intercâmbio humano para o mecânico e eletrônico pode aumentar a eficiência, mas também operacionaliza a vida social de uma nova maneira. Os que não têm tempo para sair apreciam a rota mais direta para obter bens e serviços. O Amazon.com pode ter todos os livros que um comprador deseja, mas exclui uma conversa agradável com um livreiro entendido, ainda que o Amazon possa fornecer resenhas e conexões com outros leitores do livro que se quer adquirir.

Infelizmente, não temos normas para anexar valores compartilhados à experiência do usuário. Embora as pessoas sem tempo livre possam apreciar as compras on-line, outros que preferem uma loja do bairro perdem essa oportunidade porque os maiores fornecedores do serviço engolem ou tiram do mercado os menores. Numa sociedade aberta, é difícil legislar sobre os estilos de vida, mas o aumento da discussão e do debate públicos sobre a qualidade da experiência poderia no mínimo tornar algumas pessoas mais cônscias de como sua vida está sendo afetada pela criação acelerada de novos produtos, serviços e ambientes que as circundam.

Também precisamos pensar mais sobre como os designers podem obter conhecimento adicional dos usuários. Em primeiro lugar, os próprios designers são usuários e podem valer-se da própria satisfação ou frustração com os produtos existentes para criar produtos. Por isso, precisam aprender a refletir mais criticamente sobre a própria experiência para que possam fazer melhor uso dela como recurso para melhorar a experiência dos demais. Em segundo lugar, designers e usuários às vezes constituem comunidades próximas que podemos chamar de culturas de produto. Dois exemplos podem ser encontrados, respectivamente, nos campos do desenvolvimento de software e do ciclismo. Em ambos os casos, designers e usuários compartilham uma grande dose de experiência como conhecimento e de experiência como satisfação. Possuem um entendimento que possibilita amplo feedback dos usuários para rapidamente modificar e depurar novos produtos. Os desenvolvedores de software reconhecem o valor desse interesse comum criando *bulletin boards* eletrônicos nos quais os usuários podem compartilhar suas experiências com novos produtos. Na cultura da bicicleta, alguns destacados designers de no-

vas bicicletas e equipamento de ciclismo também são eles próprios ciclistas que conscientemente se valem da sua experiência de usuário para criar produtos, como a bicicleta de titânio produzida pela Merlin Metalworks em Boston. Em terceiro lugar, os designers empregam pesquisa de mercado sobre a motivação e o comportamento do usuário. Isso se estende desde pesquisas de opinião e grupos focais, que geram respostas segundo padrões obrigatórios de questionamento, até técnicas etnográficas que produzem dados sobre como as pessoas se relacionam com os produtos.

Embora o desenvolvimento de novos métodos de pesquisa certamente tenha sido útil no melhoramento da qualidade do produto, ele gera um tipo de conhecimento diferente do derivado da experiência direta. O valor da experiência direta, por exemplo, é evidente no livro de George Sturt *The Wheelwright's Shop*, no qual o autor descreve a comunidade de artesãos que fabricavam carroças rurais na Inglaterra na virada do século XIX e nas primeiras décadas do século XX. Esses artesãos, como Sturt os descreve, não tinham métodos claramente articulados. Sua perícia envolvia não só a arte de fazer carroças, mas também um conhecimento de como atender às demandas do cliente por carroças que funcionassem em terrenos específicos.[29]

Estou sugerindo aqui que o desenvolvimento de produtos é antes uma combinação entre experiência e técnica do que a técnica por si só. Um dos importantes desafios, portanto, à medida que continuamos a falar sobre as relações designer-usuário, é como reconhecer o valor da experiência do usuário e do designer no desenvolvimento de produtos, não só os projetados na cultura socialmente construída do design profissional, mas também os demais.

Já identifiquei os usuários como atores sociais que consideram um produto em relação com os próprios planos e atividades. Muitas pessoas preferem manter padrões estabelecidos de uso do produto, ao passo que outras procuram constantemente os últimos dispositivos e as últimas modas. Essas diferenças de estilo de vida se encontram bem documentadas pelos pesquisadores de mercado. Entretanto, cada pessoa acumula experiência para a avaliação de produtos existentes e para a invenção de novos produtos.

A CULTURA DO DESENVOLVIMENTO DE PRODUTOS

Existe claramente a necessidade de um novo modelo teórico capaz de nos ajudar a usar o poder de nossa experiência coletiva para criar produtos mais satisfatórios. O desenvolvimento de tal modelo não é uma tarefa fácil, porque exige muito mais informações sobre pessoas e produtos do que as que hoje possuímos. Infelizmente, os cientistas sociais prestam pouca atenção ao entorno do produto. Sociólogos e antropólogos se ocupam mais com questões de consumo do que com questões de uso.[30] Não dispomos de nenhuma teoria da ação social que incorpore uma relação com produtos, assim como não temos muitas pesquisas sobre como as pessoas adquirem e organizam os agregados de produtos com os quais vivem. Quando consideramos o grau de detalhamento no registro de outros tipos de atividade, como o comportamento político ou sexual, podemos notar o quanto ainda é marginal o tema do uso dos produtos.[31] Da mesma forma, os filósofos têm examinado temas da felicidade humana como o amor à beleza, à justiça ou à bondade, sem vinculá-los ao mundo dos produtos materiais e imateriais.[32] Dewey é exceção. Em *Experiência e educação*, ele enfatizou com veemência a contribuição das coisas materiais para a construção da experiência.

Entendemos melhor os aspectos da cultura humana que têm sido pesquisados e debatidos com mais intensidade porque são considerados importantes para o autoconhecimento e bem-estar coletivos. Políticas sociais em educação, a atenção à saúde e, hoje, o domínio ambiental baseiam-se em milhares de estudos que são essenciais para caracterizar um problema e sugerir soluções. Mas não se faz pesquisa comparável sobre o uso dos produtos e, consequentemente, os designers não dispõem de informações suficientes das quais partir ao desenvolver novos produtos. Claro que há exceções, como os estudos realizados por grandes corporações como a Sony e a Philips, mas esses são sempre realizados tendo o interesse das empresas como principal fator de motivação.

A falta de pesquisa sobre o uso de produtos resultou em uma série de consequências significativas:

1 Não sabemos o bastante sobre a relação entre os produtos e o modo como as pessoas constroem ideais de felicidade humana. A inovação tecnológica e as forças de mercado dirigem grande parte do desenvolvimento de novos produtos, ao passo que a propaganda oferece modelos da boa vida. Essas atividades estão mudando em um ritmo tão rápido que superam nossa capacidade de avaliar seu valor social, psicológico e espiritual antes da próxima onda de inovação.

2 Produtos precariamente pesquisados que fracassam no mercado desperdiçam valiosos recursos financeiros, muitas vezes adquiridos de instituições de crédito e investidores que poderiam ter colocado seu dinheiro em algo mais produtivo e de valor social.

3 Existem pouquíssimos estudos de inovação tecnológica nos quais basear propostas de políticas sociais ou legislação que vinculem o bem-estar humano à presença ou ausência de determinados produtos. Um valor extensamente pesquisado foi a segurança e vários tipos de legislação foram sancionados para evitar que produtos inseguros cheguem ao mercado. As exigências de cintos de segurança e *airbags* em automóveis são um dos resultados desse processo. Atualmente, esperamos que alguma legislação adicional solucione o problema da limitação da venda pública de armas de fogo.

4 Não possuímos nenhuma maneira sistemática de desenvolver um inventário de necessidades sociais para estimular a invenção de novos produtos benéficos.

5 Não há nenhuma base de estudos que os pesquisadores culturais em campos afins possam usar para melhor entender o papel dos produtos na sociedade humana.

Assim, uma tarefa óbvia para entender melhor a relação essencial entre designers, produtos e usuários é incentivar pesquisas em grande escala sobre o tema do uso dos produtos.[33] Isso exigiria múltiplos esforços em todas as partes do mundo. Precisamos também encorajar e estimular leigos a participarem mais ativamente na criação do entorno dos produtos. Uma maneira de fazer isso é mediante concursos abertos para novos produtos em temas obrigatórios. A invenção de produtos poderia tornar-se uma atividade muito mais pública e gerar um debate público sobre como os produtos contribuem para a felicidade humana. Tais atividades poderiam ser organizadas por centros de design, prefeituras e museus.[34] Um envolvimento mais generalizado com o design de produtos poderia também gerar novas oportunidades para pequenas empresas.[35]

Além da criação de tais oportunidades, também precisamos de melhores maneiras de apoiar o esforço de designers que possuem ideias incomuns e que trabalham em pequena escala. A cultura do design precisa se abrir para reconhecer o valor de tais esforços. Posso apresentar aqui um exemplo. No verão de 1994, viajei com minha mulher e minha filha pela Escandinávia. Quando estávamos na Lapônia, quisemos encontrar alguns representantes do povo *sami* e aprender sobre sua cultura. Em Karasjok, Noruega, sede do Parlamento Lapônico e centro da vida *sami*, encontramos uma pequena loja operada por uma mulher chamada Marit Kemi Solumsmoen. Ela é uma designer autodidata que, utilizando motivos *sami*, produz uma interessante variedade de equipamentos para caminhadas, camping e caça, além de roupas de inverno. Ela fez uso da experiência como *sami* e da sua habilidade de confeccionar para desenvolver a própria linha de produtos. Eles são altamente competitivos com os de fabricantes maiores em termos de inventividade, qualidade dos materiais, preço e valor de uso. Uma de suas mochilas de caça, por exemplo, tem um assento desdobrável e um porta-cartuchos, enquanto outra mochila pode ser convertida numa banqueta de camping. São invenções modestas, mas a seu modo melhoram a qualidade dos apetrechos de caça e camping. Tais iniciativas, se contarem com melhor apoio, podem trazer receita adicional a essa área turística, empregar mais pessoas e servir de exemplo a outros lapões sobre como podem converter seu conhecimento cultural único em produtos para o mercado. No entanto, apesar dessas possibilidades, Solumsmoen estava lutando com dificuldades, sem nenhum reconhecimento público nem fácil acesso a recursos para expansão.

Outro exemplo, embora tenha resultado em maior sucesso, é a invenção da *mountain bike* cerca de 25 anos atrás. Ela foi idealizada por um ciclista californiano de corrida chamado Gary Fisher, que teve a ideia ao pedalar com alguns amigos nas colinas nos arrabaldes de San Francisco. Seus amigos estavam empurrando velhas bicicletas sem marchas e pneu-balão colina acima e depois descendo montados em alta velocidade. Insatisfeito com o esforço de empurrar a bicicleta morro acima em lugar de subir pedalando, Fisher juntou peças de várias bicicletas para combinar a resistência da bicicleta de pneu-balão com as refinadas engrenagens da bicicleta de corrida. A *mountain bike* que resultou do seu esforço foi apenas o primeiro passo em uma série subsequente de refinamentos que desde então envolveram os maiores fabricantes de bicicletas. Hoje essas bicicletas respondem por 60% a 70% de todas as bicicletas vendidas nos Estados Unidos e o interesse no produto gerou uma multidão de novos fabricantes, como a Trek, a Giant e a Specializes.[36] A invenção da mountain bike não só criou uma mini-indústria com milhares de novos empregos, mas também ajudou a promover o ciclismo de montanha como esporte e é um bom exemplo de como a experiência inicial de um ciclista de corridas se converteu, graças à invenção e marketing, em um novo produto. Em torno dele desenvolveu-se toda uma subcultura de corridas, ralis e excursões, além da introdução do ciclismo de montanha pela primeira vez como modalidade esportiva nos Jogos Olímpicos de Atlanta em 1996. A *mountain bike* também foi o ímpeto para o desenvolvimento de equipamentos associados, como capacetes e calçados especiais, e produziu seu impacto sobre o turismo em regiões montanhosas como o Colorado.[37]

O desemprego é um grande problema no mundo inteiro e o design pode ser um instrumento para criar empregos. Penso frequentemente na tragédia dos trabalhadores altamente especializados da indústria automobilística americana que foram demitidos alguns anos atrás. Esses trabalhadores poderiam ter adaptado suas qualificações mecânicas ao projeto de novos produtos em metal e outros materiais sobre os quais tinham experiência. Em vez disso, muitos permaneceram desempregados, outros adquiriram formação para cargos técnicos em outros setores como computadores e ainda outros tiveram de trabalhar em empregos de nível inferior.

O que está faltando, pelo menos como percebo isso nos Estados Unidos, é um conhecimento de como ajudar as pessoas a usarem a própria experiência como fonte para valiosos produtos novos. Pouco se sabe também sobre como dotá-los de suficientes habilidades e apoio mercadológico para apresentar esses produtos ao público. Como o entorno dos produtos é muito vasto, existem sempre interstícios em que novos produtos satisfatórios podem ser oferecidos ao público. Vemos isso particularmente na indústria de alimentos, na qual as companhias iniciantes obtêm grandes fatias de mercado com novos sorvetes, iogurtes e condimentos, por exemplo. A indústria de alimentos está fervilhando de pequenos empreendedores, cujas invenções enriquecem em muito nossa cultura culinária mundial. O alimento, porém, é apenas um tipo de produto que transmite valores culturais. Também podemos considerar a música, o vestuário, as ferramentas e outros artefatos culturais. A experiência com os produtos de uma cultura diferente é uma excelente maneira de valorizar as pessoas dessa cultura e existem muitas possibilidades para a distribuição internacional de bens que aumentem nossa consciência desse planeta multicultural.

Uma das maneiras que nós mesmos cultivamos é pela descoberta de novos produtos. O entorno dos produtos pode assim ser imensamente enriquecido pelo maior envolvimento de mais pessoas no processo de desenvolvimento do produto. Fazer a ligação entre produtos e experiência pode ajudar a discernir as qualidades que resultam no uso gratificante e pode fornecer motivação para o desenvolvimento de produtos que contribuam para a consecução dessas qualidades. E para o público em geral, uma consciência maior de como os produtos contribuem para a experiência pessoal ajudará todos a agir de modo mais atento e decisivo no âmbito do entorno do produto à medida que procuramos melhorar a qualidade das nossas vidas.

Notas

1 Um excelente exemplo do discurso sobre os objetos é o debate ocorrido em 1914 na exposição da Deutscher Werkbund, em Colônia, Alemanha. As principais posições foram assumidas por Herman Muthesius, que promoveu a padronização de tipos de produto, e Henry van de Velde, que argumentou em favor de maior liberdade artística no projeto de bens. Os principais textos do debate foram publicados em Charlotte Benton (ed.) *Documents: A Collection of Source Materials on the Modern Movement*, Milton Keynes: Open University Press, 1975, pp. 5-11.
2 Dieter Rams, "Omit the Unimportant", em Victor Margolin (ed.), *Design Discourse: History Theory Criticism*, Chicago: University of Chicago Press, 1989, p. 111. Esse ensaio foi publicado inicialmente em *Design Issues* 1, nº 1 (primavera de 1984): 24-26.

3 John Dewey, *Art as Experience*, 1934; reimpr., Nova York: Perigree Books, 1980, e *Experience and Education*. A primeira contribuição importante de Dewey sobre o tema da experiência foi *Experience and Nature*, Nova York: Dover Publications, 1958, um livro baseado em suas Carus Lectures de 1925.
4 Dewey, *Experience and Education*, p. 40.
5 Ibid., p. 44.
6 Ibid., p. 35.
7 Ibid., p. 44.
8 Ralph Caplan, *By Design: Why There Are No Locks on the Bathroom Doors in the Hotel Louis XIV and Other Object Lessons*, Nova York: McGraw-Hill, 1982, p. 182.
9 Dewey, *Experience and Education*, p. 49.
10 Dewey, *Art as Experience*, p. 35.

11 Uma excelente descrição de como as pessoas dão sentido a suas vidas por meio das relações que estabelecem com os objetos é Mihaly Csikszentmihalyi e Eugene Rochberg-Halton, *The Meaning of Things: Domestic Symbols and the Self*, Cambridge: Cambridge University Press, 1981. Ver também o livro de Csikszentmihalyi *Flow: The Psychology of Optimal Experience*, Nova York: Harper & Row, 1990.

12 Donald A. Norman, *The Psychology of Everyday Things*, Nova York: Doubleday, 1989, p. 1. A edição brochura é intitulada *The Design of Everyday Things*.

13 Para uma coletânea de vinhetas espirituosas contendo diversos relatos de frustrações de um inteligente usuário com produtos contemporâneos e seu uso, ver Umberto Eco, *How to Travel with a Salmon & Other Essays*, Nova York: Harcourt Brace, 1994. Entre os produtos que Eco critica estão a máquina de fax, o celular e "a cafeteira do inferno". Entretanto, ele está igualmente frustrado com os procedimentos burocráticos, que também são produtos de design. Ver, em particular, seu ensaio "How to Replace a Driver's License". Estudos de caso mais sérios de como produtos precariamente projetados resultaram em tragédias para os usuários podem ser encontrados em Steven Casey, *Set Phasers on Stun and Other True Tales of Design, Technology, and Human Errors*, 2ª ed., Santa Barbara: Aegean Publishing Company, 1998.

14 Dewey, *Experience and Education*, p. 45.

15 Bernhard E. Bürdek, "Design and Miniaturization: Some Consequences for Designers" (trabalho inédito, 1994).

16 Massimo Vignelli, falando em um painel de discussão, "Architecture and Design in American Museums circa 2000". Realizado na Graham Foundation em Chicago no dia 10 de junho de 1987. As atas editadas foram publicadas em *Design Issues* 5, nº 1 (outono de 1988): 71-81. O comentário de Vignelli está na p. 80.

17 Introduzi esse termo em meu ensaio "The Product Milieu and Social Action" em Richard Buchanan e Victor Margolin (ed.), *Discovering Design: Explorations in Design Studies*, Chicago e Londres: University of Chicago Press, 1995, pp. 121-145.

18 Para uma discussão de como os usuários adaptam os produtos aos próprios objetivos, ver Tufan Orel, "Designing Self-Diagnostic, Self-Cure, Self-Enhancing, and Self-Fashioning Devices", em Buchanan e Margolin, *Discovering Design: Explorations in Design Studies*, pp. 77-104.

19 O falecido sociólogo francês Abraham Moles examinou essa experiência em termos de sua teoria da micropsicologia, que lhe possibilitou medir os custos de pequenas ações que estão envolvidas no uso e no reparo dos produtos. Ver Abraham Moles, "The Comprehensive Guarantee: A New Consumer Value", em Margolin, *Design Discourse*, pp. 77-90. O artigo foi publicado inicialmente em *Design Issues* 2, nº 1 (primavera de 1985): 53-64.

20 Sobre "design para desmontagem", ver Bruce Nussbaum e John Templeman, "Built to Last — Until It's Time to Take It Apart", *Business Week*, 17 de setembro de 1990, pp. 102-103, 106.

21 Ver, por exemplo, Rick Robinson, "What to Do with a Human Factor: A Manifesto of Sorts", *American Center for Design Journal* 7, nº 1 (1993): 62-74.

22 Uma extensa literatura sobre a experiência de comprar e vender está se desenvolvendo, particularmente no campo interdisciplinar da pesquisa do consumidor. O antropólogo John F. Sherry Jr. cunhou o termo *servicescape* para caracterizar o lugar onde ocorrem a venda e a compra. Ver seu "Understanding Markets as Places: An Introduction to Servicescapes", em John F. Sherry Jr. (ed.), *Servicescapes: The Concept of Place in Contemporary Markets*, Lincolnwood.: NTC Business Books, 1998, pp. 1-24. No mesmo livro, Sherry faz um brilhante estudo etnográfico da Nike Town Chicago. Ver John F. Sherry Jr., "The Soul of the Company Store: Nike Town Chicago and the Emplaced Brandscape", pp. 109-146.

23 Sherry também estuda como etnógrafo os brechós. Ver John F. Sherry Jr., "A Sociocultural Analysis of a Midwestern Fleamarket", *Journal of Consumer Research* 17, nº 1 (junho de 1990): 13-30. O autor vê os brechós como parte de uma "ecologia do varejo" que inclui outros locais onde se vendem bens.

24 Há um campo ativo de pesquisa sobre como as pessoas compram produtos, grande parte dela centrada na revista interdisciplinar *Journal for Consumer Research* e outras publicações da Associação de Pesquisa do Consumidor. Ver, por exemplo, Russell W. Belk, Melanie Wallendorf e John F. Sherry Jr., "The Sacred and the Profane in Consumer Behavior: Theodicy on the Odyssey", *Journal of Consumer Research* 16, nº 1 (junho de 1989): 1-38. Para uma discussão da diversidade de métodos no campo, ver Richard J. Lutz, "Positivism, Naturalism, and Pluralism in Consumer Research: Paradigms in Paradise", em Thomas K. Srull (ed.), *Advances in Consumer Research*, vol. 16, Provo: Association for Consumer Research, 1989, pp. 1-7; e John F. Sherry Jr., "Postmodern Alternatives: The Interpretive Turn in Consumer Research", em Thomas S. Robertson e Harold H. Kassarjian (eds.), *Handbook of Consumer Behavior*, Englewood Cliffs: Prentice-Hall, 1991, pp. 548-591.

25 Nos guias e manuais não aprendemos somente como usar os produtos, mas também como mantê-los.

26 A experiência que temos hoje com produtos é diferente da de nossos pais e avós. Na geração de meus pais e na de meus avós, menos pessoas eram hábeis no uso de máquinas. A avó de minha esposa, que emigrou para os Estados Unidos de uma pequena cidade na Áustria no início do século XX, nunca aprendeu a discar um telefone. E na geração de meus pais, muitas mulheres, entre elas minha mãe e a mãe de minha esposa, jamais aprenderam a dirigir um carro. Cada geração encontra um leque de tecnologia que exige novas habilidades de operação.

27 O oposto é verdade para o campo dos computadores, no qual as atualizações de hardware e software surgem em sucessão acelerada e tornam os modelos mais antigos obsoletos em um ritmo alarmante.

28 Ver Tony Fry, introdução a *Green Desires: Ecology, Design, Products*, Sydney: Eco-Design Foundation, 1992, p. 13.

29 George Sturt, The Wheelwright's Shop, 1923; reimpr., Cambridge: Cambridge University Press, 1993.

30 Ver, por exemplo, o ensaio de Daniel Miller, "Consumption and Commodities", *Annual Review of Anthropology* (1995): 141-161. Miller, cujo ensaio inclui uma extensa bibliografia, realizou um valioso trabalho ao se concentrar nos antropólogos do consumo, mas nem ele nem outros na disciplina deram a devida atenção a questões de como as pessoas fazem uso dos produtos, exceto no sentido simbólico. Essa é uma área fértil para investigação que tem potencial para contribuir para o campo da pesquisa em design.

31 Como excelentes exemplos, ainda que raros, de estudos associados ao uso dos produtos, posso citar o trabalho de Willard Kempton e seus colegas no Center for Energy and Environmental Studies da Universidade de Princeton. Ver Willard Kempton, "Two Theories of Home Heat Control", em Dorothy Holland e Naomi Quinn (eds.), *Cultural Models in Language and Thought*, Cambridge e Nova York: Cambridge University Press, 1987, pp. 222-242; Willett Kempton, Daniel Feuermann e Arthur E. McGarity, "Air Conditioner User Behavior in a Master-Metered Apartment Building" (trabalho apresentado ao Simpósio sobre Melhoria da Eficiência da Energia na Construção em Climas Quentes e Úmidos, Houston, setembro de 1987); e Willard Kempton, "Folk Models of Air Conditioning and Heating Systems" (trabalho apresentado à sessão da AAAS [American Association for the Advance of Science] "Etnografia Cognitiva da Sociedade Industrial", Boston, fevereiro de 1988).

32 Seria interessante escrever um trabalho sobre design de produtos e teorias de justiça que discutisse a relação geral entre expectativas justas para uma vida decente e o modo como os produtos reforçam ou impedem tais expectativas. Ou seja, as questões de justiça têm sido a base da mudança rumo a medidas de segurança nos produtos, bem como a base do design universal, que se baseava na injustiça de as pessoas portadoras de deficiências não terem acesso a instalações públicas.

33 Ver a seção "User/Consumer", em Arttu 5-6 (1998): 27-38. O economista finlandês Mika Pantzar, coeditor da seção, publicou muitos textos sobre a relação do consumidor com os produtos e seu trabalho é um modelo útil para outros. Ver Mika Pantzar, "Domestication of Everyday Life Technology: Dynamic Views of the Social Histories of Artifacts", *Design Issues* 13, n° 3 (outono de 1997): 52-65.

34 Um bom exemplo de tais concursos nos Estados Unidos é o Young Inventors Awards da National Science Teacher Association, que começou em 1997. Patrocinado pela Sears, Roebuck & Co., o evento proporciona aos estudantes inventores dinheiro e também reconhecimento. Ver David Heinzmann, "Young Inventors Prove Age Holds No Patent on Imagination", *Chicago Tribune*, 26 de setembro de 1999. Outro evento para jovens inventores é o encontro anual da National Collegiate Inventors and Innovators Alliance (NCIIA). No encontro de 1999, projetos de estudantes foram expostos no Museu Nacional da História Americana do Instituto Smithsoniano.

35 Um precedente útil pode ser encontrado nas disciplinas científicas. Centenas de feiras de ciência para alunos dos ensinos fundamental e médio propiciam incentivo para futuros cientistas. Feiras similares poderiam ser realizadas para futuros designers.

36 Sobre a invenção da *mountain bike*, ver "Pedaling New Ideas: Innovators Are Taking Bicycles Down Unexplored Paths", *Chicago Tribune*, 4 de julho de 1993. O impacto da *mountain bike* no mercado de bicicletas é discutido em "Pump, Pump, Pump at Schwinn", *Business Week*, 23 de agosto de 1993, p. 79.

37 Há ainda outro lado nessa história. Algumas pessoas acreditam que o excesso de *mountain bikes* nos Alpes suíços está arruinando o terreno.

KEN ISAACS: DESIGNER DE MATRIZES

Tínhamos sonhado com a liberdade e inventado a hipoteca de 30 anos.

KEN ISAACS
Alpha Chambers

A Estrutura Viva de meu amigo Ken Isaacs, uma armação tridimensional que unia em um único objeto espaços para dormir, trabalhar e interagir, ganhou atenção pública pela primeira vez em um artigo da revista *Life* publicado em outubro de 1954.[1] Entre as fotos no artigo encontra-se uma de Ken sentado a uma mesa de trabalho dentro da estrutura, enquanto sua esposa na época, Jo, repousa na cama acima. A estrutura é esmeradamente dividida em oito cubos que, quando unidos, funcionam como quarto de dormir conjugado, área de armazenamento, local para trabalho e espaço social íntimo. Versões posteriores da Estrutura Viva incorporariam espaço para jantar e armazenamento adicional.

Numa época em que o público americano estava preocupado com o sonho de uma casa e um jardim, um novo carro e a cozinha cheia de eletrodomésticos, a Estrutura Viva, em contraste, apresentava um argumento mais radical em favor de como as pessoas poderiam viver.[2] Como escreveu Ken mais tarde, "as mudanças indicavam que o significado mítico do símbolo de status poderia eventualmente acabar dando lugar à concepção do objeto como uma ferramenta útil com a qual se pudesse alcançar um resultado vivencial pessoal".[3] Sua ênfase na ação evoca a retórica do designer de vanguarda russo Alexander Rodchenko, que con-

Ken Isaacs e modelo com a
Estrutura Viva original, 1954.

cebeu a mobília multifuncional nos anos 1920 em um veio similar. Mas o que é diferente no trabalho de Ken é que ele rapidamente encontrou lugar na cultura popular americana, em vez de terminar no domínio de projetos especulativos de vanguarda. Conforme apresentada na *Life*, a Estrutura Viva era um meio para liberar o muito cobiçado espaço em um apartamento urbano de um só quarto e transformá-lo no equivalente ao que Ken chamou de "uma espécie de casa de dois andares". O que favoreceu o enraizamento da Estrutura Viva na prática corrente foi o fato de que ela podia ser facilmente construída por qualquer pessoa dotada de habilidades mais básicas de carpintaria.

Ao longo da carreira, Ken trabalhou com uma única ideia central, a matriz, uma *grid* tridimensional que usa para organizar todos os seus projetos. Para ele, a matriz funcionava como um veículo poderoso para a ordem e a economia, embora também funcionasse como um dispositivo igualmente importante para a invenção de projetos. O que subjaz à obra de Ken é um compromisso com a vivência produtiva, que se manifesta em seu projeto no que Ivan Illich chamou de "ferramentas para o convívio".[4]

Ken cresceu na zona rural meridional de Illinois, onde seu pai ocupou vários empregos, incluindo uma temporada como fazendeiro arrendatário. Com idade precoce familiarizou-se com ferramentas e ao longo de sua carreira sustentou a crença no valor de cada um construir suas próprias coisas. Quando estava com 16 anos, seu pai conseguiu para ele um aprendizado em engenharia com R. G. LeTourneau, então o principal designer de equipamentos pesados de terraplenagem. Seguiu-se outro aprendizado com H. Fredrick Lange, que projetou a primeira destilaria americana para uísque escocês. A partir dessas experiências, Ken aprendeu muito sobre construção mecânica, que seria fundamental em seu trabalho posterior como designer.

Percebendo a necessidade de prosseguir sua formação em um contexto mais formal, Ken ingressou na Bradley University, em Peoria, Illinois. Enquanto se graduava em Bradley no final dos anos 1940, consolidou suas ideias iniciais para a Estrutura Viva, bem como para sua versão arquitetônica, a Microcasa. Em Bradley, estudou com um escultor chamado Roy Gussow, que viera do Instituto de Design de Chicago, onde muito provavelmente foi aluno de László Moholy-Nagy. Ken também fez um curso com Sybil, viúva de Moholy-Nagy, que havia iniciado carreira como professora de história da arquitetura após a morte do marido. Gussow propôs a Ken que projetasse um quiosque de informações para a universidade como um estudo independente na linha dos quiosques que Herbert Bayer criara quando estudava na Bauhaus. Entretanto, a maior influência de Ken na Bradley foi Dan Crowley, antropólogo que despertou seu interesse pela arquitetura moderna e pelo design, bem como por muitas outras coisas. Crowley chamou a atenção de Ken, por exemplo, para a arquitetura japonesa e, desse contato, Ken concebeu a ideia de que uma casa podia ser construída como um gabinete ou armário.

Ken começou a trabalhar com a ideia de matriz e a usar sistematicamente a *grid* enquanto estava em Bradley. Um de seus primeiros desenhos, intitulado *First Good House* [Primeira casa boa], de 1948, foi inspirado pela perspectiva de fazer algo com os tijolos usados que encontrava após a demolição de prédios. Tal como o que Le Corbusier fizera em suas casas de planta livre, como a Villa Savoye, Ken desenhou uma série de tubos verticais para sustentar o teto quase chapado da casa. Seus primeiros desenhos ilustram o interesse pela ideia de um espaço unitário que poderia ser subdividido para necessidades específicas. No desenho para a *Primeira casa boa*, criou, abaixo de uma calçada alta, uma caverna que imaginou como contraponto ao espaço aberto mais público. O desenho mostra seu fascínio pelo uso de planos flutuantes em uma estrutura linear. O plano horizontal no lado direito do desenho é sua primeira experimentação com a integração de uma superfície horizontal apoiada por postes verticais. Isso passaria a ser um elemento padrão em grande parte de seu trabalho posterior.

Assim que Ken começou a trabalhar com a noção de espaço unitário, enfrentou problemas adicionais. Em seu projeto *Vault House*, de 1949, criou a primeira separação da estrutura interior em relação à impermeabilização. A estrutura ainda permanece, porém, um tanto corpulenta, e o desenho encontra sua maior importância no fato de Ken a ter desenvolvido não da elegância da armação interior em si, mas de sua articulação como objeto distinto que seria comprimido e refinado no curso dos anos seguintes.

Em outro desenho de 1949, Ken retratou sua primeira unidade de mobília agregada que flutua em um quarto, ao contrário da Storage Wall [parede de armazenamento] de George Nelson, que foi publicada na revista *Life* no mesmo ano e contém instalações de cozinha atrás da área de dormir e estar. Essa foi a primeira tentativa de Ken de criar uma unidade complexa combinando múltiplas funções mobiliárias. Ao contrário de outros designers da época, como George Nelson, Charles e Ray Eames, sua ambição era agregar todos os requisitos de moradia em uma única estrutura. A palavra que oferece uma chave a seus princípios de design e que ele reiteradamente usaria é "autonomia". Seu objetivo, que desenvolveu e refinou em muitos projetos subsequentes, era uma unidade econômica autossuficiente repleta de recursos para satisfazer todas as necessidades da pessoa. Em 1967, refletindo sobre o caráter radical dessa proposta, Ken manifestou esperança "de que a nova pessoa seria atuante numa escala mais ampla que desviaria a ênfase para os valores extrínsecos dos artefatos e para longe de quaisquer valores intrínsecos que poderiam ser-lhes impingidos pelos altos sacerdotes da cultura".[5]

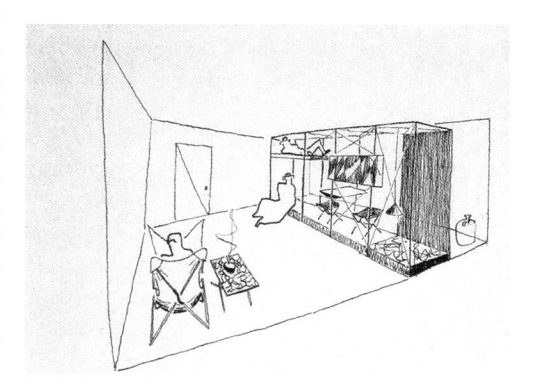

Um desenho de 1949 para sua primeira unidade agregada de mobília é similar à primeira Estrutura Viva independente que construiu quando estava na Bradley University. Em parte, a proposta da estrutura, que se destinava a caber em uma garagem para dois carros, havia sido gerada por seu projeto independente para um quiosque de informações com Gussow, no qual via as possibilidades de construir armações com vigas de madeira de 3,8 cm x 3,8 cm. Essa estrutura continha as sementes de grande parte do trabalho subsequente de Ken — o uso de uma armação ou recipiente cúbico, a área de dormir elevada para liberar espaço no piso e as superfícies planas suspensas para comer, trabalhar e armazenar. À medida que a ideia de matriz se desenvolvia, as estruturas se tornavam mais complexas.

Depois de Bradley, Ken recebeu uma bolsa Saint Dunstan da Cranbrook Academy of Art, onde estudou para o mestrado entre 1952 e 1954. No momento em que Ken chegou à Cranbrook, Eliel Saarinen, o arquiteto finlandês que foi o primeiro e mais influente diretor da escola, havia morrido e a era que produzira gigantes da arquitetura e do design como Charles e Ray Eames, Eero Saarinen, Harry Bertoia e Florence Schust Knoll havia terminado. Em Cranbrook, Ken recebeu incentivo de Robert Snyder, o novo diretor do Departamento de

Arquitetura, que o introduziu nas questões do planejamento urbano e da ecologia, e de Ted Luderowski, arquiteto que então chefiava o Departamento de Design na escola.

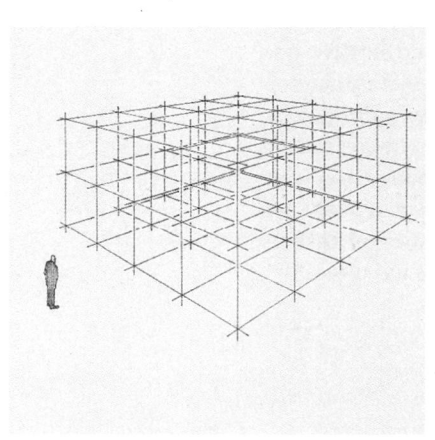

Como estudante de pós-graduação, Ken expandiu seu interesse pela Estrutura Viva em um programa de concepção ampla que mais tarde chamaria de Matrix Research Project, ou Projeto de Pesquisa de Matrizes. Sua essência era uma armação modular tridimensional usada para atividades humanas variadas. A armação podia ser reduzida à escala de uma simples cadeira, desenvolvida como uma grande estrutura multifuncional ou convertida em uma pequena residência. Para seu projeto de diplomação, Ken construiu uma Estrutura Viva de grande escala. Luderowski havia obtido uma concessão da escola para possibilitar que Ken construísse esse projeto, que concluiu com a ajuda de alguns colegas e depois apresentou na exposição de teses de pós-graduação de 1954. O apoio de Luderowski se mostrou providencial. Com certeza alguém da sucursal da *Life* em Detroit viu a Estrutura Viva na exposição de teses e a levou para a apreciação dos editores da revista. Sua publicação subsequente na *Life* marcou o início de um interesse público pelo trabalho de Ken que iria crescer nos anos seguintes.

A apresentação do projeto de Cranbrook na *Life* é importante sob diversos aspectos. Em primeiro lugar, criou um discurso público sobre os projetos de Ken, que prosseguiria ao longo dos anos em publicações de circulação em massa como *Life*, *Time*, *Look* e no *New York Times*, bem como nas redes de televisão. O que é particularmente intrigante nessa recepção é como ela diferia da recepção mais limitada aos móveis e à arquitetura de vanguarda ou experimental na Europa dos anos 1920 e 1930.

No caso do artigo na *Life*, o "cubo", como a revista chamou a compacta estrutura matricial, oferecia uma solução de baixo custo para mobiliar um pequeno apartamento urbano. Propiciando espaço para dormir, trabalhar e relaxar, podia ser montada em duas horas e liberaria espaço para outras atividades no aposento. Em sua apresentação na *Life*, a Estrutura Viva era um objeto de design sofisticado que seria de se esperar achar nas melhores lojas de departamento ou de móveis domésticos. Para Ken, porém, ela deveria assumir uma importância maior a título do que chamava de "disruptor cultural". Em termos arquitetônicos, era antiburguesa e econômica, em lugar de extravagante, e simples em lugar de ornamentada.

Apesar da publicação de seu projeto pela *Life*, as ideias de Ken estavam muito à frente do que os fabricantes de móveis estavam dispostos a produzir nos anos 1950. Em 1954 ele apresentou dois projetos à Herman Miller Company, um dos principais fabricantes de móveis modernos. Um dos projetos era uma Estrutura Viva para adultos, o outro, para crianças. A empresa não manifestou nenhum interesse, embora alguns anos mais tarde lançasse no mercado um projeto experimental que adotava um conceito parecido. Na verdade, a Herman Miller, tendo George Nelson como diretor de design, era a empresa de móveis cujas ideias estavam mais próximas de algumas das preocupações de Ken, particularmente seu interesse pela modularidade e intercambiabilidade. Mas o movimento de passagem de peças isoladas de mobília a um completo ambiente era mais do que qualquer companhia de móveis estava disposta a empreender na época.

Depois que se formou em Cranbrook, Ken projetou exposições para o Exército dos Estados Unidos, trabalhou por um curto período para a Boeing em Wichita e iniciou uma prática em design na cidade de Nova York. Em 1956, foi chamado de volta à escola para se tornar chefe do Departamento de Design. Nessa época havia acrescentado alguns suportes teóricos a seus projetos marcados pela intuição. Isso era evidente no Curso de Estudo de Matrizes que criou e exigia de todos os alunos de design de Cranbrook. A intenção do curso era inventar o que Ken chamou de "um ambiente em processo", que prepararia os alunos para traduzir informações sobre o mundo circundante em novos projetos que ampliassem as possibilidades de um modo de viver criativo. O curso se baseava em uma série de problemas que começava com uma declaração sobre o ser e continuava com o envolvimento com questões relativas ao processamento de informações.

Para romper hábitos convencionais de pensamento, Ken concebeu o Tambor de Matrizes, um espaço circular de 5,50 m onde os alunos se sentavam. Dentro, eram bombardeados por três projetores de slides que lançavam imagens por toda a circunferência, 360°. O objetivo dessa atividade era dar aos alunos uma experiência que reforçasse a noção de que "as soluções de produto devem ser feitas em termos do ambiente total".[6]

O curso de matrizes era descrito no catálogo de Cranbrook de 1957-1958 como "uma exploração na natureza do ambiente, propiciando oportunidades para estruturar experiências prévias em padrões significativos". De início o curso incluía uma série do que Ken chamou de "traduções", com as quais os alunos criariam uma sequência de representações materiais, primeiro de si mesmos, depois de um amigo e, por fim, de uma situação social. O sentido dessas "traduções" era mostrar aos alunos que a matriz não era apenas um objeto físico; era uma metáfora para o mundo. Em um projeto, Ken pediu aos alunos que modificassem um bloco sólido de madeira fazendo os cortes que quisessem (um aluno reduziu o bloco a serragem). Feito isso, ele lhes pediu que construíssem algo com as partes. Como um aspecto do curso de matrizes, Ken também apresentava aos alunos o livro de Norbert Wiener *Cibernética e sociedade: o uso humano de seres humanos*, um livro atípico para alunos de design nos anos 1950, que relacionava o ato de projetar ao trabalho de Wiener sobre cibernética no MIT. De fato, os alunos tinham de criar objetos materiais que corporificassem as ideias de Wiener.

O Curso de Estudo de Matrizes era um acampamento militar para futuros designers. Por isso, os alunos de Ken rejeitavam a estilização dos produtos, na época a abordagem do design mais disseminada nos Estados Unidos, em favor de objetos mais inventivos e completos, como um helicóptero de baixo custo, um automóvel pequeno, uma estrutura de barraca desmontável e dobrável e uma unidade de cozinha cilíndrica. O aluno que construiu o helicóptero tinha formação em engenharia e projetou a máquina para voar. O sentido da unidade de cozinha era romper com as convenções da cozinha tradicional e reunir todas as instalações do cozinhar e lavar em um único objeto compacto que também fosse independente, como a Estrutura Viva.

Como professor, Ken concebia projetos em uma escala grandiosa e radical e depois envolvia grandes contingentes de alunos na consecução. O Tambor de Matrizes foi o primeiro de vários desses projetos em diversas escolas. Associo o trabalho sobre o Tambor de Matrizes à construção do Monumento à Terceira Internacional pelo artista russo Vladimir Tatlin em 1919-1920. Ambos os objetos envolveram um professor e seus alunos na criação de modelos para estruturas extremamente idealistas que se destinavam a comunicar ao público novas ideias sociais.[7] Infelizmente, o caráter radical do pensamento de Ken o colocou em conflito com o diretor de Cranbrook, Zoltan Sepeshy, pintor acadêmico que lecionara na escola desde 1931, e Ken saiu de lá em 1957.

Enquanto lecionou em Cranbrook, Ken também manteve um apartamento em Nova York e viajava regularmente entre os dois locais em seu segundo ano. Em Nova York desenvolveu seu escritório de design, que manteve até 1972. Seu apartamento na rua 38 Leste, cujo interior projetou em conformidade com seus princípios matriciais, foi fotografado e publicado na revista *Industrial Design*. Nesse caso, ao contrário do artigo da *Life*, o apartamento foi apresentado a um público de designers como uma invenção de design com um recorte levemente vanguardista.

Após a saída de Cranbrook, Ken se dedicou à prática de design em Nova York. O leque diversificado de projetos nos quais trabalhou foi do design de interiores e produtos a uma sequência de imagens projetadas para uma peça da Broadway sobre os acusados de espionagem Julius e Ethel Rosenberg. Um projeto realizado por volta de 1958 foi o interior de um restaurante no distrito de teatros de Nova York e propiciou a Ken a oportunidade de experimentar uma série de conceitos diferentes que lhe interessavam. Ele usou grandes áreas de cor para definir o espaço interior, como Theo van Doesburg havia feito em seu projeto para a Sala de Dança e Cinema Aubette, em Estrasburgo, nos anos 1920. Como uma variação do uso da cor por van Doesburg para definir o espaço, Ken cobriu toda a parede dos fundos do restaurante com um de seus murais fotográficos, que um jornalista da revista *Look* havia apelidado de *pholages*. Também projetou uma cozinha autoportante e encapsulada para que toda a área de servir pudesse ser aberta. Os balcões eram ligados a postes verticais de compressão enfileirados ao longo do restaurante enquanto as luzes pendiam de varas horizontais. Toda a mobília foi feita sob medida e até o nome do restaurante — Act 4 — foi dado por Ken.

Ken trabalhou também com mobília experimental durante esse período. Seu Cubo T, que funcionava simultaneamente como assento e unidade de armazenamento, podia ser empilhado com os encostos na forma de um T. O encosto podia ser girado à medida que os cubos eram colocados um sobre o outro, de modo a não impedir o empilhamento. Ao ser indagado por que preferia o Cubo T a uma cadeira dobrável, Ken enfatizou os múltiplos usos do objeto, notadamente a capacidade de funcionar como prateleira e como assento. Também destacou seu aspecto superior.

Embora Ken tivesse uma prática muito intensa em Nova York, o ensino continuou a atraí-lo, porque proporcionava oportunidades para trabalhar em comunidade que praticamente inexistiam no mundo comercial. Em 1961, lecionou durante um semestre na Escola de Design de Rhode Island (RISD), onde seu principal projeto foi o Torus I, uma versão maior e mais elaborada do Tambor de Matrizes de Cranbrook. O Torus seria um corredor circular com projetores de filmes e slides disparando imagens em vários pontos ao longo do caminho. Os alunos construíram uma seção em miniatura e depois uma maquete seccionada em escala natural.

Em 1961, Jay Doblin, designer de produtos que trabalhara no escritório de Raymond Loewy em Nova York antes de tornar-se diretor do Instituto de Design no Illinois Institute of Technology (IIT), chamou Ken para a escola como professor visitante. Doblin pode ter conhecido o trabalho de Ken pela divulgação na *Life* ou na *Industrial Design*, que veiculara um artigo sobre o curso de matrizes de Ken em Cranbrook, além do artigo sobre seu apartamento em Nova York.[8] Doblin não só deu a Ken a liberdade para criar uma série de ateliês inovadores, onde os alunos se envolviam na construção de projetos importantes, como também captou os recursos para realizá-los.

Na época em que chegou ao Instituto de Design, Ken havia se desiludido com os métodos tradicionais de conceber projetos de design para estudantes e profissionais e estava solidamente comprometido com a noção de "design total", que para ele significava uma ruptura das barreiras entre as disciplinas convencionais do design.

O projeto no Instituto de Design pelo qual ele será mais lembrado era um exemplo perfeito dessa abordagem. Apelidado de "Caixa do Conhecimento" por um jornalista do *Chicago Tribune*, Clay Gowran, era uma combinação de sua *grid* matricial anterior e o estímulo visual de seu antigo Tambor de Matrizes.[9] A caixa era um cubo de quadrados de 3,65 m de madeira, aglomerados e aço com 24 projetores, inclusive quatro na parte de baixo, que lançavam imagens simultaneamente sobre as seis superfícies que circundavam as pessoas que passavam livremente dentro dela. Um grupo de alunos trabalhou com Ken no projeto durante cerca de 18 meses. Após concluída, a Caixa de Conhecimento despertou novamente a atenção da revista *Life*, que publicou um artigo a seu respeito em setembro de 1962.[10]

Para sua primeira demonstração, a Caixa do Conhecimento foi erigida no Crown Hall do IIT durante um fim de semana e continuou sendo amplamente exibida depois disso. Muitas das imagens eram tiradas da *Life*. Foram ampliadas em escala e programadas em ciclos que se destinavam a expor novas relações entre elas. Foram necessárias lentes especiais para projetar as imagens de 1,82 m x 1,82 m nas superfícies interiores da caixa.

Para Ken, a finalidade de se estar na Caixa do Conhecimento era nada menos do que a transformação da consciência. Seu objetivo era usar a experiência das pessoas na estrutura para romper a crosta que acreditava impedi-los de ver o mundo em um nível mais profundo. Desejava injetar uma consciência social no espectador mediante uma blitz de imagens. Essa abordagem era representativa de sua convicção na época em que o verdadeiro aprendizado decorre de uma imersão total na experiência. Conforme Paul Welch escreveu em seu artigo na *Life*:

> **E recuamos diante de um camponês de rosto sombrio e aparência latino-americana olhando para nós com o cenho franzido. Ele desaparece. Um sexto sentido — ou seja qual for o instinto que nos faz sentir que alguém está nos olhando às nossas costas — nos faz virar e lá estão quatro imagens do mesmo camponês nos perscrutando de uma outra parede. Em seguida ele está por toda parte, até embaixo de nossos pés. Fica-se um pouco embaraçado diante de sua mensagem de antipatia e deseja-se que ele vá embora.[11]**

Além de projetar imagens destinadas a induzir uma transformação emocional no espectador, Ken também queria exibir várias tendências sociais e econômicas mundiais na forma diagramática. Valendo-se de relatórios das Nações Unidas e outros dados sociais, concebeu gráficos com os continentes representados por cores diferentes. A escala comparativa de cada continente mostrava relações proporcionais entre população e fabricação, por exemplo. Multiplicados por 24 a fim de preencher a caixa, esses gráficos propiciavam visualizações de relações extremamente complexas. A mostra sequencial de padrões de dados de Ken era parecida com um projeto que R. Buckminster Fuller promoveu vários anos depois como parte da World Design Science Decade na Universidade de Southern Illinois. A Caixa do Conhecimento também teve um precedente intrigante na Outlook Tower do final do século XIX, criada pelo ambientalista e planejador urbano escocês Patrick Geddes.[12] Amplamente divulgada em *Life, Industrial Design* e outros periódicos, a Caixa do Conhecimento se ajustava a um discurso otimista sobre tecnologia do início dos anos 1960.

O projeto que Ken empreendeu a seguir com um grupo de alunos no Instituto de Design foi o desenvolvimento adicional do RISD Torus. Chamado Torus II, deveria ser portátil como os domos geodésicos de Fuller. Sua pele seria feita de hypolon — náilon reforçado com neoprene — e seria alçado a um exoesqueleto que sustentava projetores de 8 mm para exibir imagens através da pele. Esse projeto, porém, foi realizado somente na forma de várias miniaturas, em lugar de uma maquete seccional em escala natural.

Embora o pensamento de Ken acerca da importância da experiência, do valor da construção, dos efeitos destrutivos do superconsumismo e do significado da comunidade facilmente se cruzasse com o discurso da contracultura dos anos 1960 e início dos 1970, suas raízes estavam nas aspirações comunitárias do século XIX e nos impulsos racionalistas da vanguarda europeia. Nos anos 1960, ele compartilhava com Ivan Illich a desconfiança de que as escolas eram instituições de socialização, manifestando a esperança de que elas "acabassem por ser substituídas por grandes ambientes matriciais atuando como análogos da vida".[13] Isso ficou evidente na Space University [Universidade do Espaço], uma estrutura colossal que parecia algo como um cruzamento entre uma cúpula geodésica e um trepa-trepa de playground, que foi o foco de um de seus ateliês no Instituto de Design. Conforme afirmou Ken, a pessoa entraria na Universidade do Espaço com uma mochila e sairia quando estivesse educada. Ken encarava a função pedagógica dos ambientes matriciais do seguinte modo:

O aluno exploraria essas construções labirínticas como o homem explorava a terra desconhecida, cada ser humano um descobridor por sua própria conta.[14]

Em uma escala mais modesta, o aparato que Ken concebeu para seu apartamento em Chicago na época representava um desenvolvimento adicional da Estrutura Viva. Era uma armação de madeira de 1,82 m x 1,82 m cujas peças eram aparafusadas nos cantos. Na armação eram colocados painéis horizontais que podiam ser trocados de local ou adicionados e retirados segundo as necessidades. A estrutura era leve e portátil e, para deslocamento, cabia numa embalagem de 0,30 x 0,30 x 1,82 m.

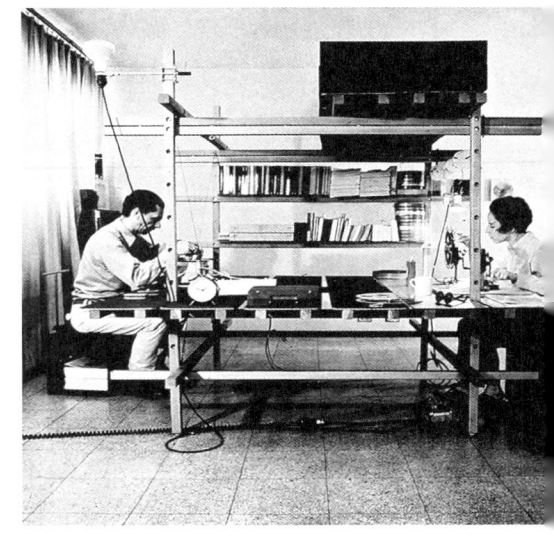

Essa matriz em breve se desenvolveria em uma nova fase dos projetos de Ken. Enquanto trabalhou como designer em Nova York no final dos anos 1950, sustentara um interesse pelo potencial arquitetônico da matriz. Em 1954, construiu a primeira Microcasa, um cubo de madeira compensada de 1,82 m x 1,82 m com uma cúpula de plexiglass, em Groveland, um imóvel na região central de Illinois próximo a Peoria e da propriedade de sua família. Oito anos mais tarde, em 1962, foi nomeado *architectural fellow* pela Fundação Graham de Estudos Avançados em Belas-Artes de Chicago. A fundação era dirigida na época por John Entenza, que havia defendido o uso de materiais industriais por Charles Eames para moradias na Califórnia no final dos anos 1940, enquanto era editor de *Art and Architecture*. A Fundação Graham concedeu a Ken recursos para construir três microcasas em Groveland. Ele deixou o Instituto de Design por volta da época em que recebeu a concessão da bolsa e começou a viajar entre Nova York, onde retomara a prática de design, e Groveland, onde encabeçou o projeto e a construção de uma comunidade experimental, trabalhando com alguns de seus alunos do Instituto de Design.

Do início dos anos 1960 até o início dos 1970, um período de intensas transformações sociais nos Estados Unidos, Ken desenvolveu uma série de protótipos de Microcasa em escala natural usando a grid de matrizes. Seu primeiro projeto foi a Shoebox House [Casa Caixa de Sapatos], depois conhecida como Antiga Microcasa, que se tornou o espaço de moradia para ele e sua família quando estavam em Groveland. A Shoebox House era uma enorme estrutura de espaço de canos de ferro galvanizado dentro da qual eram introduzidos dois grandes volumes cúbicos de madeira compensada, um sobre o outro. Esses volumes preenchiam metade do espaço, sendo o restante utilizado para plataformas de madeira compensada que funcionavam como deques.

Um dos projetos em que Ken trabalhou em Groveland no início dos anos 1960 foi um protótipo de 2,40 m x 2,40 m da Microcasa, que podia ser facilmente transportada num pequeno trailer e rapidamente montada. Outro projeto, empreendido para a General Tire and Rubber Company, estava ligado ao uso do royalex, um material plástico com o qual a companhia fabricava os capôs dos caminhões de transporte. Ken também desenvolveu uma proposta para sua maior estrutura até hoje, uma Microcasa quadrada de 5,5 m x 5,5 m que seria construída com oito seções presas por parafusos. Quando não montadas, as seções eram empilhadas uma dentro da outra.

Durante quase uma década após 1963, Ken fez ponte aérea entre sua destacada prática de design em Nova York e Groveland, onde continuava seus experimentos com variações da Microcasa. Em Nova York, a Estrutura Viva continuou a cativar a atenção pública e foi até tema de reportagem do *Tonight Show*, de Johnny Carson. Em 1968, a

Look a apresentou em um artigo intitulado "The Basic Pad" ["A Habitação Básica"].[15] Tal como no artigo da *Life* 14 anos antes, as qualidades da Estrutura Viva enfatizadas pela *Look* eram a liberação de espaço e dinheiro para o viver criativo. Por volta de 1968, porém, a ênfase estava nos "americanos com mobilidade, que estão mais à vontade com descartáveis significados do que com antiguidades poeirentas".[16]

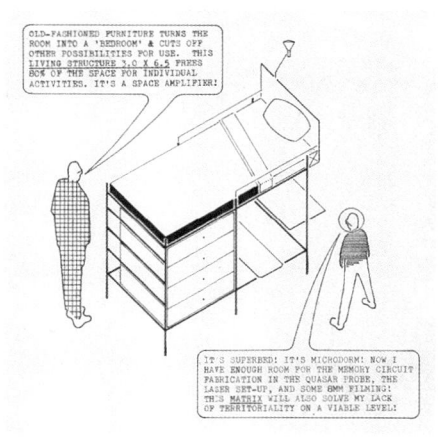

A publicidade do *Tonight Show* certamente foi um dos fatores que incentivaram Ken a começar sua própria fábrica de móveis e showroom em 1967. De início ele se concentrou em três projetos, o Microdormitório, a Supercadeira e a Casa de Diversões [Fun House]. O Microdormitório era uma variação da Estrutura Viva para um único indivíduo. De projeto mais compacto, ocupava no piso o mesmo espaço que uma cama de solteiro, com a diferença de que a área de dormir ficava no topo da estrutura, enquanto a parte inferior se destinava a espaço para estudo e lazer. A Supercadeira, que Ken citava como um "ambiente de leitura", tinha um assento e encosto estofados confortáveis que eram instalados em uma armação contendo prateleiras para livros e uma luz de leitura no alto. O encosto era preso à armação com tiras de couro e podia ser rebatido para transformar a cadeira em uma cama. Ken concebera pela primeira vez a Supercadeira em meados dos anos 1950 para se inscrever em um concurso patrocinado pela American Cotton Association para objetos que utilizassem tecido de algodão. Em um de seus primeiros esboços, visualizava a cadeira como uma pequena casa à qual se poderiam adicionar unidades modulares. O terceiro produto vendido pela Ken Isaacs Ltd. foi a Casa de Diversões, também chamada de Matriz de Praia. Na verdade era uma armação da Estrutura Viva com uma seção de madeira compensada como na Casa Caixa de Sapatos. Fácil de montar, a Casa de Diversões era divulgada como uma estrutura de férias para ser usada na praia ou no campo. Em sua própria revenda, Ken vendia kits para montagem desses três produtos, que se destinavam

à construção permanente ou temporária. Entre outros pontos de varejo que vendiam os kits estavam a Federated Department Stores em Los Angeles e a loja de departamentos Abraham and Straus de Nova York, que montou uma exposição do trabalho de Ken em 1969. Entretanto, era pequeno o número de Estruturas Vivas vendidas em sua forma montada e esse método específico de marketing foi logo abandonado. Em consequência da ampla publicidade, os projetos de Ken eram extremamente influentes junto a outros designers, particularmente nos anos 1960, em que havia uma forte ênfase em ambientes de moradia autocontidos. Craig Hodgetts, Dennis Holloway e Michael Hollander estavam entre os jovens arquitetos americanos que trabalhavam nessa modalidade na época.

No início de 1968, Ken foi convidado para ser consultor editorial da *Popular Science*, uma revista que apresentava projetos *do-it-yourself* ou faça-você-mesmo. Seu envolvimento com a revista revelou um aspecto populista de seu conceito de matriz. Durante um período de cinco anos, ele criou uma série de objetos que as pessoas poderiam fazer sozinhas. Divulgados em artigos da *Popular Science*, sua construção envolvia poucos materiais e eram fáceis de montar. Através da *Popular Science*, Ken literalmente popularizou seus projetos. "Até recentemente", escreveu em um artigo, "meu projeto da Supercadeira era vendido por 800 dólares por representantes autorizados. Você pode construí-lo, porém, por uma fração do que custaria uma cadeira almofadada".[17] Essa democratização de seus projetos reforçou sua estratégia básica de designer, que era a de dar poder às pessoas para viverem criativamente, não só pelo uso de mobília inovadora, mas também pela sua construção.

Ken apresentava seus projetos na *Popular Science* como parte de uma "ideia de matriz em design" mais ampla. Comparava esse conceito com o design tradicional, que, segundo ele, "está preocupado com soluções fragmentadas para apenas um aspecto de um problema de cada vez", enquanto "a Ideia de Matriz é um ataque ao problema todo de uma vez".[18] Para os leitores da revista, Ken apresentou a Casa de Diversões como "um acampamento-base ideal para excursões, caçadas e pescarias, ou apenas para observar as maravilhas da natureza".[19] Colocada em algum ponto entre um trailer e uma barraca, proporcionava espaço para dormir e armazenar, bem como um lugar para comer e secar roupas. O artigo de Ken a esse respeito descrevia os múltiplos usos e enfatizava a fácil montagem. A Casa de Diversões poderia ser facilmente transportada para as férias e depois desmontada. Ken a vendia como um kit, mas, como alternativa, era possível comprar apenas os acessórios especiais de articulação, que poderiam ser usados com tubos galvanizados e madeira compensada obtidos junto a fornecedores locais.

Em um artigo no número de outubro de 1969 da *Popular Science*, Ken apresentou uma mesa e cadeiras para sala de jantar. A cadeira-cubo era uma variante de sua primeira cadeira Cubo-T e a mesa "I" tinha pernas ajustáveis para que pudesse ser usada ora como de jantar ora como de café. A essa altura, os temas da flexibilidade e da liberação de espaço eram recorrentes em seus projetos. Outra peça de mobília que criou para *Popular Science* foi a Escrivaninha Delta, que caracterizou como uma forma em pequena escala que derivara de seu trabalho com a Ideia de Matriz e Estruturas Vivas mais amplas. Continuou com o tema da adaptabilidade às necessidades cambiantes com os Módulos de Canais, que foram apresentados no número da revista de abril de 1970. Esses podiam ser usados como divisórias de aposentos, prateleiras ou como unidades isoladas.

Com o Meditator, uma versão microcósmica de baixo custo da Caixa do Conhecimento que tinha fotografias coladas nas paredes interiores, Ken apresentou um espaço para retiros contemplativos. A referência para o Meditator era o livro de Lewis Mumford, *A conduta da vida*, no qual Mumford incentivava os leitores a desacelerarem e fazerem da meditação uma parte de sua rotina. Os editores de *Popular Science* situavam o Meditator na linhagem da Caixa do Conhecimento no Instituto de Design, mas sua fonte era, de fato, uma solitária Caixa de Pensamento [Thinking Box] que Ken havia esboçado em 1962 ao trabalhar no projeto mais amplo.

Em 1970, uma pequena editora de Nova York, a MSS Educational Publishing, lançou o primeiro livro de Ken, *Culture Breakers: Alternatives & Other Numbers*, um registro fotográfico de seus desenhos e projetos que remontavam a 1949. Os breves textos que acompanhavam as imagens eram precedidos por uma curta introdução, que expunha o caráter radical subjacente ao projeto da Matriz. Diante de uma crítica à galopante expansão tecnológica, Ken argumentava a favor de uma análise crítica da cultura "para que apenas os elementos que contribuam para a mudança evolutiva possam ser aproveitados e usados como partes de uma nova formação".[20]

Ao final dos anos 1960, Ken havia conquistado considerável publicidade para seus projetos, principalmente para os móveis e as estruturas de informações. Seu trabalho experimental nos protótipos da Microcasa em Groveland havia reforçado seu interesse pela arquitetura e, em 1970, após uma palestra que proferiu sobre seu trabalho na Escola do Instituto de Arte em Chicago, foi convidado a entrar para o corpo docente da Faculdade de Arquitetura da Universidade de Illinois em Chicago Circle, hoje Universidade de Illinois em Chicago.

Inicialmente, Ken desenvolveu uma série de projetos de ateliê em grande escala e ao mesmo tempo envolveu seus alunos nas casas-matrizes em Groveland. Um desses projetos era o Cubo, Libertador, que exigia que os alunos construíssem armações matrizes cúbicas de madeira para trabalho ou lazer. Os cubos eram projetados para serem agregados a uma estrutura mais ampla. Uma versão desse cubo construída em Groveland tornou-se precursora da Microcasa de 2,40 m x 2,40 m. Essa casa para uma ou duas pessoas era barata, de construção fácil e rápida, e temporária — o abrigo ideal para umas férias ou temporada em um ambiente natural. Construída de painéis de madeira compensada, a estrutura tipo caixa era cingida por quatro pernas tetraédricas feitas de tubos de conduítes elétricos. O projeto da Microcasa, que foi apresentado no último artigo de Ken para *Popular Science*, em julho de 1972, demonstrava uma incrível economia de espaço. Internamente mantinha sua característica área de dormir elevada com espaço embaixo para estudo e refeições.

Embora a Casa de Diversões tivesse sido vendida pela empresa nova-iorquina de Ken, chamada Groveland 2, kits da Microcasa estavam agora sendo vendidos por uma nova empresa, a Groveland 3, localizada na própria Groveland. Ken trazia grupos de alunos da universidade para Groveland para trabalharem com ele. De fato, sua noção de comunidade na época se baseava num grupo de Microcasas "circundando livremente um espaço comunitário ou 'praça aldeã'".[21] Esse conceito reforçava seu antigo e permanente interesse em relacionar privacidade e comunidade. Ao contrário dos socialistas utópicos do século XIX, como Fourier e Godin, que visualizavam enormes estruturas singulares para abrigar seus adeptos, a comunidade de microcasas de Ken preservava um forte sentido de autonomia, que ele sempre achou essencial à vida criativa. O arranjo circular dessas estruturas representava, assim, uma oportunidade para viver com outros, embora ainda mantendo espaços intensamente privativos.

Outras formas de mobília que Ken desenvolveu entre 1971 e 1973 eram derivadas da Matriz de Painéis. Entre elas se incluía um conjunto de cubos e cadeiras empilháveis construídas de painéis de madeira compensada com suportes tetraédricos feitos de tubos de conduítes elétricos, semelhantes aos suportes da Microcasa de 2,40 m x 2,40 m. Um conjunto de móveis projetados por Ken para o escritório de um produtor de filmes em Nova York havia sido proposto à *Popular Science* e rejeitado. Os editores disseram que Ken trabalhava com nada além de cubos e solicitaram a ele que fizesse algo que se aproximasse mais da mobília convencional. Segundo Ken, isso encerrou seu relacionamento com a revista.

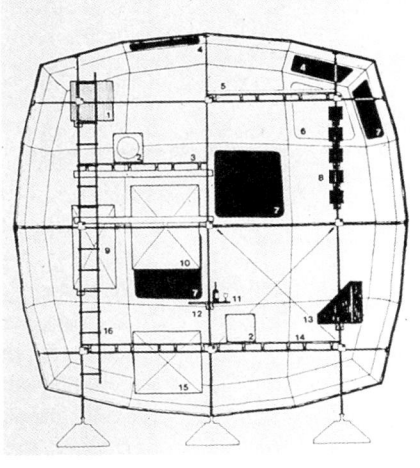

Desenho de grande Microcasa

A Casa Azul, outro projeto de ateliê da Universidade de Illinois de 1973, era uma versão diferente da Microcasa de 2,40 m x 2,40 m. Consistia em oito cubos de 1,20 m x 1,20 m que foram construídos pelos alunos. Esses cubos eram reunidos e revestidos como uma única estrutura. A intenção de Ken nessa época era continuar aumentando a escala da Microcasa para que ela se aproximasse mais de uma casa e menos de um abrigo de férias. Outra derivação da estrutura de 2,40 m x 2,40 m foi um prédio de vários andares que Ken chamou de Casa Alta. Era uma versão vertical da microcasa básica, projetada segundo o princípio de empilhamento que caracterizava as cadeiras do Cubo-T e as unidades de armazenamento da Matriz de Painéis de Ken. O conceito original remontava a seu pensamento de meados dos anos 1960, embora um protótipo só fosse construído em Groveland em 1974.

A microcasa de 5,5 m x 5,5 m foi a maior estrutura que Ken projetou. O primeiro modelo foi construído em 1957, mas sua escala era maior do que aquela com que normalmente trabalhava. Continha uma matriz de oito células com níveis para dormir e estudar em cima e incorporava uma cozinha, um banheiro portátil, uma área de refeições e uma banheira de madeira em um nível inferior. Um modelo parcial em escala natural foi construído em um curso de ateliê que Ken ministrou na Universidade de Illinois em 1974. Esse seria seu último projeto antes de se dedicar a uma pedagogia arquitetônica mais consolidada.

Foi também o projeto final em seu livro *How to Build Your Own Living Structures*, publicado pela Crown Books em 1974. Essa publicação, que descrevia projetos detalhados para várias peças de mobília e microcasas, mais uma vez levou o trabalho de Ken com matrizes à ampla atenção pública de um modo que incentivava as pessoas a construírem elas mesmas os objetos a um custo muito baixo. Com sua multiplicidade de projetos de matrizes, o livro resumia o que Ken havia realizado no domínio de móveis e arquitetura desde seu trabalho de graduação em Cranbrook. Também era uma demonstração de sua convicção fundamental de que a construção é uma atividade que confere poder. Com suas explícitas indicações para construir seus muitos projetos, o livro era a maneira de Ken trazer a público o seu trabalho. O livro tinha muito do espírito do *The Whole Earth Catalog* de vários anos antes, embora apresentasse projetos para objetos a serem feitos em lugar de informações sobre objetos a adquirir.

Preferir lecionar em uma escola de arquitetura do que em uma de design abriu novas possibilidades para Ken se envolver pela primeira vez com as tradições dessa profissão. Afastando-se do design de matrizes por um tempo, prosseguiu com o interesse pelo trabalho manual, pela clareza e simplicidade, que engendrou nele um alto apreço ao classicismo, bem como fortes opiniões sobre o papel do trabalho manual, particularmente o desenho, no design arquitetônico. Seu interesse no classicismo é evidente na casa que projetou para si e sua esposa Sara em 1994, em Seaside, a inovadora comunidade no norte da Flórida que se baseia no novo urbanismo, uma teoria do layout de cidades pequenas desenvolvida por Andres Duany e Elizabeth Plater-Zyberk. Apesar de suas parcas referências clássicas, mesmo assim a casa de Seaside tem um espírito parecido com o das microcasas. Uma comparação com a Casa Caixa de Sapatos, por exemplo, mostra a mesma preocupação com volumes simples e armações lineares.

Embora a casa de Seaside fosse uma oportunidade para Ken se envolver plenamente com as convenções da arquitetura, ela não resultou em um abandono do sistema de matriz. Usando o ditame de Le Corbusier de que a arquitetura é uma busca paciente, vários anos mais tarde Ken voltou à matriz como um princípio norteador para um pequeno veículo de transporte urbano. A ideia de um microcarro o havia interessado já em seus anos de pós-graduação, quando ficou fascinado com os ciclocarros da era eduardiana, que tinham rodas de bicicleta e motores de motocicleta. A intenção de Ken ao projetar um novo veículo era produzir algo que pudesse transportar indivíduos ou bens apenas na escala da vizinhança. Concebeu uma armação motorizada que podia funcionar com ou sem uma capota matriz destacável que abrigaria o motorista e sua carga. Embora esse projeto não fosse levado até o estágio de protótipo, sinalizava para Ken que seu conceito de matriz original ainda era um valioso gerador de projetos de design.

O microcarro, que trouxe Ken de volta ao ponto de origem, me leva a um conjunto de reflexões sobre o legado de sua vida no design. Não é a estrutura de matriz em si que é o cerne da obra de Ken, mas antes a matriz como exemplo de pensamento de design focado. O próprio Ken afirmou que seu objetivo nunca foi propor a matriz como a melhor solução para todos os projetos de design. Em vez disso, ela serve como prova de como um designer confrontou o mundo por mais de 50 anos.

A carreira de Ken nos mostra a possibilidade de gerar uma filosofia perene do design a partir de uma única ideia central. Podemos perceber um certo paralelo na filosofia do Dymaxion de R. Fuller, que resultou não só em cúpulas geodésicas em todas as escalas e em todos os materiais, mas também em outros projetos, como mapas. Outro aspecto do legado de Ken é o valor positivo de se trabalhar numa pequena escala. Concentrar-se em objetos menores permitiu que ele atentasse para os detalhes de cada um. Esses detalhes, segundo ele, são essenciais à nossa experiência do mundo material. Projetar artefatos como estruturas para a experiência de uma ou duas pessoas também representa a convicção de Ken de que um espaço autônomo para o cultivo da individualidade é essencial à criação de uma comunidade produtiva. O processo de invenção por trás da obra de Ken revela seu interesse pelo pensamento que não é hierárquico, e sim flexível. Permanecendo dentro de uma gama mais limitada de objetos, foi capaz de afinar suas capacidades criativas. Embora modernista no repertório de design, nunca seguiu o ditame de que a mesma filosofia do design deve operar em todas as escalas. Os projetos de Ken não se transferem de uma colher para uma cidade, como vislumbrou certa vez o arquiteto italiano Ernesto Rogers, mas sim de uma colher para uma colher, como notou certa vez Andrea Branzi.[22]

Os objetos matriciais de Ken, que são econômicos e ecológicos, resultam de um pensamento que é sóbrio. Com suas muitas dimensões, servem como ricas metáforas culturais que demonstram como uma vida de reflexão pode ser materializada em formas enganosamente simples.

Notas

1 "Home in a Cube", *Life*, 11 de outubro de 1954, pp. 91-92.
2 "Living Structure" foi um termo que Ken empregou para os projetos de matrizes que começou a criar por volta de 1949.
3 Ken Isaacs, "Alpha Chambers", *Dot Zero* 4 (verão de 1967): 39.
4 Para uma discussão desse termo, ver Ivan Illich, *Tools for Convivality*, Berkeley: Heyday Books, 1973, pp. 10-16.
5 Isaacs, "Alpha Chambers", p. 39.
6 Ken Isaacs, citado em James S. Ward, "Matrix at Cranbrook: An Experimental Design Course Shakes Student Preconceptions", *Industrial Design* (março de 1958): 76.

7 Quando conheci Ken, em 1982, um de nossos primeiros temas de conversa foi a Torre de Tatlin. Ken estava particularmente fascinado pelo fato de que um modelo em escala da torre fosse conduzido em carroça puxada por cavalos pelas ruas de Leningrado como parte de uma parada para celebrar a Revolução Russa.
8 Ver nota 6.
9 Clay Gowran, "The Incredible Knowledge Box", *Chicago Tribune Magazine*, 29 de julho de 1962, pp. 8-10. Antes e depois do epíteto de Gowran aparecer na imprensa, Ken se referia a essa estrutura e suas precursoras como *alpha chambers*.

10 Paul Welch, "The Knowledge Box", *Life*, 14 de setembro de 1962, pp. 109-112. A *Life* pode ter ficado sabendo da Caixa do Conhecimento a partir do artigo de Clay Gowran na revista *Chicago Tribune*. Outros artigos sobre o projeto incluem um de Ken, "Think Box", *Industrial Design* (novembro de 1962); 48-51; e Kildare Dobbs, "Inside the Knowledge Box", *Star Weekly Magazine*, Toronto, 29 de dezembro de 1962, pp. 1-3. A Caixa do Conhecimento foi discutida mais tarde pelo crítico de arquitetura C. Ray Smith em seu livro *Supermannerism: New Attitudes in Post Modern Architecture*, Nova York: Dutton, 1977, pp. 299-300. A inclusão do trabalho de Ken em um livro sobre pós-modernismo mostra o quão livremente o termo se aplicava a designers e arquitetos por Ray e outros críticos como Charles Jencks.

11 Welch, "The Knowledge Box", p. 112.

12 Ver *Patrick Geddes: Spokesman for Man and the Environment. A Selection*, edição e introdução de Marshall Stalley, New Brunswick: Rutgers University Press, 1072. O volume inclui uma palestra de Geddes sobre a representação de dados interdisciplinares sobre cidades, "The Population Map and Its Meaning", pp. 123-133.

13 Isaacs, "Alpha Chambers", p. 42.

14 Ibid.

15 "The Basic Pad", Look, 14 de maio de 1968, M21-M23.

16 Ibid., M21.

17 Ken Isaacs, "Build the Superchair", Popular Science (março de 1968): 164.

18 Ibid., p. 161.

19 Ken Isaacs, "Way-Out Fun House for Your Vacant Lot", *Popular Science* (julho de 1969): 134.

20 Ken Isaacs, *Culture Breakers: Alternatives & Other Numbers*, Nova York: MSS Educational Publishing, 1970, s.p.

21 Ken Isaacs, "Instant Housing for Your Country Site: Build a Vacation Cluster", *Popular Science* (julho de 1972): 88. Nesse artigo, Ken se referia à Microcasa como uma Microcabana.

22 Branzi parafraseou Rogers em um painel de discussão sobre estratégias do design italiano no Congresso do Conselho Internacional de Sociedade de Design Industrial (ICSID) de 1983 em Milão.

Vendedor de café em Jerusalém oriental.

EXPANSÃO OU SUSTENTABILIDADE: DOIS MODELOS DE DESENVOLVIMENTO

Na primavera de 1992, Richard Buchanan publicou um artigo na revista *Design Issues* intitulado "Wicked Problems in Design Thinking". Partindo do trabalho do matemático e designer Horst Rittel, Buchanan relacionava a indeterminação e confusão dos problemas de design, como Rittel os definia, a um escopo ampliado da prática do design que constituía quatro áreas ou domínios. Esses domínios iam da comunicação simbólica e visual para os objetos materiais, depois para atividades e serviços organizados e, por fim, aos sistemas ou ambientes complexos para morar, trabalhar, divertir-se e aprender. Central ao argumento de Buchanan em favor de uma prática ampliada do design é sua convicção de que o design é uma nova arte liberal da cultura tecnológica que tem a capacidade "de conectar e integrar conhecimento útil das artes e igualmente das ciências, mas em sentidos que são adequados aos problemas e propósitos do presente".[1]

A formulação sistemática de Buchanan da atividade de design encontra precedentes em proposições anteriores a favor de uma mais ampla relevância do design. Em 1946, László Moholy-Nagy afirmou em uma conferência sobre o futuro do design industrial como profissão, patrocinada pelo Museu de Arte Moderna de Nova York, que o design "é uma atitude que cada um deve ter; ou seja, a atitude do planejador — quer se trate de relações familiares, relações de trabalho, da produção de um objeto de caráter utilitário ou de uma livre obra de arte, ou o que quer que seja. Isso é planejar, organizar, projetar".[2] John Chris Jones posteriormente fez uma afirmação comparável em seu influente livro *Design Methods*:

> **Talvez o sinal mais óbvio de que precisamos de métodos melhores para projetar e planejar é a existência, nos países industriais, de enormes problemas não resolvidos que foram gerados pelo uso de objetos produzidos pelo homem, como congestionamento de trânsito, falta de estacionamento, acidentes rodoviários, congestionamento em aeroportos, ruídos, decadência urbana e escassez crônica de serviços como tratamento médico, educação em massa e investigação de crimes.[3]**

No entanto, apesar da defesa por Moholy-Nagy, Jones, Buchanan e outros do papel mais engajado do design na vida social, até recentemente essa visão não obteve muito crédito. Ela era facilmente combatida porque os aparatos profissionais que codificam diferentes formas de prática, como design gráfico, design industrial, arquitetura ou planejamento urbano correspondiam a agregados de problemas que se manifestavam de forma relativamente coerente e distinta. Em um ensaio anterior, porém, observei que as fronteiras em torno dessas áreas de problemas começaram a desabar devido à influência da tecnologia, das estratégias gerenciais, de forças sociais e novas correntes intelectuais. Em consequência disso, as antigas divisões da prática do design agora parecem cada vez mais inadequadas e ineficazes. Essa situação gerou uma intensa reflexão sobre o papel do designer por parte dos usuários de serviços de design.[4]

A insurgência no design é uma resposta a uma situação mundial que em si mesma é turbulenta. Ela pode ser caracterizada, segundo a definição de Rittel de "*wicked problem*" [problema capcioso], como uma "classe de problemas do sistema social mal formulados, em que as informações são confusas, em que existem muitos clientes e tomadores de decisão com valores conflitantes e em que as ramificações no sistema como um todo são profundamente confusas".[5] Para que os designers participem da classificação desses problemas e da criação de estratégias de resolução, terão de passar do segundo domínio do design, no qual o design de produtos esteve situado desde o século XIX, para o quarto domínio do design, no qual, nas palavras de Buchanan, estarão "cada vez mais preocupados com a exploração do papel do design na sustentação, no desenvolvimento e na integração dos seres humanos em ambientes ecológicos e culturais mais amplos, moldando esses ambientes quando desejável e possível ou adaptando-se a eles quando necessário".[6] Isso não significa abandonar o design de produtos. Significa conectá-lo a uma situação mais ampla de produção e uso.

Em um artigo de 1996 publicado em *Design Issues*, como resposta ao trabalho de Buchanan "Wicked Problems", o consultor de design australiano Tony Golsby-Smith demonstrou, por meio de estudos de casos pessoais, como os quatro domínios de atividade do design definidos por Buchanan podem ser desenvolvidos dentro de uma cultura organizacional, à medida que se passa do design de produtos para os processos de planejamento que geram esses produtos e para as maneiras pelas quais opera a própria organização.[7] Essa é uma linha frutífera de desenvolvimento, mas identifica apenas parcialmente a amplitude dos problemas que precisam ser tratados dentro de uma nova visão da prática do design. O que ela não explica são as maneiras pelas quais o quarto domínio do design pode responder à situação mundial em seu sentido mais amplo. Isso significa ordenar os quatro domínios da prática do design a fim de lidar com problemas cujas definições, para não falar de resoluções, até agora escaparam a todos.

O primeiro passo nesse processo é construir um modelo da situação mundial a fim de identificar áreas-problema. Tal projeto é extremamente complexo e em si mesmo constitui um importante problema de design. Os modelos mundiais do século XIX, exemplificados pelo trabalho do sociólogo Herbert Spencer, eram baseados em metáforas, notadamente do corpo humano. Esses modelos anteriores pretendiam representar uma totalidade mundial, mas eram estáticos e situavam diferentes regiões geográficas dentro de uma hierarquia de maior e menor importância. Reforçavam as relações coloniais e pouco faziam para explicar o movimento de pessoas e bens de uma região para outra.

Foi somente depois da Segunda Guerra Mundial que a teoria geral dos sistemas e a modelagem matemática propiciaram novas ferramentas para um avanço importante na representação da situação mundial. Um maior esforço foi iniciado pelo Clube de Roma, formado em 1968 por incentivo do industrial italiano Aurelio Peccei. Como resultado dos encontros iniciais, o Clube de Roma empreendeu um projeto extremamente ambicioso "para examinar o complexo de problemas que afligem a população de todos os países: pobreza em meio à abundância; degradação do meio ambiente; perda de fé nas instituições; crescimento urbano descontrolado; insegurança do emprego; alienação da juventude; rejeição de valores tradicionais; e inflação e outras perturbações monetárias e econômicas".[8] A premissa em favor da abordagem desse projeto era encarar o mundo como um sistema e analisá-lo como um todo. O professor Jay Forrester, do Instituto de Tecnologia de Massachusetts, concebeu um modelo matemático que permitia a identificação de muitos componentes do problema e sugeria uma maneira para estudar o comportamento e as relações entre os mais importantes. O resultado foi um relatório, *Os limites do crescimento*, publicado inicialmente em 1972, que argumentava vigorosamente a favor da necessidade de alcançar um equilíbrio mundial baseado em limites ao crescimento da população, no crescimento econômico de países menos desenvolvidos e em uma nova atenção aos problemas ambientais. *Os limites do crescimento* vendeu mais de dez milhões de exemplares no mundo inteiro e gerou considerável controvérsia. Ele definia pela primeira vez o que os autores chamavam de *problematique*, ou formulação de problemas, que podia ser alterada e desenvolvida ao longo do tempo para incorporar novos dados. O trabalho do grupo de Forrester foi um bom exemplo do quarto domínio do design, embora se restringisse a uma análise da situação mundial sem divisar planos de intervenção. Desde a publicação de *Os limites do crescimento*, o Clube de Roma empreendeu outros estudos, entre os quais *The First Global Revolution* [A primeira revolução global], lançado em 1991, e *Taking Nature into Account* [Levando em conta a natureza], publicado em 1995.[9]

Anos após a publicação de *Os limites do crescimento*, mudanças consideráveis, tanto positivas como negativas, ocorreram no mundo. Do lado positivo, houve um aumento na consciência de situações que ameaçam a Terra. Isso resultou em ações internacionais de grande escala, como a iniciativa europeia antinuclear liderada alguns anos atrás por E. P. Thompson e outros e o movimento ecológico em escala mundial, que tem combatido em muitas frentes, da restauração das florestas tropicais sul-americanas à redução da emissão global de dióxido de carbono. Inversamente, prossegue desenfreado o desrespeito pela cidadania ecológica. Isso levou ao momento crítico atual em que continuamos provocando danos permanentes ao planeta.

Os esforços do Clube de Roma, além dos estudos de outras comissões internacionais — como o Comitê Mundial do Meio Ambiente e Desenvolvimento, dirigido pela ex-primeira-ministra norueguesa Gro Harlem Brundtland, que produziu em 1987 o relatório *Nosso futuro comum* patrocinado pelas Nações Unidas — resultaram na promulgação do que chamarei de modelo de sustentabilidade do mundo.[10] A premissa desse modelo é que o mundo é um sistema de equilíbrio de forças ecológicas constituído por recursos finitos. Se os elementos desse sistema forem danificados ou desequilibrados ou se recursos essenciais se esgotarem, o sistema sofrerá graves danos e provavelmente entrará em colapso. Nos últimos anos, o modelo de sustentabilidade conquistou amplo apoio como ideal pelo qual lutar. Tem motivado a formação e as atividades de vários partidos verdes na Europa e nos Estados Unidos, ampliado as agendas dos partidos liberais em diversos países e sustentado uma série de conferências das Nações Unidas sobre o meio ambiente, a população e os direitos das mulheres.[11] No entanto, a incapacidade desse modelo de acomodar o crescimento dinâmico da produção e do comércio que está impelindo o desenvolvimento de uma economia global emergente levou muitos integrantes da comunidade dos negócios, bem como grandes segmentos de público nos países industrializados, a endossá-lo da boca para fora ou a ignorá-lo completamente.

Em oposição ao modelo de sustentabilidade, a maioria das empresas e muitos consumidores operam em relação ao que chamarei de um modelo de expansão do mundo. Segundo esse modelo, o mundo consiste em mercados nos quais os produtos funcionam, antes e acima de tudo, como moedas de troca econômica. Eles atraem capital que ou é reciclado em mais produção ou se torna parte da acumulação de riqueza particular ou empresarial. Até recentemente o mercado global estava centrado naquilo que Kenichi Ohmae e outros chamam de a Tríade, ou seja, os países economicamente desenvolvidos da América do Norte e da Europa e o Japão.[12] Essa área comercial desenvolvida agora se ampliou e inclui a China, os países recém-industrializados do Sudeste da Ásia e alguns países, como o Brasil, em outras regiões do mundo.

As duas agendas de desenvolvimento social fundamentais ao modelo de sustentabilidade e ao modelo de expansão não só estão em conflito como também numa rota de colisão que já resultou em desastre considerável. Isso é evidente no abismo cada vez maior entre ricos e pobres tanto em termos globais como locais, o desenvolvimento de uma infraestrutura de informação que privilegia alguns e exclui outros e um leque de precárias situações ambientais que estão começando a danificar permanentemente o planeta. A tensão entre esses dois modelos é enorme e deve ser tratada se quisermos superar os aspectos desagradáveis de ambos.

O modelo de sustentabilidade é o mais sensato dos dois, mas requer um controle do consumo que coloca um desafio direto ao modelo de expansão. Como afirmam os autores de *The First Global Revolution*,

> **A sociedade sustentável jamais emergiria em uma economia mundial que confiasse exclusivamente na operação das forças de mercado, por mais importante que essas possam ser, para a manutenção da vitalidade e inovação criativa... Na busca de uma abordagem normativa para o desenvolvimento mundial futuro neste momento de turbulência e transformação, é crucial descobrir se os níveis atuais de prosperidade material nos países ricos industrializados são compatíveis com a sustentabilidade global ou, talvez melhor, se uma economia mundial movida pela demanda estimulada do consumidor pode continuar por muito tempo.**[13]

O oposto extremo dessa posição encontra eco no discurso de design de Ezio Manzini, que declarou em um artigo de 1994 em *Design Issues*: "O que está acontecendo hoje é uma crise estrutural e o modelo global de desenvolvimento é o verdadeiro problema em discussão".[14] Propondo um "novo radicalismo", Manzini afirmava que o novo design de produtos existentes era insuficiente e que era necessária uma mudança drástica nos padrões de consumo. Ele propôs três cenários de consumo. No primeiro, os designers precisarão desenvolver produtos que possam sobreviver como artefatos técnicos e culturais por um período mais longo do que o demonstrado pelo tempo de vida dos produtos anteriores. O usuário ou consumidor nesse cenário teria de desenvolver uma relação diferente com seus produtos, renunciando à novidade e à mudança em favor do apego e do cuidado. No segundo cenário, Manzini via uma passagem da aquisição de produtos para a utilização de serviços como o que se pode visualizar no aluguel ou compartilhamento de ferramentas elétricas e automóveis em lugar de sua aquisição.[15] O terceiro cenário era o mais drástico — o envolvimento com menos objetos mediante a redução do consumo.

Contudo, em muitas frentes existe uma oposição à redução do fabrico de bens que Manzini acredita ser necessária e que está implícita na crítica do consumo pelo Clube de Roma. Essa oposição pode ser enunciada em termos econômicos, políticos e pessoais. Os que operam segundo o modelo de expansão acreditam que o desenvolvimento e a inovação dos produtos são o motor da economia global. Tal pensamento não deixa de ter suas referências ao modelo de sustentabilidade, como vemos nas tentativas de adaptar os princípios de sustentabilidade ao projeto de novos produtos ou à reconcepção dos produtos existentes.[16]

Entretanto, o modelo de expansão está dominado por uma convicção no poder da inovação tecnológica em aprimorar a experiência humana, uma relação baseada na afirmação de que a satisfação propiciada pelos bens materiais não tem limites. Além disso, o materialismo se tornou tão inerente a noções de felicidade que o desenvolvimento de produtos está hoje quase inextricavelmente ligado ao esforço a favor do aprimoramento humano.

Essa situação tem consequências importantes. Em primeiro lugar, não existem limites à busca por maior refinamento nos produtos, tal como não há consenso sobre o que constitui suficiente qualidade no produto. A situação é perpetuada por fabricantes que constantemente trazem à atenção do público mais amplo as excepcionais características de produtos que são feitos para nichos de mercado avançados. Isso é particularmente evidente nos setores de equipamento para atividades de lazer, como correr, andar de bicicleta, remar e jogar tênis.[17] Também é evidente no mercado americano de aparelhos estereofônicos, no qual certas empresas adaptaram uma avançada tecnologia de telecomunicações aos sistemas de som domésticos. Em 1992, por exemplo, a Apogee Acoustics lançou um sistema de alto-falantes por US$60 mil, enquanto a Madrigal Au-

dio Laboratories em Connecticut vendeu um processador digital por quase US$14 mil.[18] Embora relativamente poucas pessoas comprem esse dispendioso equipamento, assim que o segmento de ponta de um mercado é definido e os padrões são estabelecidos, um efeito de transmissão gradual e leve. Esse efeito se torna manifesto nos níveis divergentes de qualidade que resultam em uma gama extraordinária de produtos para o consumidor, que pode então medir o valor da sua própria aquisição contra os padrões mais elevados do mercado e talvez até aspirar a ascender a uma melhor qualidade quando as circunstâncias lhe permitirem. Frequentemente a qualidade de um produto está bem além do que é exigido pelas necessidades do usuário, mas o produto é comprado porque representa o melhor que existe e isso constitui uma manifestação simbólica. O refinamento dos produtos hoje é muito mais sofisticado do que o postulado feito por Thorstein Veblen em sua noção de "consumo conspícuo" há pouco mais de um século.[19] Hoje, os novos produtos não constituem simplesmente versões perdulárias e desnecessárias de produtos existentes. Muitas vezes eles corporificam genuínas melhorias que alteram a experiência humana no sentido mais pleno.

Outra maneira pela qual opera o modelo de expansão é mediante a criação de mercados para novos produtos onde anteriormente não havia nenhum. Hoje o número de objetos com os quais as pessoas vivem nos países industrializados está crescendo, mais do que declinando, porque as ações que as pessoas outrora realizavam ou tinham necessidade de realizar estão sendo agora realizadas pelos produtos, particularmente os inteligentes. Tomemos por exemplo o pager e o celular. O ímpeto por estar prontamente acessível e capaz de acessar os outros tornou imperativo ou desejável a muitas pessoas carregar telefones ou pagers o tempo todo consigo.

O pager, outrora reservado aos médicos e outros profissionais que precisavam ser localizados em uma emergência, é hoje carregado até por adolescentes na expectativa de se contatarem sempre que o desejarem. Isso não só criou um mercado enorme para pagers e celulares como também tem canalizado vastas quantidades de dinheiro para as companhias telefônicas que fornecem o serviço de transmissão.[20] Os fabricantes estão agora levando os terminais de vídeo para um estado de ubiquidade, conforme evidenciado por algumas companhias aéreas que colocaram terminais para exibição de filmes e videogames para os passageiros em suas poltronas.

O desenvolvimento e o uso ampliado de todos esses novos objetos tecnológicos são parte de um processo para estimular as expectativas do usuário a fim de criar novas demandas por produtos. E não há nenhum fim no horizonte visível. Mesmo uma atividade como jardinagem, que nunca exigiu equipamento sofisticado, agora se tornou motivação para a venda de instrumentos dispendiosos, que incluem luvas, calças especiais, joelheiras, podões suíços caros, regadores de alto preço, muito apreciados para locais difíceis de alcançar e uma colher de jardineiro de prata que custa US$2 mil.[21] O ritmo de inovação de produtos, particularmente na eletrônica, continua a acelerar-se e os usuários estão condicionados a participar do processo mediante a atualização regular dos produtos existentes e aquisição de novos.

O refinamento da operação é uma das promessas da nova onda de produtos inteligentes que variam de cortadores de grama eletrônicos, cujos sistemas de monitoramento controlado por computador injetam potência extra conforme a espessura da grama, até a casa inteligente dotada de um sistema de controle que tudo fará desde ligar a cafeteira até controlar o sistema de regadores no jardim.[22] Essas e outras inovações estão entrando no mercado em um ritmo tão rápido que nos faz cogitar se daqui a cem anos restará alguma coisa a ser feita.

Embora os cortadores de grama e as casas inteligentes ainda continuem a ser a opção do consumidor, planos para uma rede nacional de rodovias inteligentes nos Estados Unidos, para os quais o Departamento de Transportes destinou US$200 milhões em recursos de pesquisa por um período de sete anos, apresentam uma situação diferente. Caso esse sistema rodoviário inteligente se desenvolva e chegue a ser implementado, será o que Ivan Illich chamou de "monopólio radical", que não deixa às pessoas outra escolha senão a de usá-lo.[23] Os motoristas serão obrigados a passar para os carros inteligentes, que serão equipados para tais rodovias, ao passo que todos arcarão com os custos da conversão para um sistema rodoviário inteligente, pagando tarifas mais caras.[24] Preparar todo o sistema rodoviário nacional dos Estados Unidos para os veículos inteligentes custará bilhões de dólares, que poderiam ser mais bem aplicados em serviços sociais urgentemente necessários.

É fácil prosseguir com casos de pesquisa e desenvolvimento de produtos que são justificados dentro desse discurso expansionista pela promessa de uma vida melhor. Entretanto, não é fácil mudar os termos do discurso. O cientista político Langdon Winner destacou as dificuldades de estruturar democraticamente a política pública para a inovação tecnológica. Ele acredita que a filosofia moral tende a enfrentar as questões de ordem tecnológica em um vazio intelectual e social.

Acontece que o problema não é que carecemos de bons argumentos e teorias, mas sim que a política moderna simplesmente não oferece papéis e instituições apropriados nos quais o objetivo de definir o bem comum na política tecnológica seja um projeto legítimo.[25]

Para Winner, a solução para esse problema se encontra em novas formas de cidadania democrática, que são particularmente difíceis de instituir quando se chocam com demasiada intensidade com noções de felicidade sustentadas pela maioria dos cidadãos. Na medida em que os custos e benefícios de projetos como a rodovia inteligente não forem avaliados em relação ao que é necessário para tratar os problemas econômicos e ambientais que continuam a nos atormentar, tais projetos continuarão a ganhar apoio de fabricantes ávidos por criar produtos e mercados a todo custo e de políticos que neles percebem a oportunidade de gerar empregos para suas bases eleitorais.

Talvez a defesa mais séria do modelo de expansão contra as políticas que resultam em sustentabilidade global seja a equação de participação no mercado com poder político. A ascensão do Japão à sua posição atual de influência política é consequência de seu ímpeto extraordinário nos anos do pós-guerra por se tornar um ator principal na economia mundial. O sucesso do Japão foi bem entendido por seus vizinhos, que hoje competem entre si para desenvolver infraestruturas sofisticadas, a fim de atrair investimento estrangeiro e industrialização. Quando foram aprendidas as lições de como administrar uma fábrica, a Coreia do Sul, Hong Kong, Cingapura, Tailândia, Malásia e seus vizinhos estavam ansiosos por construir suas próprias fábricas, iniciar a produção e começar a exportar. Os parceiros estrangeiros se apressaram em agarrar a oportunidade e sua avidez em expandir as próprias operações acelerou o progresso econômico desses novos países em desenvolvimento. Se tamanha conexão existe entre participação econômica e poder político, que argumento podemos então apresentar a fim de desviar parte da energia desses países rumo ao desenvolvimento sustentável, e não à expansão de mercados?

Dada a poderosa capacidade do modelo de expansão de estimular as aspirações humanas por uma vida de conforto e prazer e os interesses políticos subjacentes ao impulso em favor do poder econômico, é baixa a probabilidade de se alcançar abstinência generalizada do consumidor em contingentes significativos.[26] Fazer isso de uma outra maneira que não em uma base voluntária individual exigiria uma reestruturação de toda a economia mundial e levantaria sérias questões sobre como um padrão de vida adequado ou melhor pode ser sustentado por tantas pessoas quanto as que agora o possuem devido a sua participação no modelo de expansão global. Significaria também trazer de volta a premissa vigente nas economias avançadas de que um padrão de vida confortável com recursos suficientes para que cada um se desenvolva como quiser seja uma meta possível para todos. O que dificulta ainda mais a passagem para um modelo de sustentabilidade é que ele só pode ser alcançado mediante o reembolso da dívida em que incorreram empresas e governos que operam dentro do modelo de expansão por ignorar as regras da boa cidadania ecológica. Os custos de purificação de rios poluídos, limpeza de ar contaminado e reposição de solo esgotado são astronômicos e devem ser enfrentados se quisermos devolver o planeta ao seu estado ecológico correto.

Como parte de sua estratégia para identificar sistematicamente os problemas mundiais, o Clube de Roma também desenvolveu um método analítico de resposta que é descrito em *The First Global Revolution*.

> **Nossa tarefa também é encorajar a inovação social e humana que, quando comparada à sua prima, a inovação tecnológica, é sem dúvida um membro pobre da família. Gostaríamos de enfatizar mais uma vez que com o termo *resolutique* não estamos sugerindo um método para atacar todos os elementos da *problematique* em toda a sua diversidade ao mesmo tempo... Nossa proposta é, isto sim, um ataque simultâneo a seus elementos principais com, para cada caso, uma cuidadosa consideração dos impactos recíprocos de cada um dos outros.[27]**

Entretanto, a *resolutique* do Clube de Roma não reconhece o grau em que as forças do modelo de expansão se contrapõem aos objetivos do desenvolvimento sustentável. Em lugar disso, o Clube propõe operar através de instituições novas e existentes do setor público sem reconhecer a dificuldade de reestruturar a relação entre os modelos de sustentabilidade e expansão. Ele prefere se basear nos novos "valores coletivos" que estão surgindo em linhas gerais como um código moral para ação e comportamento, mas isso constitui antes uma esperança do que uma estratégia.

A questão dos valores globais foi tratada pelo eminente teólogo alemão Hans Küng no livro *Global Responsibility: In Search of a New World Ethic*. Küng propõe uma "ética da responsabilidade" que seja orientada para as consequências de decisões e ações à medida que essas se manifestam nas situações concretas. Ele concebe essa ética como complemento a uma ética do ajuste, que propõe virtudes idealistas sem atentar para o processo e os efeitos de sua adoção. "Sem uma ética do ajuste", escreve, "a ética da responsabilidade declinaria em uma ética de sucesso independentemente do ajuste, na qual o fim justifica os meios. Sem uma ética da responsabilidade, a ética do ajuste declinaria no fomento ao recolhimento farisaico".[28]

Küng tem consciência dos perigos que podem decorrer de "um vazio de sentido, valores e normas". Observa que "o estado livre democrático deve ser neutro em sua visão de mundo, mas precisa de um consenso moral básico com relação a determinados valores, normas e atitudes, pois sem esse consenso moral básico se torna impossível uma sociedade em que valha a pena viver".[29] Semelhante consenso tem sido particularmente difícil de ser alcançado em uma escala global porque não se tem feito nenhuma tentativa de negociação entre os modelos de sustentabilidade e expansão da situação mundial. Cada um dos proponentes opera em sentidos que reduzem ou marginalizam o poder do outro ao postergar as respectivas promessas de utopia para algum ponto no futuro em que as estratégias de realização não precisam ser testadas contra as contestações dos críticos. Certos adeptos da sustentabilidade propõem de forma irrealista uma redução radical do consumo, enquanto os expansionistas constantemente minimizam a precária condição ecológica do planeta e os riscos políticos de aumentar a diferença nos níveis de renda entre ricos e pobres. Por conseguinte, somos envolvidos em uma rejeição colossal da necessidade de se relacionar os valores conflitantes dentre esses dois modelos.

Como devemos então proceder? Não dispomos de mecanismo político para gerar o debate necessário entre os proponentes dos respectivos modelos. Embora as conferências das Nações Unidas tenham gerado massudos relatórios cheios de ideias úteis, a ONU não tem tido a autoridade para aplicar essas recomendações nem tem sido capaz de negociar papéis, respectivamente, para os países desenvolvidos e em desenvolvimento com relação ao controle da população, à adoção de medidas ecológicas e à restrição da atividade fabril. Em contraposição a essa situação paralisante, vários executivos empresariais reconhecem os riscos da atividade fabril ilimitada e têm procurado soluções que atendam mais de perto às necessidades de uma economia sustentável. Mas essas atividades não ocorreram numa escala suficiente para produzir um sensível impacto no modelo de expansão.

Existe um vácuo no desenvolvimento de métodos para reconciliar esses dois modelos que uma reflexão sobre a prática do design pode ajudar a resolver. Como arte da concepção e planejamento, o design ocupa uma posição estratégica entre a esfera da ética da disposição e a esfera da mudança social.[30] Esse é o seu poder. O design é a atividade que gera planos, projetos e produtos. Gera resultados tangíveis que podem servir como demonstrações ou argumentos sobre como podemos viver. O design está constantemente inventando seu tema e por isso não é limitado por categorias caducas de produtos. O mundo espera coisas novas dos designers. Essa é a natureza do design.[31]

O design incorpora técnicas metodológicas para ordenar problemas capciosos e divisar estratégias de ação em resposta. Os bons designers possuem habilidades aguçadas de observação, análise, invenção, configuração ou conformação e comunicação. Ao encarar o design como uma prática que se estende da comunicação visual aos macroambientes, podemos dotar a profissão de mais flexibilidade, bem como de autoridade adicional para se envolver numa ampla gama de problemas. Trabalhando com quatro domínios, o designer e/ou equipe de design pode situar um determinado projeto em um contexto que pode até alterar o projeto em si mesmo. Quando o

design não se limita a produtos materiais, os designers podem intervir no âmbito de organizações e situações em muito mais sentidos. Tendo em mente a designação de Buchanan do design como uma disciplina integradora, os educadores e profissionais podem assumir seu desafio na busca "de obter um entendimento mais profundo do pensamento de design para que mais cooperação e benefício mútuo sejam possíveis entre aqueles que aplicam o pensamento de design a problemas e temas marcadamente distintos".[32]

Dada a extrema dificuldade de reconciliar diferenças entre adeptos da sustentabilidade ou da expansão ao nível discursivo da ética e dos valores, uma estratégia que as Nações Unidas e grupos como o Clube de Roma continuam a adotar, é possível avançar de modo mais frutífero por meio de projetos e produtos que demonstrem novos valores em ação. Esses podem se mostrar mais atraentes ao público do que um argumento que permanece mais no nível da proposição do que da demonstração.

A questão que enfrentamos é como alargar a esfera tradicional de ação do design do atendimento aos fabricantes para um envolvimento mais proativo com a *problematique* do Clube de Roma e outros grupos preocupados com a situação mundial. Ao seguir esse curso, os designers podem buscar, por meio da arte da demonstração, reconciliar os melhores aspectos dos modelos de sustentabilidade e expansão, e com isso, dar uma contribuição importante para a frutífera continuidade da vida no planeta Terra.

Notas

1 Richard Buchanan, "Wicked Problems in Design Thingking", em Victor Margolin e Richard Buchanan (eds.), *The Idea of Design: A Design Issues Reader*, Cambridge: MIT Press, 1995, p. 4. O artigo apareceu inicialmente em *Design Issues* 8, nº 2 (primavera de 1992): 5-21.

2 Transcrição: "Conference on Industrial Design: A New Profession", Nova York, 1946, Museum of Modern Art Library, 213.

3 John Chris Jones, Design Methods, 2ª ed., citado em C. Thomas Mitchell, *Redefining Designing: From Form to Experience*, Nova York: Van Nostrand Reinhold, 1993, pp. 39-40.

4 Para uma descrição das mudanças contemporâneas no design para clientes empresariais, ver *Business Week*, 5 de junho de 1995, pp. 88-91. O papel ampliado para o design inclui pesquisa, inovação tecnológica e planejamento de produtos.

5 A noção de Rittel de um problema capcioso é citada por Buchanan de um artigo de C. West Churchman. Ver Buchanan, "Wicked Problems in Design Thinking", p. 14.

6 Ibid., p. 8.

7 Tony Golsby-Smith, "Fourth Order Design: A Practical Perspective", *Design Issues* 12, nº 1 (primavera de 1996): 5-25.

8 Donella H. Meadows, Dennis L. Meadows, Jørgen Randers e William W. Behrens III, *The Limits to Growth: A Report for the Club of Rome's Project on the Predicament of Mankind*, 2ª ed. rev., Nova York: New American Library, 1974, p. x.

9 Alexander King e Bertrand Schneider, *The First Global Revolution: A Report by the Council of the Club of Rome*, Nova York: Pantheon, 1991; e Wouter Van Dieren (ed.), *Taking Nature into Account: A Report to the Club of Rome: Towards a Sustainable National Income*, Secaucus: Springer, 1995.

10 Na primeira versão deste ensaio, "Global Expansion or Global Equilibrium? Two Models of Development", empreguei o termo "modelo de equilíbrio" em lugar do atual "modelo de sustentabilidade". Decidi fazer a alteração para representar com mais precisão as características desse modelo e possibilitar a inclusão da teoria do caos na deliberação sobre os modelos de desenvolvimento.

11 Ver *Our Common Future*, Oxford e Nova York: Oxford University Press, 1987. Outros relatórios nos últimos anos que trataram da questão do desenvolvimento sustentável são *The Global 2000 Report to the President of the U.S.: Entering the 21st Century*, 2 vols., Nova York: Pergamon Press, 1980; Herman E. Daly e John B. Cobb Jr., *For the Common Good: Redirecting the Economy Toward Community, the Environment, and a Sustainable Future*, com contribuições de Clifford W. Cobb Boston: Beacon Press, 1989, e o documento que foi adotado pelas nações participantes da Cúpula da Terra das Nações Unidas no Rio de Janeiro, junho de 1992, *Agenda 21: The Earth Summit Strategy to Save Our Planet*, Daniel Sitarz (ed.), Boulder: Earthpress, 1993.

12 Ver Kenichi Ohmae, *Triad Power*, Nova York: Free Press, 1985. A Tríade como região de marketing foi um tema central no congresso do ICSID de 1985 em Washington. Ver meu artigo de crítica ao congresso, "Corporate Interests Dominate Worldesign '85 Congress in D.C.", *New Art Examiner* (março de 1986): 32-35.

13 King e Schneider, *The First Global Revolution*, p. 49.

14 Ezio Manzini, "Design, Environment and Social Quality: From 'existenzminimum' to 'quality maximum'", *Design Issues* 10, nº 1 (primavera de 1994): 38. O termo alemão *existenzminimum* originou-se nos anos 1920, quando denotava os requisitos espaciais mínimos de um indivíduo ou família no âmbito de um projeto habitacional de grande escala racionalmente planejado como o Neue Frankfurt.

15 A defesa dessa abordagem é particularmente forte na Alemanha. Um dos principais adeptos do compartilhamento de produtos tem sido o *Wuppertal Institut für Klima, Umwelt, Energie*.

16 Ver os capítulos "Green Design" e "Responsible Design for Ethical Consuming" no livro de Nigel Whiteley *Design for Society*, Londres: Reaktion Books, 1993, pp. 47-133. Ver também John Elkington Associates, *The Green Designer*, Londres: Design Council, 1986; e Tony Fry, *Green Desires: Ecology, Design, Products*, Sydney: Ecodesign Foundation, 1992.

17 Sobre a predileção americana por equipamentos esportivos de ponta, ver John Skow, "Geared to the Max", *Time*, 6 de setembro de 1993, pp. 48-50.

18 "This Sonic Boom Is Made in America", *Business Week*, 4 de maio de 1992, p. 140.

19 Ver Thorstein Veblen, *Theory of the Leisure Class*, 1899; reimpr., Nova York: New American Library, 1953.

20 O principal produto nesse caso é antes o serviço telefônico do que os celulares ou pagers. É vantajoso para as companhias telefônicas dar telefones e pagers ou fornecê-los a um baixo custo a fim de atrair mais clientes para seus serviços reais, a oferta de canais de comunicação. Questões afins são abordadas em Peter Coy e Neil Gross, "The Technology Paradox", *Business Week*, 6 de março de 1995, pp. 76-81, 84.

21 "Power Gardening", *Time*, 10 de junho de 1995, pp. 52-57.

22 Ver Philip Elmer-DeWitt, "Tools with Intelligence", *Time*, 23 de dezembro de 1991, p. 80; e Heather Millar, "Smart Houses: Getting Switched On", *Business Week*, 28 de junho de 1993, pp. 128-129.

23 Ivan Illich, *Tools for Conviviality*, 1973; reimpr., Berkeley: Heyday Books, s/d, pp. 51-57.

24 Sobre automóveis e rodovias inteligentes, ver Kathleen Kerwin, "The Smart Cars Ahead", *Business Week*, 1º de maio de 1995, 158-E-6; e Christina Del Valle, "Smart Highways, Foolish Choices?", *Business Week*, 28 de novembro de 1994, pp. 143-144.

25 Langdon Winner, "Citizen Virtues in a Technological Order", *Inquiry* 35, nos 3-4 (setembro-dezembro de 1992): 355.

26 Paul Hawken procurou um meio-termo entre os modelos de sustentabilidade e expansão argumentando em favor de um papel empresarial na mudança rumo à sustentabilidade. Ver seu livro *The Ecology of Commerce: A Declaration of Sustainability*, Nova York: Harper Collins, 1993. Como uma das soluções, Hawken chama a atenção para a proposta do consultor Hardin Tibbs de uma "ecologia industrial", baseada na ideia de que faz sentido econômico para as corporações adotarem diretrizes ambientais sadias.

27 King e Schneider, *The First Global Revolution*, p. 135.

28 Hans Küng, *Global Responsibility: In Search of a New World Ethic*, Nova York: Crossroad, 1991, p. 30.

29 Ibid., p. 39.

30 Sobre a relação entre ética e design, ver Carl Mitchum, "Ethics into Design", em Richard Buchanan e Victor Margolin (eds.), *Discovering Design: Explorations in Design Studies*, Chicago: University of Chicago Press, 1995, pp. 173-189.

31 Otl Aicher, um dos fundadores da Hochschule für Gestaltung Ulm, é um teórico do design que entende a forma como o design contribui para a cultura como um ato de produção. Ele escreve que "o design é a criação de um mundo... a cultura humana não pode mais ser reduzida ao pensar e ao fazer. O design intervém como uma disciplina metodológica por direito próprio, o surgimento de algo que ainda não existe, nem na teoria nem na prática. No design ambas emergem como o básico. O design transcende a teoria e a prática e não inaugura somente uma nova realidade, mas novos insights". Otl Aicher, "The World as Design", em Otl Aicher, *The World as Design*, Berlim: Ernst & Sohn, 1991, p. 189.

32 Buchanan, "Wicked Problems in Design Thinking", p. 6.

DESIGN PARA UM MUNDO SUSTENTÁVEL

*A perspectiva de desastre ambiental global inevitável
ou de insurreição social mundial não deve ser
o legado que deixaremos para nossos filhos.*

Desde o começo, quando era concebido como uma arte de dar forma aos produtos para a produção em massa, o design esteve solidamente imbricado na cultura do consumo. Os primeiros patrocinadores do design no século XIX e início do século XX, como Henry Cole na Inglaterra e Herman Muthesius na Alemanha, o consideravam exclusivamente em relação ao fabrico de produtos para o mercado. Isso também foi verdade quando uma nova prática de consultoria em design surgiu nos Estados Unidos nos anos 1930. Nos anos do pós-guerra, a prática americana de consultoria se tornou modelo para designers industriais do mundo inteiro quando buscavam criar um lugar para si mesmos nas respectivas economias nacionais. Esse modelo continua a ser influente na emergente economia global.

Conquanto o processo de estabelecer o design como um componente essencial da competitividade econômica global tenha avançado de uma maneira quase totalmente uniforme, críticos ocasionais tentam redirecionar a prática do design para outras tarefas. Talvez a mais dura reprimenda ao design industrial tenha vindo do falecido designer-arquiteto Victor Papanek, que escreveu o seguinte em seu inspirador livro *Design for the Real World*, de 1972:

Poste telefônico com o nome do cruzamento das ruas em braile, Curitiba, Brasil, 1992.

Hoje, o design industrial colocou o assassinato em uma base de produção em massa. Ao projetar automóveis criminosamente inseguros que matam ou aleijam quase um milhão de pessoas por ano no mundo inteiro, ao criar novas espécies inteiras de lixo permanente que se amontoam na paisagem e ao escolher materiais e processos que poluem o ar que respiramos, os designers se tornaram uma raça perigosa.[1]

A severa crítica de Papanek encontrou sintonia em muitos designers e estudantes no mundo inteiro que procuravam alguma alternativa ao design de mais produtos para a cultura de massa. Entre as novas práticas propostas por Papanek, estava o trabalho com o povo dos países em desenvolvimento para a criação de produtos utilizando baixa tecnologia, o design para os portadores de deficiência e a criação de bens adequados para contra-atacar os crescentes problemas ambientais. *Design for the Real World* chegava imediatamente após o movimento estudantil dos anos 1960 e corporificava a indignação

Candeeiros vernaculares de querosene, Rio de Janeiro, 1992.

e também a esperança daquele período. A afirmação de Papanek de que o design contribuía para a deterioração do meio ambiente introduzia um elemento novo no discurso do design, embora sua posição permanecesse marginal e não produzisse impacto significativo entre os profissionais do design industrial.

Anos antes, o engenheiro R. Buckminster Fuller havia considerado de modo diferente as limitações do design industrial. A partir dos anos 1920, começou a propor novos produtos para desafiar as práticas tradicionais da indústria americana da construção civil, bem como as restrições dos fabricantes de automóveis de Detroit. Seu projeto inicial de blocos pré-fabricados para torres de apartamentos, que poderiam ser baixados por helicóptero sobre uma fundação e depois conectados a água, eletricidade e gás, opunha uma forte contestação ao que via como os antiquados ofícios da construção com suas hierarquias de carpinteiros, pedreiros e marceneiros. Prosseguiu no tema da pré-fabricação em suas posteriores casa e banheiro Dymaxion. Ideias não convencionais também eram evidentes em seu carro Dymaxion, um veículo de três rodas projetado segundo princípios aerodinâmicos com rodas capazes de girar em um ângulo de 90° para que o carro pudesse se mover horizontalmente em um estreito espaço de estacionamento.

Não é preciso dizer que nenhuma dessas invenções foi adotada pela indústria americana. No entanto, Fuller acabou alcançando sucesso no mundo inteiro com suas cúpulas geodésicas, logo reconhecidas pelo Corpo de Fuzileiros Navais dos Estados Unidos e depois amplamente adotadas pela indústria, por causa da economia de materiais, durabilidade, flexibilidade e facilidade de construção. A ampla gama de objetos, tão bem quanto malsucedidos, que Fuller havia proposto ao final da Segunda Guerra Mundial, propiciou exemplos isolados de sua reconcepção sistemática do design. Tendo começado a desenvolver suas ideias de design no final dos anos 1920, Fuller visualizava uma "ciência do design antecipatória e abrangente", como uma prática humana que alinharia homens e mulheres com as forças evolutivas do universo.[2] Apesar de algumas propostas que jamais seriam realizadas, de tempos em tempos demonstrava as aplicações práticas de sua visão. Ao contrário de Papanek, que baseava seu pensamento inicial em parte na sabedoria do design de baixa tecnologia de povos indígenas, como os balineses e os inuit, Fuller buscava os níveis mais avançados de tecnologia para realizar seus projetos. Também pensava tanto em termos de sistemas como de objetos isolados.[3]

No início dos anos 1960, Fuller foi convidado para trabalhar como professor na Southern Illinois University, em Carbondale, Illinois. Lá, participou do lançamento da World Design Science Decade, programa destinado a demonstrar entre 1965 e 1975 como o design no sentido abrangente poderia desempenhar um papel central no tratamento de grandes problemas mundiais. Muitos objetivos encontrados na documentação dessa iniciativa se assemelham aos propostos atualmente pelos principais adeptos do desenvolvimento sustentável. Entre eles se incluem:

- revisão e análise dos recursos energéticos mundiais;
- definição de usos mais eficientes de recursos naturais, como os metais; e
- integração das máquinas-ferramentas em sistemas eficientes de produção industrial.[4]

Como parte da World Design Science Decade, Fuller e seus colegas conceberam um display eletrônico que apresentaria uma constante atualização da disponibilidade e de uso de recursos em uma escala global.[5] As ideias de Fuller e o desenvolvimento de seu World Game, um processo de planejamento simulado para alocar recursos, envolveram estudantes do mundo inteiro, mas não chegaram a penetrar na prática do design industrial, que continuou a se incrustar mais profundamente nas atividades fabris globais em expansão da cultura empresarial durante os anos 1960 e 1970.

A partir dos anos 1970, as críticas e visões de Fuller e Papanek, bem como de outros como Tomás Maldonado, John Chris Jones e Gui Bonsiepe, continuaram a agitar as escolas e conferências de design mas nunca ameaçaram seriamente a premissa subjacente à prática do design, de que o papel do designer é prestar serviços aos clientes dentro do sistema da cultura de consumo. Esse impasse deixou muitos designers frustrados, particularmente à luz das crescentes pressões em favor do desenvolvimento sustentável. Modestos esforços para criar produtos verdes certamente têm sido válidos, mas esses produtos funcionam apenas como medidas de compromisso em comparação com aquilo que é necessário.

À época da Cúpula da Terra realizada no Rio de Janeiro em junho de 1992, os problemas ambientais globais já haviam atingido proporções críticas. Foram amplamente descritos, tal como centenas de propostas de solução, no relatório da conferência *Agenda 21: The Earth Summit Strategy to Save Our Planet* [Agenda 21: A estratégia da Cúpula da Terra para salvar nosso planeta]. O relatório, baseado em uma série de acordos adotados e assinados pela maioria dos dirigentes das nações do mundo, foi um feito extraordinário. Pela primeira vez, o mundo tinha um documento que não poupava críticas ao promulgar medidas radicais para contra-atacar os efeitos ambientais danosos do modelo de expansão. Entretanto, os acordos do Rio não continham medidas para aplicação obrigatória e esforços subsequentes de implementação ficaram muito aquém do originalmente proposto. Do lado positivo, a Cúpula da Terra, que incluía uma reunião paralela de centenas de grupos de cidadania, resultou em uma emergente cultura da sustentabilidade. Indivíduos e grupos do mundo inteiro agora dispõem de um conjunto de princípios com os quais trabalhar e uma base sobre a qual desenvolver estratégias para mudança que podem ser eficazes, apesar da poderosa influência que o modelo de expansão ainda tem sobre a economia mundial e as políticas comerciais.[6]

Evelyn Grumach, logotipo para a Cúpula da Terra Rio-92. Reproduzido com permissão de Evelyn Grumach. O logotipo representa a presença ubíqua de montanhas e água na paisagem do Rio. O pequeno pico no topo é a montanha do Pão de Açúcar, um ícone do Rio. A designer também colocou o Rio simbolicamente no topo do mundo para transmitir a importância da agenda da Cúpula da Terra.

Dada a força crescente dessa nova cultura da sustentabilidade, surge a questão quanto ao papel que as especialidades do design nela desempenharão. Até agora elas pouco fizeram. Com exceção de Papanek, Fuller e alguns outros visionários e críticos, os designers não têm conseguido imaginar uma prática profissional fora da cultura de consumo dominante.[7] Iniciativas isoladas têm ocorrido, entre as quais projetos especiais de design dentro do Programa de Desenvolvimento da ONU, o patrocínio do Conselho Internacional de Sociedades de Design Industrial (ICSID) da conferência "Design for Need" ["Design para a necessidade"], realizada em Londres em 1976, e o congresso Humane Village [Aldeia Humanista] do ICSID, em Toronto, em 1997. Mas a maioria dos designers de produto tem ficado presa aos objetivos e argumentos dos clientes empresariais, acreditando-se incapaz de tomar iniciativa própria.[8] Há toda uma história de propostas por uma nova ética do design, mas essas são, em sua maioria, mais reativas do que geradoras.[9] Surgem antes como anseios de resistir a situações insatisfatórias do que como impulsos para criar situações novas e mais satisfatórias. O resultado é uma falta de autonomia. Nas áreas onde os designers dispõem de fato da autonomia para a livre discussão, notadamente conferências, periódicos e nas salas de aula das faculdades ou universidades, as propostas de mudança têm sido muito moderadas e raramente se contrapõem com vigor ao modelo de expansão do crescimento econômico, que ainda é considerado a garantia do pão com manteiga do designer.[10] Daí os designers se conformarem com pequenas vitórias, que dependem, em última instância, da disposição dos fabricantes de fazer concessões e aceitar, por exemplo, a criação de um produto ecologicamente adequado.

A questão principal para as especializações do design, dessa forma, passa a ser como reinventar a cultura do design, de sorte que os projetos meritórios sejam identificados de modo mais claro e tenham mais probabilidade de serem realizados. Tal como outros profissionais estão descobrindo maneiras de ganhar a vida na cultura da sustentabilidade, assim também os designers terão de fazer o mesmo para criar novas formas de atuar. O primeiro passo é reconhecer que o design historicamente tem sido antes uma prática contingente do que uma prática baseada na necessidade. Os designers fazem escolhas em resposta a circunstâncias e situações específicas e ignoram outras possibilidades. Hoje, novas escolhas se apresentam e os designers não precisam ficar presos ao que fizeram no passado. Nos anos por vir, o design para a cultura do consumo poderá ser identificado como apenas uma entre as muitas formas de atuação, em lugar de continuar a desempenhar o papel dominante que hoje desempenha. Como observou o teórico do design Clive Dilnot,

> **O movimento rumo a uma sociedade "pós-produto", ou seja, a uma sociedade caracterizada por uma gestão social mais explícita das relações entre o homem e o meio ambiente, provavelmente trará de volta esse sentido histórico da importância do design [como planejamento]. O design mais uma vez se torna antes um meio de ordenar o mundo do que meramente de configurar mercadorias.[11]**

Uma vez desacoplado o design do paradigma dominante de dar forma a objetos, é necessário esclarecer exatamente com o que os designers contribuem em um projeto. Na medida em que o design foi historicamente identificado como uma arte de dar forma a mercadorias, foi dada atenção insuficiente aos tipos de conhecimento que possibilitariam aos designers trabalhar com

outros profissionais na engenharia e nas ciências naturais e sociais. Consequentemente, a maioria dos estudantes de design é exposta a uma gama limitada de situações nas quais o design poderia ser uma intervenção. Esse tipo de socialização, que começa na escola e continua nas revistas de design e nos congressos dos profissionais, reforça uma imagem restrita do design de produtos. Privilegia antes uma consciência da cultura do consumo e suas situações do que o domínio de problemas locais e globais que estão sendo equacionados pelos que se encontram na cultura da sustentabilidade.

Apesar disso, há uma mudança em desenvolvimento no pensamento dominante no design. Kenji Ekuan, um designer japonês de produtos, ex-monge budista e histórico ativista do ICSID, escreveu em um artigo de 1997 publicado no ICSID News, que

> **o design dá a impressão de estar em uma situação de estagnação tanto em termos de ideologia como de atividades. Tem-se a impressão de que o design se colocou à parte para simplesmente observar enquanto o mundo se digladia com inúmeros problemas graves, como o meio ambiente, o bem-estar, os desastres naturais e o trânsito. E se tudo for deixado nesse estado, o tempo simplesmente irá passar sem que nada aconteça. Para assumir um compromisso com o espírito do tempo e conseguir desempenhar um papel importante, parece que surgiu a necessidade de o design redefinir seus propósitos e conceber uma nova estrutura organizacional para si mesmo.[12]**

Em um artigo anterior, publicado no mesmo periódico, Ekuan visualizava uma nova tarefa para o designer. Ele argumentava que "o que o design pode e deve fazer é a proposta de uma nova imagem da vida e um novo estilo de vida que sejam compatíveis com o meio ambiente na vida cotidiana, doméstica, global e profissional".[13]

Ekuan deu o primeiro passo necessário reconhecendo que o modelo histórico da prática do design industrial é inadequado e procurou desacoplar o design da dominação de sua identidade passada. Para ele, a solução está na "colaboração interdisciplinar e internacional em todos os campos do design".[14] Seu chamado a uma nova proposta é importante e constitui parte de um diálogo que está surgindo entre alguns designers. Entretanto, os termos desse diálogo ainda não estão definidos o bastante para conduzir a estratégias viáveis de prática.

Outra voz nesse novo diálogo, o designer de produtos Alexander Manu acredita que o design responsável deve ser estruturado por um ideal. Ele encontrou esse ideal na Aldeia Humanista, o tema que propôs para o congresso do ICSID de 1997 em Toronto. "A Aldeia Humanista", escreveu Manu, "irá nos ajudar a insuflar alguma paixão moral e um sentido de propósito. Tornaremos o idealismo novamente legítimo. Talvez a responsabilidade social que a Aldeia implica desperte nossa capacidade de trazer de volta o equilíbrio a nossas vidas. Ela nos fará humanos."[15] Embora o chamado de Manu à ação seja admirável, mesmo assim é apenas um primeiro passo e deve ser seguido por um processo de reflexão crítica que conduza a um programa de intervenção estratégica. Uma profissão não pode ser baseada na expectativa de que todos os seus praticantes compartilhem a mesma concepção moral e, portanto, deve concentrar-se nos problemas concretos do trabalho prático a fim de definir sua identidade social.[16]

Ekuan e Manu percebem com muita clareza que o design precisa mudar. Ekuan espera que a interdisciplinaridade faça a diferença e Manu acredita que a visão de uma aldeia humanista atrairá os designers para o trabalho que seja benéfico para a humanidade.[17] Ambas as visões precedem o trabalho árduo de delinear as situações e tarefas que irão revelar as condições de uma nova prática.

Para avançar com uma nova agenda para o design, podemos fazer uso do amplo marco proposto por Fuller, que pode nos ajudar a explorar as relações possíveis do design com várias propostas e ações que estão atualmente surgindo na cultura da sustentabilidade. O desafio de criar um mundo sustentável passou do reino do idealismo para o da necessidade. O entendimento da sustentabilidade como valor essencial resultará de uma tomada de consciência no campo do design semelhante àquela por que passaram muitos grupos sociais a partir da metade dos anos 1960. Podemos notar as novas relações entre homens e mulheres pelas quais as feministas batalharam, o respeito por todas as culturas do mundo em que acreditam os multiculturalistas e o reconhecimento de diferentes orientações sexuais em que têm insistido gays e lésbicas.

Em todos os casos, estavam em jogo forças sociais que exigiam uma reflexão sobre as atitudes atuais, o que resultou em diferenças reais no comportamento. Pouco a pouco, tais mudanças sociais passaram das iniciativas dos cidadãos para a codificação em documentos oficiais, como relatórios, acordos, convenções e estatutos das Nações Unidas. É o que está acontecendo hoje com a cultura da sustentabilidade, que continuou a crescer e solidificar suas relações com as Nações Unidas desde 1992. Atualmente na rede mundial de computadores é a Carta da Terra, que se destina a codificar muitos dos valores do movimento da sustentabilidade.[18]

O design mudará à medida que seus profissionais desenvolverem uma nova consciência. Propostas e visões amplas são um estímulo a esse processo, mas não podem substituir o trabalho árduo e permanente de repensar nossa própria identidade como profissionais. O que torna tão essencial esse processo neste momento é a confirmação clara de que os modelos mais antigos não estão funcionando. Muitos conceitos novos são respostas a essa situação, mas a maioria deles se destina mais a reformar a cultura do consumo do que contribuir para uma nova visão da prática profissional.[19] O design deve desligar-se da cultura do consumo como principal conformador de sua identidade e encontrar um terreno onde possa começar a repensar seu papel no mundo. O resultado dessa atividade, se bem-sucedido, será uma nova força para o designer participar em projetos para o bem-estar da humanidade tanto dentro como fora da economia de mercado.

Existem vários obstáculos ao início desse processo. O primeiro é uma crise de vontade. Até que um designer enfrente honestamente a realidade de seu trabalho a fim de decidir se e como esse trabalho contribui para a sustentabilidade do planeta, existe pouco incentivo à mudança. Até agora, o discurso do design quase sempre apoiou uma retórica idealista que está em conflito com a realidade da prática cotidiana.

O segundo é uma crise de imaginação. São raros os casos de projetos socialmente orientados que sirvam de estímulo ou inspiração para os designers. Embora tais projetos existam, em sua maioria são encerramentos de cursos acadêmicos de design e publicações profissionais.[20] A crença de que o design de produtos é uma maneira de cultivar sensibilidades artísticas e ganhar muito dinheiro ainda é muito forte na cultura do design. Para contra-atacar essa convicção, gostaria de me referir a dois projetos que sugerem alternativas promissoras.

Um está localizado em Curitiba, Brasil, onde o ex-prefeito Jaime Lerner, arquiteto, criou o Instituto de Pesquisas em Planejamento Urbano para identificar problemas na cidade que pudessem ser tratados por designers, seja qual for seu campo de especialização. O caso de Curitiba mostra o que pode acontecer quando um designer ganha poder político. O extenso mandato de Lerner possibilitou que a equipe de design de Curitiba respondesse com projetos a novas necessidades.[21] Muitos interesses diferentes foram equacionados — desde a instalação de placas de rua com texto em braile até a criação de abrigos de ônibus inovadores que ofereciam proteção contra a inclemência do tempo e também agilizavam o processo de embarque. Um sistema especial de trajetos foi elaborado de forma que ônibus expressos com códigos de cor pudessem levar os passageiros para destinos distantes enquanto os ônibus locais circulavam no centro da cidade.

A reciclagem era uma alta prioridade para Curitiba e o instituto de planejamento iniciou uma série de campanhas, desde o uso de recipientes plásticos reciclados para estruturas urbanas até a implantação de uma fábrica que convertia materiais plásticos usados em brinquedos para as crianças das escolas de Curitiba. Ônibus velhos eram transformados em quiosques de informações e creches no centro da cidade onde as pessoas podiam deixar os filhos enquanto faziam compras. Carroças de madeira foram fornecidas para os catadores de lixo rodarem pela cidade e coletarem materiais que pudessem vender e foram criadas bancas móveis especiais para vendedores nos vários mercados da cidade. Por trás desses projetos estava a ideia de serviço integrado. Os projetos brotaram de uma pesquisa das necessidades e foram implementados de modo a situar projetos individuais dentro de uma visão mais ampla do planejamento urbano.

Outra abordagem do design é a de Nancy e John Todd, que começaram seu trabalho em 1969 no Instituto Nova Alquimia, em Cape Cod, nos Estados Unidos.[22] O que distingue a reformulação do design pelos Todds daquela desenvolvida em Curitiba é sua ênfase na integração da vida urbana com os processos biológicos. A reciclagem é a prática ecológica principal em Curitiba, mas os Todds visualizam

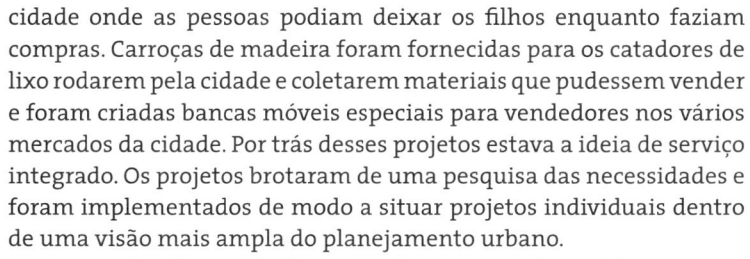

ambientes de moradia inteiramente novos, incorporando "princípios inerentes ao mundo natural a fim de sustentar populações humanas por um longo período de tempo".[23] O método dos Todds se caracteriza por seu projeto de "máquinas vivas", que consistem em algas, bactérias, peixes e outros organismos. "As máquinas vivas", sugerem, "podem ser projetadas para produzir alimentos ou combustíveis, tratar lixo, purificar o ar, regular climas ou até fazer tudo isso simultaneamente. São projetadas segundo os princípios desenvolvidos pelo mundo natural na construção e controle de suas grandes ecologias de florestas, lagos, pradarias e estuários."[24] Os Todds baseiam seu pensamento de design em um entendimento de como os sistemas naturais funcionam e com isso conseguem propor soluções extremamente originais para os problemas humanos. Entre os projetos que conceberam estão instalações de tratamento de esgoto comunitário, tambores de compostagem para lixo urbano, telhados verdes e bio-shelters (abrigos da vida) capazes de comportar agricultura urbana.

Nenhum desses projetos é típico entre aqueles que socializam estudantes de design e arquitetura em suas profissões. Na maioria dos casos, a formação em design é movida pelo ato de dar forma à matéria-prima e raramente o design é colocado em relação com as ciências naturais ou sociais. Conforme notou Dilnot na citação acima, o pensamento de design — a arte da concepção e do planejamento — tem de ser separado de seu foco histórico na conformação de objetos, particularmente os voltados para o mercado.

Os designers possuem a capacidade para conceber e dar forma a produtos materiais e imateriais que possam tratar dos problemas humanos em uma escala ampla e contribuir para o bem-estar social.

Isso vai muito além do design verde ou do ecodesign, que até agora representaram tentativas dos designers de introduzir princípios ecológicos na economia de mercado. Pauline Madge identificou uma transição do design verde, termo popular uma década atrás, passando pelo ecodesign e chegando ao design sustentável que, segundo ela, "representa uma contínua ampliação da esfera de ação na teoria e na prática e, até certo ponto, uma perspectiva cada vez mais crítica quanto à ecologia e o design".[25] Vários teóricos citados por Madge percebem a diferença entre o design verde e o design sustentável como a diferença entre o foco em produtos isolados e uma abordagem sistêmica mais ampla dos problemas humanos.

Em apoio a essa abordagem mais ampla, a Agenda 21, o relatório da Cúpula da Terra do Rio, identifica muitas áreas problemáticas que podem envolver os designers, embora algumas delas estejam fora da esfera tradicional da atividade do design. O relatório é extremamente direto em sua apresentação do desafio enfrentado pela humanidade.

> **A consecução de um padrão de vida sustentável para todas as pessoas exige uma nova e corajosa abordagem — uma abordagem global responsável em termos ambientais para enfrentar esses problemas. Inúmeras técnicas podem ser utilizadas para realizar esse objetivo. Maior eficiência no uso dos recursos limitados da Terra, minimização do lixo e mudanças fundamentais nos processos de produção são alguns métodos que podem ser empregados.[26]**

Em seguida, essa missão ampla é dividida em seis temas: qualidade de vida; uso eficiente de recursos naturais; proteção para áreas comuns globais; gestão de assentamentos humanos; uso de produtos químicos e manejo do lixo humano e industrial; e fomento do crescimento econômico sustentável em uma escala global. Dentro de cada tema há uma extensa lista de tarefas a serem cumpridas. As que possuem relevância específica para o design tal como ainda o conhecemos hoje incluem esforços de pesquisa e desenvolvimento para fontes novas e reutilizáveis de energia; reciclagem desses produtos nos ecossistemas mundiais; alteração dos padrões antieconômicos de consumo; redução do embalamento excessivo de produtos; desenvolvimento de tecnologia de saúde pública acessível para o meio

rural; concepção de sistemas de transporte de massa ambientalmente seguros; criação de uma nova estética para produtos feitos de materiais reciclados; invenção de tecnologia para reduzir a produção de lixo industrial; expansão do ecoturismo e do turismo cultural como novas formas de consumo; uso mais eficiente de produtos florestais; busca de alternativas a produtos que queimam combustíveis fósseis; criação de melhores diretrizes de impacto ambiental para novos produtos; invenção de novos mecanismos de monitoração do uso global de recursos; melhoria dos métodos de reciclagem de materiais descartados em novos produtos; e ajuda a povos indígenas para que se tornem empreendedores.

Embora alguns desses desafios estejam sendo enfrentados pelos designers dentro do marco existente da economia global emergente, muitos não o estão por não se enquadrarem nos objetivos da clientela tradicional do designer. Como não tem havido nenhuma reinvenção fundamental da prática do design no sentido de desempenhar um papel ativo na cultura da sustentabilidade, não existem caminhos claros para novas formas de prática. Os designers devem repensar sua prática tanto em termos individuais como coletivos, a fim de encontrar maneiras de se envolver com os enormes problemas enfrentados pela humanidade. Um dos maiores desses problemas é o

crescimento acelerado das cidades, particularmente nos países em desenvolvimento, onde se calcula que as populações urbanas sejam duplicadas nos próximos 25 anos. Isso criará demandas desordenadas por moradia, manejo de lixo, purificação da água, abastecimento alimentar e atenção à saúde.[27] Entretanto, não só é essencial enfrentar os problemas de uma população futura como precisamos também enfrentar a enorme operação de limpeza que é necessária para corrigir os erros do passado.

O primeiro capítulo da Agenda 21, que trata da questão da implementação, relaciona vários grupos cuja participação é considerada crucial para alcançar o desenvolvimento sustentável. Incluem mulheres, jovens, povos indígenas, lavradores e sindicatos. Os designers não são mencionados em parte alguma. Mais uma vez o design permanece invisível porque as especializações do design não realizaram um trabalho adequado de explicar a si mesmos e aos demais as poderosas contribuições que poderiam dar ao processo de criação de um mundo sustentável.[28] As necessidades mundiais de design são evidentes, mas o plano para reinventar as especializações em design não o é. O desenvolvimento de um plano dessa ordem exigirá um passo agressivo por parte dos profissionais do design no sentido de procurar colegas já imersos na tarefa de criar um mundo sustentável — biólogos, especialistas em silvicultura, agrônomos, planejadores urbanos, engenheiros de manejo de lixo e muitos outros.

A necessária mudança de propósito para os designers é um processo mais complexo do que o imaginado por Victor Papanek ou proposto por R. Buckminster Fuller, com sua fé inequívoca na tecnologia de ponta. Ela implicará encarar o desenvolvimento econômico e social de uma perspectiva global e abordar as cruas desigualdades do consumo entre as populações dos países industrializados e as do mundo em desenvolvimento. Será necessário enfrentar a força plena da crise ecológica atual a fim de ajudar a devolver o planeta Terra a uma condição de sustentabilidade. Se existir vontade entre os designers, certamente será possível reinventar o design. Se não existir, os designers simplesmente continuarão a ser parte do problema cuja solução as outras profissões precisarão encontrar.

Notas

1 Victor Papanek, *Design for the Real World: Human Ecology and Social Change*, 2ª ed. rev., 1972; reimpr., Chicago: Academy Editions, 1985, p. ix. Papanek pode ter tirado parte de suas proposições de uma celeuma anterior sobre um tema parecido provocada pelo jornalista Vance Packard em seu livro *The Waste Makers*, Nova York: D. McKay, 1960.

2 R. Buckminster Fuller, "A Comprehensive Anticipatory Design Science", em Fuller, *No More Secondhand God and Other Writings*, Carbondale and Edwardsville: Southern Illinois University Press; Londres e Amsterdã: Feffer & Simons, 1963, pp. 84-117. Ver também seu ensaio "*Comprehensive Designing, Trans/formation: Arts, Communication, Environment* 1", nº 1 (1950): 18-19, 22-23. Aqui, Fuller antecipava muitas das preocupações atuais com o esgotamento dos recursos naturais, embora previsse com otimismo que todos no mundo poderiam alcançar um padrão de vida avançado.

3 Ver a descrição de Fuller sobre sua pesquisa em "The Fuller Research Foundation, 1946-1951", Fuller, *No More Secondhand God and Other Writings*, pp. 65-74.

4 "The Five Two-Year Increment Phases of the Ten-Year World Facilities Redesign", em *World Design Science Decade, 1965-1975: Phase I (1964), Document 2: The Design Initiative*, Carbondale: World Resources Inventory, 1963, pp. 107-108.

5 Um projeto de lei para construir uma instalação para esse display foi apresentado no Congresso dos Estados Unidos, mas não deu em nada.

6 Para uma série de estudos de caso de projetos de implementação, ver Leyla Alvanak e Adrienne Cruz (eds.), *Implementing Agenda 21: NGO Experiences from around the World*, Genebra: UN Non-Governmental Liaison Services, 1997. O ensaio de Victoria Tauli-Corpuz nesse volume, "The Implementation of Agenda 21 and Indigenous Peoples", salienta que alguns povos indígenas ficaram insatisfeitos com o documento *Agenda 21*.

7 Um excelente exemplo de tal prática é o trabalho de Luiz Eduardo Cid Guimarães, um pedagogo brasileiro de design na Paraíba que vem desenvolvendo métodos para ajudar a melhorar os bens produzidos por microempresas e consumidos pelas populações pobres em economias menos desenvolvidas. Ver Luiz E. C. Guimarães, "Terra Incognita: The Uncharted Realm of Low-Budget Design", Innovation (outono de 1998): 24-26, e "Product Design and Social Needs: The Case of Northeast Brazil", *International Journal of Technology Management: Special Issue on Access to Technological and Financial Resources for SME Innovation* 12, nº 7-8 (1996): 849-864. Uma abordagem um tanto diferente do design é exemplificada pela Connecting Foundation, um projeto iniciado por Peik Suyling e Gerda Hahn, designers de Amsterdã, que trabalharam com artesãos na Índia e no Marrocos "para criar um novo processo de design que possibilite que a memória cultural presente em técnicas artesanais tradicionais seja ativada em um novo contexto industrial". Ver o livrete *Cabinets of Cultures: Connecting*, Amsterdã: Netherlands Design Institute, s/d. Pode-se mencionar também a Archeworks, uma escola alternativa de design em Chicago, dirigida por Stanley Tigerman e Eva L. Maddox. Seus alunos projetam produtos e serviços em resposta a pedidos das organizações comunitárias e agências de serviço social de Chicago.

8 Ver Julian Bicknell e Liz McQuiston (eds.), *Design for Need: The Social Contribution of Design*, Oxford: Pergamon Press, 1977.

9 Tomei a distinção entre design reativo e gerador de meu colega Wolfgang Jonas.

10 Nos últimos anos, publicaram-se alguns manifestos do design, alguns como proposições criadas no contexto de conferências de design. Ver Antonio Barrese, Angelo Cortesi, Gillo Dorfles e Jonathan De Pas, "Scientific Program on the Themes of the 1983 ICSID Congress", *Design Issues* 1, nº 1 (primavera de 1984): 64-78; Angelo Cortesi, Martin Kelm, Tapio Periänen, Yuri Soloviev e Frederik Wildhagen, "The Guzzini Memorandum: From the Ethic of Projects to the Project of Ethics", *Design Issues* 5, nº 1 (outono de 1988): 87-92; Giovanni Anceschi et al., "Charter on Graphic Design: Proposal for a Debate on Visual Communication Design", *Design Issues* 8, nº 1 (outono de 1991): 67-73; Dieter Rams et al., "The Munich Design Charter", *Design Issues* 8, nº 1 (outono de 1991): 74-77; Jens Bernsen et al., "A Scandinavian Design Council Manifesto on Nature, Ecology, and Human Needs for the Future", *Design Issues* 8, nº 1 (outono de 1991): 78-79; "Declaration of the Central European Design Conference", *Design Issues* 8, nº 1 (outono de 1991): 86-88; e Jonathan Barnbrook et al., "First Things First 2000: A Design Manifesto", *Adbusters* 7, nº 3 (outono de 1999): 52-57.

11 Clive Dilnot, "Design as a Socially Significant Activity: An Introduction", *Design Studies* 3, n° 2 (1982): 144.

12 Kenji Ekuan, "Organizational Creativity at a Turning Point in Time", *ICSID News* 3 (junho de 1997): 7.

13 Kenji Ekuan, "A New Age, New Design Values", *ICSID News* 2 (abril de 1997): 4.

14 Ibid.

15 Alexander Manu, "Chasing Butterflies: Thoughts on the Big Idea of Design, Redefinitions, and Responsibilities", *Humane Village Journal* 2, n° 1 (1995): 23.

16 No dia 23 de julho de 1998, Design for the World, a organização que Ekuan e o ICSID vinham promovendo durante vários anos, foi criada em Barcelona. Entre seus sócios fundadores estavam as maiores organizações internacionais de design e sua intenção é trabalhar com entidades como a Organização Mundial de Saúde e a Cruz Vermelha "para promover soluções de design para problemas que estão além da esfera de ação de um campo isolado do design". Tanto Ekuan como Manu estão envolvidos. Ver Kenji Ekuan, "Design for the World", *ICSID News* 3 (junho de 1999): 8.

17 Manu concebeu a Aldeia Humanista como complemento e também ampliação da aldeia global de Marshall McLuhan, que carecia do espírito de seu próprio conceito. Comunicação pessoal com o autor, 1997.

18 Mais informações sobre a Campanha da Carta da Terra podem ser encontradas no site na internet www.earthcharter.org/draft/charter.htm. Embora utilize o desen-volvimento sustentável como quadro de referência para os designers, devo observar também que ele é apenas uma entre muitas maneiras de pensar o meio ambiente. Algumas, como o ecofeminismo, são mais radicais, enquanto outras, como o design verde, mais conservadoras. Para um espectro completo das filosofias ambientais, ver Carolyn Merchant, *Radical Ecology: The Search for a Livable World*, Nova York e Londres: Routledge, 1992.

19 Uma das mais fortes tendências de reforma é o movimento Fator 10, que preconiza a redução em dez vezes da matéria-prima nos produtos. As pesquisas têm se concentrado principalmente no Wuppertal Institute für Klima, Umwelt, Energie. As ideias do Fator 10 encontraram divulgação mais ampla em Friedrich Schmidt-Bleek, *Wieviel Umwelt Braucht der Mensch? Faktor 10 — das Mass für Ökologisches Wirtschaften*, Munique: Deutschen Taschenbuch, 1997. Ver também Friedrich Schmidt-Bleek, Thomas Merten e Ursula Tischner (eds.), *Ökointelligentes Produzieren und Konsumieren: Ein Workshop im Rahmen des Verbundprojektes Technologiebedarf im 21. Jahrhundert des Wissenschaftszentrums* Nordrhein-Westfalen, Berlin, Basileia e Boston: Birkhäuser, 1997; Friedrich Schmidt-Bleek e Ursula Tischner, *Produktentwicklung: Nutzen Gestalten — Natu Schonen*, Viena: WIFI Österreich, 1997; e *The International Factor 10 Club's Statement to Government and Business Leaders*, Carnoules: Factor 10 Club, 1997.

20 Muitos desses projetos foram inspirados pelo movimento Appropriate Technology [Tecnologia Apropriada]. Ver, por exemplo, John Kurien, "Case Study 12: Kerala Fishing Boat Project, South India", e Monica Opole, "Case Study 14: Improved Charcoal Stoves Programme, Kenya", em Czech Conroy e Miles Litvinoff (eds.), *The Greening of Aid: Sustainable Livelihoods in Practice*, Londres: Earthscan Publications, 1988, pp. 108-112, 118-123. Para uma visão geral da tecnologia apropriada, ver Witold Rybczynski, *Paper Heroes: A Review of Appropriate Technology*, Garden City: Anchor Books, 1980.

21 Após ter sido prefeito de Curitiba por três mandatos, Jaime Lerner tornou-se governador do estado do Paraná, onde teve influência na criação de um importante centro fabril automobilístico. Também trabalhou com investidores para estabelecer uma indústria de couro no estado e apoiou o desenvolvimento de indústrias de roupas e têxteis em cidades como Apucarana, que começou de modo simples, produzindo algodão. Ver "Building the Detroit of Latin America", *Business Week*, 15 de setembro de 1997, 27.

22 Ver Nancy Jack Todd e John Todd, *From Eco-Cities to Living Machines: Principles of Ecological Design*, Berkeley: North Atlantic Books, 1994. O livro é uma versão revista de uma edição anterior publicada como Bioshelters, Ocean Arks, *City Farming: Ecology as the Basis of Design*, San Francisco: Sierra Club Books, 1984. Sua reedição foi em grande parte uma resposta de 1992 no Rio de Janeiro.

23 Todd e Todd, From Eco-Cities to Living Machines, p. 1.

24 Ibid., p. 167.

25 Pauline Madge, "Ecological Design: A New Critique", *Design Issues* 13, nº 2 (verão de 1997): 44.

26 *Agenda 21: The Earth Summit Strategy to Save Our Planet*, Daniel Sitarz (ed.), introdução do senador Paul Simon, Boulder: Earthpress, 1993, pp. 31-32.

27 Ver Richard Rogers, *Cities for a Small Planet*, Philip Cumuchdjian (ed.), Londres: Faber and Faber, 1997.

28 Segundo Maurice Strong, o iniciador da Cúpula da Terra, nenhum grupo de designers se apresentou durante o processo de planejamento para contribuir com ideias para o evento. Strong fez essa declaração durante uma entrevista coletiva no Congresso Aldeia Humanista do ICSID, em 24 de agosto de 1977.

A POLÍTICA DO ARTIFICIAL

INTRODUÇÃO

Se considerarmos o design a concepção e o planejamento do artificial, seu escopo e seus limites estarão intimamente entrelaçados com nosso entendimento dos limites do artificial. Em outras palavras, ao estender o domínio no qual concebemos e planejamos, estamos estendendo os limites da prática do design. Na medida em que o design faz incursões em domínios que eram outrora considerados mais pertinentes à natureza do que à cultura, assim também se amplia sua abrangência conceitual.

Até recentemente, a distinção entre natureza e cultura parecia clara, com o design pertencendo naturalmente ao domínio da cultura. O conceito de design, conforme inicialmente desenvolvido por teóricos como Henry Cole, um dos principais patrocinadores da exposição de 1851 no Palácio de Cristal na Inglaterra, era um conceito estático inextricavelmente ligado ao objeto. Cole considerava que o propósito do design era melhorar a aparência dos produtos e, promovendo uma colaboração mais estreita entre artistas e indústria, esperava enfrentar a confusão e profusão de estilos históricos que estavam sendo carregados para os objetos vitorianos, da mobília às máquinas a vapor.

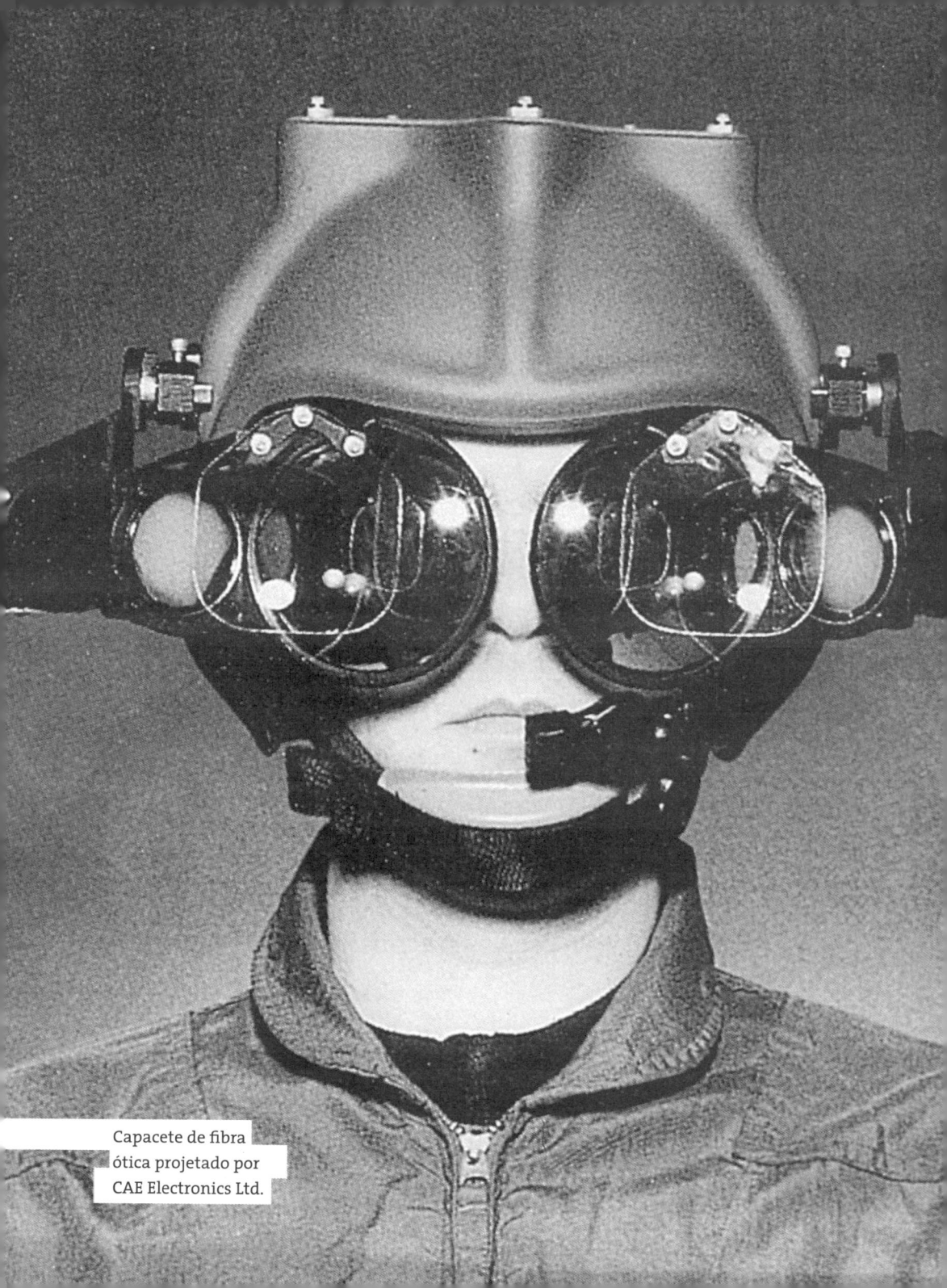

Capacete de fibra
ótica projetado por
CAE Electronics Ltd.

Com Cole tem início um discurso sobre os objetos, particularmente sobre qual deve ser sua aparência, que prossegue em pleno século XXI. Esse discurso encontra eco nas exortações de Charles Eastlake por formas simples e representações honestas das matérias-primas, na proposta de Herman Muthesius de uma linguagem racional das formas industriais e no antagonismo de Adolf Loos ao ornamento. Mais perto de nós, podemos vê-lo em ação nos produtos aerodinâmicos dos designers consultores americanos dos anos 1930 e na resistência a esses produtos pela equipe de design do Museu de Arte Moderna de Nova York.

Embora a crença modernista na simplicidade fosse colocada de cabeça para baixo pela mobília expressiva de grupos como o Studio Alchymia e o Memphis no final dos anos 1970 e início dos anos 1980, os termos do discurso ainda estavam centrados nos objetos. Foi essa ênfase que deu origem à profissão de design industrial que conhecemos até recentemente. Mas vários teóricos como Herbert Simon e John Chris Jones argumentam que um processo de design subjaz a tudo em nossa cultura, tanto material como imaterial. Simon chegou até a considerar o design uma nova "ciência do artificial".[1]

Onde Simon e Jones propunham uma ampliação do tema do design para abranger tudo o que podemos chamar de artificial, outros teóricos questionaram o significado do design. No discurso dos modernistas, o lócus do significado era duplo: forma e função, que podemos substituir pelos termos teóricos "estética" e "pragmática". Os primeiros designers modernistas acreditavam que o significado era mais inerente ao objeto do que negociado na relação entre o objeto e um usuário. Os objetos eram considerados signos de valor com referentes incontestes como clareza, beleza, integridade, simplicidade, economia de meios e função. O slogan reducionista "a forma segue a função" supunha que o uso era um termo explícito, inequívoco. Assim, o significado dos objetos devia ser encontrado em sua relação com um valor que se fundava na crença. O pós-estruturalismo contestou a ideia de crença fundamentada, bem como nosso direito a "significado" apropriado, como se este fosse um termo que em si mesmo não levantasse questões sobre as possíveis condições de seu uso.

Além do escorregadio tema do design e das questões concernentes às condições nas quais podemos falar sobre seu significado, devemos também enfrentar um problema mais complexo no cerne da política do artificial que é a natureza da realidade. Para a "primeira modernidade" — e aqui empregarei a distinção de Andrea Branzi entre duas modernidades — a realidade era um termo inconteste.[2] Era o fundamento estável para a atribuição de significado aos objetos, às imagens e aos atos. Hoje, esse não é mais o caso e toda menção à "realidade" deve ser qualificada por condições, tal como deve ser o uso do termo "significado"; daí não termos clareza quanto a como ou se é possível traçar limites em torno do real ou autêntico como fundamento do significado.

Quando Simon propôs uma nova "ciência do artificial" em 1969, designou a natureza como o terreno do significado contra o qual seria definida tal ciência ou uma prática do design concebida em amplo sentido. A "ciência natural", escreveu, "é conhecimento sobre objetos e fenômenos naturais".[3] O artificial, por outro lado, dizia respeito a objetos e fenômenos inventados pelos homens. A diferença entre os dois era clara para Simon, embora sua implícita construção positivista do natural também fosse o modelo para sua explícita metodologia do design.

A crítica do discurso científico, montada por Paul Feyerabend, Donna Haraway, Stanley Aronowitz e outros, desde então colocou em questão o modo como afirmamos conhecer a natureza como real. Essa crítica pelo menos teve êxito em contestar a fácil equação entre o natural e o real e, assim, problematizou referências não qualificadas à natureza. Ao concentrar-se no pensamento científico como um constructo linguístico, os críticos tentaram contestar uma prévia fé na verdade científica. Consequentemente, temos dois termos contestados, "significado" e "realidade", que abalam gravemente as certezas sobre as quais foram construídas uma teoria e uma prática do design na primeira modernidade. Uma vez que não mais podemos falar em design como se esses termos não estivessem em questão, é necessário um novo discurso, embora ainda não esteja claro como esse discurso se desenvolverá como reflexão sobre a prática do design. Entretanto, acredito que o tema central a ser abordado nesse discurso é o artificial e suas fronteiras.

O PROBLEMA DAS FRONTEIRAS

Na primeira de suas palestras Compton, "The Sciences of the Artificial", proferida no Instituto de Tecnologia de Massachusetts em 1969, Simon caracterizou a ciência natural como descritiva, preocupada em como são as coisas, enquanto definia a ciência do artificial como "normativa" em seu envolvimento com objetivos humanos e questões sobre como devem ser as coisas.[4] As duas ciências eram diferenciadas pelo termo "deve", que assinalava a tarefa dos seres humanos de inventar o mundo artificial a fim de alcançar seus próprios objetivos enquanto aceitavam o propósito paralelo do mundo natural.

Simon propunha quatro indícios para distinguir o artificial do natural. Três definem o artificial como consequência da mediação humana. Ele dizia que os objetos artificiais resultam de um ato de produção, que chamava de "síntese", ao passo que o ato de observar, a "análise", é o modo como os seres humanos se relacionam com a natureza. Além disso, caracterizava o artificial por "funções, objetivos, adaptação" e o discutia "tanto em termos de imperativos como de descritivos".[5]

Quando Simon comparou o artificial com o natural, postulou o natural como um termo incontestável, afirmando que o artificial "pode imitar aparências nos seres naturais, embora carecendo, em um ou vários aspectos, da realidade desses últimos".[6] Entretanto, a equação do natural com o real tem sido muito contestada nos últimos anos, mais notadamente por pós-estruturalistas e desconstrucionistas. A contestação de Roland Barthes e Michel Foucault de intenções autorais na literatura e na arte, a afirmação de Jean Baudrillard de que os simulacros são signos sem referentes, e a recusa de François Lyotard de reconhecer as metanarrativas ou "grands récits" que moldam valores sociais — tudo isso exemplifica essa tendência, tal como o discurso de Haraway sobre a cultura do cyborg.

Embora esses ataques ao real contestassem legitimamente premissas implícitas ao pensamento positivista que eliminavam muitas das vozes que hoje constituem nossa comunidade cultural, também se empenhavam em abolir toda presença, quer a chamemos de natureza, Deus ou espírito, que pudesse existir para além do marco de um discurso socialmente construído. Daí, Haraway, em seu ensaio de 1985, "A Manifesto for Cyborgs", poder argumentar em favor do cyborg, um híbrido de homem e máquina, como "uma ficção delineando nossa realidade social e corporal"[7] e Gianni Vattimo, o filósofo italiano que postulou "il pensiero debole", ou "pensamento fraco", como a filosofia apropriada para a era pós-moderna, pode afirmar que "somente onde não há instância terminal ou interruptora do valor mais elevado (Deus) para bloquear o processo, os valores podem ser exibidos em sua real natureza, ou seja, como detentores da capacidade de convertibilidade e de uma indefinida transformabilidade ou processualidade".[8] De suas leituras de Nietzsche e Heidegger, Vattimo conclui que "o niilismo é, dessa forma, a redução do Ser ao valor de troca".[9] Ele não diz isso no sentido mercantil de vender o eu, mas em termos da convertibilidade do eu sem uma base como a natureza ou Deus em relação à qual ele possa ser definido.

Também encontramos prova de um eu convertível no romance cyberpunk de William Gibson *Neuromancer*, no qual o artificial não é limitado por nenhuma presença exterior a ele. Os personagens de Gibson não possuem base no real; são construídos de motivos e impulsos facilitados pela manipulação de produtos artificiais. Conquanto alguns personagens sejam mais humanos do que outros, nenhum possui alguma resistência inerente à incursão do artificial em seus corpos ou em suas vidas, e alguns, como o AI Wintermute (uma inteligência artificial [IA] que intervém na vida social), são totalmente artificiais. Parte do fascínio por *Neuromancer* fora do meio cyberpunk é o retrato de Gibson de um mundo no qual o artificial é dominante e no qual a capacidade de manipulá-lo é a mais poderosa atividade humana.[10]

Neuromancer nos oferece um roteiro do design triunfante em um mundo onde o real não é mais um ponto de referência. A postulação do artificial por Simon como uma imitação do natural não carrega nenhum peso nesse contexto. No mundo retratado por Gibson, o ser é convertível em formas infinitas e os valores de identidade são constituídos principalmente por meio da manipulação da tecnologia. As matérias-primas que constituem a substância do design já passaram por tantas transformações que seu lócus na natureza não é mais evidente.

Se o design em *Neuromancer* é triunfante à custa da realidade, como refletir sobre a questão do significado no mundo de Gibson? Primeiro precisamos questionar o que é o significado em um mundo no qual a realidade não mais constitui o terreno onde os valores são formados. O significado se torna então um conceito estratégico que existe pragmaticamente na interface entre o design e o uso. Seu valor é determinado por preocupações mais operacionais do que semânticas. Os personagens em *Neuromancer* até projetam a si mesmos, mas sem um imperativo ético externo ou um sentido interior de *self* para os guiar.

Neuromancer é um retrato ficcional do mundo do simulacro de Baudrillard. Como no romance de Gibson, o real para Baudrillard não é "nada mais do que operacional".[11] O simulacro, segundo Baudrillard, é um símbolo para o real que substitui o próprio real. O resultado é o que ele chama de "hiperreal". Baudrillard acredita que não pode haver representação, já que "a simulação envolve todo o edifício da representação como simulacro".[12]

O mundo de *Neuromancer* é um reflexo do próprio niilismo de Baudrillard. Ele encara o Ocidente como tendo perdido o que chama de "aposta na representação". Essa aposta se baseava na crença de que os símbolos poderiam ser trocados por profundidades de significado e que algo externo à troca — ele menciona Deus — poderia garanti-la. Entretanto, o próprio Baudrillard não manifesta nenhuma fé em Deus ou em alguma metanarrativa de poder equivalente. Ele manifesta sua dúvida da seguinte forma:

> **Mas e se o Deus pode ser simulado, isto é, reduzir-se aos signos que o provam? Então todo o sistema perde a força da gravidade, ele próprio não é mais do que um gigantesco simulacro — não irreal, mas simulacro, isto é, nunca mais passível de ser trocado por real, mas trocando-se a si mesmo, num circuito ininterrupto cujas referência e circunferência se encontram em lugar nenhum.[13]**

Embora Baudrillard seja um profeta do juízo final, sua capacidade de explorar as implicações de um mundo sem a presença do real é útil. Como no *Neuromancer* de Gibson, o significado para Baudrillard só existe na operação de troca, e não em uma realidade que lhe é exterior. Em seu livro *Simulações*, discute a dificuldade de encontrar sentido em um mundo sem uma metanarrativa, termo que Jean-François Lyotard define como qualquer ideia ou presença ampla que exista como um fenômeno incontestável fora do domínio da ação social humana. E mesmo assim, teóricos pós-modernos, liderados por Lyotard, insistem em que as metanarrativas não são mais possíveis.

Como afirma Lyotard em *A condição pós-moderna*, "defino pós-moderno como incredulidade em relação a metanarrativas".[14] Ele acredita que o conhecimento possa ser aceito como legítimo por outros motivos que não sua verdade inerente e deseja se resguardar contra a dominação do conhecimento que, em sua percepção, possa ser ilegítimo. Utilizo qualificativos para explicar a interpretação de Lyotard de conhecimento legítimo e ilegítimo para garantir que relaciono seu pensamento com sua própria percepção da verdade, e não com alguma coisa que é ou não é inerentemente verdadeira.

O ceticismo de Lyotard estimulou uma frutífera análise crítica de como os discursos sociais são construídos, mas também reforçou a convicção de que a vida social não tem nenhuma base para significação. A descrença em metanarrativas, particularmente entre proeminentes teóricos culturais, é um fator essencial no argumento de que o pós-moderno é uma ruptura com o moderno. Embora as metanarrativas do moderno tenham sido diversamente definidas, a crença no progresso ativada pela razão instrumental é central, tal como a crença nos universais em detrimento das diferenças.

EXPANDINDO O DISCURSO

O colapso de um determinado paradigma modernista abriu o espaço do discurso social a muitas vozes que anteriormente eram marginalizadas ou reprimidas. Mas o reconhecimento da diferença também levou a uma recusa generalizada na postulação do mundo em termos de valores compartilhados. Lyotard refere-se à situação da diferença como "uma pragmática de partículas de linguagem".[15] Entretanto, muitas pessoas, inclusive eu mesmo, não se contentam com a condição pós-moderna como Lyotard e outros eruditos, críticos e artistas a definiram e elaboraram. Mas isso não quer dizer que ela não tenha de ser contraposta pela defesa de uma posição modernista que não é mais válida. No sentido mais profundo, o espectro da razão instrumental, com seu crescente poder tecnológico, solto no que resta de natureza sem nenhum imperativo moral ou ético para governá-lo, é apavorante.

Mark Sagoff descreveu o impacto potencial dos avanços na biotecnologia sobre o meio ambiente:

> A meta da biotecnologia é melhorar a natureza, substituir organismos e processos naturais por artificiais, a fim de melhorar a eficiência social geral e o lucro. (...) É por isso que gastamos mais para produzir espécies modificadas economicamente valiosas do que para proteger espécies ameaçadas economicamente inúteis. E é por isso também que constantemente transformamos quaisquer sistemas ecológicos naturais e silvestres que possamos ter — desde as florestas tropicais até as savanas e estuários — em sistemas produtivos bioindustriais cuidadosamente manejados e modificados (e consequentemente previsíveis e lucrativos).[16]

As questões levantadas aqui são semelhantes às que anteriormente mencionamos em relação ao *Neuromancer* e, assim, justificam a leitura do crítico Peter Fitting do mundo de Gibson como "não tanto uma imagem do futuro, mas a evocação metafórica da vida no presente".[17] As possibilidades técnicas da biotecnologia, tal como descritas por Sagoff, já turvaram as fronteiras entre o artificial e o real. Mais do que uma imitação da natureza, o biossistema controlado se torna um substituto dela.

Esses biossistemas ainda mantêm a aparência do natural porque tiram sua energia da Terra, mas sua transformação de sistemas naturais em sistemas manejados pode desconectá-los de um equilíbrio ecológico mais amplo do qual seus gestores ou não têm consciência ou não desejam levar em conta. Tais biossistemas controlados podem ser simulacros da natureza sem que sequer o saibamos. A razão instrumental continua a alterar as espécies e os biossistemas para uso humano, particularmente para o lucro econômico. Isto é design, mas, como no *Neuromancer*, floresce apenas à custa do natural.

A confusão entre o artificial e o natural engendrada pelas capacidades da biotecnologia existe porque ambos os domínios foram reduzidos a valor de troca. Quando são vistos como intercambiáveis, como preferem fazer os gestores biotecnológicos, um pode ser substituído pelo outro sem nenhum sentido de perda. A única forma de distinção entre eles é identificar um com um valor que falta ao outro.

As radicais visões de biotecnólogos e ecologistas que extinguem a distinção entre o artificial e o natural podem ser comparadas com outro conjunto de concepções que consideram a natureza sagrada. De acordo com o princípio Gaia de James Lovelock, a Terra é um ser vivo com quem devemos cooperar. Ecofeministas, que adotaram os valores triádicos do feminismo, da ecologia e da espiritualidade, também compartilham a convicção de que a Terra está viva. Conforme escreve Paula Gunn Allen,

> **O planeta, nossa mãe, a Avó Terra, é físico e, portanto, um ser espiritual, mental e emocional. Os planetas são vivos, como são todos os seus derivados ou suas expressões, como os animais, vegetais, minerais, fenômenos climáticos e meteorológicos.[18]**

Tanto a metáfora de Gaia como a narrativa da Deusa, que estão no cerne da crença espiritual ecofeminista, geraram uma forte crítica da razão instrumental, que as ecofeministas identificam com o patriarcado. Carol Christ, também ecofeminista, acredita que

> **a preservação da Terra exige uma mudança profunda na consciência: uma recuperação de visões mais antigas e tradicionais que reverenciam a profunda ligação de todos os seres na teia da vida e uma reconsideração da relação tanto da humanidade como da divindade com a natureza.[19]**

Para as ecofeministas, a narrativa da espiritualidade da Deusa foi um poderoso estímulo para a ação política. Elas lideraram manifestações contra a chuva ácida, a destruição das florestas tropicais, a destruição da camada de ozônio e a proliferação de armas nucleares e também se envolveram em muitas outras causas de promoção de um meio ambiente saudável. Seu alvo, como diz Starhawk, outra ecofeminista, não é apenas opor-se ao poder patriarcal, mas "transformar a estrutura do próprio poder".[20] Os feitos das ecofeministas em duas frentes — oposição a grupos que prejudicam a ecologia da Terra e criação de ações que unam as mulheres na colaboração positiva com as forças vitais da Terra — significam o poder de uma narrativa em transformar a ação humana. Da perspectiva do ecofeminismo, a filosofia pós-moderna de Vattimo e Lyotard tem pouco a oferecer aos que desejam atuar juntos de forma construtiva, pois ela só consegue admitir uma ausência de significado.

O ecofeminismo também deu uma contribuição valiosa ao entendimento da formação do discurso, graças à sua resistência a uma narrativa patriarcal que eliminou culturas matriarcais históricas nas quais as mulheres mantinham papéis de autoridade. Partindo de uma localização marginal, as ecofeministas, graças a uma atividade intelectual cooperativa, criaram um lugar para si mesmas dentro do discurso cultural contemporâneo. Elas simplesmente partiram de uma posição diferente tanto dos positivistas como dos pós-estruturalistas niilistas, com um projeto que poderia ser buscado de forma consistente e cooperativa no marco de uma nova narrativa. As ecofeministas também demonstraram o poder da convicção e da experiência espiritual na geração de ação positiva. Onde elas têm sido menos eficazes é no estabelecimento de uma postura retórica a partir da qual se possa envolver teorias pós-modernas tanto de uma maneira crítica como afirmativa. Implicitamente, porém, contestaram a recusa de Lyotard das metanarrativas mediante a produção de uma narrativa própria que está nitidamente lhes conferindo poder. Conquanto possa ser vista por alguns como marginal, porque muito pouca gente a adota, mesmo assim a narrativa da Deusa pode participar de uma metanarrativa mais inclusiva da espiritualidade dentro da qual a diferença possa ser asseverada tal como os pós-modernistas argumentam que deva ser feito socialmente.

A espiritualidade como metanarrativa — e interpreto espiritualidade aqui como uma conexão com o divino — pode funcionar como uma base para equacionar os problemas de significado e realidade decorrentes de uma adoção do artificial. Se um discurso amplo sobre o espírito pode se tornar tão convincente para outros grupos sociais quanto a narrativa da Deusa tem sido para as ecofeministas, então ele tem a capacidade de autorizar grandes contingentes de pessoas a encontrarem sentido e realização na ação dirigida ao bem-estar e à melhoria de vida para si e para os outros. É difícil dizer qual forma essa ação tomaria, particularmente no que diz respeito ao design, mas certamente se caracterizaria pela busca de sentido e unidade nas relações com os outros.

Um reconhecimento do divino como nem exclusivamente matriarcal nem patriarcal pode superar a ruptura entre o moderno e o pós-moderno de diversas maneiras. Pode reconhecer o valor de uma narrativa social no pensamento modernista e, ao mesmo tempo, reconhecer as limitações da fé nas categorias universais e na razão instrumental da primeira modernidade. Pode também reconhecer a importância das muitas incisivas críticas da cultura contemporânea, que direcionaram atenção para o problema do artificial.

O design e a tecnologia têm muito a ganhar com uma metanarrativa de espiritualidade com inspiração divina, particularmente como uma base de significação que testemunhe os limites do artificial. Embora remonte a espiritualidade a uma origem transcendente, refiro-me a ela aqui tal como se manifesta na ação humana. O que caracteriza o espiritual é tanto sua imanência como sua transcendência, sua capacidade de vitalizar os seres humanos de dentro para fora, enquanto também possa existir como uma presença externa a eles.

OS SIMULACROS E O REAL

A espiritualidade, quer a vinculemos a Deus, à Deusa ou a alguma outra origem transcendente, é um dos termos mais contestados em nosso vocabulário contemporâneo, mas quase não tivemos chance de explorar seu significado porque ele tem sido suprimido por uma influente discussão intelectual do materialismo. Daí Donna Haraway afirmar em "A Manifesto for Cyborgs" que

> **as máquinas do final do século XX tornaram totalmente ambígua a diferença entre natural e artificial, mente e corpo, autodesenvolvido e externamente concebido, e muitas outras distinções que usualmente eram aplicadas a organismos e máquinas.[21]**

A autora afirma que estamos passando para um "sistema de informações polimorfo" em que "quaisquer objetos ou pessoas podem ser razoavelmente pensados em termos de desmontagem e remontagem; nenhuma arquitetura "natural" limita o design de sistemas".[22] Embora *Neuromancer* seja uma narrativa antiutópica do egoísmo e do poder praticado através do design e do controle da tecnologia, Donna Haraway vê essa nova flexibilidade polimorfa como veículo para uma mudança social positiva. Entretanto, a falta de uma metanarrativa que possa servir de fonte para valores normativos a obriga a enfatizar o poder e a economia como básicas na determinação das fronteiras entre o artificial e o real. Tal ausência também dificulta a resistência à tecnologia. Um tema principal do discurso tecnológico é que dispositivos inovadores nos capacitarão a fazer coisas que não fazíamos antes. Somos informados de que novas experiências possibilitadas pela tecnologia serão extensas. Comparado a um entendimento reducionista da experiência "natural", isso certamente parece verdade. Mas o poder da espiritualidade vivida pode ampliar a experiência do ser e, com isso, propiciar uma posição mais forte na qual se possa apoiar ou resistir às novas tecnologias.

Tomemos como exemplo a pesquisa sobre realidade virtual (RV).[23] Brenda Laurel descreve as muitas experiências que a realidade virtual possibilitará, tal como fez Jaron Lanier, um dos fundadores e primeiros porta-vozes do meio. Em uma entrevista de 1989, Lanier falava com euforia sobre as novas possibilidades da RV:

> O computador que estiver executando a Realidade Virtual utilizará os movimentos de nosso corpo para controlar qualquer corpo que escolhermos ter na Realidade Virtual, que poderia ser humano ou algo muito diferente. Podemos muito bem ser uma cadeia de montanhas ou uma galáxia ou um pedregulho no chão. Ou um piano... eu considerei ser um piano. Estou muito interessado em ser instrumentos musicais.[24]

Não é preciso dizer que nem Lanier nem outros envolvidos na pesquisa de RV privilegiam a fantasia pessoal como justificativa inicial para o que fazem, mas ela é certamente um forte e promissor elemento para grandes compensações econômicas. Com certeza a realidade virtual, que já se tornou um terreno para o sexo virtual, continuará a se desenvolver como poderosa mídia de entretenimento.

Embora prometa inúmeras vantagens como dispositivo de simulação para formação de cirurgiões ou pilotos, ou para manipular máquinas eletronicamente a distância, a questão principal levantada pela realidade virtual é se experimentamos a simulação como marca ou como máscara. Essa distinção foi feita por Dennis Doordan em um artigo sobre técnicas de simulação em exposições de museus.[25] Quando o designer marca o limite de uma simulação, ela é caracterizada como uma experiência de segunda ordem cujo referente é mais autêntico. Se o limite é mascarado, a simulação se torna um simulacro, como salientou Baudrillard, sem nenhuma referência a uma experiência fora de si mesma. Assim, a fronteira entre o simulado e o real desaparece e o simulado se torna o novo real.

A compensação das restrições percebidas na sociedade corporificada e a imaginada liberdade de um eu eletrônico suscitam questões sobre o valor da realidade física em relação a sua contraparte virtual. Os entusiastas da realidade virtual às vezes falam da RV como alternativa ao mundo físico, um lugar onde as restrições podem ser superadas, e novas liberdades, descobertas. Em certo nível, isso é tecnorretórica clássica. A nova tecnologia sempre promete mais. Para alguns, a realidade virtual sugere que a identidade eletrônica oferece algo maior ou mais realizador do que a existência corporal. Lembremos o comentário de Case, o anti-herói de Gibson em *Neuromancer*: "O corpo é carne."

Para Case, plugar-se no ciberespaço é uma experiência revitalizadora que é mais significativa do que estar no corpo. No ciberespaço, Case, uma figura marginal na vida real, demonstra uma inteligência perspicaz ao ultrapassar barreiras para decifrar códigos de informação e demonstra considerável coragem em suas manobras de passagem pelas redes de oposição eletrônica. Em um mundo de fronteiras entre o artificial e o real derrubadas, o mundo simbólico da rede se torna para Case uma realidade mais intensa e expansiva do que sua realidade corpórea.

Bruce Sterling, o autor cyberpunk, adota a opinião libertária de que o ciberespaço é uma fronteira política na qual o mundo pode ser inventado de novo sem constrangimentos. Mas a expectativa de que esse novo território simbólico esteja imune às mesmas tendências de controle da vida que caracterizam o mundo corpóreo não é realista. Advogados já estão trabalhando em casos em que eventos eletrônicos ameaçaram ou violaram direitos constitucionais e resultaram em dano psicológico ou até físico a indivíduos. Entretanto, será com muita dificuldade que os códigos legais serão aplicados à ação virtual. Como afirma a advogada Ann Branscomb,

> **O pleito segundo o qual os impulsos eletrônicos podem ser manipulados, modificados ou apagados é hostil a um sistema legal deliberado que surgiu em uma era de objetos tangíveis e se apoia em prova documental para validar transações, indiciar patifes e afirmar relações contratuais.[26]**

A partir das muitas descrições de comportamento hacker e de romances como *Neuromancer*, sabemos que o envolvimento psíquico com a comunicação eletrônica pode ser intenso. O que é possível, à medida que as pesquisas sobre realidade virtual tornam mais palpável a visualização de identidades eletrônicas, é que o potencial para o crescente turvamento das fronteiras entre identidades corpóreas e virtuais irá aumentar. No sentido de Baudrillard, para alguns a identidade eletrônica pode não ser mais a representação de um eu; em vez disso, pode se tornar o eu em relação ao qual a vida no corpo é pobre competição psíquica.

O cinismo quanto às possibilidades construtivas do sistema político americano deixa um vazio de significado na sociedade que oferece pouca ou nenhuma resistência ao artificial. De fato, para alguns, o artificial como entretenimento, dos videogames aos ambientes de RV interativa, pode tornar-se ainda mais envolvente do que a vida corpórea.[27] Pode também tornar-se uma diversão tão poderosa que as agressivas incursões de corporações biotecnológicas pelo natural passarão despercebidas.

As imagens do transformar-se como explorações da fantasia nada têm a ver com os discursos sobre desenvolvimento humano materializados nas diferentes vertentes da metanarrativa espiritual. Dentro dessa metanarrativa, o transformar-se é parte de uma continuidade de desenvolvimento que resulta em um eu que entende seu propósito num marco mais amplo de evolução espiritual. Para os que sustentam essa convicção, a evolução espiritual é o terreno da realidade contra o qual devem ser avaliados os valores do artificial.

O teólogo jesuíta e cientista Pierre Teilhard de Chardin relacionava a motivação de abraçar a evolução espiritual com a força com a qual ela é experimentada:

> **Em toda moralidade de movimento, ao contrário, que somente é definida pela relação com uma condição ou objeto a ser alcançado, é imperativo que a meta brilhe com luz suficiente para ser desejada e mantida à vista.[28]**

Para Teilhard, o padre jesuíta, é o amor do Divino que anima os seres humanos a se empenharem juntos rumo a uma unidade mais alta. No entanto, como paleontólogo, ele percebeu que os seres humanos precisam pensar a espiritualidade de uma nova maneira que não oponha o domínio do espírito ao da ciência. Conforme escreveu em um texto de 1937 não publicado, "o que mais ou menos falta a todos nós neste momento é uma nova definição de sagrado".[29]

A ESPIRITUALIDADE E O FUTURO DO DESIGN

Somos agora desafiados a analisar a questão de Teilhard de Chardin em um momento em que as capacidades da tecnologia estão ultrapassando nosso entendimento do que significa ser humano.[30] À medida que seres artificiais, como cyborgs ou replicantes, representam mais estritamente o que sempre imaginamos que é um ser humano, sofremos uma grande pressão para definir a diferença entre nós e eles. Esse é o problema que Donna Haraway abordava com seu mito do cyborg, que arrasta os homens para uma relação mais estreita com as máquinas. "Nenhum objeto, espaço ou corpo é sagrado em si mesmo", afirmou ela em "A Manifesto for Cyborgs"; "todo componente pode ter uma interface com qualquer outro se o padrão adequado, o código correto, puder ser construído para processar sinais em uma linguagem comum".[31] O filme *Blade Runner* joga com essa ideia de intercambiabilidade, deixando ambígua a relação do caçador de recompensas com a mulher replicante, cujo sentimento por ele pode ou não ser o equivalente do amor humano.

Para avançar rumo a um *self* mais diferenciado do que semelhante a constructos artificiais, precisamos compreender a ligação com o Divino como uma força da evolução que não se encontra em oposição com a tecnologia, mas ao mesmo tempo oferece parte da realização equivalente que comumente buscamos no domínio do artificial.[32] Estamos vivendo em um momento que Teilhard de Chardin não poderia ter imaginado em 1937, momento em que o real não pode ser tido como dado, mas precisa ser arrancado do artificial. Não é uma tarefa fácil, mas é uma tarefa com a qual precisamos nos envolver se não quisermos ser engolfados por simulacros. Isso significa encontrar uma maneira de falar sobre o espiritual que não o apresente em oposição ao artificial, mas, ao contrário, que reconheça formas específicas do artificial como manifestações frutíferas da energia espiritual. A tarefa é difícil por causa da pluralidade da experiência humana e da falta de um discurso capaz de acomodar a presença da espiritualidade mesmo para aqueles que resistem a ela ou a marginalizam.

O primeiro passo, porém, é reintroduzir o conceito de espiritualidade nos debates filosóficos atuais de que foi excluído. Como um passo retórico, a espiritualidade deve ser trazida das margens do pensamento contemporâneo para uma posição mais central. Considerando seu lugar em nossas reflexões sobre o artificial, podemos levantar questões sobre design e tecnologia que de outro modo não seriam levantadas. Teríamos de nos engalfinhar com questões sobre se determinadas formas de artificialidade — um mutante genético, um ambiente de vida artificial ou um sistema especialista de IA, por exemplo — seriam substitutos adequados para fenômenos equivalentes que temos designado como naturais. Em suma, teríamos de administrar as fronteiras entre o artificial, que é feito pelo homem, e o natural, que existe independentemente do design humano.

Embora essa distinção seja mais problemática do que pode ter parecido a Herbert Simon em 1969, mesmo assim ela nos autoriza a demarcar um território diferente para o design, um território que não procura substituir inteiramente o natural, mas, em vez disso, complementá-lo. Essa opinião se encontra em oposição à investida da tecnorretórica, que sempre argumenta em favor da superioridade do artificial.

O teórico do design Tony Fry abordou esse problema em uma palestra sobre ecodesign proferida na Universidade de Notre Dame em 1993. Embora Fry estivesse se referindo aos efeitos do excesso de design sobre o ambiente natural, acho suas palavras bem apropriadas à questão mais ampla das fronteiras para o artificial:

> **Os designers precisam estar mais informados sobre o impacto ambiental do que fazem; precisam ser mais críticos, mais responsáveis. Eles/eu temos de reconhecer plenamente que seja o que for que eles/eu projetarmos, o projeto tem continuidade. O projeto/eu/eles também temos que descobrir como parar de projetar, o que implica deixar os sistemas essenciais em paz, ou projetar mecanismos de apoio artificial que tornem redundante a ação futura de design.[33]**

Uma metanarrativa da espiritualidade pode ajudar os designers a resistir à tecnorretórica que sanciona a contínua colonização do natural. Ela pode fornecer uma reflexão mais profunda e consciente sobre o artificial como tema que ainda precisa ser investigado em profundidade por designers e tecnólogos. Essa reflexão pode resistir à redução do artificial ao simulacro, por um lado, ou a violações da natureza, por outro.

Na medida em que uma metanarrativa da espiritualidade estiver articulada como um discurso sobre o propósito humano, poderá capacitar tecnólogos e designers para tomar decisões sobre quais direções de pesquisa adotar e o que projetar.[34] Não quero fazer afirmações grandiosas a favor da espiritualidade como fonte de um paradigma de design inteiramente novo quando, na verdade, muitos produtos já atendem plenamente a necessidades humanas. Mas desejo sugerir que, quanto mais um designer ou engenheiro puder imaginar um usuário como uma pessoa sagaz e digna, maior a probabilidade de que ele projete um produto útil.[35]

O design, entendido em um sentido mais profundo, é um serviço humano. Ele gera os produtos de que necessitamos para uma vida produtiva. Na medida em que nossas atividades são possibilitadas pela presença de produtos úteis, a espiritualidade pode ser uma fonte de cultivo de um sentido do que vale a pena. Em sua manifestação no design de produtos e dispositivos tecnológicos, a espiritualidade é a atenção ao bem-estar humano e à melhoria de vida vistos em relação tanto ao eu individual quanto à humanidade como um todo. À medida que os designers e tecnólogos desenvolvem uma percepção mais cuidadosa do modo como vivem as pessoas, também poderão gerar produtos que respondam a atividades humanas ainda não imaginadas anteriormente.

Uma atenção maior a questões do bem-estar e do propósito humanos também pode nos ajudar a ponderar os méritos de novas tecnologias, bem como as possibilidades que oferecem para o design de produtos. Bruce Sterling caracterizou a realidade virtual como a "definitiva mídia projetável", capaz de absorver quantidades infinitas de criatividade humana.[36] O design do ciberespaço, por exemplo, corre o risco de tornar-se uma economia paralela em que análogos eletrônicos da experiência corporal são comprados e vendidos. Essa atividade possui potencial para absorver enormes quantidades de capital e concentrá-las nas mãos de algumas corporações que controlam a tecnologia para fazê-la acontecer. Precisamos nos perguntar se a construção desses análogos é onde os designers podem concentrar mais proveitosamente o seu talento, e a economia, o seu capital. Penso que não.

Uma metanarrativa da espiritualidade pode capacitar designers e tecnólogos a entender melhor o design como forma de ação que contribui para o bem-estar social. Ela pode vincular o design a um processo de melhoria social que se torne a contrapartida material do desenvolvimento espiritual. Nesse caso, um sentido de continuidade com o período moderno pode revigorar a ideia de um projeto mais amplo para o design que precisa ser moldado novamente em relação a condições contemporâneas. O mais importante é que uma metanarrativa espiritual pode autorizar indivíduos a agirem com confiança e energia em face de um niilismo cultural generalizado. Essa metanarrativa também pode reunificar o design com os dois termos contestados — "significado" e "realidade" — de uma forma que resista ao seu colapso. Existe claramente uma necessidade de compreender o significado dos produtos em um conjunto mais amplo de questões sobre o artificial, mas nenhuma teoria até agora abordou esse problema.

Para considerar a questão do artificial no sentido em que precisamos fazê-lo, quero retornar às palestras Compton de Simon em 1969. Mas não pretendo aceitar sua premissa de que ou a "natureza" ou a "ciência" detém direitos incontestes à verdade. O que acredito ser importante na discussão de Simon, particularmente em termos de minha proposta de uma nova metanarrativa, é sua caracterização do natural e do artificial como domínios distintos. Embora o natural possa ser transformado no artificial por meio da ação humana, e Simon admita que "o mundo em que vivemos hoje é um mundo muito mais feito pelo homem, ou artificial, do que um mundo natural",[37] o natural, em termos ontológicos, não é intercambiável com o artificial.

Hoje reconhecemos que o artificial é um fenômeno muito mais complexo do que o postulado por Simon em 1969. Consequentemente, precisamos problematizá-lo de uma nova forma. As várias críticas do positivismo e do patriarcalismo, a desconstrução do discurso científico e as múltiplas vozes novas que agora enchem o espaço do debate social participam todas de uma situação diferente na qual o artificial deve ser repensado. Entre aquelas muito dedicadas ao artificial como substituto para o natural, é forte a resistência a esse desafio. E, no entanto, à medida que a incursão do artificial pelo domínio natural de nossas vidas avança, poderemos perder parte de nossa humanidade. Diante de semelhante perspectiva, não há escolha senão a de contra-atacar.

Notas

1 Ver Herbert Simon, *The Sciences of the Artificial*, 3ª ed., Cambridge: MIT Press, 1996; e John Chris Jones, *Designing Design*, Londres: Architecture and Technology Press, 1991.

2 Branzi concebeu o termo "segunda modernidade", a que me referi em "Pensando o design no fim do milênio", para caracterizar nosso momento atual. "O que quero dizer com esse termo", afirma, "é uma aceitação da modernidade como um sistema cultural artificial baseado nem no princípio da necessidade nem no princípio da identidade, mas em um conjunto de valores culturais e linguísticos convencionais que de algum modo possibilitam-nos prosseguir fazendo escolhas e projetando". Para Branzi, os princípios de necessidade e identidade podem referir-se à preocupação do movimento moderno com a função e sua fé em objetos que poderiam corporificar um sentido de valor absoluto. Ele caracteriza a segunda modernidade em termos de um conjunto de teoremas que diferenciam as condições do design do período anterior. Esse termo permite que ele continue falando de um "projeto para design", como fizeram os designers da primeira modernidade, sem ter que ignorar as respostas críticas do pós-modernismo ao modernismo nem as complexidades culturais do presente que o pós-modernismo identificou. Ver Andrea Branzi, "An Ecology of the Artificial" e "Towards a Second Modernity", em Branzi, *Learning from Milan*, Cambridge: MIT Press, 1988. Ver também seu ensaio "Three Theorems for an Ecology of the Artificial World", em *La Quarta Metropoli: Design e Cultura Ambientale*, Milão: Domus Academy Edizioni, 1990.

3 Simon, "Understanding the Natural and Artificial Worlds", em *The Sciences of the Artificial*, p. 3.

4 Ibid., p. 4-5.

5 Ibid., p. 5.

6 Ibid.

7 Donna Haraway, "A Manifesto for Cyborgs: Science, Technology, and Socialist Feminism in the 1980s", *Socialist Review* 80 (março-abril de 1985): 66. Haraway refletiu sobre seu ensaio em várias entrevistas posteriores. Ver Constance Penley e Andrew Ross, "Cyborg at Large: Interview with Donna Haraway", em Constance Penley e Andrew Ross (eds.), *Technoculture, Cultural Politics*, vol. 3, Minneapolis: University of Minnesota Press, 1991, pp. 1-20; seguido no mesmo volume por Donna Haraway, "The Actors Are Cyborg, Nature Is Coyote, and the Geography Is Elsewhere: Postscript to 'Cyborg at Large'", pp. 21-26. Ver também Marcy Darnovsky, "Overhauling the Meaning Machines: An Interview with Donna Haraway", *Socialist Review* 21, nº 2 (abril-junho de 1991): 65-84.

8 Gianni Vattimo, "An Apology for Nihilism", em Vattimo, *The End of Modernity: Nihilism and Hermeneutics in Postmodern Culture*, tradução e introdução de Jon R. Snyder, Baltimore: Johns Hopkins University Press, 1988, p. 21.

9 Ibid.

10 William Gibson, *Neuromancer*, Nova York: Ace Books, 1984. Para uma reflexão sobre a relação dos romances de Gibson com questões centrais do pós-modernismo, ver Peter Fitting, "The Lessons of Cyberpunk", em Penley e Ross, Technoculture, pp. 295-316.

11 Jean Baudrillard, "The Precession of Simulacra", em Baudrillard, Simulations, Nova York: Semiotext[e], 1983, p. 3.

12 Ibid., p. 11.

13 Ibid., p. 10.

14 Jean-François Lyotard, *The Postmodern Condition: A Report on Knowledge*, Geoff Bennington e Brian Massumi, (trad.) Minneapolis: University of Minnesota Press, 1984, pp. xxiv.

15 Ibid.

16 Mark Sagoff, "On Making Nature Safe for Biotechnology", em Lev Ginzburg (ed.), *Assessing Ecological Risks of Technology*, Stoneham: Butterworth-Heinemann, 1991, p. 345. Houve uma reação violenta na Europa e no Japão contra alimentos geneticamente alterados procedentes dos Estados Unidos e isso pode pressagiar resistência à biotecnologia no futuro. Ver "Furor over 'Frankenfood'", *Business Week*, 18 de outubro de 1999, pp. 50-51.

17 Fitting, "The Lessons of Cyberpunk", p. 299.

18 Paula Gunn Allen, "The Woman I Love Is a Planet; The Planet I Love Is a Tree", em Irene Diamond e Gloria Feman Orenstein (eds.), *Remaking the World: The Emergence of Ecofeminism*, San Francisco: Sierra Club Books, 1990, p. 52.

19 Carol P. Christ, "Rethinking Theology and Nature", em Diamond e Orenstein, *Remaking the World*, p. 76.

20 Starhawk, "Power, Authority, and Mystery", em Diamond e Orenstein, *Remaking the World*, p. 76.

21 Haraway, "A Manifesto for Cyborgs", p. 69.

22 Ibid., p. 81.

23 Para um levantamento exaustivo da pesquisa sobre realidade virtual, ver Howard Rheingold, *Virtual Reality*, Londres: Secker & Warburg, 1991.

24 "An Interview with Jaron Lanier", *Whole Earth Review* (outrono de 1989): 108-119.

25 Dennis Doordan, "Nature on Display", *Design Quarterly* 155 (primavera de 1992): 36.

26 Ann Branscomb, "Common Law for the Electronic Frontier", *Scientific American* 265, n° 3 (setembro de 1991): 112.

27 Esse tema é particularmente importante à luz do atual crescimento de grupos de direita, xenofóbicos e fundamentalistas pelo mundo inteiro e cuja militância messiânica tem contestado a democracia liberal. A sobrevivência de instituições democráticas e a luta por justiça social requerem agora considerável atenção e ação por parte de muitos que podem achar mais tentador ignorar essa necessidade e dedicar sua atenção principal ao domínio eletrônico.

28 Pierre Teilhard de Chardin, "The Phenomenon of Spirituality", em Teilhard de Chardin, *Human Energy*, Londres: Collins, 1969, p. 109.

29 Ibid., p. 110.

30 Um catálogo de exposição de Jeffrey Deitch e do falecido Dan Friedman é intitulado *Post-Human*, Nova York: J. Deitch, 1992. O artista performático australiano Stelarc criou uma performance que desconstrói a ideia do humano por meio de uma relação intensa entre biologia e tecnologia. Ver Stelarc, "Da strategie a cyberstrategie: Prostetica, robotica ed esistenza remota", em Pier Luigi Capucci (ed.), *Il corpo technologico: la influenza delle technologie sul corpo e sulle sue facolta*, Bologna: Baskerville, 1994, pp. 61-76; Howard Caygill, "Stelarc and the Chimera: Kant's Critique of Prosthetic Judgment", *Art Journal* 56, n° 1 (primavera de 1997): 46-51. Temas parecidos são tratados em *Incorporations*, número especial de *Zone* editado por Jonathan Crary e Sanford Kwinter, Nova York: Zone, 1992.

31 Haraway, "A Manifesto for Cyborgs", p. 82.

32 Hans Moravec toma o caminho oposto em sua busca de congruências entre homens e máquinas. Ver Hans Moravec, *Mind Children: The Future of Robot and Machine Intelligence*, Cambridge: Harvard University Press, 1988.

33 Tony Fry, "Crisis, Design, Ethics", trabalho apresentado na Universidade de Notre Dame, fevereiro de 1993.

34 O trabalho do designer industrial japonês Kenji Ekuan é um bom exemplo de como os valores espirituais podem ser constrangidamente incorporados à prática do design. Com formação de monge budista antes de se tornar designer, Ekuan concebe os produtos como mais do que objetos funcionais. Ver Kenji Ekuan, "Smallness as an Idea", em Richard Langdon (ed.), *Design and Industry*, Atas da Seção Design e Indústria de uma Conferência Internacional sobre Política do Design, 2, Londres: Design Council, 1984, pp. 140-143. Nesse trabalho, Ekuan faz referência específica ao butsudan, um pequeno altar budista que pode ser instalado em casa. Ele escreve que "o butsudan representa a essência da vida do homem de uma forma condensada". É "um dispositivo portátil que ajuda o povo japonês a se comunicar com seus ancestrais e, acima de tudo, consigo mesmo". Cito sua caracterização do butsudan como um indicador de sua meta de corporificar valores espirituais em produtos materiais.

35 Martin Buber tratou a questão da profundidade nas relações humanas em seu inspirador livro *I and Thou*, tradução com prólogo e notas de Walter Kaufmann, Nova York: Scribner's, 1970. Discuti o texto de Buber como base para uma nova ética do design em meu artigo "Community and the Graphic Designer", *Icographic* 2, n° 4 (março de 1984): 2-3.

36 Sterling fez esses comentários como parte de uma apresentação à conferência no Museu Nacional de Design Cooper-Hewitt, "The Edge of the Millennium", que discuto em "Pensando o design no fim do milênio", neste livro.

37 Simon, "Understanding the Natural and Artificial Worlds", p. 2.

2:

es-tu-dos

em design

NINTH

Cincinnati

Industrial

OPENS, SEPT 7TH

CLOSES, OCT. 8TH

1881

Exposition

THE NATIONAL EXHIBITION

OF ART AND INDUSTRY.

BOARD OF COMMISSIONERS.

Graduate Studies

History of Design

University of Cincinnati

HISTÓRIA DO DESIGN NOS ESTADOS UNIDOS, 1977-2000

INTRODUÇÃO

A primeira versão deste ensaio foi escrita em 1987 para coincidir com o décimo aniversário da Sociedade de História do Design [Design History Society (DHS)].[1] Minha intenção na época era resumir as pesquisas em história do design e campos afins realizadas nos Estados Unidos durante a primeira década da DHS. Embora eu tenha incluído certos eventos ocorridos antes daquela época, foi apenas para definir antecedentes para atividade posterior. Era possível remontar até o início das pesquisas americanas nas artes decorativas, na cultura material, história da tecnologia, história da impressão e em campos afins publicadas bem antes dos anos 1970, mas não era essa a intenção do ensaio original e para o que me propunha tampouco era necessário um levantamento dessa magnitude. Na presente versão, que foi consideravelmente ampliada para incluir muitos eventos ocorridos depois de 1987, não inseri nenhum material anterior ao que já havia feito na versão prévia.

A história do design é hoje tão difícil de definir quanto o era quando escrevi a primeira versão deste ensaio. Ainda estamos tateando às cegas quanto à sua abrangência e ao seu início. Quanto à primeira, não há consenso, e quanto ao segundo, existe algum. Com relação à esfera de ação da história do design, um grupo de estudiosos acredita que tudo, inclusive serviços e outros produtos imateriais, é design; outro grupo é um tanto universal em sua definição de design, mas o limita aos artefatos materiais, enquanto um terceiro inclui apenas os artefatos que resultaram da produção em massa e do processo de comunicação de massas, deixando de fora, por exemplo, os ofícios e as artes gráficas vernaculares.

O problema da cronologia é mais difícil para os historiadores do design do que na história da arte, cujos primórdios são geralmente aceitos na área como situados nos tempos pré-históricos. Embora para alguns historiadores o início da história do design coincida com o da produção em massa no século XVIII, outros consideram o design presente nas primeiras manifestações da cultura.

Além de questões de objeto e cronologia, a multidisciplinaridade inerente ao design dificulta que uma única comunidade de pesquisa se arrogue dona de sua investigação. Há historiadores da arte que considerariam o design parte da história da arte porque o incluem numa definição mais ampla de cultura visual, enquanto os historiadores da tecnologia com a mesma facilidade podem concentrar-se nos aspectos técnicos do design e minimizar o visual. Daí a pesquisa histórica sobre o design ter surgido em vários lugares e se concentrado em diferentes aspectos do tema. Essa dispersão de cenários, na verdade, teve alguns resultados positivos. Certamente manteve bem aberta a agenda das pesquisas, com isso produzindo um rico mosaico de artigos, livros e exposições que não são governados por nenhum conjunto único de valores disciplinares.

Não só os estudiosos nas diferentes disciplinas se dedicaram à pesquisa histórica que envolve o design como também os designers têm participado bastante desse processo. O resultado desse envolvimento dual é um *corpus* de livros e artigos escritos por e para designers ao lado de pesquisas voltadas mais diretamente para a comunidade acadêmica. O que é particularmente notável na situação americana é a ausência de uma hierarquia entre estudiosos e outros autores interessados na história do design. De fato, os designers muitas vezes trazem para suas pesquisas novas percepções e paixões que podem estar ausentes no trabalho de suas contrapartes acadêmicas com formação maior em métodos de pesquisa histórica do que na prática efetiva do design.

Não quero dizer, porém, que essa situação seja inteiramente satisfatória. O que falta, como já comentei antes neste livro, é uma arena para discussão e debate na qual todos os envolvidos participem em um processo discursivo que possa gerar as narrativas mais significativas da história do design. Em consequência disso, temos muitas pesquisas excelentes mas nenhum método consensual para avançar a história do design como uma iniciativa compartilhada.

Muitos designers falam de um campo chamado história do design gráfico, enquanto estudiosos da cultura material, que possuem um grande interesse em objetos domiciliares, até recentemente aventuravam-se muito pouco no século XX. Da mesma forma, estudiosos das artes decorativas normalmente não pesquisam objetos como televisores ou outros artefatos projetados para produção em massa. Essa segmentação perpetua visões parciais do design na sociedade e torna difícil estabelecer um lugar onde as questões e os problemas levantados por todos os esforços de pesquisa e discussão possam ser reunidos e reconhecidos como preocupações comuns. Até que isso aconteça, continuaremos a gerar fragmentos de pesquisa, mas seremos incapazes de usá-los para abordar questões mais amplas sobre a história do design. Para contrabalançar isso, porém, existe certa sobreposição no objeto e até algum empréstimo de métodos entre as diferentes comunidades de pesquisadores. À medida que isso continuar, acabará por reduzir as distinções entre diferentes abordagens e resultará em atividades mais híbridas.

HISTÓRIA DO DESIGN

Até apenas dois ou três anos atrás, a história do design tinha se disseminado, lenta e até furtivamente, dentro da academia americana. No final dos anos 1980, apenas algumas escolas de arte ou universidades possuíam historiadores do design em tempo integral e somente uma universidade oferecia um diploma em história do design no nível de graduação. Nos últimos anos, a demanda por historiadores do design começou a aumentar e jovens pesquisadores estão surgindo principalmente dos departamentos de história da arte e estudos americanos.[2] A demanda por cursos de história do design tem partido quase exclusivamente das faculdades de design, preocupadas com a falta de letramento em design e consciência histórica dos alunos.

Antes que quaisquer historiadores formados começassem a lecionar história do design, vários designers, como James Alexander, na Universidade de Cincinnati, Arthur Pulos, na Universidade de Siracusa, e Keith Godard e Lou Danziger, no California Institute of the Arts (CalArts), desenvolveram cursos de história do design industrial ou do design gráfico. Como afirmou Danziger, que lecionou história do design gráfico durante vários anos no CalArts,

> **Meu ensino da história do design gráfico como curso formal começa no início dos anos 1970, por volta de 1972, eu acho. Keith Godard e eu lecionávamos então no CalArts. Costumávamos sentar na lanchonete e nos queixar de como era difícil ensinar design para alunos que pensavam que Moholy-Nagy era algo que se comia com colher ou garfo.[3]**

Um dos primeiros cursos de história do design foi desenvolvido e ministrado pela jornalista e editora de design Ann Ferebee, primeiro no Pratt Institute, em Nova York, entre 1965 e 1969, e depois na Parsons School of Design, em 1968-1969. Como derivação desse curso, que se concentrava na história do design moderno, Ferebee publicou um pequeno livro ilustrado em 1970 intitulado *A History of Design from the Victorian Era to the Present*.[4] Seu curso, ao contrário dos ministrados pela maioria dos designers, tentou realizar um amplo levantamento da arquitetura, dos designs de interiores, industrial e gráfico e da fotografia. Examinando a sequência dos capítulos em seu livro, desconfia-se de uma forte influência da teleologia modernista de Nikolaus Pevsner, mas Ann Ferebee foi clarividente em sua inclusão de antigas marcas registradas, de estilização de automóveis americanos e de logotipos de empresas. Embora o livro colocasse forte ênfase no desenvolvimento de estilos, mesmo assim é notável como primeira tentativa de fundir o modernismo europeu de Pevsner com um reconhecimento das contribuições do design americano, tanto do estilo erudito como vernacular. O livro também continua como o único texto de história do design que reúne todos os aspectos do design em uma única narrativa. Ainda que seu foco esteja nos estilos e movimentos tradicionais, permanece como um argumento a favor de uma única história do design, em lugar de um grupo de histórias fragmentadas divididas de acordo com a linha de atuação profissional.

Outro curso inicial de história do design, centrado no design gráfico, foi desenvolvido na Common Wealth University Virginia por Philip Meggs, que a princípio lecionou a matéria informalmente em 1968 e deu seu primeiro curso em 1974.[5] Meggs iniciava sua narrativa com as primeiras tentativas de escrita e seguia até o trabalho mais contemporâneo. Essa trajetória é evidente em seu livro *História do design gráfico*, que foi publicado originalmente em 1983 e está hoje na terceira edição.[6] Meggs foi o primeiro a combinar história da impressão, tema sobre o qual já haviam sido publicados muitos livros, com informações sobre design gráfico e designers. Seu livro tem sido amplamente utilizado para fins didáticos, em grande parte porque apresenta uma sequência de informações básicas vinculando manuscritos ilustrados, tipos Bodoni, Lester Beall, cartazes poloneses, tipografia funcional suíça e artes gráficas *new wave*.

Sem dúvida houve outros cursos de história do design ministrados nos anos 1970, ou mesmo antes, por designers e talvez também por historiadores da arte, mas foram todos esforços individuais e, seja por meio de uma associação profissional ou de uma publicação, não havia como trocar informações. Em 1980, teve início na Universidade de Cincinnati o planejamento para um mestrado em história do design com apoio do National Endowment for the Humanities. Lloyd Engelbrecht, que obteve um título de doutorado interdisciplinar do Comitê de História da Cultura na Universidade de Chicago, foi escolhido para desenvolver e coordenar o programa, que seria sediado no Departamento de História da Arte. Engelbrecht havia redigido sua dissertação sobre a Arts and Industries Association de Chicago, um grupo de empresários que apoiou a fundação da Nova Bauhaus como parte de um esforço para melhorar o design na indústria do Meio Oeste.[7] Lecionou história da arte antes de ir para Cincinnati, onde foi o primeiro professor nos Estados Unidos a ser nomeado para um cargo em tempo integral na história do design. O plano para o mestrado em história do design era aproveitar cursos de história independentes que já eram ministrados dentro dos programas de estudo para design de modas, gráfico, industrial e de interiores. Em 1987, o prospecto do programa listava, além desses cursos, uma sequência da história do design em três partes, da antiguidade aos tempos contemporâneos, além de seminários para períodos específicos. Houve também cursos na história dos livros e têxteis, e uma série de seminários dedicados a questões específicas.[8] Mas como salientou Engelbrecht, pouco depois que o programa começou, ele atraiu inicialmente apenas um pequeno número de estudantes de pós-graduação, principalmente porque a Universidade de Cincinnati não oferecia doutorado em história da arte e os alunos teriam de procurar em outro lugar a preparação para uma carreira no magistério.

Depois de Engelbrecht, provavelmente fui o próximo historiador do design a receber uma cadeira em tempo integral. Em 1982 comecei a lecionar história do design no Departamento de História da Arte na Universidade de Illinois em Chicago (UIC), onde depois obtive meu doutorado em história do design, o primeiro nos Estados Unidos, no Union Institute, um programa de Ph.D. que permite que os alunos montem seu próprio curso. Combinei leituras independentes com um estágio na produção de livros de artistas e a redação de uma dissertação sobre o design gráfico de Alexander Rodchenko, El Lissitzky e László Moholy-Nagy.[9] Sem nenhum programa de doutorado em história do design oferecido nos Estados Unidos quando comecei, um caminho como o que tomei era o único meio de obter um Ph.D. em história do design sem ir para o exterior.

A história do design foi acrescentada ao currículo da UIC em resposta às demandas do corpo docente do ateliê de design, que lecionava para um grande número de estudantes tanto de design gráfico como de design industrial. Embora a maioria dos alunos em minha pesquisa — que durou um ano — em história do design fosse da Escola de Arte e Design, havia também alguns de outras áreas, como história da arte. No quarto trimestre de 1988, o Departamento de História da Arte inaugurou um programa de mestrado, embora até agora poucos alunos no programa tenham dado muita ênfase à história do design. No outono de 2000, porém, o departamento começou a oferecer um Ph.D. em história da arte com uma de suas duas especializações em história da arquitetura e design.

Além dos cursos desenvolvidos por mim e Engelbrecht, historiadores em outras instituições estavam começando a oferecer cursos em história do design durante o início dos anos 1980 e algumas comunicações iniciais começaram a ocorrer. Sob o ímpeto de Engelbrecht e Herb Gottfried da Universidade do Estado de Iowa, foi reunida uma comissão executiva sobre História do Design no encontro anual de 1983 do College Art Association (CAA), na Filadélfia.[10] Cerca de 60 pessoas participaram da sessão, que foi moderada por Engelbrecht e incluiu breves apresentações de Barbara Young, Gottfried, eu e Ann Morgan, historiadora da arte que na época estava editando o livro de referência *Contemporary Designers*. Após as apresentações seguiu-se uma entusiástica discussão, que resultou numa reunião na manhã seguinte com a participação de cerca de 12 pessoas, na qual se manifestou uma forte necessidade de criar linhas de comunicação entre os que lecionavam na área. O grupo decidiu formar uma organização, a qual chamou de Fórum de História do Design.[11] Posteriormente foi publicado um boletim, mas, após o primeiro número, passou a ser esporádico.[12]

Durante vários anos após sua fundação, o Fórum de História do Design manteve uma sessão do grupo em cada encontro da CAA e no encontro de 1987, em Boston, foi acrescentada uma segunda sessão para apresentação de trabalhos. Antes de Boston, os trabalhos ou eram lidos na sessão do grupo, como aconteceu em Toronto em 1984 e Los Angeles em 1985, ou em sessões organizadas em outros locais, como em Nova York em 1986, onde o fórum se reuniu no Fashion Institute of Technology. Os trabalhos nesses encontros não se voltavam para um tema específico; refletiam antes interesses pessoais de pesquisa. Para o encontro de Boston, o tema Design na Indústria foi atribuído para a sessão de trabalhos, mas o tema era tão amplo e o tempo tão curto que não foi possível extrapolar pontos e questões afins dos trabalhos. Também em conjunção com esse encontro, o fórum organizou uma tarde de apresentações no Centro Carpenter para as Artes Visuais de Harvard. Entre os que participaram desses primeiros eventos, além dos já mencionados, estavam Clayton Lee, Ward Stanley e John Montague.

No final dos anos 1980, o Fórum de História do Design era um amplo guarda-chuva para cerca de 75 pessoas cujo principal objetivo era organizar sessões anuais na CAA. Durante a reunião executiva em Boston, manifestou-se preocupação de que o fórum não estivesse evoluindo para uma organização dinâmica capaz de oferecer liderança adequada para a expansão da história do design como campo e reconhecia-se que os participantes dos encontros da CAA não refletiam uma fatia representativa das pessoas interessadas no assunto. Por isso, o grupo decidiu mudar seu nome para Fórum de Design no sentido de incluir a teoria e a crítica e, assim, ampliar a base dos que poderiam estar interessados em suas atividades.

Durante vários anos após o encontro de Boston, diversos membros ativos do fórum, como Joe Ansell e o falecido Richard Martin, mantiveram o Fórum de Design em funcionamento. Em um esforço para ampliar sua atração, o fórum organizou um simpósio intitulado "Depois do modernismo: arte, arquitetura, design e os ofícios" no Museu de Belas-Artes durante o encontro de Houston, em 1988. Entretanto, apesar desses esforços, o interesse no Fórum de Design acabou diminuindo. Alguns participantes se envolveram em pesquisas permanentes em história do design e, não obstante um grande entusiasmo, não conseguiram criar uma comunidade capaz de estruturar as questões no campo. Ao mesmo tempo, o Fórum de Design, como sociedade afiliada vinculada à CAA, não recebeu nenhum gesto de generosidade ou atenção da organização matriz em termos de promoção ou reconhecimento, nem atraiu o interesse de muitos outros participantes das conferências da CAA, cuja maioria é constituída por artistas e historiadores da arte com uma fidelidade básica às suas respectivas áreas. Em suma, foi somente mais um grupo dentro da organização mais ampla e não foi reconhecido como força capaz de ampliar a disciplina da história da arte.

Recentemente, porém, o fórum foi ressuscitado por Carma Gorman, jovem historiador do design da Southern University Illinois. Existem planos para uma reunião organizacional na conferência anual da CAA em 2002 e uma proposta para um painel patrocinado pelo fórum em 2003. A energia por trás dessa iniciativa pode sinalizar o início de um novo papel para o fórum dentro da CAA.

Apesar da incapacidade da história do design de se firmar na CAA, existem outros veículos para o seu desenvolvimento. Um deles foi a publicação em 1984 do periódico *Design Issues*. Além de publicar artigos e resenhas de historiadores americanos do design, a revista procurou e continuou a publicar artigos de estudiosos e teóricos do exterior.[13] Assumiu uma abordagem bastante liberal do tema do design e constantemente expandiu sua esfera de ação com artigos históricos sobre o design da tecnologia dos computadores, multimídia, aquários, vitrines e salas de jogos de guerra.[14] Embora a história do design tenha sido um componente importante de *Design Issues*, o periódico, além disso, trouxe a teoria e a crítica para a mesma arena de debate, na convicção de que as questões que brotam em uma área do pensamento de design também são importantes para as demais. Uma das autoras que escreveu para a revista, Ellen Mazur Thomson, pesquisadora independente, publicou posteriormente um excelente livro sobre os primórdios do design gráfico nos Estados Unidos, que apresentou material que ela havia publicado antes em *Design Issues*. Seu livro não enfocava os artefatos, mas sim o modo como as práticas de reprodução visual surgiram com a mecanização da impressão e a nova tecnologia de reprodução.[15]

Na edição do segundo trimestre de 1995 de *Design Issues*, dedicada à história do design, os editores convidaram um grupo de historiadores da arte e do design dos Estados Unidos, do Canadá e da Grã-Bretanha para debater a questão sobre se a história do design poderia se desenvolver melhor como um objeto plenamente independente ou como parte de um campo mais amplo dos estudos de design. O ponto de partida foi meu ensaio "História do design ou pesquisas em design: objeto e métodos", publicado em uma versão revista neste livro, e a forte reação a ele por parte do historiador britânico de arquitetura e design Adrian Forty.[16] Posições distintas eram tomadas, particularmente pelo historiador britânico de design Jonathan Woodham, que considerava a proposta de incluir a história do design no âmbito de um campo de pesquisas mais amplo uma tentativa de "colonizar a história do design sob o guarda-chuva imperial das pesquisas em design".[17] O historiador americano de pesquisas Jeffrey Meikle era menos otimista quanto a definir a história do design como um campo distinto quando observou:

> **Dada uma cultura inflacionária de manifestações materiais e imateriais, todas elas de um modo ou de outro projetadas; expandindo para abarcar praticamente tudo; não é de admirar que poucos historiadores culturais consigam escapar a um envolvimento com o design. Tampouco admira que uma disciplina ou campo coerente da história do design se mostre uma meta enganosa.[18]**

A questão propiciava uma rica mistura de posições que iam desde o lugar do design na esfera mais ampla da cultura visual, como preconizava Barbara Stafford, até sua contribuição ao nosso entendimento do ser humano, como argumentava Dennis Doordan ao afirmar: "Ao projetar as preocupações do presente no passado, a história molda mais do que o design; molda a própria consciência".[19] Nigel Whiteley reconhecia o valor dos estudos culturais como maneira de ampliar a história do design para incluir mais do que um estudo de objetos, ao passo que Alain Findeli escrevia sobre uma possível Design-Wissenschaft* que incluiria a história juntamente com a "epistemologia, teoria, estética e ética do design".[20] Muito existe nessa questão que poderia ter conduzido a outras respostas, como certamente teria acontecido se a história do design ou os estudos do design tivessem se desenvolvido tão bem quanto um campo, digamos, como o da literatura inglesa. Mas até agora houve pouca investigação aprofundada das questões levantadas e, por isso, seu maior desenvolvimento aguarda um momento em que o estudo acadêmico do design esteja mais avançado.

O número especial foi provocado por um pequeno seminário sobre a situação da história do design, o qual fui convidado a organizar no Centro de Pesquisa Avançada nas Artes Visuais (Casva), na National Gallery, em Washington, em maio de 1993. O objetivo do seminário era "examinar questões relativas à história do ensino e pesquisa do design e seu(s) lugar(es) na universidade, museu ou escola profissional".[21] Entre as questões propostas para discussão estava a de saber se havia alguma vantagem prática ou intelectual em sediar a história do design no âmbito de uma disciplina mais ampla de estudos em design.

Entre os participantes havia estudiosos de história do design, pedagogia do design, história da tecnologia e história da arte. Estavam presentes os editores de *Design Issues*, Richard Buchanan, Dennis Doordan e eu, as historiadoras da arte Nancy Troy e Barbara Stafford, os historiadores e teóricos do design Alain Findeli, Clive Dilnot, Ellen Lupton e acadêmicos de estudos de tecnologia — Joan Rothschild, Kathryn Henderson e Peter Whalley. Quatro historiadores do design da Inglaterra também compareceram: Jeremy Aynsley, Chris Bailey, Tim Putnam e Jonathan Woodham.

As discussões cobriram inúmeros temas, mas os resultados foram inconclusivos, embora tenham despontado vários assuntos importantes: a relação do design erudito com o vernacular; a distinção entre produtos culturais visuais e textuais; a ligação entre a história do design e a prática do design; a relação entre a história do design e um campo mais amplo do conhecimento do design; e as metodologias

---

* O termo encontra sua melhor tradução em "o campo de estudos da ciência do design". (*N. do R.T.*)

adequadas ao estudo dos artefatos como evidência histórica. Talvez o mais produtivo na época tenha sido o intercâmbio entre estudiosos com diferentes experiências. Em consequência disso, a história do design foi tratada menos como uma disciplina sectária e mais como ponto de partida para ligações com outros tipos de pesquisa.[22]

O primeiro doutorado em história do design numa instituição americana foi lançado em 1998 no Centro Bard de Pós-Graduação em Estudos nas Artes Decorativas.[23] Localizado na cidade de Nova York e filiado ao Bard College, o centro de pós-graduação, aberto em 1993, foi fundado por Susan Soros, uma historiadora das artes decorativas, com US$20 milhões de recursos do marido, George Soros. De início, o centro de pós-graduação oferecia um mestrado em artes decorativas, mas, em preparação para o programa de doutorado, Soros contratou Pat Kirkham, uma conhecida historiadora do design da Inglaterra, e Ken Ames, proeminente estudioso da cultura material. Um terceiro posto foi oferecido ao especialista em estudos americanos Jeffrey Meikle, mas por motivos pessoais ele optou por ficar na Universidade do Texas, em Austin.

Embora o programa Bard, tanto em nível de mestrado como de doutorado, ainda seja fortemente orientado para as artes decorativas, a presença de Kirkham e Ames resultou em um alargamento de seu tema e suas metodologias para incluir os da história do design e cultura material. Na verdade, o catálogo de 1999 faz referência a um "programa de doutorado em história das artes decorativas, design e cultura". Os cursos incluem "Mulheres designers nos Estados Unidos, 1900-2000", "História da publicidade moderna", "Pós-modernismo e design", "Design gráfico na Europa, 1890-1940" e "Questões de história do design".[24] A ênfase do programa, conforme dito por Susan Soros em 1996, se volta para o contexto histórico dos objetos, notadamente o que eles nos dizem sobre o momento em que eram utilizados.[25] Esse foco deriva de teorias de história da arte e cultura material e por isso difere da abordagem tradicional douta dos estudiosos das artes decorativas. Embora essa última ainda se manifeste no catálogo, há um estímulo no programa Bard para mudar a forma como as artes decorativas são estudadas, mediante sua ligação mais estreita com a história do design e outras formas da cultura material. Uma maneira pela qual isso poderá acontecer é mediante um interesse por temas, como o das mulheres designers, que transcendem as fronteiras de comunidades específicas de pesquisa. Pat Kirkham concluiu uma grande exposição e um catálogo sobre esse assunto, valendo-se de documentação que atravessa vários campos diferentes:[26] a exposição *Women Designers in the USA, 1900-2000: Diversity and Difference* [Mulheres designers nos EUA, 1900-2000: diversidade e diferença], aberta no quarto trimestre de 2000 no Centro de Pós-Graduação.

A HISTÓRIA DO DESIGN E AS ESPECIALIZAÇÕES EM DESIGN

No início dos anos 1980, diversas associações de profissionais do design, notadamente a Sociedade das Artes Tipográficas em Chicago e o Instituto Americano de Artes Gráficas em Nova York, demonstraram grande interesse pela história do design, especificamente pela história do design gráfico.[27] Em 1980, a Sociedade das Artes Tipográficas, cujo presidente na época era Robert Vogele, iniciou um programa chamado Design Chicago, que se destinava a promover Chicago como importante centro de design gráfico. Como parte desse programa, a sociedade pretendia explorar a história da atividade do design gráfico na cidade em uma série de fóruns públicos. Na primeira das duas noites de palestras públicas, o historiador da arte Franz Schulze falou sobre a chegada de Ludwig Mies van der Rohe a Chicago, Joe Hutchcroft discutiu a história do programa de design na Container Corporation of America e eu falei sobre tendências gerais no design gráfico de Chicago até 1937. Na segunda noite, o programa foi dedicado à Unimark, a empresa internacional de design que começou em Chicago em 1965.[28] Após esses eventos, a SAT, com patrocínio do Fundo Nacional para as Humanidades [National Endowment for the Humanities], organizou um simpósio intitulado "Images and Realities: Discovering the History of Graphic Design in Chicago" ["Imagens e realidades: descobrindo a história do design gráfico em Chicago"], realizado em 26 e 27 de junho de 1981.[29] Na época, poucas pessoas estavam realizando pesquisas sobre o design de Chicago, mas para a apresentação os organizadores do simpósio identificaram um pequeno grupo de historiadores, a maioria com um interesse anterior na história de Chicago. Embora diversas palestras fossem interessantes, o que no final restou para a plateia foi mais uma série de fragmentos do que uma coerente discussão do design gráfico de Chicago. Centenas de pessoas participaram do simpósio que, apesar das falhas, foi uma tentativa pioneira ambiciosa de discutir o tema.

Em abril de 1983, o Rochester Institute of Technology (RIT) patrocinou o primeiro de dois simpósios sobre a história do design gráfico. Organizado por Roger Remington e Barbara Hodik, que lecionavam, respectivamente, design gráfico e história do design, o primeiro simpósio, intitulado "Coming of Age'"["Chegando à maturidade"], reuniu designers, professores, estudantes e alguns historiadores com um amplo leque de interesses na história do design.[30] Embora poucas pesquisas substanciais tenham sido apresentadas, o simpósio foi muito valioso em sua afirmação da história do design como importante matéria de estudo. Na fala de abertura, o designer Massimo Vignelli declarava:

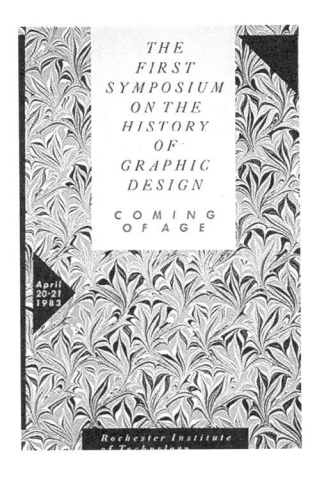

Parece-me que o mais importante a fazer é melhorar o estado da educação em nossas escolas. Precisamos inserir algum nível de cultura, algum nível de história, algum nível de filosofia. Sem isso, teremos apenas um fluxo contínuo de pequenos designers e artesãos, ou, na melhor das hipóteses, de pessoal de paste-up. Precisamos providenciar uma estrutura cultural para nossa profissão.[31]

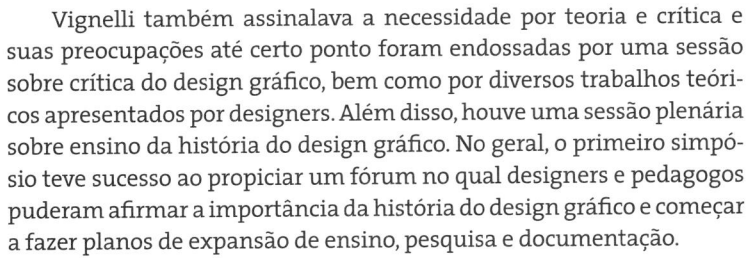

Vignelli também assinalava a necessidade por teoria e crítica e suas preocupações até certo ponto foram endossadas por uma sessão sobre crítica do design gráfico, bem como por diversos trabalhos teóricos apresentados por designers. Além disso, houve uma sessão plenária sobre ensino da história do design gráfico. No geral, o primeiro simpósio teve sucesso ao propiciar um fórum no qual designers e pedagogos puderam afirmar a importância da história do design gráfico e começar a fazer planos de expansão de ensino, pesquisa e documentação.

O segundo simpósio, realizado em abril de 1985, foi mais ambicioso na agenda, ou seja, na tentativa de fornecer uma plataforma para uma série de trabalhos eruditos sobre questões da história e da teoria do design. Mas o nível teórico das apresentações de Clive Dilnot, que proferiu o discurso de abertura, Frances Butler e Hanno Ehses estava além dos tipos de discussões de design a que muitos participantes estavam habituados.[32] Embora o simpósio começasse a produzir o discurso teórico que Vignelli havia proposto dois anos antes, muitos participantes acharam algumas palestras difíceis de acompanhar e de valor questionável. A disjunção entre essas tentativas para a teoria, que deveriam ter confirmado a necessidade de elevar o nível do discurso do design, e as apresentações sobre história, ensino e documentação provocou muita frustração e resultou no fim desse formato específico de simpósio, pelo menos por algum tempo.

Entretanto, antes do final do ano, Steven Heller, editor do *AIGA Journal of Graphic Design*, publicado pelo Instituto Americano de Artes Gráficas [American Institute of Graphic Arts — AIGA], anunciou o crescente interesse dessa organização pela história do design gráfico, dedicando ao assunto quase uma edição inteira do periódico. Na introdução, Heller admitiu que incursionar pelo passado em busca de soluções para os problemas atuais do design não era novidade, mas declarou que isso poderia ter o salutar valor de despertar a curiosidade e levar a uma abordagem mais significativa da história. Prosseguindo nesse tema, afirmava:

> **De fato, as várias retomadas estilísticas dos últimos 35 anos não só resultaram em certas reapropriações interessantes, mas também provocaram o surgimento de mais historiadores, colecionadores e "aficionados". E essas são as pessoas, em termos individuais e coletivos, que estão lançando hoje as bases para uma história substantiva do design gráfico.[33]**

Em seguida, Heller propunha uma história do design gráfico escrita com clareza, que "evitasse as arapucas do 'clubismo' fomentadas por um jargão inacessível",[34] embora também destacasse a "tarefa hercúlea" de documentar a área. Em outras publicações, notadamente *Print* e *Eye*, ao longo dos anos Heller se mostrou um ávido pesquisador, publicando artigos informativos sobre a empresa tipográfica francesa Deberny & Peignot, Fortunato Depero, Lucian Bernhard, Eric Nitsche, a sala de composição de Robert Leslie [Robert Leslie Composing Room] e outros temas.[35] Além disso, Heller publicou inúmeros livros sobre a história do design, entre os quais, *Graphic Style: From Victorian to Postmodern, Design Literacy, Design Literacy Continued* e *Typology: Type Design from the Victorian Era to the Digital Age*.[36] Com Michael Bierut, Jessica Helfand e Rick Poynor, coeditou ainda *Looking Closer 3: Classic Writings on Graphic Design*.[37]

Heller organizou também exposições como The Malik Verlag, 1916-1947, planejada com James Fraser, e Typographic Treasures: The

Work of W. A. Dwiggins, planejada com Dorothy Abbe e com sua esposa Louise Fili.[38] E também encabeçou uma série importante de nove simpósios anuais, "Modernismo e ecletismo: a história do design gráfico americano", que foram realizados, a partir de 1987, em conjunto com a School of Visual Arts. No anúncio para o primeiro simpósio, Heller dizia:

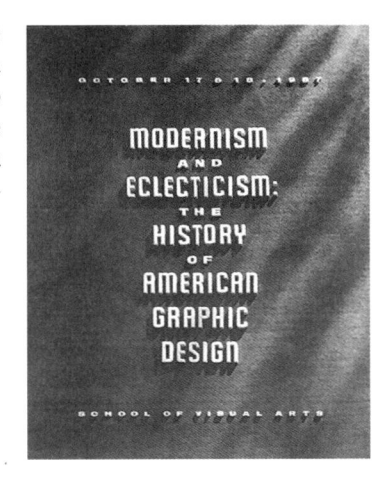

> **Embora sediadas em um ambiente acadêmico, essas discussões não estão dirigidas apenas a um público acadêmico, mas sim abrirão uma janela para um passado vivo, acessível, para informar, inspirar e influenciar todos aqueles de dentro e de fora do campo que estiverem interessados nas raízes e nos caminhos dessa forma visível de arte.[39]**

Os simpósios desempenharam um papel importante na reunião de oradores de várias disciplinas acadêmicas com designers, jornalistas, aficionados, colecionadores e outros interessados na história do design gráfico. Entre os acadêmicos e críticos que se pronunciaram nesses eventos ao longo dos anos, além de Heller, estavam Roland Marchand, Donald Bush, Stuart Ewen, Thomas Hine, Rick Poynor, Ralph Caplan, Teal Triggs e eu. Entre os professores de design e os designers estiveram Philip Meggs, Lorraine Wild, Rob Roy Kelly, Ellen Lupton, J. Abbot Miller, Ivan Chermayeff, Milton Glaser, Lou Danziger, George Lois, Massimo Vignelli, Henry Wolf, Paul Rand, Lou Dorfsman, Saul Bass, Gene Federico, Marc Treib, Matthew Carter, Victor Moscoso, Rudy Vanderlans, Roy Kuhlman e Frances Butler. O que foi particularmente valioso quanto aos eventos "Modernismo e ecletismo" foi a mistura de reuniões de pesquisa com apresentações e entrevistas com alguns designers mais velhos, como Paul Rand, Saul Bass e George Lois, entre outros. Para o estudioso, esses eventos forneceram informações inestimáveis e propiciaram às pessoas uma percepção da personalidade do designer, algo impossível de obter quando se trabalha apenas com documentos.

Uma das palestras mais provocadoras nos simpósios "Modernismo e ecletismo" foi "Good History/Bad History", do falecido designer Tibor Kalman, que foi apresentada em fevereiro de 1990.[40] Nela Kalman propunha uma história do design que seria "uma história de ideias e consequentemente de cultura". Uma boa história, segundo ele, "utiliza o trabalho dos designers não só como brilhantes pontuações na página, mas como exemplos do ambiente social, político e econômico de uma dada época e lugar".[41] A palestra apresentou um convincente argumento em favor do que um designer gráfico pode desejar da história do design. O resultado desejado definitivamente não foi uma história de estilos, mas sim uma "história do design como meio e como uma multiplicidade de linguagens falando para uma multiplicidade de pessoas".[42]

Embora Philip Meggs fosse um dos autores criticados por Kalman por apresentar uma história do design gráfico que era restrita demais, as atividades de Meggs como autor em *Print* e outras publicações, juntamente com o trabalho de Heller e outros designers gráficos, desempenharam até agora um valioso papel no avanço da história do design gráfico nos Estados Unidos.[43] Designers e pedagogos do design como Meggs trazem uma grande dose de seriedade ao seu trabalho e têm descoberto e publicado muito material novo. A avaliação do design gráfico do passado como paradigmática de altos padrões de qualidade profissional não deve ser perdida com historiadores profissionais que podem trazer outras preocupações metodológicas para o mesmo material. Entre muitos historiadores do design, particularmente na Inglaterra, há um viés contra o "grande designer e seu trabalho" em oposição a uma abordagem mais próxima da história social. Mas são especificamente os grandes designers que até agora foram o foco de grande parte da história do design gráfico procurada pela comunidade profissional do design, e essa tendência continuará, porque os profissionais querem usar o seu legado na prática corrente, da qual um dos aspectos é o estabelecimento de padrões de qualidade baseados na experiência passada e a identificação de modelos de atuação para jovens designers. Esses objetivos têm contribuído para diversos livros sobre designers gráficos e tipógrafos produzidos por designers e pedagogos do design nos últimos anos, como o *Nine Pioneers in American Graphic Design*, de Roger Remington e Barbara J. Hodik; *Cipe Pineles: A Life in Design*, de Martha Scotford; *Paul Rand*, de Steven Heller; e *Lester Beall*, de Remington.[44]

É precisamente o desejo de criar uma identidade profissional para os designers gráficos que tem nutrido o entusiástico interesse pela história do design gráfico e a explosão de cursos sobre a matéria em todo o país. Lou Danziger, por exemplo, que lecionou um curso de verão sobre história do design gráfico no Centro Carpenter para as Artes Visuais de Harvard durante muitos anos a partir de 1978, foi convidado a lecionar em diversas escolas, e algumas pessoas que estudaram com ele em Harvard, como Doug Scott, posteriormente desenvolveram seus próprios cursos.[45] Scott lecionou história do design gráfico na Escola de Design de Rhode Island e na Universidade de Yale, que tinha no corpo docente, durante muitos anos, designers pioneiros como Rand, Bradbury Thompson, Herbert Matter e Armin Hofmann. Talvez isso tenha levado Alvin Eisenman, que dirigiu o programa durante muitos anos, a atentar mais para a história do design. Em 1987 ele coorganizou, com mais três faculdades de Connecticut, uma série de quatro palestras e exposições sobre o design gráfico americano cobrindo quatro décadas: dos anos 1930 aos anos 1960.[46]

Embora a palestra de Kalman no simpósio "Modernismo e ecletismo" de 1990 tivesse levantado uma série de questões em um viés polêmico e provocador sobre como é escrita a história do design, a tentativa mais ambiciosa intelectualmente de lidar com a questão foram as três edições de *Visible Language* dedicadas a histórias críticas do design gráfico, que foram editadas por um convidado especial, o professor de design gráfico Andrew Blauvelt.[47] Um aspecto importante do projeto de Blauvelt foi que a história do design gráfico tinha sido resistente à teoria. Por isso ele procurou reunir ambas na sua própria escrita e nos artigos que solicitou para as três edições, para demonstrar como a teoria poderia ajudar a revelar uma história mais rica e mais complexa do design gráfico. Como Kalman, Blauvelt propôs um distanciamento da preocupação com o cânone da história do design gráfico e uma maior atenção ao contexto social.

A história do design gráfico ainda tem que empreender a tarefa de compreender seu contexto social, entendido como uma gama de efeitos: da reprodução de valores culturais através do trabalho de design gráfico à mutável natureza do consumo e da recepção, tanto conspícua como simbólica, pelo público.[48]

Como autores, Blauvelt convocou designers, teóricos, historiadores e professores de design, entre os quais Frances Butler, Jack Williamson, Steve Baker, Ann Bush, Ellen Lupton e J. Abbott Miller, Jan van Toorn, Martha Scotford, Susan Sellers, Gérard Mermoz e eu.[49] Os ensaios cumpriam diversos objetivos: levantavam questões sobre como é escrita a história do design gráfico; estabeleciam nexos entre história, teoria e crítica do design; e apresentavam estudos de caso para demonstrar como se pode produzir uma história mais teórica do design. Entretanto, não havia uma situação para absorver essas discussões que pudesse gerar mais discussão e debate. No entanto, as questões continuam a circular e no futuro provavelmente serão citadas e discutidas quando outros estudiosos tiverem preocupações parecidas.

Entre os designers industriais, em comparação, o interesse pela história do design não se desenvolveu de modo igualmente intenso. O maior interesse dos designers gráficos por sua história pode ser explicado em parte pela longa tradição de pesquisa na história da impressão e tipografia que constituiu a base para uma história mais ampla do design gráfico.[50] Arthur Pulos, um dos primeiros designers industriais a assumir interesse pela história do design, começou a incorporar material sobre a história do design industrial americano em seu curso de práticas profissionais na Universidade de Siracusa já em 1955. Publicou seu primeiro artigo sobre o design americano em 1962 e começou a trabalhar com a biblioteca da Universidade de Siracusa para reunir os trabalhos da primeira e segunda gerações de designers industriais, como John Vassos, Walter Dorwin Teague, Lurelle Guild, Russel Wright, Egmont Arens e Dave Chapman.[51] Em 1983, Pulos publicou *American Design Ethic: A History of Industrial Design to 1940*, a primeira parte de um livro em dois volumes. O segundo volume, *American Design Adventure*, que cobre o período de 1940 a 1975, foi lançado em 1988.[52] *American Design Ethic* pretendia ser um livro com uma tese sobre o design e o caráter americano, em lugar de um levantamento clássico. Como tal, foi criticado pela falta de metodologia,[53] mas ainda é a primeira história do design industrial americano e, com seu volume adicional, continua a ser um livro contra o qual outros serão escritos. Tanto *American Design Ethic* como *American Design Adventure* contêm material decorrente do longo envolvimento do falecido autor com o campo, não só como professor mas como ativo participante e presidente do ICSID, o que lhe deu uma perspectiva internacional e proporcionou contato pessoal com muitos importantes designers americanos e estrangeiros.

Apesar da atividade de pesquisa de Pulos durante mais de 30 anos, outros profissionais tardaram a manifestar interesse pela história do design industrial.[54] *ID*, outrora a revista oficial dos designers industriais mas hoje de alcance mais amplo, ocasionalmente publica artigos sobre temas históricos,[55] mas o legado do design de produtos e mobiliário americano, e também europeu, até agora recebeu mais atenção de curadores de museus e especialistas das artes decorativas do que dos designers, embora os arquitetos tenham manifestado interesse pela história do mobiliário e objetos domiciliares.[56] Recentemente, porém, um artigo excelente sobre as origens do programa de design industrial no Carnegie Institute of Technology (hoje Carnegie Mellon University) foi publicado por Jim Lesko, que lecionou no programa durante vários anos.[57]

Em sua conferência nacional em Evanston, Illinois, em agosto de 1986, a Industrial Designers Society of America (IDSA) incluiu um painel intitulado "Por que história do design?" Iniciado pelo falecido Donald Bush, que então lecionava história do design na Universidade do Estado do Arizona, o painel foi apresentado por Bush, Engelbrecht e eu. Expusemos nossas abordagens ao ensino da história do design e tentamos comunicar o valor do tema para a profissão de designer industrial. Houve uma discussão animada após nossas apresentações, embora não tenha ocorrido nenhuma imediata continuação.

Em 1988, porém, a IDSA constituiu uma Comissão de História e Arquivos, que permaneceu como entidade independente até 1999, quando foi dissolvida e suas responsabilidades distribuídas para o comitê de planejamento da organização.[58] Os objetivos do comitê incluíam localizar acervos e repositórios de materiais, estabelecer uma rede de instituições participantes, desenvolver estratégias de documentação e promover o interesse pela história do design.[59] Com o sentido de alcançar esses fins, foi realizada uma reunião no Museu e Biblioteca Hagley, em Wilmington, em 1991. Nessa reunião, o presidente da comissão, Eric Schneider, relatou que quando consultados, diversos membros da IDSA responderam positivamente no sentido de doar material de arquivo para um acervo institucional. O objetivo da IDSA, disse, era funcionar como um agente entre os sócios que desejassem doar materiais e as instituições que desejassem recebê-los, mas não está claro quanto dessa atividade ocorreu após a reunião de 1991.

Em 1995, o interesse pela história do design havia crescido no âmbito das associações profissionais. Naquele ano, o American Center for Design (ACD), sediado em Chicago, patrocinou um simpósio intitulado "Making History (in Design)", sendo convidada a historiadora da arte Barbara Stafford para pronunciar o discurso de abertura.[60] Stafford foi escolhida porque o ACD estava interessado nos acadêmicos que pudessem ajudar a situar a história do design em meio às mudanças geradas pelas mídias digitais nas especializações do design. Apresentando pela primeira vez para um público do design sua pesquisa sobre visualidade, Stafford propôs a pesquisa interdisciplinar sobre imagens que "vão além da história da arte, da arquitetura ou do design".[61] Na verdade, ela propunha um modelo de um perito transdisciplinar, um "novo imagista", capaz de "ajudar a antecipar, esclarecer e interligar insuspeitadas questões de visualização ocorrendo através do espectro e acompanhando a pictorialidade global do conhecimento".[62] Outros participantes da conferência — John Heskett, Jeffrey Meikle e eu — fizeram exposições mais estreitamente ligadas a questões da história do design e como tais questões se relacionariam com a prática docente e profissional.[63] À tarde, a entrevista da curadora Paola Antonelli com Massimo Vignelli, que passara a ser muito franco quanto à perda de uma ética e estética modernas no design gráfico, provocou um alvoroço. Essa entrevista despertou uma intensa efusividade e colocou Vignelli em uma posição um tanto diferente — a de opositor à mudança — da que ocupara alguns anos antes no primeiro simpósio de história do design em Rochester, quando propôs uma base mais intelectual para os designers gráficos.

Por mais animador que tenha sido o entusiasmo dos profissionais de design em assimilar sua própria história, tais esforços, porém, em si mesmos não levarão ao estabelecimento da história do design como campo acadêmico. Para que isso ocorra, é preciso que seja formada uma parceria com estudiosos acadêmicos que possuam interesse em problemas metodológicos e em questões sobre a história do design como um todo, particularmente sobre o modo como o design funciona na estrutura cultural mais ampla.

A HISTÓRIA DO DESIGN NA ACADEMIA: UMA DIVERSIDADE DE ABORDAGENS

Embora a história do design esteja longe de ser reconhecida como uma área específica de estudo na academia americana, mesmo assim há muitas pesquisas sendo feitas em não menos do que sete ou oito campos diferentes. Se chamadas por um nome que não estudos americanos, cultura material ou história da tecnologia, essas pesquisas constituiriam um conjunto impressionante de erudição em história do design.

A história da arte, a história da arquitetura e as artes decorativas

Embora a história da arte fosse outrora considerada o pesadelo da história do design, ela não é mais dominada pelos *connoisseurs* e pela celebração de monumentos e, de fato, tem muito a oferecer ao historiador do design.[64] Nos últimos 20 anos, a história da arte incorporou novas teorias interpretativas oriundas da literatura, psicanálise e de outras disciplinas.[65] Quando os historiadores da arte pela primeira vez começaram a considerar o design, porém, tenderam a seguir a norma modernista lançada por Nikolaus Pevsner e promovida pelo Museu de Arte Moderna. Na maioria, as primeiras dissertações de doutorado em áreas relacionadas ao design se concentravam no *art nouveau*, na Bauhaus ou em outros movimentos e estilos europeus. Uma exceção notável foi o estudo de Donald Bush sobre o design industrial americano dos anos 1930, que foi redigido como dissertação de doutorado em história da arte e publicado em forma de livro em 1975, como The Streamlined Decade.[66] O que é raro entre os historiadores do design é que Bush se diplomou em engenharia elétrica e design industrial antes do doutorado em história da arte. Explicando como chegou à história do design, Bush afirmou:

> Escolher a história do design americano como tema de dissertação era um risco calculado, como eu conhecia poucos historiadores da arte que podiam se arrogar esse título e sabia que não existiam ofertas de emprego na área... eu não tinha interesse em escavar pelos ossos de um pintor ou escultor falecido há muito tempo e desejava redigir uma dissertação que não ficasse enterrada na biblioteca de uma universidade.[67]

Embora poucos historiadores da arte seguissem o exemplo de Bush na pesquisa de temas de design industrial, seu trabalho abriu caminho para estudiosos em campos afins, como Jeffrey Meikle e Richard Guy Wilson.

O trabalho doméstico das mulheres foi o tema do livro de Dolores Hayden *The Grand Domestic Revolution: A History of Feminist Designs for American Homes, Neighborhoods, and Cities*, publicado em 1981.[68] Historiadora da arquitetura, Dolores investigou a história do pensamento feminista sobre alterar o design dos espaços de moradia para racionalizar e ao mesmo tempo coletivizar o trabalho doméstico. Partes do livro foram publicadas inicialmente no periódico feminista *Signs* e na *Radical History Review*, inserindo, assim, um tema de design nos debates históricos atuais.

A ilustração e a arte do cartaz às vezes têm sido objetos de pesquisa para historiadores da arte, em parte devido à sua relação tradicional com as artes decorativas. Em 1980, Brad Collins concluiu sua dissertação, "Jules Chéret and the Nineteenth-Century Poster", em Yale, sob a orientação de Robert Herbert.[69] Trabalhando na disciplina de história da arte, Collins enfatizou várias questões negligenciadas pelos historiadores do design gráfico, notadamente o interesse de Chéret de elevar o cartaz ao nível das belas-artes e a concomitante política cultural em torno dessa questão.

Em *Artists, Advertising, and the Borders of Art*, a historiadora da arte Michele Bogart abordou a relação entre a arte e a publicidade, particularmente nos anos 1920 e 1930. Entre os temas por ela discutidos estava o papel do diretor de arte, bem como a relação entre cartazes, outdoors e anúncios em revistas.[70] O livro de Frederic Schwartz *The Werkbund: Design Theory & Mass Culture before the First World War*, como o estudo de Bogart, também se vale da abertura na história da arte a temas da cultura de massa e cultura popular que resultaram das significativas mudanças dos anos 1960.[71] Ao contrário de Joan Campbell, historiadora que também escreveu um livro importante sobre o Werkbund, Schwartz não se concentra em questões organizacionais, mas sim na arte e teoria do design que embasava as práticas dos artistas da Werkbund. Ele também se vale dos textos da Escola de Frankfurt, além de teorias mais contemporâneas dos signos do consumo e das mercadorias.

Uma resenha de dissertações recentes, listadas em Dissertation Abstracts, que possuem algum aspecto de história do design como tema, revela um considerável número de exemplos sobre uma ampla gama de temas. Nem todas, mas muitas foram escritas em departamentos de história da arte e vão bem além do foco mais estreito das primeiras dissertações sobre temas relacionados ao design. As mais flagrantemente representativas da esfera da história do design são a de Amy Ogata, "Cottages and Crafts in Fin-de-Siècle Belgium: Artisans, Antimodernism, and Art Nouveau, 1880-1910", concluída na Universidade de Princeton; a de Rebecca Houze, "Fashion, Disguise, and Transformation: Origins of the Modern Art Movement in Vienna, 1897-1914", concluída na Universidade de Chicago; a de Russell Flinchum, "Henry Dreyfuss and American Industrial Design", realizada na City University de Nova York; e a de Michael Darling, "Ambient Modernism: The Domestic Furniture Designs of the George Nelson Office, 1944-1963". O orientador de Darling na Universidade da Califórnia em Santa Barbara era Edson Armi, historiador da arte que havia publicado um livro sobre a história do design de automóveis.[72] Um tema de design industrial relacionado é o da dissertação de Sheeley Nickles, "Object Lessons: Household Appliance Design and the American Middle Class, 1920-1960", que foi concluída na Universidade de Virgínia. A dissertação se vale de estudos de história social e cultura material para lidar com questões de consumo, como a relação do estilo com a construção da identidade social.

Vários pesquisadores doutorandos passaram para o design graças a um interesse em temas como exposições e feiras. Becky Conekin escreveu o primeiro estudo acadêmico sobre o Festival da Inglaterra de 1951, "The Autobiography of a Nation: The 1951 Festival of Britain, Representing Britain in the Post-War Era", na Universidade de Michigan. A dissertação de Elise Moentmann da Universidade de Illinois em Urbana-Champaign tratava de questões relativas aos artesãos e às artes decorativas em "Conservative Modernism at the 1937 International Exposition in Paris", enquanto Suzanne Tise, que concluiu seu trabalho de doutoramento na Universidade de Pittsburgh, examinou um período mais amplo da reforma do design na tese "Between Art and Industry: Design Reform in France, 1851-1939". Wallis Miller, cujo orientador na Escola de Arquitetura de Princeton era Alan Colquhoun, continuou a garimpar a literatura sobre feiras e exposições em "Tangible Ideas: Architecture and the Public at the 1931 German building Exhibition in Berlin". Uma das questões na exposição era o turvamento das distinções entre espaço público e privado, que Miller abordou por meio da contribuição de Lilly Reich, colaboradora de Mies van der Rohe. Trabalhando principalmente como designer de interiores, Lilly Reich também foi objeto de interesse para outros estudiosos voltados para as mulheres que trabalharam nas especializações do design.[73] Dissertações adicionais que abordam o design de interiores doméstico são as de Jennifer Strayer-Jones, "No Place Like Home: Domestic Models in Chicago's Public Places, 1919-1938", apresentada na Universidade de Iowa, e de Reginald Twiggs, "Domesticating American Identities: The Rhetorical Dimensions of the Nineteenth-Century Decorative Arts", concluída na Universidade de Utah. Twiggs utiliza a teoria da hegemonia para argumentar que as transformações culturais, como a organização dos interiores domésticos, são formas de persuasão transmitidas por textos e práticas. Outra tese sobre o tema do design para o lar é a de Carma Gorman, "An Acquired Taste: Women's Visual Education and Industrial Design in the United States, 1925-1940". Gorman doutorou-se na Universidade da Califórnia, em Berkeley.

Após o trabalho do historiador Roland Marchand, que estudou a retórica visual dos anúncios americanos nos anos 1920, Cynthia Henthorn examinou a publicidade e propaganda comercial da Segunda Guerra Mundial em sua dissertação na City University de Nova York, "Commercial Fallout: The Image of Progress, the Culture of War, and the Feminine Consumer, 1939-1959". Questões de consumo relacionadas às mulheres também foram consideradas por Nancy Owen em sua dissertação na Northwestern University, "Women, Culture and Commerce: Rookwood Pottery, 1880-1913", enquanto as mulheres e a cerâmica constituíram a base de outra dissertação da Northwestern, a de Karen Kettering, "Natalia Dan'ko and the Lomonosov State Porcelain Factory, 1917-1942". O consumo é central também à de Regina Blaszczyk, "Imagining Consumers: Manufacturers and Markets in Ceramics and Glass, 1865-1965", que concluiu na Universidade de Delaware, enquanto o movimento de cerâmica artística nos Estados Unidos, eixo da dissertação de Nancy Owen, é também o tema da de Janette Knowles, "Out of the Hands of Orators: Mary Louise McLaughlin, Adelaide Alsop Robineau, the American Art Pottery Movement, and the Art Education of Women", realizada na Universidade do Estado do Ohio. Na dissertação de Knowles, porém, o foco se encontra na questão social de como uma educação nas artes da cerâmica possibilitou que as mulheres do final do século XIX e início do século XX se dedicassem a um meio de vida respeitável.

De todas as dissertações levantadas, apenas uma lida com o design gráfico, a de Ronald Labuz, "Toward a New Practice: Culture, History, and Printed Communication in the United States, 1831-1888", apresentada na Universidade de Siracusa. No resumo, Labuz cita a história cultural e social como fontes metodológicas ao notar que a passagem para a história cultural lhe possibilitou lidar com o design vernacular, algo que Kalman havia proposto anteriormente em sua apresentação no simpósio "Modernismo e ecletismo".

Várias questões importantes emergem desse levantamento de dissertações e teses. Em primeiro lugar, muitos dos objetos dizem respeito às mulheres, seja como produtoras ou consumidoras do design. Isso sugere a importância do trabalho anterior das historiadoras feministas como um estímulo para usar o design ou as artes decorativas para abordar questões sociais concernentes às mulheres. Em segundo lugar, a história cultural e social é frequentemente citada como fonte metodológica. Embora diversas dissertações e teses sejam sobre designers individuais, a maioria considera o design ou os ofícios dentro de um contexto social e chega aos artefatos graças a uma preocupação inicial com questões sociais relacionadas à força de trabalho, educação, propaganda ou identidade. Embora todas essas dissertações e teses possam não ter sido redigidas em departamentos de história da arte, cada uma considera a visualidade como importante componente das suas teses.

Algumas dissertações e teses se concentram nas artes decorativas, tradicionalmente uma parte da história da arte, na qual as pesquisas se expandiram para incluir o design moderno e contemporâneo.[74] Até certo ponto isso acompanha o interesse crescente nessa área por coleções de museus e particulares. Karen Davies, por exemplo, quando estudante de pós-graduação em história da arte em Yale, organizou uma exposição na Galeria de Arte da universidade, em 1983, intitulada At Home in Manhattan: Modern Decorative Arts, 1925 to the Depression.[75] Ainda que a exposição contivesse amostras de produtos industriais, além de objetos produzidos em tiragens limitadas por artesãos, havia no catálogo uma forte ênfase nas características formais, abordagem que continua a ser associada à tradicional erudição nas artes decorativas, a despeito do maior interesse de historiadores das artes decorativas pelos métodos de outras áreas.

Em 1974, a Sociedade das Artes Decorativas foi organizada como uma divisão específica da Sociedade dos Historiadores da Arquitetura [Society of Architectural Historians] (SAH). Seu objetivo era propiciar um fórum para curadores de museus, estudiosos, colecionadores e marchands das artes decorativas. Uma de suas proezas foi congregar especialistas nas artes decorativas europeias e americanas, que, caso contrário, não teriam se contatado. A sociedade publica um boletim e organiza programas para apresentação de pesquisas, tanto em encontros da SAH como em outros locais.[76]

Em 1982, o Cooper-Hewitt e a Parsons School of Design em Nova York começaram a oferecer um programa de mestrado em dois anos em história das artes decorativas. Segundo os primeiros anúncios do programa, seria dada uma ênfase tradicional — as artes decorativas europeias do Renascimento até o presente, embora posteriormente fossem ministrados cursos também nas artes decorativas asiáticas e americanas. Atualmente o programa oferece duas opções: artes decorativas europeias e americanas. Os estudantes que escolhem a primeira estudam no Cooper-Hewitt, em Nova York, enquanto os que escolhem a segunda ficam no Instituto Smithsonian, em Washington. A intenção do programa é preparar pós-graduandos para cargos em "museus, casas de leilão, editoras e instituições acadêmicas".[77] A literatura atual observa que o programa busca ir além do conhecimento do especialista e inclui trabalhos sobre temas históricos e culturais.

Entretanto, apesar da diversidade das metodologias atuais em história da arte, que vão do marxismo e estruturalismo à semiótica e ao pós-estruturalismo, e o afastamento dos cânones por parte de historiadores e críticos de arte progressistas, pouco disso transbordou para o estudo do design ou das artes decorativas até recentemente, mais notadamente no já mencionado Centro Bard de Pós-Graduação para Estudos nas Artes Decorativas, onde se encontram, na descrição dos cursos atuais, referências ocasionais a raça, classe e gênero como parte do conteúdo de algum curso.

Em 1993, quando foi aberto, o Centro Bard de Pós-Graduação começou a publicar um periódico acadêmico bianual, *Studies in the Decorative Arts*, que se tornou um dos principais fóruns para novas pesquisas nesse campo. Já no primeiro número, a seção especializada incluía resenhas de livros que em outras circunstâncias seriam considerados de história do design ou história cultural, como o de Jeffrey Meikle, *American Plastic: A Cultural History*, e o de David Crowley, *National Style and Nation-State: Design in Poland from the Vernacular Revival to the International Style*. Conquanto a maioria dos temas do periódico se enquadre na norma convencional das artes decorativas, também foram publicados artigos de historiadores da arte e do design. O livro de Nancy Owens *Marketing Rookwood Pottery: Culture and Consumption, 1883-1913* se concentra em questões de consumo, que entraram nas artes decorativas a partir das ciências sociais, particularmente da antropologia, por meio da história do design, enquanto o de Marianne Lamonaca, *Tradition as Transformation: Gio Ponti's Program for the ModernItalian Home*, discute o trabalho do arquiteto-designer italiano. Qualquer um desses artigos poderia ter sido publicado no *Journal of Design History* ou talvez no *Design Issues*, tal como muitas das resenhas dos historiadores do design Penny Sparke, Pat Kirkham, David Crowley e Dennis Doordan. A estratégia adotada por *Studies in the Decorative Arts*, de abrir as fronteiras da erudição nas artes decorativas traz a iniciativa para uma relação mais próxima com outras áreas, como a cultura material e a própria história do design, nas quais temas parecidos estão sendo discutidos e analisados. Em conjunto com a exposição sobre mulheres designers no Centro Bard de Pós-Graduação, mencionada anteriormente, *Studies in the Decorative Arts* publicou um número especial sobre mulheres designers nos Estados Unidos durante o século XX.[78] A prática transdisciplinar utilizada pelo periódico na seleção de artigos é perpetuada também pela designação, para o conselho editorial, de John Heskett, Christopher Wilk e Jeffrey Meikle, todos autores de textos de história do design.

Em última instância, o que pode abrir de uma vez por todas as relações entre as diferentes abordagens do trabalho visual é o conceito de "cultura visual". Segundo a historiadora da arte Marcia Pointon, "cada estrutura e artefato 'feitos-pelo-homem', dos móveis à cerâmica e aos edifícios e pinturas, da fotografia e ilustração de livros aos têxteis e chaleiras, passa para o domínio do historiador da arte".[79] As fronteiras entre diferentes categorias de objetos são derrubadas, quer se deseje ou não ir tão longe quanto Pointon. Em referência à gama diversificada de temas na lista de dissertações e teses acima mencionada, o exame das estratégias de publicação de periódicos como *Design Issues* e *Decorative Arts* e a análise da variedade das apresentações nas conferências da CAA nos últimos anos indicam que os historiadores da arte não são mais limitados por uma norma estrita. Devido ao crescimento de interesse pela cultura popular, pelos estudos étnicos e pela democratização da arte, muitos historiadores da arte atravessaram sem pestanejar fronteiras outrora proibidas.

História da impressão

Embora 108 teses sobre temas relacionados com a história da impressão fossem concluídas entre 1970 e 1984,[80] ela não é uma disciplina desenvolvida como a história da arte, mas sim uma área de interesse que tem atraído estudiosos, bibliotecários, colecionadores de livros e entusiastas da impressão. A Associação de História da Imprensa Americana foi formada em 1974 e na época em que começou a publicar um periódico, *Printing History*, em 1979, havia crescido e tinha mais de mil sócios. Entre suas principais atividades, além de publicar a revista semestral, encontra-se a realização de conferências regulares e a produção de um boletim informativo.

Conquanto conhecedora das técnicas de impressão contemporâneas e interessada nelas, a associação também tem um grande interesse na preservação. Conforme afirmou Susan Otis Thompson, a primeira editora de *Printing History*, no editorial introdutório:

> **Quanto mais avassaladora a dominação dos computadores e da fotolitografia, maior a urgência de evitar que os antigos tipos de metal e as velhas prensas desapareçam. Os artefatos devem ser preservados, bem como o conhecimento de como eram usados, das pessoas por quem eram usados, das finalidades para as quais eram usados.[81]**

Em seguida a autora passava a oferecer a potenciais colaboradores ampla liberdade de escolha de temas. Ela declarava que a revista estava "aberta ao trabalho acadêmico sobre todos os aspectos da comunicação gráfica, das pinturas das cavernas à holografia, do Texas a Timbuktu".[82] Apesar dessa magnânima perspectiva, porém, grande parte do que a revista oferece tem sido história da imprensa tradicional, a qual ocasionalmente inclui artigos sobre temas modernos.[83]

Em 1987, quando G. Thomas Tanselle recebeu o prêmio da Associação de História da Imprensa Americana, aproveitou a ocasião para propor uma abordagem mais séria para a área. Uma de suas propostas era que mais estudiosos se concentrassem de preferência no século XIX, e não nos séculos XVII ou XVIII. Esse é um período de considerável importância para os historiadores do design, já que coincide com o intenso desenvolvimento da produção mecânica e do sistema fabril. Tanselle reconheceu que o trabalho sobre a imprensa do século XIX "acarretaria um maior conhecimento da história da tecnologia do que o geralmente possuído pelos que investigam a história anterior da imprensa" e, além disso, identificava um fator ausente na pesquisa da história da imprensa, observando que "estudos que tratam dos aspectos sociais, culturais, econômicos e tecnológicos de uma oficina de impressão com igual sofisticação — e por isso com uma informada percepção de suas interligações — são quase inexistentes".[84]

A proposta de Tanselle por mais trabalho sobre o contexto social da prática de impressão, inclusive do design de tipos e materiais impressos como os livros, antecedeu mas é paralela à abordagem mais social das artes decorativas de Susan Soros e sugere que à medida que as metodologias no âmbito das diferentes comunidades de pesquisa se tornarem mais similares, será mais fácil utilizar estudos dessas comunidades para montar um quadro ampliado de como se desenvolveram as culturas visuais e materiais dos últimos dois séculos.

Além da Associação de História da Imprensa Americana, clubes de bibliófilos, como o Grolier Club, em Nova York, e o Caxton Club, em Chicago, também contribuem para a ampla cultura da história do design nos Estados Unidos. O Caxton Club, por exemplo, possui uma longa tradição de sócios que são designers gráficos e tipógrafos. Em 1985 os caxtonianos publicaram um memorial sobre um de seus famosos membros tipógrafos, Robert Hunter Middleton, que projetou tipos para a Ludlow Company em Chicago e participou ativamente em todas as organizações da cidade que tinham alguma coisa a ver com design, impressão ou livros: a Biblioteca Newberry, a Sociedade das Artes Tipográficas e o Caxton Club, para citar as maiores.[85] Mais recentemente, o clube montou na Biblioteca Ryerson do Art Institute of Chicago uma exposição de sobrecapas americanas dos anos 1920 aos anos 1950, acompanhada por um pequeno catálogo.[86]

Estudos americanos

Desde que os estudos americanos começaram a surgir como campo acadêmico nos anos 1930, a área passou por uma série de "dramas paradigmáticos" que abalaram radicalmente suas premissas iniciais e deixaram os estudiosos em dúvida, pelo menos no momento, sobre a possibilidade de uma visão unitária da cultura americana.[87] A primeira geração de especialistas em estudos americanos procurou entender o caráter de um grande constructo sintético a que chamavam de "espírito americano". Embora esse devesse estar presente em todos os americanos, era mais coerentemente exemplificado na "alta cultura", notadamente em manifestações literárias.[88] Mas as expectativas de seguir um ideal tão indefinível foram frustradas nos anos 1960 com a asseveração de que na verdade a cultura americana era um agregado de subculturas, cada uma com identidade e interesses próprios.

Hoje os especialistas em estudos americanos admitem uma abordagem pluralista, bem como uma passagem das abstrações totalizantes para o estudo de temas mais específicos, que também podem ser entendidos por meio de artefatos materiais, assim como, ou em vez de, documentos escritos ou impressos.

Apesar de um crescente interesse no ambiente físico, porém, os estudiosos nesse campo têm atentado pouco para o design. Uma exceção, Jeffrey Meikle, que obteve seu doutorado no programa de estudos americanos da Universidade do Texas em Austin, provavelmente foi a primeira pessoa na área a escrever uma tese sobre um tema de design. Posteriormente a tese foi publicada como *Twentieth Century Limited: Industrial Design in America, 1925-1939*, livro que se tornou modelo de pesquisa sobre o design industrial americano.[89] Meikle, que escolheu o tema após uma casual sugestão do seu orientador para que desse uma olhada nos trabalhos de Norman Bel Geddes na biblioteca da Universidade do Texas, avaliou sua pesquisa da seguinte forma:

> **Em retrospecto, considero minha tese (e livro) um exercício na história intelectual do design, da publicidade e dos negócios e na análise literária de artigos de periódicos da área. A análise dos artefatos e ambientes projetados foi um pouco *ad hoc* e imprecisa quando comparada à análise do que os designers disseram ou escreveram sobre suas intenções projetuais.[90]**

Essa reflexão sugere que na época Meikle recorria mais à sua formação na análise de textos escritos do que aos novos métodos de analisar artefatos que ultimamente têm sido discutidos no âmbito dos estudos da cultura material.[91] Seu livro subsequente, *American Plastics: A Cultural History*, inclui material sobre design em plásticos, mas vai bem mais além para considerar o impacto mais amplo desse material sintético na cultura americana.[92] Mesmo assim, Meikle continua envolvido em comunidades de história do design de ambos os lados do Atlântico e é reconhecido como uma importante figura na área. De fato, foi convidado para falar na conferência do 20º aniversário da Sociedade de História do Design, em Brighton, Inglaterra, em setembro de 1997 e, posteriormente, para proferir a Eleventh Reyner Banham Memorial Lecture in 1999.[93]

No momento em que Meikle concluiu *Twentieth Century Limited*, outros especialistas em estudos americanos estavam começando, de modo independente, a escrever sobre design. Em 1986, Eileen Boris publicou *Art and Labor: Ruskin, Morris, and the Craftsman Ideal in America*, que se baseava em sua própria dissertação. O livro enfatizava o processo de trabalho por trás da revitalização dos ofícios no final do século XIX, o papel nele desempenhado pelas mulheres e o lugar dessa retomada no seio da cultura capitalista emergente.[94] Eileen Boris foi estudante de doutorado no programa interdisciplinar de História da Civilização Americana da Universidade Brown. Em Brown, escreve, "desenvolvi meu interesse pelo significado social da arte e minha busca por uma história que incluísse o gênero, ao lado de classe social e de raça, como categoria fundamental de análise. Mais tarde passei a me preocupar com a natureza do trabalho".[95]

Os livros de Jeffrey Meikle e Eileen Boris estão entre os poucos escritos por especialistas em estudos americanos a tratar de temas pertencentes à narrativa convencional da história do design. Além de vários trabalhos que demonstram métodos de situar os objetos projetados — seja vagões ferroviários, cerâmica ou anúncios — em um enquadramento cultural, a pesquisa em estudos americanos tem se preocupado também em definir a natureza desse enquadramento. Mais cedo ou mais tarde os historiadores do design terão de aprofundar mais essa questão e é provável que recorram a alguns livros e artigos de estudos americanos, como o livro de Alan Trachtenberg *The Incorporation of America: Culture and Society in the Gilded Age*, que se dedica aos múltiplos fatores que contribuíram para moldar os Estados Unidos como uma nação industrial no último quartel do século XIX. Cathy Gudis, uma das recentes pós-graduadas do programa de estudos americanos em Yale, onde Trachtenberg leciona, redigiu sua dissertação sobre um tema relacionado ao design, "The Road to Consumption: Outdoor Advertising and the American Cultural Landscape, 1917-1965", enquanto Christina Cogdell, trabalhando com Jeffrey Meikle na Universidade do Texas em Austin, escreveu uma história revisionista da modernização americana intitulada "Reconsidering the Streamline Style: Evolutionary Thought, Eugenics, and U.S. Industrial Design, 1925-1940". Os estudiosos também assumiram a questão do modernismo americano, considerando-o a partir de uma perspectiva mais ampla do que a dos historiadores da arte e críticos literários, que se concentra na sua manifestação em formas de arte específicas.[96]

Para o encontro de 1987 da Associação de Estudos Americanos, organizei uma sessão intitulada "American Design Culture: A Diversity of Approaches", na qual procurei comparar maneiras diferentes de estudar artefatos. Entre os oradores, cada um dos quais falou sobre sua própria experiência, estavam Ken Ames, representando a cultura material; Patricia Kane, falando pelas artes decorativas; Donald Bush, discutindo a história do design; e Renée Weber, questionando se a história da impressão era uma disciplina. Nos comentários de resumo, Meikle não conseguiu descobrir nenhuma base para uma disciplina comum. Também notou que um foco no processo do design envolveria apenas um número relativamente reduzido de pessoas que produziam projetos. O que interessaria mais a um historiador cultural, disse, é o ciclo mais amplo no qual o design e a criação de produtos se vincula ao consumo e ao uso. Com otimismo, concluía:

> **Embora os oradores de hoje tenham de fato sugerido uma "diversidade de abordagens", mal começaram a esgotar as maneiras possíveis de considerar o design.[97]**

O reconhecimento de Meikle das muitas maneiras de se estudar o design encerrou a sessão com uma aceitação do pluralismo acadêmico que continua a caracterizar o estudo do design na cultura americana.

Mas os estudos americanos possuem uma importância limitada para o historiador do design devido ao seu foco nacional, ainda que as questões levantadas pelos especialistas na área e os métodos de pesquisa que desenvolveram sejam extremamente importantes. Esse foco determina os tipos de questões que são levantadas sobre o material de pesquisa e exclui linhas de investigação que nos ajudariam a entender o design como uma prática fora de um contexto nacional específico. Embora o estudo do design americano continue a ser uma área negligenciada, comparada com a pesquisa sobre o modernismo europeu, os historiadores do design ainda devem considerar seu objeto a partir de um enquadramento global para entender plenamente o significado das políticas, práticas, técnicas e dos valores do design.

Cultura material

O termo "cultura material" não denota um campo acadêmico com fronteiras de objeto distintas; designa, isso sim, uma categoria de temas diversamente definida pelos estudiosos como "coisas", "objetos" ou "artefatos". Embora esses termos sejam vistos como dotados de significados distintos, a maioria dos estudiosos concorda que a definição de cultura material implica "uma forte interrelação entre objetos físicos e comportamento humano".[98] Historicamente, o campo da cultura material esteve ligado de perto aos estudos americanos e até pouco tempo a pesquisa em grande parte se concentrava nos artefatos americanos.[99] Entretanto, a cultura material é mais progressista do que tem sido a pesquisa nas artes decorativas tradicionais em sua preocupação com os artefatos de todos os grupos sociais dentro da cultura, e não apenas os grupos dos ricos. Há, por exemplo, um grupo considerável de estudiosos da cultura material cujos interesses principais estão no folclore e na cultura vernacular.[100]

Vários programas de pós-graduação em estudos da cultura material são oferecidos pela Universidade de Delaware, em cooperação com o Museu Henry Francis du Pont Winterthur. O mestrado em cultura americana antiga enfatiza o estudo das artes decorativas americanas no contexto da cultura material. Estudantes interessados em um doutorado podem preparar-se para um diploma em história da arte com uma especialização em artes decorativas americanas ou candidatar-se ao programa de doutorado em história da civilização americana, que combina o estudo da cultura material com a história social e cultural americana.

Estudantes, tanto de mestrado como de doutorado, fazem vários de seus cursos no Museu Winterthur, que introduz a metodologia da cultura material, e redigem uma dissertação ou tese sobre um tema apropriado.[101] Para coordenar os programas educacionais, o Winterthur tem um Escritório de Estudos Avançados, outrora chefiado por Ken Ames, hoje professor do Centro Bard de Pós-Graduação para Estudos nas Artes Decorativas.[102] Estudantes do programa de doutorado da Universidade de Delaware-Winterthur entram em contato com uma exposição sistemática das questões relativas à inovação tecnológica e à produção de objetos domésticos. Em consequência disso, pós-graduados como Michael Ettema têm conseguido articular um conjunto de questões sobre a produção de objetos domésticos americanos que permanecem como modelo para futuros estudiosos do design americano.[103]

O principal periódico na área é o *Winterthur Portfolio*, publicado pelo Museu Winterthur, que funciona como um útil barômetro da situação dos estudos de cultura material nos Estados Unidos. Historicamente, seu foco principal esteve nos objetos e interiores domésticos do século XVII ao século XIX, mas ultimamente o periódico tem realizado um esforço organizado para descobrir material do século XX. De fato, um número de 1995 incluía um artigo sobre o traje espacial como artefato da cultura material.[104]

Na última década, houve mudanças significativas nos estudos da cultura material, além da atenção por material de períodos mais recentes. Isso é evidente nos trabalhos apresentados em uma conferência de 1993 no Winterthur, a primeira sobre a situação dos estudos de cultura material desde 1975.[105] Conforme observam os editores do livro da conferência, Ann Smart Martin e J. Ritchie Garrison:

> **Duas tendências gerais despontaram: primeiro, uma variedade maior de estudiosos, independentemente de seus antecedentes acadêmicos, aceita a noção de que os objetos materiais funcionam como uma espécie de texto e, em segundo lugar, a maioria dos estudiosos enfatiza a necessidade de um entendimento contextual do comportamento humano.[106]**

Antes que essas mudanças começassem a ocorrer, artigos publicados no periódico tendiam a uma orientação mais próxima das artes decorativas tradicionais do que a uma abordagem de orientação mais contextual. Entretanto, em anos recentes, o Winterthur Portfolio passou a publicar diversos artigos e números especiais sobre consumo e também sobre gênero.[107]

Em meados dos anos 1990, o Museu Winterthur organizou uma conferência sobre gênero e cultura material. Os pesquisadores cujos trabalhos foram publicados nos anais da conferência representavam um grupo acadêmico ainda mais diversificado do que os do livro de 1993. Entre os participantes estavam sociólogos, professores de administração de empresas e marketing, historiadores, professores de inglês e história da arte e antropólogos.[108] E em 1997 o museu realizou uma conferência intitulada "Race and Ethnicity in American Material Life". Em um ensaio relacionado à conferência, publicado no *Winterthur Portfolio*, John Michael Vlach notou que "os estudos de arte e história da arte foram os principais veículos para a exploração de temas americanos durante grande parte dos últimos 50 anos".[109] Vlach em seguida dizia que embora a maioria dos trabalhos na conferência continuasse a mostrar a influência da história da arte, um terço deles se baseava na antropologia e "apontava para o que entendo ser prova de uma mudança para uma direção alternativa nos estudos sobre os negros americanos — uma direção que deriva da pesquisa arqueológica das comunidades negras americanas, particularmente nas áreas de antigas fazendas pré-Guerra Civil".[110]

Um exame mais amplo das pesquisas de cultura material do que o encontrado no Museu Winterthur foi empreendido em 1989, quando o Instituto Smithsonian organizou uma conferência para cerca de 50 estudiosos de diversas disciplinas — entre as quais história da arte, geografia cultural, arqueologia, antropologia, estudos de folclore e história da tecnologia. Acompanhando a amplitude dos interesses geográficos do Smithsonian, esses pesquisadores trabalharam numa perspectiva temporal atravessando os séculos e espacial através do mundo inteiro. Tinham em comum uma atenção aos artefatos como prova de pensamento ou atividade histórica. A importância dessa conferência, intitulada "History from Things", é que reuniu estudiosos de mais disciplinas do que os que tendem a participar nos eventos de Winterthur. O que estava em jogo era a questão da possibilidade de se desenvolver um novo campo de estudo que transcendesse fronteiras específicas de objetos. Conforme afirmam Steven Lubar e W. David Kingery na introdução ao registro dos trabalhos da conferência:

> **Os ensaios neste livro não só penetram as fronteiras entre campos que utilizam evidência material para entender a história como, também, estendem mais do que antes as fronteiras do campo da cultura material, em novas e interessantes direções.[111]**

Uma conferência posterior no Smithsonian, "Learning from Things", concentrava-se mais deliberadamente em problemas específicos dos pesquisadores da cultura material na história da arte, história da tecnologia, arqueologia e ciência dos materiais.[112] Essas duas conferências foram importantes para a área pelo foco em questões metodológicas, entre as quais se incluíam mais problemas técnicos derivados da arqueologia. Em nenhum dos dois livros das conferências, porém, não se fazia qualquer menção ao design.

Os estudos de cultura material podem oferecer muito aos historiadores do design em termos de debates metodológicos, mas a ênfase em temas americanos e a falta geral de interesse por artefatos produzidos em massa exclui muito do que é importante. À medida que a história do design se desenvolve nos Estados Unidos, a pesquisa da cultura material tenderá a desempenhar um papel similar ao que tem desempenhado nos estudos americanos — o de demonstrar maneiras de examinar artefatos em um contexto social e esclarecer os debates sobre a maneira mais eficaz de fazer isso.

Cultura popular

Segundo uma definição de cultura popular como "artefatos culturais que alcançam e são reconhecidos por uma porcentagem significativa da população",[113] os objetos projetados se incluem bem no âmbito do campo; entretanto, o design como objeto de estudo mal existe para os pesquisadores da cultura popular. Um exame do *Journal of Popular Culture*, a publicação oficial da Associação de Cultura Popular, revela apenas um raro artigo sobre um tema relacionado ao design. Líderes no campo têm evidenciado algum interesse em objetos selecionados, como a garrafa de Coca-Cola e o automóvel, como ícones — símbolos altamente carregados de valores culturais — porém mais atenção tem sido dedicada à receptividade do que às condições de design ou às questões de por que assumiram as formas específicas que assumiram.[114]

Embora o estudo da cultura popular não esteja confinado a objetos americanos, a maioria dos artigos no *Journal of Popular Culture* é dedicada a temas americanos. Isso não é de se admirar, dado que o interesse pela cultura popular nasceu do movimento de estudos americanos. Ela amadureceu nos anos 1960 como resposta ao sentimento antielitista e graças a uma preocupação com produtos com bases culturais mais amplas.[115] Além da Associação de Cultura Popular, fundada em 1967 por Ray Browne, há também a Associação de Cultura Americana, estabelecida em 1978 por Browne para obter mais credibilidade acadêmica para os estudos de cultura popular.[116] No periódico desta última, *Journal of American Culture*, tem-se dado mais atenção a artefatos da vida cotidiana e métodos de sua interpretação do que à área afim de literatura de cultura popular.[117]

Curiosamente, a maioria dos especialistas em cultura popular, que abriu caminho na análise do filme, da televisão e de outros fenômenos culturais, simplesmente desconsidera o design. Estudos ocasionais de objetos como ícones infelizmente não resultam em questionamento sobre o processo do design. Os objetos são mais do que símbolos que evocam emoções. Testemunham realidades tangíveis da economia, da produção, das relações de trabalho e do uso do consumidor. A investigação dessas realidades até agora foi obscurecida por pesquisadores da área dos estudos de cultura popular que, ao considerarem ícones os objetos projetados, o fazem da forma como os especialistas tradicionais da literatura consideram os textos, como mero trampolim para a interpretação.[118] Entretanto, vários artigos no *Journal of Popular Culture* em anos recentes exploraram a iconografia da ilustração e publicidade das revistas e essa direção pode fornecer elos mais estreitos com a história do design.[119]

História da tecnologia

Desde sua fundação em 1958, a Society for the History of Technology (SHOT), por meio de conferências e da revista *Technology and Culture*, tem sido o principal veículo para o desenvolvimento desse campo nos Estados Unidos.[120] Embora grande parte do material publicado no periódico e na literatura de pesquisa geralmente esteja bem fora do interesse do historiador do design — estudos do Laboratório de Propulsão a Jato, metalurgia ou determinadas invenções como a cota de malha ou os foguetes, por exemplo —, também existem pesquisas que são centrais às preocupações da história do design.[121]

Há alguns anos, um tema maior de debate na área foi a natureza do Sistema Americano de Fabricação, que, segundo um especialista, talvez "se mostre com o mesmo poder de atração como conceito organizador para [a] história americana da tecnologia que o conceito de Revolução Industrial teve para os ingleses".[122] Além de vários artigos sobre esse tema em *Technology and Culture*,[123] um estudo de caso exemplar de problemas derivados de tentativas de implementar o sistema americano é o de Merritt Roe Smith, *Harper's Ferry Armory and the New Technology: The Challenge of Change*, que enfatiza a resistência dos artesãos de armas, que produziam para o Departamento de Defesa dos Estados Unidos, a máquinas e processos novos para a produção em massa.[124]

Outro tema de interesse central para os historiadores do design, que foi debatido em *Technology and Culture*, é a relação entre a nova tecnologia domiciliar e a mudança de papéis da mulher no ambiente doméstico. Esse tema foi apresentado pela primeira vez ao periódico por Ruth Schwartz Cowan, que, entre outros objetivos, queria que seu artigo, "The 'Industrial Revolution' in the Home: Household Technology and Social Change in the Twentieth Century", despertasse uma consciência sobre diferentes locais de inovação tecnológica além das fábricas e das matas onde estavam sendo assentadas as vias férreas. "Essas visões imponentes", escreveu Cowan, "nos deixaram cegos para uma revolução tecnológica importante e bastante peculiar que tem ocorrido bem debaixo de nosso nariz: a revolução tecnológica no lar."[125] É digno de nota que Cowan apresentou sua discussão de como as máquinas alteravam o caráter do trabalho feminino em um periódico mais voltado para a história da tecnologia do que para a história social. Quando seu artigo surgiu em 1976, ficou como um argumento isolado entre muitos artigos desconexos em *Technology and Culture*, mas dois anos depois era sequenciado pelo artigo de Joan Vanek, "Household Technology and Social Status: Rising Living Standards and Status and Residence Differences in Housework" e por artigos posteriores desde então.[126] Cowan é historiadora, mas outros que aderiram ao debate sobre trabalho doméstico e tecnologia são das áreas de sociologia, economia, gestão social e estudos americanos. O fato de que esse debate fosse realizado em um periódico dedicado à história da tecnologia sugere a fluidez das fronteiras entre os campos e o modo como a definição de um problema pode induzir os estudiosos a cruzarem essas fronteiras para abordá-lo.

Mas apesar da publicação de alguns artigos sobre tecnologia no lar, John Staudenmaier, o principal cronista e teórico da história da tecnologia nos Estados Unidos, em um trabalho de 1983 afirmou que, mesmo com a formação do grupo Women in Technological History (WITH), *Technology and Culture* ainda continha um viés em direção a autores e valores do sexo masculino. Entre outras fragilidades na história da tecnologia, eram notadas por Staudenmaier uma ausência de críticas ao capitalismo, de atenção a tecnologias não ocidentais e de discussões sobre a tecnologia da perspectiva do trabalhador.[127]

Mais recentemente, a relação da tecnologia com os estudos de gênero foi tratada pela SHOT. Em janeiro de 1997, três editores convidados, Nina Lerman, Arwen Palmer Mohum e Ruth Oldenziel, produziram uma edição especial sobre o tema para *Technology and Culture*, "Gender Analysis and the History of Technology". Na introdução, os editores abordaram diversos temas relevantes aos historiadores do design. Atribuíram atenção especial às novas maneiras de estudar os artefatos:

> **A maioria dos estudos de tecnologia se concentrou em uma tecnologia específica: refrigeradores, máquinas a vapor, máquinas de costura. A identificação crescente de questões não só sobre o que homens e mulheres fazem, mas também sobre como a masculinidade e a feminilidade podem ser usadas simbolicamente, começou a inspirar os exames das tecnologias modernas, dos automóveis às armas nucleares.[128]**

Também argumentaram em favor de uma visão abrangente de como a tecnologia surge no interior da cultura, capaz de "enfatizar a ligação entre todas as fases do desenvolvimento tecnológico como relevantes a questões de mudança tecnológica".[129] Esses estudiosos consideram os estudos que enfatizam apenas a invenção ou o uso limitados e ressaltam que a "[i]ntegração do exame do design, da fabricação, do marketing, da aquisição e do uso, por outro lado, possibilita que uma gama de fatores sociais e culturais, incluindo gênero, se torne mais aparente".[130] Essa abordagem ampla possibilita entre a história do design e a história da tecnologia uma relação mais estreita do que até agora vimos e demonstra que atualmente existe mais atividade em outros campos que pode ser útil à história do design do que o contrário.

A proposta dos editores de uma abordagem mais abrangente no estudo da tecnologia soma-se ao argumento levantado alguns anos antes por alguns predecessores de que um entendimento do contexto social no qual a tecnologia se desenvolveu traria unidade aos diversos estudos especializados.[131] Recentemente, esse argumento foi abordado por Ruth Cowan em seu livro *A Social History of Technology*. É evidente que o livro em parte se origina de seu interesse anterior em expandir o escopo do campo, do estudo de como os dispositivos e as máquinas passaram a existir, para um entendimento de como esses objetos se ajustam às situações de vida das pessoas. Conforme ela observa na introdução:

> **A história da tecnologia é um esforço de recontar a história de todos esses objetos, esses artefatos que temos produzido ao longo dos anos. A história social da tecnologia vai um passo além, integrando a história da tecnologia com o resto da história humana. Ela supõe que os objetos afetaram os modos como as pessoas trabalham, governam, cozinham, transportam, comunicam-se: os modos como vivem. Ela também supõe que os modos como as pessoas vivem afetam os objetos que elas inventam, fabricam e usam.[132]**

Essa abertura para considerar todas as formas de prática estética e técnica relacionadas aos objetos e ambientes sob uma única rubrica foi a premissa de uma conferência, "Re-Visioning Design and Technology: Feminist Perspectives", realizada no Centro de Pós-Graduação da City University de Nova York em 1995. A historiadora da tecnologia Joan Rothschild, que participara do seminário da CASVA sobre história do design em 1993, justificou essa omissão de categorias do design em sua introdução aos anais da conferência, intitulados *Design and Feminism*:

> O que contribui para a separação das disciplinas é a distinção feita entre design e tecnologia, com as profissões sendo classificadas em conformidade com ela. Assim, por sua associação com as artes, a arquitetura e o design gráfico são conhecidos como profissões do design, ao passo que a engenharia e a eletrônica de computadores, associados às profissões técnicas, são chamadas profissões da tecnologia... Neste livro, procuramos empregar "design" em seu sentido mais amplo — para abranger tanto o lado estético como o técnico.[133]

A relação entre design e tecnologia nesses anais, bem como a sobreposição entre a história social da tecnologia de Cowan com material que seria adequado a uma história do design, sugere que, em algum momento no futuro, poderemos ver uma história do design mais amplamente constituída que incluirá a engenharia e a arquitetura, bem como o design de produtos e o design gráfico, e talvez ainda outras formas de design.

No número de abril de 1997 de *Technology and Culture*, os editores publicaram uma seção especial sobre tecnologia e design. Além de uma resenha do catálogo e da exposição inaugural do Wolfsonian em Miami Beach, a seção incluía uma análise feita pelo historiador do design Barry Katz em que argumentava a favor de uma relação mais estreita entre as duas práticas.

> Em última análise, porém, é o designer que domestica a nova tecnologia e a torna disponível para uso humano. Essa dependência mútua sugere que no mínimo o estudo do design pode ser aprofundado por uma exposição à história mais profundamente enraizada da tecnologia e o estudo da tecnologia revigorado pelas novas tendências na história e teoria do design.[134]

Para Katz, um fator importante que vincula a "nova especialização do design" à "consolidada história e filosofia da tecnologia" é o entendimento de que "o significado de um artefato técnico não esgota-se nas suas características operacionais e que ele está suspenso em teias de significado multivalentes, polissêmicas e oniculturais".[135] Como na especialização mais recente em cultura material e nas artes decorativas, o interesse pelo contexto social dos artefatos a que Katz se refere é algo relativamente novo, em diferentes sentidos, a todas essas comunidades de pesquisadores e pode, em última instância, ser um meio de aproximá-las.

História

Tal como a mudança ocorrida nos estudos americanos de uma preocupação com as características do "espírito americano" para uma pesquisa ampliada das formas mais concretas e diversas da cultura americana, desde os anos 1960 tem havido uma transformação parecida na disciplina de história, da ênfase tradicional em eventos políticos e militares para o estudo das pessoas comuns e da vida cotidiana.[136] Em consequência dessa tendência, houve um recrudescimento da pesquisa sobre a história das mulheres, dos trabalhadores, de grupos étnicos específicos e outros anteriormente marginalizados pelos historiadores. Em alguns casos, essa ênfase na experiência das pessoas comuns levou os estudiosos a trabalhar com material próximo das questões de interesse dos historiadores do design. Vários historiadores, estimulados pelos estudos de E. P. Thompson sobre a cultura da classe trabalhadora inglesa, têm estudado os fatores culturais que moldaram as experiências dos trabalhadores americanos. Susan Hirsh se concentrou em como os artesãos independentes de Newark foram transformados em trabalhadores assalariados.[137] Como parte de sua pesquisa da cultura da classe trabalhadora, Lizabeth A. Cohen analisou o mobiliário e seus arranjos nos lares da classe trabalhadora americana entre 1885 e 1915, projeto que teve clara motivação nos novos impulsos da história social e na história do trabalho para fornecer um quadro mais crítico de como viviam os trabalhadores americanos.[138] Assumindo uma abordagem um tanto diferente no estudo dos trabalhadores, em seu livro *The Rise of Popular Antimodernism in Germany: The Urban Master Artisans, 1873-1896*, Shulamit Volkov considerou a passagem dos ofícios para a industrialização na Alemanha no final do século XIX.[139] Citando o trabalho de E. P. Thompson como influência, Volkov chamou seu livro de "um ensaio em história social... um capítulo na história de um grupo social".[140] Sua pesquisa é valiosa para os historiadores do design por sua atenção a um grupo que resistiu à modernização na Alemanha, assunto até agora minimizado na norma da história do design com sua ênfase na Deutscher Werkbund e sua ideologia do progresso industrial. A Werkbund, porém, foi o foco do livro de Joan Campbell *The German Werkbund: The Politics of Reform in the Applied Arts*, que se concentrava nas diretrizes e políticas da organização, e não nos projetos específicos ou na arquitetura que ela produzia ou apoiava.[141] E William Morris, figura canônica central à história do design, foi discutido por Peter Stansky em *Redesigning the World: William Morris, the 1880s, and the Arts and Crafts*. Entretanto, em lugar de se concentrar nos particulares objetos projetados por Morris e seus colegas, como se evidencia em grande parte da literatura da história do design, Stansky, especialista em história britânica moderna, dedicou considerável atenção ao desenvolvimento das opiniões políticas de Morris e o situou, e a sua obra, nos eventos sociais e políticos na Inglaterra na década de 1880.[142]

Concentrando-se mais nos consumidores do que nos produtores, Michael Miller e Rosalind Williams estudaram a ascensão de uma ideologia consumista e sua crítica na França ao final do século XIX.[143] O livro de Miller, *The Bon Marché: Bourgeois Culture and the Department Store, 1869-1920*, não é uma história de negócios, mas sim um exame de como o Bon Marché, a maior loja de departamentos do mundo até 1914, tentou reconciliar os valores tradicionais da classe média com a nova era do consumo de massa. Rosalind Williams examinou o novo estilo de vida do consumidor francês em seu livro *Dream Worlds: Mass Consumption in Late Nineteenth-Century France*, mas dirigiu sua atenção principalmente para o surgimento de uma crítica consumista, que ela analisou nos textos de economistas e pensadores sociais, como Paul Leroy-Beaulieu e Charles Gide.

A França do final do século XIX também foi objeto da dissertação de Deborah Silverman em Princeton. Silverman estudou o *art nouveau*, mas dedicou-se às questões econômicas da produção artesanal, conforme discutida nos círculos do governo francês.[144]

Questões relacionadas ao design na história americana foram tratadas no livro de Roland Marchand *Advertising the American Dream: Making Way for Modernity, 1920-1940*. Publicado em 1985, o livro de Marchand é um estudo monumental de como as imagens publicitárias em um período de 20 anos corporificavam valores que os americanos eram estimulados a aspirar.[145] Apoiando-se muito na análise dos anúncios, o livro demonstra o crescente interesse entre os historiadores na coleta de informações sobre os artefatos. Incorporando métodos de análise de anúncios desenvolvidos por pesquisadores dos estudos culturais como Judith Williamson e outros, representa também uma linha de pesquisa sobre o consumo como atividade central da cultura capitalista americana.[146] Após esse livro, Marchand realizou um importante estudo das relações públicas empresariais, *Creating the Corporate Soul: The Rise of Public Relations and Corporate Imagery in American Big Business*, que inclui, mas vai além, os artefatos, as brochuras e as apresentações mediante os quais essas políticas eram expressas. Similar ao interesse de Meikle pela ampla história cultural do plástico, Marchand escreveu uma história cultural das relações públicas que incorporava o design mas não se limitava a esse.[147] A história cultural também foi o marco para Paul Betts, aluno de Michael Geyer na Universidade de Chicago. A dissertação de Betts era intitulada "The Pathos of Everyday Objects: West German Industrial Design Culture, 1945-1965".[148]

A história dos negócios, um ramo especializado da história, também é uma área em que as questões do design têm sido discutidas. O Centro para a História dos Negócios, Tecnologia e Sociedade no Museu e Biblioteca Hagley em Delaware, próximo ao Museu Winterthur, concedeu bolsas a pesquisadores como Meikle e ocasionalmente patrocina uma série de seminários ou palestras sobre design. Em 1991, a série se concentrou no design industrial. Dos três programas, um era um painel sobre história do design do qual participaram Dianne Pilgrim, diretora do Cooper-Hewitt, e eu. No início de 1999, o britânico *Journal of Design History* publicou um número especial, "Design, Commercial Expansion, and Business History", de que participou um grupo de colaboradores americanos, entre os quais Glen Porter, diretor do Hagley, que escreveu sobre o design de embalagens do século XX, e a historiadora Sally Clarke, que escreveu sobre Harley Earl e a Seção de Arte e Cor na General Motors. Em sua introdução à edição, Jeffrey Meikle observava:

> **Limitadas pelas próprias estruturas institucionais e, exceto pelos maiores monopólios ou oligopólios, desfrutados em arriscada concorrência com outras empresas, a maioria das que empregam o design o considera um meio necessário, porém incerto, de se comunicar com volúveis consumidores. Na pior das hipóteses, a história dos negócios pode complicar nosso entendimento do design.[149]**

Embora os estudos sobre designers, produtores, patrocinadores e consumidores de bens facilmente se acomodem nos campos existentes da pesquisa histórica, como vimos, as questões sobre a atividade do design por eles levantadas confirmam sua importância para a história do design, graças à intenção de explicar muito mais sobre produtos do que a evolução das técnicas e formas de produção.

ARQUIVOS DO DESIGN

Faz muito tempo que a Biblioteca do Congresso, o Instituto Smithsoniano e a Biblioteca Pública de Nova York criaram importantes arquivos de impressos efêmeros, mas até poucos anos atrás havia poucas coleções de material de design concentradas no século XX. A Biblioteca do Congresso possui uma importante coleção de cartazes que inclui muito material do século XX e o Museu de Arte Moderna em Nova York estabeleceu um precedente para a coleta desse tipo de material com seu arquivo de cartazes e outros materiais gráficos efêmeros do período moderno. Entretanto, foram poucos os museus que seguiram esse exemplo até cerca de 20 anos atrás. Naquela época, alguns profissionais do design, bibliotecários e curadores começaram a perceber o valor do material de design para pesquisas e exposições e algumas instituições assumiram um papel preponderante em sua coleta.[150] A Biblioteca do Congresso hoje procura estabelecer um Centro para a Arquitetura, o Design e a Engenharia Americanos para divulgar e utilizar suas coleções nessas áreas e que já somam mais de cinco milhões de itens. Entre essas coleções se encontra um arquivo expressivo de material de Charles e Ray Eames.[151] A biblioteca se juntou ao Museu Vitra Design para organizar uma exposição baseada nesse arquivo, *The Work of Charles and Ray Eames*, que foi aberta na Biblioteca em maio de 1999 e depois viajou para o Museu Nacional de Design Cooper-Hewitt, para o Museu de Arte de Saint Louis e o Museu de Arte do Município de Los Angeles.[152] Diversas bibliotecas acadêmicas também estão colecionando material de design, muitas vezes por provocação de professores de design. Conforme já mencionado, a Universidade de Siracusa, por influência de Arthur Pulos, passou a reunir os trabalhos de designers industriais americanos no início dos anos 1960. No Instituto Rochester de Tecnologia, o professor de design gráfico Roger Remington fundou o Arquivo de Design Gráfico em 1984. Entre suas aquisições estão os arquivos completos do designer gráfico americano Lester Beall, além de coleções de trabalhos de outros designers gráficos, como Alvin Lustig, Will Burtin, Cipe Pineles, William Golden, Ladislav Sutnar e Alexey Brodovich.[153]

Em 1986, a Biblioteca Richard J. Daley do Departamento de Coleções Especiais na Universidade de Illinois em Chicago, formou a Robert Hunter Middleton Design Printing Collection, que foi batizada com o nome do tipógrafo de Chicago mencionado anteriormente como membro proeminente do Caxton Club. A coleção Middleton enfatizou inicialmente o design em Chicago, mas a biblioteca da universidade posteriormente obteve os arquivos da Aspen Design Conference, que estabelece um marco para a reunião de material de todo o país.[154] Além disso, o Departamento de Coleções Especiais começou a reunir na Middleton material de arquivo de designers negros. Isso começou com uma grande coleção de trabalhos do designer gráfico e cartunista de Chicago Eugene Winslow que agora foi ampliada e inclui trabalhos de outros designers de Chicago, como Tom Miller, Emmett McBain, Charles Harrison, Richmond Jones e Don Patton, além de material de designers de outras partes dos Estados Unidos.

Há também um arquivo de design gráfico no Centro de Estudos Herb Lubalin de Design e Tipografia, fundado em 1984 na *almamater* de Lubalin, a Cooper Union, em Nova York. O centro, que abriga, entre outros, os arquivos de Lubalin, também abrange um centro de estudos e uma galeria. Sua primeira curadora, Ellen Lupton, trouxe uma vivência em design, história e teoria do design para o planejamento de exposições que enfatizava os aspectos comunicativos, bem como os estéticos, do design gráfico.[155] Sob a direção de Lupton, essas exposições variaram de retrospectivas de trabalhos de destacados designers gráficos, como Massimo Vignelli, Seymour Chwast, Anton Beeke e Ikko Tanaka, até mostras mais orientadas por temas como *Global Signage: Semiotics and the Language of International Pictures, Writing and the Body, Period Styles: A History of Punctuation e The Abcs of Triangle Square Circle: the Bauhaus and Design Theory*.[156] O que diferenciou a abordagem da história do design pelo centro dirigido por Lupton da abordagem dos museus é seu interesse em examinar o design como um processo de comunicação social e relacionar suas exposições a questões do ensino e da prática do design.[157]

Em 1991, o RIT, a Cooper Union e a Universidade de Illinois em Chicago, com uma bolsa concedida pelo National Endowment for the Arts, lançou um estudo de viabilidade para um arquivo nacional do design gráfico, que funcionaria como um banco eletrônico de dados de imagens de design gráfico.[158] Embora várias questões fossem examinadas durante a concessão da bolsa, o arquivo jamais se concretizou. O Centro Lubalin, porém, depois disso divulgou na internet seu próprio arquivo de design gráfico.

Entre as empresas, a Herman Miller Company reuniu uma coleção de filmes, fitas, catálogos e outros itens relacionados a seus projetos de móveis, mas poucas empresas além dela parecem ter feito muito com seu material de arquivo. A Motorola, uma das principais produtoras de eletrodomésticos, contratou a curadora Sharon Darling em 1986 para organizar seus documentos e em 1991 abriu um museu para retratar a história da empresa que utiliza filmes, computadores e apresentações em um formato interativo.[159]

Existem também muitos colecionadores particulares de objetos de design e material gráfico ocasional, embora poucos deles abram suas coleções ao público. Entre as que o fazem está a Merrill C. Berman, que tem emprestado exemplares de sua excepcional coleção de mais de 20 mil cartazes e outros materiais gráficos efêmeros para diversos museus.[160] Em 1985, Darra Goldstein foi curadora de *Art for the Masses: Russian Revolutionary Art from the Merrill C. Berman Collection* no Museu do Williams College e, em 1998, o museu se associou ao Museu Nacional Cooper-Hewitt para patrocinar *Graphic Design in the Mechanical Age: Selections from the Merrill C. Berman Collection*.[161]

A reunião de documentação do design é necessária para avançar a especialização em história do design e a disponibilidade de material de arquivo é um determinante maior nas modalidades de pesquisa que os estudiosos tendem a empreender. Até agora, os arquivistas no geral parecem ter se interessado por todos os tipos de coleções de design, não somente de material dos astros do design, e esse é um auspicioso sintoma.

HISTÓRIA DO DESIGN NOS MUSEUS

Faz muito tempo que o Museu de Arte Moderna (MoMA) possui um acervo de design e que criou um departamento de design no início dos anos 1940, mas isso não é o que acontece na maioria dos outros museus de arte americanos, que para suas mostras de objetos funcionais tem recorrido a curadores com perícia nas artes decorativas tradicionais.[162] Nos últimos 20 anos

aproximadamente, os maiores museus de arte americanos dedicaram crescente atenção a exposições de design, que atraem grandes públicos e recebem longas resenhas na imprensa. Em sua maioria, essas exposições inicialmente eram muito influenciadas por uma abordagem das artes decorativas, que refletia a formação da maioria dos curadores, embora isso agora esteja mudando. Uma orientação das artes decorativas era particularmente evidente em *Design since 1945*, um ambicioso levantamento organizado por Kathryn Hiesinger, curadora de artes decorativas europeias no Museu de Arte da Filadélfia e apresentado no museu entre outubro de 1983 e janeiro de 1984. A curadora limitou sua seleção a objetos domésticos, a esfera tradicional dos historiadores das artes decorativas, e excluiu muitas áreas importantes do design pós-guerra, como os objetos para escritório, hospital e para os portadores de deficiências. Os objetos eram exibidos no catálogo de acordo com divisões convencionais das artes decorativas, como cerâmica, vidro, mobiliário, metalurgia, têxteis e madeira, embora uma nova categoria para plásticos tivesse de ser acrescentada.[163] Hiesinger afirmou no ensaio do catálogo que o funcionalismo havia cedido lugar a muitas novas direções e procurou demonstrar o mesmo na exposição. Em 1994, ela e Felice Fisher organizaram uma enorme exposição de design japonês pós-1950 na qual procuravam caracterizar os produtos japoneses pelo foco em cinco qualidades: habilidade manual, assimetria, concisão, humor e simplicidade. Entretanto, a gama de produtos, ao contrário da exposição anterior, abrangia uma panóplia de objetos que se estendia do decorativo ao industrial, incluindo câmeras, televisores, computadores e automóveis, além de quimonos, louça laqueada e chaleiras.[164]

O MoMA continua a sustentar o legado dos modernistas e seus nomeados herdeiros. Sua exposição da obra de Alexander Rodchenko em 1998 e suas mostras anteriores de projetos de Lilly Reich e Marcel

Breuer são exemplos, como é sua retrospectiva, alguns anos antes, da obra do designer italiano Mario Bellini, que foi admitido ao câ-none do museu.[165] Ao contrário do MoMA, o Museu Whitney de Arte Americana abarcava a nova florescência de estilos em sua exposição de 1985, *High Styles: Twentieth Century American Design*.[166] Como exposição de design, porém, essa foi particularmente penosa. O século foi dividido em períodos e diferentes curadores escolheram os objetos para cada período.[167] Na seção final, aparelhos estereofônicos da J. C. Penny foram mesclados com cadeiras em estilo pop de Robert Venturi para a Knoll e móveis de arte de Scott Burton, que nunca se destinaram ao uso. Por repartir as seleções entre múltiplos curadores, Lisa Philips, a coordenadora, foi incapaz de formular uma tese sobre como o design americano evoluiu no século XX.[168]

A história do design americano durante esse período foi mais bem contemplada por várias outras exposições, *Design in America: The Cranbrook Vision, 1925-1950*, primeiro vista no Detroit Institute of Arts em 1983 e depois no Museu Metropolitano de Arte em Nova York, e *The Machine Age in America, 1918-1941*, que abriu no Museu do Brooklyn em 1986.[169] A mostra de Cranbrook propiciou um bem-

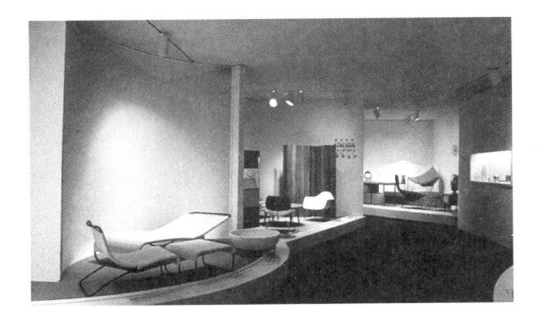 

merecido reconhecimento público à escola, cujo primeiro diretor foi o arquiteto finlandês Eliel Saarinen e na qual se formaram muitos designers americanos importantes, como Florence Knoll, Charles Eames, Ray Eames, Harry Bertoia, Jack Lenore Larsen e Eero Saarinen. Por muito tempo, Cranbrook ficou obscurecida pelos historiadores do design que continuam a enfatizar a Bauhaus e outras escolas europeias. Mas a escola começou em 1925, na época em que a Bauhaus estava se mudando para Dessau, e foi uma poderosa influência no design americano antes da chegada dos professores emigrados da Bauhaus.

Os organizadores de *The Machine Age in America, 1918-1941*, Richard Guy Wilson, Dianne Pilgrim e Dickran Tasjian, apresentaram um importante levantamento do design dos anos 1920 e 1930, mas procuraram representar mais os valores culturais do que as características do estilo em si. Uma estratégia similar, apresentando exemplos do movimento *arts and crafts* nos Estados Unidos, foi evidenciada na exposição de 1987, *"The Art That Is Life": The Arts & Crafts Movement in America, 1875-1920*, organizada por Wendy Kaplan no Museu de Belas-Artes de Boston.[170]

Mostras de design também ocorrem ocasionalmente em museus de história, onde a ênfase se encontra mais nos aspectos sociais dos objetos do que no valor estético. Uma abordagem mais baseada numa metodologia da cultura material podia ser percebida na exposição *Chicago Furniture: Art, Craft, & Industry, 1833-1983*, sob a curadoria de Sharon Darling, na Sociedade Histórica de Chicago em 1984.[171] O foco da mostra se concentrou nos diversos tipos de mobília fabricados em Chicago durante 150 anos, e *"patent furniture"** e peças

de estilos históricos foram misturadas com cadeiras de cozinha em aço tubular e móveis de arte contemporâneos. A exposição era mais fundamentada historicamente do que a maioria das exposições de móveis e fornecia uma grande quantidade de informações, tanto na mostra como no catálogo, sobre fabricantes de móveis de Chicago, artesãos, designers e condições econômicas e trabalhistas. Dado que a exposição não era promovida por um museu de arte, mas por uma sociedade histórica, havia menos necessidade de justificar os objetos exibidos em termos de um padrão de qualidade estética e mais disposição em retratá-los como representantes de um processo histórico.

O Museu Henry Ford próximo a Detroit assumiu uma abordagem um tanto diferente da cultura material. Dado que o próprio Henry Ford fundou a instituição, não admira que essa tenha se concentrado mais em colecionar automóveis do que artes

---

* Mobiliário dotado de peças mecânicas, executadas sob o registro de patentes (*N. do R. T.*)

decorativas, embora de fato ela tenha uma coleção invulgarmente grande de artefatos e também arquivos. Em 1986, o museu estabeleceu o Programa Edsel B. Ford de História do Design para incentivar o estudo especializado de história do design industrial. O programa abrange exposições, publicações, seminários e conferências e seu pessoal coleta arquivos e artefatos que "revelam como os designers definem problemas, identificam limites, formulam soluções e levam sua concepção até a realização prática".[172] Ainda em 1986, o museu abriu uma grande instalação

duradoura, *Streamlining America*, destinada a mostrar aos visitantes como o conceito de aerodinâmica foi aplicado aos produtos nos anos 1930 a fim de produzir uma sensação de otimismo durante a Depressão. Essa exposição foi seguida por uma outra maior sobre o automóvel em 1987, intitulada *The Automobile in American Life*, e em 1992 o museu apresentou *Made in America*, que exibiu mais de 1.500 artefatos de suas coleções. Dividida em seções, essa segunda considerava os objetos da perspectiva da história social, enfatizando questões de fabricação, mão de obra e consumo.[173] Uma abordagem assemelhada se evidenciou em outras exposições como *Culture & Comfort: People, Parlors, and Upholstery, 1850-1930*, organizada por Katherine C. Grier, que abriu em 1988 no Strong Museum em Rochester, Nova York. A exposição surgiu da pesquisa de doutorado de Grier no programa de história da civilização americana na Universidade de Delaware.[174]

Os dois museus governamentais dedicados ao design, o Museu Nacional de Design Cooper-Hewitt em Nova York e a Galeria Renwick em Washington, mantiveram ativa programação de exposição a partir do final dos anos 1970. O Cooper-Hewitt, que reabriu na reformada Carnegie Mansion no Upper East Side em Nova York em 1976, era anteriormente o Museu Cooper Union para as Artes e Decoração. Entre as mostras apresentadas no Cooper-Hewitt durante o tempo de Lisa Taylor como diretora encontram-se *Vienna Moderne: 1898-1918*, *The Oceanliner: Speed, Style, Symbol* e a grande exposição *Scandinavian Modern Design, 1880-1980*, organizada por David McFadden, curador de artes decorativas, em 1982.[175] Além disso, o museu ofereceu algumas mostras mais gerais como *Design in the Service of Tea, Safe and Secure: A World of Design in Locks and Keys* e *Bon Voyage: Designs for Travel. Milestones: Fifty Years of Goods and Services* apresentava produtos reconhecidos como excelentes pela Consumer's Union. Tal mostra, enfatizando o que os próprios consumidores consideravam valioso, nos diz algo sobre os usuários do design, elemento negligenciado em outras exposições. Em 1991, Dianne Pilgrim, ex-curadora de artes decorativas no Museu do Brooklyn e uma das organizadoras da exposição *Machine Age in America*, tornou-se diretora do Cooper-Hewitt. Sua intenção era mostrar todos os tipos de design moderno e contemporâneo, não apenas celebrados objetos canônicos. Para tanto, Dianne Pilgrim mudou o nome do museu para Museu Nacional de Design Cooper-Hewitt e encomendou uma nova identidade gráfica para ele. Também contratou Ellen Lupton, da Cooper Union, como curadora de design contemporâneo. Embora o Cooper-Hewitt continuasse a realizar exposições convencionais, como *Czech Cubism: Architecture and Design*, Lupton adotou uma abordagem diferente para exposições, em vários casos concentrando-se mais em questões culturais do que na apresentação de objetos icônicos. Ela trouxe uma certa consciência de história social para a primeira exposição de que foi curadora no museu em 1993, *Mechanical Brides: Women and Machines from Home to Office*.[176] Essa exposição dava segmento a uma mostra que ela e J. Abbott Miller haviam organizado no List Visual Art Center do MIT, *The Bathroom, the Kitchen, and the Aesthetics of Waste*, que relacionava mudanças nas formas dos produtos à aplicação de teorias de administração científica na esfera doméstica.[177]

No Cooper-Hewitt, as mostras de design gráfico de Lupton variavam de *Elaine Lustig Cohen: Modern Graphic Designer* e uma exposição da coleção de papéis timbrados modernistas de Cohen, *The Avant-Garde Letterhead* — que foi montada no Instituto Americano de Artes Gráficas [AIGA] — a *Mixing Messages: Graphic Design in Contemporary Culture*, um amplo levantamento do design gráfico nos anos 1980. Esse era um tipo de exposição raramente apresentado em um museu, já que se situa entre mostras de design modernista clássico como as que o MoMA apresentaria e as exposições anuais de trabalhos contemporâneos exibidos pelas associações de design e clubes de diretores de arte.[178]

Pilgrim também desejava fazer uma série de exposições retrospectivas dos maiores designers consultores dos anos 1930, como forma de reconhecimento da contribuição americana ao design para produção em massa. Em 1994, o museu apresentou *Packaging the New: Design and the American Consumer, 1925-1975*, que destacava trabalhos de Donald Deskey, e três anos depois apresentou uma importante retrospectiva de trabalhos do escritório de Henry Dreyfuss, Henry Dreyfuss *Directing Design: The Industrial Designer and His Work, 1929-1972*, com a curadoria de Russell Flinchum, que escreveu sua dissertação sobre Dreyfuss na City University de Nova York.[179] O museu entrou agora em outra fase depois da saída de Pilgrim e da nomeação de um novo diretor, Paul Warwick Thompson.

Entre as mostras na Galeria Renwick a partir de meados dos anos 1970 que se relacionavam com a história do design encontravam-se vários levantamentos de trabalhos de designers modernos: *A Modern Consciousness: D. J. De Pree and Florence Knoll*; *The Designs of Raymond Loewy*; *The Decorative Designs of Frank Lloyd Wright*; uma coleção de trabalhos do arquiteto e designer dinamarquês Arne Jacobsen, *Inspiring Reform: Boston's Arts and Crafts Movement*; e *Easier Living: Russel Wright and the American Modern Style*.[180] O museu também realizou uma grande retrospectiva, *American Art Deco*, que representava o estilo através da exibição de escultura, mobília, têxteis, vidro, cerâmica e prata, bem como fotos arquitetônicas.

A última galeria a realizar exposições relacionadas à história do design se encontra no Centro Bard de Pós-Graduação. Abrigada em um espaço bem reduzido no andar térreo da mansão onde estão localizados os escritórios, as salas de aula e a biblioteca do Centro, mesmo assim o programa de exposições é ambicioso. Misturados com exposições sobre temas tradicionais das artes decorativas, como joalheria indiana e objetos de palácios barrocos, houve várias mostras como *Finnish Modern Design* e *E. W. Godwin: Aesthetic Movement Architect and Designer*, a cargo da curadora Susan Soros.[181]

Em Chicago, John Zukowsky, curador de arquitetura e design no Art Institute of Chicago, tomou um rumo diferente.[182] Surpreendentemente para um museu famoso pelo acervo de belas artes canônicas, Zukowsky conseguiu montar diversas grandes exposições que seriam de esperar-se encontrar em um museu de tecnologia, notadamente *Building for Air Travel: Architecture and Design for Commercial Aviation*, que abriu no final de 1996.[183] Embora grande parte da exposição fosse dedicada ao design de aeroportos, Zukowsky também incluiu a maquete de um interior de aeronave projetado por Teague Associates e consideráveis informações sobre o design de identidades empresariais de companhias aéreas. A exposição seguinte de Zukowsky, que abriu no início de 2001, era intitulada *2001: Building for Space Travel*, e outra, vindoura, sob curadoria de sua colega Martha Thorne, é intitulada *Modern Trains and Splendid Stations; Architecture and Design for the 21st Century*. A exposição da viagem espacial era acompanhada por um extenso catálogo e Zukowsky publicou um livro sobre o assunto destacando o trabalho de John Frassanito & Associates, empresa que realizou muitos trabalhos de design para a indústria espacial.[184]

No Art Institute, porém, os departamentos orientados para o design e as artes decorativas permanecem separados. Quando uma retrospectiva maior da obra de Charles Rennie Mackintosh, incluindo arquitetura e mobiliário, chegou de Glasgow ao museu, foi administrada pelo departamento de artes decorativas, e não pelo de arquitetura e design. Como a obra de Mackintosh permanece central ao cânone das artes decorativas, isso pareceu adequado, particularmente porque grande parte do interesse de Zukowsky gira em torno de edificações e produtos mais industriais, como aeroportos e ônibus espaciais, ou arquitetura e design contemporâneos de todas as partes do mundo.

Talvez a incursão mais amplamente divulgada de um museu pelo domínio do design nos últimos anos tenha sido a exposição de 1998 no Museu Guggenheim, *The Art of the Motorcycle*, que traçou a história da motocicleta desde os primeiros modelos da década de 1860 até as versões mais recentes, incluindo uma de Philippe Starck. A exposição abordou a motocicleta mais de um ponto de vista estético do que de uma perspectiva da cultura material ou da história social, embora, numa inusitada mudança de local, tenha passado do Guggenheim para o Field Museum of Natural History em Chicago, onde a equipe, mediante o uso de painéis, etiquetas e um vídeo explicativo, procurou introduzir um elemento de história social.[185]

O mais recente museu de design e artes decorativas a abrir nos Estados Unidos é o Wolfsonian, em Miami Beach, Flórida. Conforme relato em um ensaio posterior, o Wolfsonian apresentou sua exposição inaugural em 1995, *Designing Modernity: The Arts of Reform and Persuasion, 1885-1945*.[186] O museu ainda está procurando seu caminho em termos de uma filosofia de exposições, mas tende a enfatizar a tradição modernista europeia e americana, que corresponde aos interesses do fundador do museu, Mitchell Wolfson. Por exemplo, recentemente o Wolfsonian apresentou *Leading "The Simple Life": The Arts and Crafts Movement in Britain, 1880-1910* e *Graphic Design in Germany, 1890-1945*, sob a curadoria do historiador britânico do design Jeremy Aynsley, que se valeu principalmente do acervo do Wolfsonian.[187] O museu também opera um centro de estudos que concede subvenções para estudiosos realizarem pesquisas em suas coleções.

A diversidade de interesses de história do design entre os museus americanos reflete a pluralidade da pesquisa em história do design nos Estados Unidos. Variando das retrospectivas da alta modernidade do MoMA a mostras de objetos menos canônicos apresentados de um ponto de vista da cultura material, os museus americanos estão abertos a uma diversidade de abordagens, em muitas exposições, mais atenção está sendo dada também a uma interpretação crítica dos objetos e seus contextos sociais e econômicos.

CONCLUSÃO

Fica evidente pela descrição anterior que o design é o objeto da pesquisa histórica de muitas áreas. Se fosse feita uma pesquisa de opinião para saber se a história do design deve ser uma nova disciplina ou apenas um local onde enfocar pesquisas interdisciplinares, as respostas provavelmente tenderiam para essa segunda opção. Evidentemente, a iniciativa da história do design nos Estados Unidos é atuante sem haver nenhum apoio acadêmico para criar uma nova disciplina. E desde que um bom trabalho vem sendo feito fora do marco de tal disciplina, o ímpeto por mudança parece ainda mais difícil.

O volume de pesquisas interdisciplinares a que estamos assistindo entre história do design, cultura material, estudos americanos, cultura popular, artes decorativas e história da tecnologia continua a crescer. Em particular, com a forte ênfase no contexto social para o entendimento dos objetos, provavelmente haverá mais convergência entre os estudiosos de diferentes comunidades de pesquisa à medida que a dimensão social do objeto encobrir as distinções entre seus aspectos mecânicos e estéticos.

As comunidades de pesquisa existentes certamente se sustentarão, mas é muito provável que as manifestações de fusão de interesses apareçam com mais frequência nos periódicos — *Design Issues, Winterthur*

Portfolio, Technology and Culture, Studies in the Decorative Arts ou *Journal of American Culture* — tal como em conferências como as da College Art Association, American Studies Association, Society for the History of Technology ou da Popular Culture Association. Nesses eventos, já percebemos tal atividade em trabalhos individuais e sessões. Novos livros também darão uma demonstração de uma consciência interdisciplinar, como alguns já o fazem, e, pouco a pouco, as margens que separam uma comunidade de outra continuarão a suavizar-se.

Embora esse processo possa ser aceitável e até inevitável para aqueles que acreditam em pluralismo liberal, ele deixa de tocar em uma série de problemas que uma abordagem mais proativa pelo avanço da história do design poderia tratar. O mais importante é que o processo não associa muito bem a história do design à comunidade do design e com isso esquiva-se do objetivo essencial de desenvolver a história de uma prática, o de contribuir para a autoconsciência da própria prática. Os designers gráficos e educadores de design americanos chamaram o problema para si e produziram grande parte da pesquisa a favor de uma história do design gráfico. Em compensação, pouco tem sido feito por designers de produtos, com a exceção do trabalho de Arthur Pulos. Em ambos os casos, há necessidade de um envolvimento mais especializado para contribuir para a área com textos críticos, documentação e narrativas históricas.

Essa situação também tem gerado o tipo de debate sobre questões de narrativa que se encontram no centro de cada campo do empenho histórico, seja em arte, sociologia ou no terreno mais amplo da história em si mesma. Nos Estados Unidos, bem como na Grã-Bretanha, na Escandinávia e no Japão, os historiadores continuam a pesquisar temas específicos em design sem nenhuma referência a um processo que chamarei de construção narrativa. Embora eu nem espere nem advogue o surgimento de uma metanarrativa para a história do design, realmente precisamos de narrativas mais consistentes do que as que temos atualmente. Se um alvo da história, conforme disse tão bem Dennis Doordan, é fornecer "uma apresentação inteligente da complexidade da experiência passada",[188] precisamos trazer para o primeiro plano, de um modo ainda não realizado nos Estados Unidos nem em outras partes, narrativas de como o design se desenvolveu.

Esse objetivo sublinha a necessidade por maior atenção para a história do design como um campo distinto de especialização. Não é necessário nem desejável criar novos departamentos de história do design, mas a história do design deve receber maior ênfase no âmbito das estruturas acadêmicas existentes. Vejo isso acontecendo de três formas. Em primeiro lugar, um programa de história da arte pode seguir o modelo da história da arquitetura e contratar dois ou três historiadores do design. Isso propiciaria massa crítica para ministrar um programa completo de cursos de história do design para estudantes de graduação e pós-graduação e daria margem à possibilidade de que um estudante de pós-graduação desse uma forte ênfase em história do design dentro de um programa de titulação em história, seja no nível de mestrado ou doutorado. Um segundo modelo seria o de Princeton ou o do MIT, de oferecer um programa de doutorado em história, teoria e crítica da arquitetura a estudantes que tivessem principalmente obtido títulos prévios na prática. Esse modelo tem funcionado muito bem e produzido alguns excelentes especialistas em história da arquitetura, como Martha Pollak, Deborah Fausch, Mitchell Schwarzer e Sandy Isenstadt. Embora atualmente não haja uma cultura suficientemente desenvolvida de designers e historiadores nos Estados Unidos para montar um programa comparável, mesmo assim um modelo dessa ordem permanece viável para o futuro. O terceiro modelo é criar uma forte ênfase em história do design dentro de um programa de doutoramento em design. Esse modelo até certo ponto segue o da sociologia, no qual alguns especialistas tendem a enfatizar a história e a teoria ou campo de trabalho, mas todos são treinados dentro de um único marco disciplinar.

Também é evidente que a história do design não diz respeito apenas aos designers. Conforme notou Jeffrey Meikle, "afinal de contas, o design é a fonte da qual a maioria dos americanos do século XX teve de selecionar o próprio recheio de sua vida cotidiana".[189] Consequentemente, ela continuará a ser o objeto de interesse de especialistas em estudos americanos, história da tecnologia, cultura material e outras comunidades de pesquisa que levam em conta os produtos do design para descobrir alguma coisa de importante sobre a vida humana.

O design, de fato, é do interesse de todos. É o processo mediante o qual criamos os produtos materiais e imateriais que influenciam o modo como vivemos. Por conseguinte, a história do design precisa atender a públicos diferentes. Ela é crucial para o designer contribuir com a internalização de padrões de qualidade, eficácia e valor. E é igualmente importante para todos os demais, os usuários do design, que levam os produtos para as próprias esferas de atividade e com eles estruturam seus espaços vitais. A história do design é importante também para dirigentes sociais, políticos e comerciais que tomam decisões que afetam o que é e o que não é objeto de design. Com o reconhecimento de que ela pode explicar muito do modo como vivemos e como podemos viver, deve ser reconhecida como um valioso recurso que exige uma análise criteriosa.

Notas

1 "A Decade of Design History in the United States, 1977-1987" foi apresentado inicialmente como palestra na conferência do décimo aniversário da DHS, em Brighton Polytechnic, em 1987. Posteriormente foi publicado no número de fundação do periódico da sociedade, *Journal of Design History* 1, nº 1 (1988): 51-72. Soube inicialmente da DHS por meio de uma colega, Françoise Jollant, no congresso do International Council of Graphic Design Associations (Icograda), em Chicago, em 1978. De modo independente, havia concluído como autor ou editor diversos livros comerciais sobre a história dos cartazes americanos da virada do século e da propaganda da Segunda Guerra Mundial, embora na época não pensasse neles como história do design. Posteriormente, a existência da DHS foi um fator de peso em minha decisão de escolher a história do design como campo de pesquisa de meu doutorado, que concluí em 1982.
2 Entre os quais se encontram Cathy Gudis, Carma Gorman, Christina Cogdell e Rebecca Houze.
3 Carta ao autor, 8 de agosto de 1987. Desde o momento em que começou a lecionar, por volta de 1952, Danziger fez referência a vários "movimentos históricos, ideias e indivíduos".

4 Ann Ferebee, *A History of Design from the Victorian Era to the Present*, Nova York: Van Nostrand Reinhold, 1970. Dez anos depois da publicação inicial, o livro surgiu em formato brochura.
5 Philip B. Meggs, comunicação pessoal, outubro de 1987.
6 Philip B. Meggs, *A History of Graphic Design*, Nova York: Van Nostrand Reinhold, 1983. Uma segunda edição, revista e ampliada, foi publicada em 1992 e uma terceira surgiu em 1998.
7 Lloyd Engelbrecht, "The Association of Arts and Industries: Background and Origins of the Bauhaus Movement in Chicago" (tese de doutorado, Universidade de Chicago, 1973).
8 *Graduate Studies, History of Design*, folheto do programa, Departamento de História da Arte, Universidade de Cincinnati, s/d.
9 Publiquei uma versão drasticamente revista de minha dissertação como *The Struggle for Utopia: Rodchenko, Lissitzky, Moholy-Nagy, 1917-1946*, Chicago e Londres: University of Chicago Press, 1997.
10 A condição de comissão executiva é atribuída a vários grupos de interesse pela CAA. Isso confere a eles o direito a uma sessão e a uma reunião de trabalho na convenção anual.

11 O nome foi sugerido por Grant Greapentrog, então no Drexel Institute na Filadélfia.

12 Barbara Young, que na época chefiava o Departamento de Arte na California Polytechnic State University em San Luis Obispo, produziu o primeiro boletim. Posteriormente, boletins ocasionais foram produzidos por Richard Martin.

13 Especialistas americanos também têm publicado de forma intermitente no britânico *Journal of Design History*, fundado quatro anos depois de *Design Issues*. Ver, por exemplo, Eileen Boris, "Craft Shop or Sweatshop? The Uses and Abuses of Craftsmanship in Twentieth Century America", *Journal of Design History* 2, n°s 2-3 (1989): 175-192; Elizabeth Collins Cromley, "Sleeping Around: A History of American Beds and Bedrooms", *Journal of Design History* 3, n° 1 (1990): 1-18; Reed Benhamou, "Imitation in the Decorative Arts of the Eighteenth Century", *Journal of Design History* 4, n° 1 (1991): 1-14; Roann Barris, "Inga: A Constructivist Enigma", *Journal of Design History* 6, n° 4 (1993): 263-282; Jeffrey L. Meikle, "Into the Fourth Kingdom: Representations of Plastic Materials, 1920-1950", *Journal of Design History* 5, n° 3 (1992): 173-182; Ellen Mazur Thomson, "Early Graphic Design Periodicals in America", *Journal of Design History* 7, n° 2 (1994): 113-126; Reed Benhamou, "Parallel Walls, Parallel Worlds: The Places of Masters and Servants in the Maisons de plaisance of Jacques-François Blondel", *Journal of Design History* 7, n° 1 (1994): 1-12; Richard Martin, "Our Kimono Mind: Reflections on 'Japanese Design: A Survey since 1950'", *Journal of Design History* 8, n° 3 (1995): 215-224; Sandy Isenstadt, "Visions of Plenty: Refrigerators in America around 1950", *Journal of Design History* 11, n° 4 (1998): 311-322; Nicholas Maffei, "John Cotton Dana and the Politics of Exhibiting Industrial Art in the US, 1909-1929", *Journal of Design History* 13, n° 4 (2000): 301-318; e Sherwin Simmons, "'Hand to Friend, Fist to Foe': The Struggle of Signs in the Weimar Republic", *Journal of Design History* 13, n° 4 (2000): 319-340.

14 Ver, por exemplo, Tamiko Thiel, "The Design of the Connection Machine", *Design Issues* 10, n° 1 (primavera de 1994): 5-18; Dennis Doordan, "Simulated Seas: Exhibition Design in Contemporary Aquariums", *Design Issues* 11, n° 2 (verão de 1995): 3-10; Barry Katz, "The Arts of War: 'Visual Presentation' and National Intelligence", *Design Issues* 12, n° 2 (verão de 1996): 3-21; Sara Schneider, "Body Design, Variable Realisms: The Case of Female Fashion Mannequins", *Design Issues* 13, n° 3 (outono de 1997): 5-18; e Michael Punt, "Accidental Machines: The Impact of Popular Participation in Computer Technology", *Design Issues* 14, n° 1 (primavera de 1998): 54-80. Uma coleção de artigos de história do design dos primeiros números do periódico foi publicada como *Design History: An Anthology*, Dennis Doordan (ed.), Cambridge: MIT Press, 1995.

15 Ellen Mazur Thomson, *The Origins of Graphic Design in America, 1870-1920*, New Haven e Londres: Yale University Press, 1997. A seção do livro publicada em *Design Issues* foi "Alms for Oblivion: The History of Women in Early American Graphic Design", Design Issues 10, n° 2 (verão de 1994): 27-48.

16 *Design Issues* 11, n° 1 (primavera de 1995). Além de mim e Forty, estudiosos que contribuíram para o debate foram Jonathan Woodham, Nigel Whiteley, Alain Findeli, Barbara Stafford, Jeffrey Meikle e Dennis Doordan.

17 Jonathan Woodham, "Resisting Colonization: Design History Has Its Own Identity", *Design Issues* 11, n° 1 (primavera de 1995): 22-23.

18 Jeffrey L. Meikle, "Design History for What? Reflections on an Elusive Goal", *Design Issues* 11, n° 1 (primavera de 1995): 75.

19 Dennis Doordan, "On History", *Design Issues* 11, n° 1 (primavera de 1995): 81.

20 Alain Findeli, "Design History and Design Studies: Methodological, Epistemological, and Pedagogical Inquiry", *Design Issues* 11, n° 1 (primavera de 1995): 54.

21 Carta aos participantes de Stephen Mansbach, decano associado em exercício, *Casva*, 2 de fevereiro de 1993.

22 Embora as discussões do simpósio não tenham sido gravadas, alguns temas entraram na edição especial de *Design Issues* sobre história do design.

23 O centro agora mudou seu nome para Bard Graduate Center for Studies in the Decorative Arts, Design, and Culture.

24 *The Bard Graduate Center for Studies in the Decorative Arts: Graduate Degree Programs in the History of the Decorative Arts, Design, and Culture*, Nova York: Bard Graduate Center for Studies in the Decorative Arts, 1999, p. 6.

25 Dinitia Smith, "A Private Life, a Public Passion: At Home with Susan Soros", *New York Times*, 7 de março de 1996, C1, C4.

26 Ver Pat Kirkham (ed.), *Women Designers in the USA, 1900-2000: Diversity and Difference*, New Haven e Londres: Yale University Press, 2000. Antes de trabalhar na exposição de mulheres designers, Kirkham concluiu um livro importante sobre os Eames, *Charles and Ray Eames: Designers of the Twentieth Century*, Cambridge: MIT Press, 1995. É o primeiro livro a destacar o forte papel colaborativo dos dois, em lugar de apresentar Charles, como haviam feito os estudiosos anteriores dos Eames.

27 O isolamento do design gráfico do resto da história do design pode ser explicado pelo modo como as especializações do design são segregadas umas das outras. Isso ocorre nas escolas, que tendem a separar design gráfico, industrial e de interiores, apesar dos amplos interesses de designers como Raymond Loewy e Norman Bel Geddes. Embora alguém que lecione história do design possa resistir a essa especialização e ofereça um curso de pesquisa que considera o design em termos amplos, os eventos de história iniciados pelas associações profissionais tendem a cair dentro das próprias fronteiras de autodefinição. Não obstante, esses eventos derivam de um entusiasmo genuíno e normalmente geram muitas boas apresentações que denotam uma paixão pelo assunto, além de valer-se de inexplorado material documental.

28 Versões condensadas de algumas das apresentações de ambas as noites foram posteriormente publicadas no *STA Journal 1*, nº 2 (inverno de 1980). Ver Victor Margolin, "Chicago Design", 4-5; Franz Schulze, "The First Wave: Europeanization of American Culture in the 1930's", 6; Joe Hutchcroft, "Walter Paepcke and the Container Design Program", 7-9; e Jay Doblin, "From Bauhaus to Unimark: A Pilgrim's Progress for Design", 10-11.

29 A documentação do simpósio, que consiste principalmente em alguma correspondência e fitas de áudio das apresentações, agora se encontra na Robert Hunter Middleton Design Printing Collection, Departamento de Coleções Especiais, Richard J. Daley Library, Universidade de Illinois em Chicago.

30 As atas foram publicadas como *Coming of Age: The First Symposium on the History of Graphic Design*, Rochester: Rochester Institute of Technology, 1985.

31 Massimo Vignelli, "Keynote Address", *Coming of Age*, p. 11.

32 Dilnot desenvolveu argumentos expostos em seus dois artigos sobre a situação da história do design, que foram publicados em *Design Issues*. A apresentação de Frances Butler era intitulada "Shadow in Popular Visual Arts, Cycles of Imagery" e Hanno Ehses apresentou "A Semiotic Approach to Design History".

33 Steven Heller, "The History of Graphic Design: Charting a Course", *AIGA Journal of Graphic Design* 3, nº 4 (1985): 1. Entre os grupos de aficionados, podem-se citar os fundadores da Poster Society, organização que inclui designers, marchands e colecionadores. A associação publica um periódico e vários membros têm atuado em projetos de publicação e exposição. Ver Robert K. Brown e Susan Reinhold, *The Poster Art of A. M. Cassandre*, Nova York: Dutton, 1979. A coleção de cartazes de Merrill C. Berman formou a base da exposição "The Twentieth-Century Poster: Design of the Avant-Garde" no Walker Art Center, Minneapolis, em 1984. Essa mostra serviu de estímulo para convidar historiadores da arte como Dawn Ades e Alma Law a escrever ensaios acadêmicos sobre o cartaz. Ver o catálogo *The 20th Century Poster: Design of the Avant-Garde*, Nova York: Abbeville, 1984. Em uma menor escala, podem-se citar exposições como Art Ultra, uma reunião de mobília e artes decorativas de 1916 a 1959 no Hyde Park Art Center em Chicago, que teve por curador o antiquário Steve Starr. Um colecionador também estava por trás de *The Journal of Decorative and Propaganda Arts*, hoje publicado em um caro formato em papel couché pelo Wolfsonian em Miami Beach. Incluindo artigos de especialistas nas artes decorativas como Gabriel Weisberg, Alastair Duncan e David Hanks, o periódico, que originalmente surgiu dos interesses de colecionador de Micky Wolfson, dedica-se hoje às artes decorativas e à cultura material popular de várias partes do mundo. Além disso, pode-se pensar também em periódicos dirigidos a aficionados como *Automobile Quarterly* e *Art and Antiques*, que frequentemente publicam artigos bem pesquisados e úteis para o estudioso.

34 Heller, "The History of Graphic Design: Charting a Course", 1.

35 Heller é também um dedicado crítico do design gráfico que tem escrito muitas resenhas de projetos, exposições e designers em *Print* e na revista britânica de design gráfico *Eye*, entre outras.

36 Steven Heller e Seymour Chwast, *Graphic Styles: From Victorian to Postmodern*, Nova York: Harry N. Abrams, 1994; Steven Heller, *Design Literacy: Understanding Graphic Design*, Nova York: Allworth Press, 1997 e *Design Literacy [Continued]*, Nova York: Allworth Press, 1999; e Steven Heller e Louise Fili, *Typology: Type Design from the Victorian Era to the Digital Age*, San Francisco: Chronicle Books, 199.

37 Michael Bierut, Jessica Helfand, Steven Heller e Rick Poynor (eds.), *Looking Closer 3: Classic Writings on Graphic Design*, introduções de Steven Heller e Rick Poynor, Nova York: Allworth Press, 1999. Com exceção do livro de Robert Motherwell, *The Dada Painters and Poets: An Anthology* e de seu envolvimento editorial com a série Documents of Modern Art, não existe precedente de profissionais artistas assumindo tamanha iniciativa de reunir os documentos históricos importantes de seu campo. Normalmente esse trabalho é feito por historiadores e críticos (embora Poynor seja um crítico, os outros três editores trabalham como designers e diretores de arte).

38 A Exposição Malik Verlag foi realizada na Casa de Goethe, Nova York, no quarto trimestre de 1984. A de Dwiggins foi apresentada na galeria da International Typeface Corporation em Nova York de 28 de março a 16 de maio de 1986. Ela posteriormente viajou em versão reduzida para a Universidade de Illinois em Chicago, onde foi um dos eventos de inauguração da Coleção Robert Hunter Middleton Design Printing.

39 Cartaz para *Modernism and Eclecticism: The History of American Graphic Design*, 1987.

40 A palestra foi originalmente escrita por Kalman e J. Abbott Miller e depois reescrita por Karrie Jacobs antes de ser apresentada por Kalman no simpósio. Posteriormente foi publicada em *Print* (março-abril de 1991) e em seguida em Peter Hall e Michael Bierut (ed.), *Tibor Kalman: Perverse Optimist*, Londres: Booth-Clibborn Editions/Nova York: Princeton Architectural Press, 1998, pp; 76-81.

41 *Tibor Kalman: Perverse Optimist*, p. 80.

42 Ibid., p. 77.

43 Em 1993, Meggs foi curador de uma retrospectiva de trabalhos do designer gráfico Tomás Gonda na Anderson Gallery da Universidade da Comunidade da Virgínia. Ver o catálogo escrito por Meggs, *Tomás Gonda: A Life in Design*, Richmond: Anderson Gallery, 1993.

44 R. Roger Remington e Barbara J. Hodik, *Nine Pioneers in American Graphic Design*, Cambridge e Londres: MIT Press, 1989; Martha Scotford, *Cipe Pineles: A Life in Design*, Nova York e Londres: Norton, 1999; R. Roger Remington, *Lester Beall*, Nova York: Norton, 1996; e Steven Heller, Paul Rand, Londres e Nova York: Phaidon Press, 1999.

45 Scott lecionou história do design gráfico na Rhode Island School of Design e na Universidade de Yale, onde estudou. Danziger disse sobre suas palestras: "Fiquei impressionado com a avidez que existia por esse material, a resposta a essas palestras foram [sic] inacreditáveis — era evidente que havia um vazio que precisa ser preenchido". Carta ao autor, 8 de agosto de 1987.

46 O título da série era "Four Decades: The Development of Graphic Design" [Quatro décadas: o desenvolvimento do design gráfico]. Além de Yale, as outras três instituições participantes eram a Sacred Heart University, a Universidade de Bridgeport e a Universidade de Connecticut.

47 *Visible Language* 28, nº 3 (julho de 1994), *part 1: Critiques*; *Visible Language* 28, nº 4 (outubro de 1994), *part 2: Practices*; e *Visible Language* 29, nº 1 (janeiro de 1995), part 3: Interpretations.

48 Andrew Blauvelt, "The Particular Problem of Graphic Design (History)", *Visible Language* 28, nº 3 (julho de 1994): 211.

49 Minha contribuição ao projeto, "Narrative Problems of Graphic Design History", encontra-se incluída neste livro em uma versão ligeiramente revista.

50 Isso incluiria livros de designers de pessoas como Frederic Goudy, *A Half Century of Type Design and Type Making*, New Rochelle: Myriade Press, 1978; Stanley Morison, *Four Centuries of Fine Printing*, 2ª ed., Nova York: Farrar, Straus, 1949; e o estudo clássico de Daniel Berkeley Updike, *Printing Types, Their History, Forms, and Use: A Study in Survivals*, 3ª ed., Cambridge: Harvard University Press, 1962.

51 Carta ao autor, 30 de julho de 1987. A existência de uma coleção de documentos de William Lescaze na Universidade de Siracusa levou o historiador da arquitetura e do design Dennis Doordan, que então lecionava ali, a pesquisar o trabalho de design realizado por Lescaze para a CBS nos anos 1930. Isso resultou em uma exposição do trabalho de Lescaze na Galeria Everson da universidade e um simpósio intitulado "William Lescaze: The Rise of Modem Design in America", no qual historiadores da arquitetura e do design, entre eles, Pulos, se reuniram para discutir a obra de Lescaze. As atas foram publicadas como número especial do *Syracuse University Library Associates Courrier* 19, nº 1 (primavera de 1984).

52 Arthur J. Pulos, *American Design Ethic: A History of Industrial Design to 1940*, Cambridge: MIT Press, 1983, e *American Design Adventure*, Cambridge: MIT Press, 1988. Mais recentemente, outra análise do design industrial americano, *American Design in the Twentieth Century: Personality and Performance*, Manchester e Nova York: Manchester University Press, 1998, foi publicada por Gregory Votolato e Jeffrey Meikle está preparando um volume sobre design nos Estados Unidos para a série Oxford History of Art.

53 Ver a resenha de John Heskett em *Design Issues* 1, nº 1 (primavera de 1984): 79-82.

54 Em uma carta ao autor, 28 de janeiro de 1985, Deane Richardson, presidente do Worldesign '85, o congresso do ICSID organizado em Washington pela Industrial Designers Society of America, escreveu em resposta à minha proposta de uma sessão de história do design: "A ênfase [do congresso] é em quem somos hoje e o que precisamos ser amanhã. Ainda que a história seja a base de 'como evoluímos', a Comissão do Programa não consegue arregimentar interesse e apoio suficientes para incluí-la nesse congresso".

55 Em 1981, o historiador John Pile lançou uma série de história do design em *ID* com um artigo que procurava definir certas fronteiras para a história do design em termos de temática e períodos. Pile justificava a história do design, em parte, como necessária para o letramento cultural. "Todo mundo sabe quem pintou a Mona Lisa", escreveu, "e muita gente sabe quem projetou o Museu Guggenheim... É muito mais raro alguém saber quem projetou uma determinada cadeira, máquina de escrever ou automóvel — e tente pedir a algum estrangeiro que identifique Egmont Arens, Eliot Noyes ou Dieter Rams". John Pile, "Design History: Interest in Design's Past Shows Designer's Maturity", *ID* 28, nº 5 (setembro-outubro de 1981): 22. Michael Kimmelman foi relacionado na manchete como editor da série de história de janeiro a outubro de 1983 e Arthur Pulos foi editor de história de novembro de 1983 a agosto de 1984. Os editores convocaram historiadores como Lorraine Wild, Penny Sparke, Catherine L. McDermott, Jeffrey Meikle, Karen Davies e Richard Horn para escreverem uma série de artigos sobre temas que iam da moderna arte gráfica americana à cerâmica Wedgwood. Eram antes resumos populares do que trabalhos de pesquisa.

56 Isso é resultado do significado atual da referência histórica em design arquitetônico, bem como de oportunidades encontradas pelos arquitetos para ampliar suas atribuições e incluir móveis e aparelhos de jantar e outros objetos decorativos. As cadeiras de Robert Venturi para a Knoll parodiam estilos históricos, enquanto Richard Meier fez forte referência a uma chaleira de Kazimir Malevich e cadeiras de Charles Rennie Mackintosh e Josef Hoffmann em alguns de seus projetos.

57 Jim Lesko, "Industrial Design at Carnegie Institute of Technology, 1934-1967", *Journal of Design History* 10, nº 3 (1997): 269-292. Uma das descobertas de Lesko foi que o primeiro americano a receber um título de bacharel em design industrial foi uma mulher, Maud Bowers, que se formou no CIT em 1936.

58 Comunicação por e-mail de Kristina Goodrich, diretora executiva do IDSA, 5 de janeiro de 2000.

59 "IDSA's History and Archive Committee", documento preparado para um encontro no Hagley Museum and Library, maio de 1991.

60 O American Center for Design evoluiu da Society of Typographic Arts, que em 1989 se transformou na nova organização para alcançar uma esfera mais ampla de profissionais do design.

61 O American Center for Design publicou uma versão da apresentação de Stafford como "The New Imagist: Expert without Qualities", *Statements: American Center for Design* 11, nº 2 (1996): 8-12.

62 Ibid., p. 8.

63 Minha palestra foi publicada como "Teaching Design History", com o ensaio de Barbara Stafford, em *Statements: American Center for Design* 11, nº 2 (1996): 5-7.

64 Um sinal inicial de mudança na história da arte pode ser visto em *Art Journal* 42, nº 4 (inverno de 1982), número especial intitulado "The Crisis in the Discipline".

65 Ver, como exemplo, os artigos publicados em *Art Bulletin* no final dos anos 1980 sobre o estado da pesquisa. Entre eles se encontra Donald Kuspit, "Conflicting Logics: Twentieth-Century Studies at the Crossroads", *Art Bulletin* 69, n° 1 (março de 1987): 117-32; Barbara Stafford, "The Eighteenth Century: Towards an Interdisciplinary Model", *Art Bulletin* 70, n° 1 (março de 1988): 6-24; Richard Schiff, "Art History and the Nineteenth Century: Realism and Resistance", *Art Bulletin* 70, n° 1 (março de 1988): 25-48; Jack Spector, "The State of Psychoanalytic Research in Art History", *Art Bulletin* 70, n° 1 (março de 1988): 49-76; Herbert L. Kessler, "On the State of Medieval Art", *Art Bulletin* 70, n° 2 (junho de 1988): 166-187; Wanda Korn, "Coming of Age: Historical Scholarship in American Art", *Art Bulletin* 70, n° 2 (junho de 1988): 188-207; e Marvin Trachtenberg, "Some Observations on Recent Architectural History", *Art Bulletin* 70, n° 2 (junho de 1988): 208-241.

66 Donald Bush, *The Streamlined Decade*, Nova York: G. Braziller, 1975.

67 Carta ao autor, 7 de julho de 1987.

68 Dolores Hayden, *The Grand Domestic Revolution: A History of Feminist Designs for American Homes, Neighborhoods, and Cities*, Cambridge: MIT Press, 1981.

69 Collins publicou um artigo em *Design Issues* baseado em sua dissertação e intitulado "The Poster as Art; Jules Chéret and the Struggle for the Equality of the Arts in Late Nineteenth-Century France", *Design Issues* 2, n° 1 (primavera de 1985): 41-50 e reproduzido em Doordan, *Design History: An Anthology*, pp. 17-27.

70 Michele H. Bogart, *Artists, Advertising, and the Borders of Art*, Chicago e Londres: University of Chicago Press, 1995.

71 Frederic J. Schwartz, *The Werkbund: Design Theory & Mass Culture before the First World War*, New Haven e Londres: Yale University Press, 1996.

72 Edson Armi, *The Art of American Car Design: The Profession and the Personalities*, University Park e Londres: Penn State University Press, 1988. O trabalho anterior de Armi tinha sido em arte medieval. Até onde sei, essa foi sua única incursão pela história do design.

73 Ver Deborah Dietsch, "Lilly Reich", no número especial de Heresies, "Making Room: Women and Architecture", *Heresies* 11, vol. 3, n° 3 (1981): 73-76; Matilda McQuaid (ed.) *Lilly Reich: Designer and Architect* (Nova York: Museum of Modern Art, 1996); e Esther da Costa Meyer, "Cruel Metonymies: Lilly Reich's Designs for the 1937 World's Fair", *New German Critique* n° 76 (inverno de 1999): 161-189.

74 Ver Philip Garner (ed.), *The Encyclopedia of Decorative Arts, 1890-1940*, Nova York: Galahad Books, 1978 e *Contemporary Decorative Arts from 1940 to the Present*, Nova York: Facts of File, 1980; e Bevis Hillier, *The Decorative Arts of the Forties and Fifties: Austerity Binge*, Nova York: Clarkson Potter, 1975. Discuti a relação das artes decorativas com o design em meu artigo "From the History of Decorative Arts to the History of Design: Some Problems of Documentation", *Art Libraries Journal* 10, n° 4 (inverno de 1985): 24-36.

75 Ver o catálogo, *At Home in Manhattan: Modern Decorative Arts, 1925 to the Depression*, New Haven: Yale University Art Gallery, 1983.

76 Em 1978 a sociedade, em conjunto como a Victorian Society in America, patrocinou um simpósio sobre a mobília do século XIX, que foi organizado por Kenneth Ames, historiador da cultura material. As atas, intituladas "Victorian Furniture: Essays from a Victorian Society Autumn Symposium", foram publicadas como número especial de *Nineteenth Century* 8, n°s 3-4 (1982).

77 Cooper Hewitt, National Design Museum, www.si.edu/ndm/100/resources/masters.htm.

78 Entre os artigos incluídos na edição estão Ella Howard, "Feminist Writings on Twentieth Century Design History, 1970-1995: Furniture, Interiors, Fashion"; Ann E. Komara, "The Glass Wall: Gendering the American Society of Landscape Architects"; Ashley Brown, "Ilonka Karasz: Rediscovering a Modernist Pioneer"; e Stephanie Iverson, "'Early' Bonnie Cashin, before Bonnie Cashin Designs, Inc."

79 Marcia Pointon, citado em Malcolm Barnard, *Art, Design and Visual Culture*, Nova York: St. Martin's Press, 1998, p. 19. A citação é de Pointon, *History of Art: A Student Handbook*, 3ª ed., Londres: Routledge, 1994.

80 Renée Weber, "Doctoral Research in Printing History, 1970-1984", *Printing History* 7, nº 2 (1985): 17. Só uma parcela dos temas listados no levantamento de Weber é dedicada ao design e à impressão de livros. Outros assuntos são o comércio de livros, as bibliotecas e a preservação. As dissertações relacionadas foram escritas em vários departamentos acadêmicos e escolas profissionais, notadamente história da arte, estudos orientais e biblioteconomia.

81 Susan Otis Thompson, Editorial, *Printing History* 1, nº 1 (1979): 3.

82 Ibid.

83 Ver, por exemplo, Gordon B. Neavill, "The Modern Library Series: Format and Design, 1917-1977", *Printing History* 1, nº 1 (1977): 26-37.

84 G. Thomas Tanselle, "Thoughts on Research in Printing History", *Printing History* 9, nº 2 (1987): 24.

85 *RHM: Robert Hunter Middleton, the Man and His Letters: Eight Essays on His Life and Career*, Chicago: Caxton Club, 1985.

86 *Chicago under Wraps: Dust Jackets from 1920 to 1950. Essay by Victor Margolin*, Chicago: Caxton Club, 1999.

87 O termo "drama paradigmático" foi cunhado por Gene Wise. Ver seu artigo "'Paradigm Dramas' in American Studies: A Cultural and Institutional History of the Movement", *American Quarterly* 31, nº 3 (1979): 293-320.

88 Ibid., pp. 306-307.

89 Jeffrey L. Meikle, *Twentieth Century Limited: Industrial Design in America, 1925-1939*, Filadélfia: Temple University Press, 1979. O livro foi incluído na série American Civilization da Temple.

90 Jeffrey L. Meikle, carta ao autor, 25 de junho de 1987.

91 Ao contrário de outros estudiosos que realizaram pesquisas sobre temas relacionados ao design, Meikle interessou-se pelo desenvolvimento da história do design, ainda que seu cargo acadêmico não seja de historiador do design. Resenhou livros e exposições de design para *Design Issues* e *Design History Society Newsletter*, e seu ensaio sobre a literatura de história do design americano e temas relacionados é uma valiosa contribuição para o campo. Ver "American Design History: A Bibliography of Sources and Interpretations", *American Studies International* 23, nº 1 (abril de 1985): 3-40.

92 Ver Jeffrey L. Meikle, *America Plastics: A Cultural History*, New Brunswick: Rutgers University Press, 1995.

93 Jeffrey L. Meikle, "Material Virtues: On the Ideal and the Real in Design History", *Journal of Design History* 11, nº 3 (1998): 191-200; e "A Paper Atlantis: Postcards, Mass Art, and the American Scene [The Eleventh Rayner Banham Memorial Lecture]", *Journal of Design History* 13, nº 4 (2000): 267-286.

94 Eileen Boris, *Art and Labor: Ruskin, Morris, and the Craftsman Ideal in America*, Filadélfia: Temple University Press, 1986. Como Twentieth Century Limited, o livro de Eileen Boris também foi incluído na série American Civilization da Temple.

95 Boris, *Art and Labor*, p. xvii.

96 Ver Alan Trachtenberg, *The Incorporation of America: Culture and Society in the Gilded Age*, Nova York: Hill and Wang, 1982. Sobre modernismo, ver "Modernist Culture in America", número especial de *American Quarterly* 39, nº 1 (primavera de 1987). O antimodernismo foi estudado por T. J. Jackson Lears em seu livro *No Place of Grace: Antimodernism and the Transformation of American Culture, 1880-1920*, Nova York: Pantheon, 1981.

97 Jeffrey L. Meikle, "Comments", trabalho apresentado na reunião da ASA, Nova York, 22 de novembro de 1987.

98 Thomas J. Schlereth, "Material Culture and Cultural Research", em Schlereth (ed.), *Material Culture: A Research Guide*, Lawrence: University Press of Kansas, 1985.

99 Para uma análise histórica exaustiva de estudos de cultura material, ver Thomas J. Schlereth, "Material Culture Studies in America, 1876-1976", em Schlereth, *Material Culture Studies in America*, pp. 1-78. O ensaio de Schlereth foi o modelo para o meu levantamento inicial de 1987 sobre a história do design americano.

100 Ver Simon Bronner (ed.), *American Material Culture and Folklife: A Prologue and Dialogue*, Ann Arbor: UMI Research Press, 1985; e Bronner, *Grasping Things: Folk Material Culture and Mass Society in America*, Lexington: University Press of Kentucky, 1986. Ver também Thomas J. Schlereth, "Social History Scholarship and Material Culture Research", em Schlereth, *Material Culture: A Research Guide*, 155-196.

101 Além de formar estudantes de mestrado e doutorado, o Museu Winterthur oferece bolsas e outras oportunidades para estudiosos visitantes. Também organiza conferências regulares que consideram os móveis americanos e objetos afins a partir de uma perspectiva da cultura material.

102 Ames é um bom exemplo de como a pesquisa em cultura material está ligada tanto aos estudos americanos como à cultura popular. Seus ensaios têm sido publicados em periódicos dos três campos. Ver Kenneth Ames, "The Battle of the Sideboards", *Winterthur Portfolio* 9 (1974): 1-27; "Grand Rapids Furniture at the Time of the Centennial", *Winterthur Portfolio* 10 (1975): 25-50; e "Material Culture and Non-Verbal Communication", *Journal of American Culture* 3, n° 4 (inverno de 1980): 619-641. Ames também realizou uma excelente análise das pesquisas sobre o mobiliário americano desde 1970. Ver seu ensaio "The Stuff of Everyday Life: American Decorative Arts and Household Furnishings", em Schlereth, *Material Culture: A Research Guide*, pp. 79-112. Vários de seus ensaios foram reunidos no volume *Death in the Dining Room and Other Tales of Victorian Culture*, Filadélfia: Temple University Press, 1992.

103 Ver Michael Ettema, "Technological Innovation and Design Economics in Furniture Manufacture", *Winterthur Portfolio* 16, n° 3 (verão-outono de 1981): 197-223.

104 Douglas N. Lantry, "Man in Machine: Apollo-Era Space Suits as Artifacts of Technology and Culture", *Winterthur Portfolio* 30, n° 4 (inverno de 1995): 203-230. Entre outros artigos do século XX há o de Richard Striner, "Art Deco: Polemics and Synthesis", *Winterthur Portfolio* 25, n° 1 (primavera de 1990).

105 Documentos da conferência de 1975 foram publicados em Ian M. G. Quimby (ed.), *Material Culture and the Study of American Life*, Nova York: Norton, 1978.

106 Ann Smart Martin e J. Ritchie Garrison, "Shaping the Field: The Multidisciplinary Perspective of Material Culture", em Ann Smart Martin e J. Ritchie Garrison (eds.), *American Culture: The Shape of the Field*, Winterthur, Del.: Henry Francis du Pont Winterthur Museum, 1997, p. 13.

107 Ver, por exemplo, Regina Lee Blaszcyzk, "The Aesthetic Moment: China Decorators, Consumer Demand, and Technological Change in the American Pottery Industry, 1865-1900", *Winterthur Portfolio* 29, n°s 2-3 (verão-outono 1994): 103-120; e o número especial "Gendered Spaces and Aesthetics", a cargo da editora convidada Katherine C. Grier, *Winterthur Portfolio* 31, n° 4 (inverno de 1996).

108 Katharine Martinez e Kenneth L. Ames (eds.), *The Material Culture of Gender: The Gender of Material Culture*, Winterthur: Henry Francis du Pont Winterthur Museum, 1997.

109 John Michael Vlach, "Studying African American Artifacts", *Winterthur Portfolio* 33, n° 4 (inverno de 1998): 211. O ensaio de Vlach foi publicado em um número especial do periódico e tinha o título de "Race and Ethnicity in American Material Life", que também incluía o de Jonathan Prown, "The Furniture of Thomas Day: A Reevaluation", e o de Theodore C. Landsmark, "Comments on African American Contributions to American Material Life".

110 *Winterthur Portfolio* 33, n° 4 (inverno de 1998): 212.

111 Steven Lubar e W. David Kingery, introdução em Steven Lubar e W. David Kingery (eds.), *History from Things: Essays on Material Culture*, Washington e Londres: Smithsonian Institution Press, 1993, p. xvii.

112 W. David Kingery editou o volume dos documentos da conferência, *Learning from Things: Method and Theory of Material Culture Studies*, Washington, D.C., e Londres: Smithsonian Institution Press, 1996.

113 Bruce A. Lohof, citado em Donald Dunlop, "Popular Culture and Methodology", *Journal of Popular Culture* 9, n° 2 (outono de 1975): 375.

114 Ver Marshall Fishwick e Ray B. Browne (eds.) *Icons of Popular Culture*, Bowling Green: Bowling Green University Popular Press, 1970. Em um ensaio sucinto sobre ícones, Fishwick afirmou que "tanto [um] Cadillac como um Volkswagen são montagens de aço, vidro e borracha, mas são muito mais. As pessoas que os vendem, veem e possuem sabem disso. Eles são ícones. As próprias palavras 'Cadillac' e 'Volkswagen' significam dois estilos de vida diferentes". Ver Marshall Fishwick, *Parameters of Popular Culture*, Bowling Green: Bowling Green University Popular Press, 1974, p. 52. O ensaio sobre ícones foi atualizado e reintitulado como "Eikons" no livro de Fishwick, *Seven Pillars of Popular Culture*, Westport: Greenwood Press, 1985, pp. 131-53. Ver também Bruce G. Vanden Bergh, "Volkswagen as 'Little Man'", *Journal of American Culture* 15, n° 4 (inverno de 1992): 95-120.

115 Wise, "'Paradigm Dramas'", p. 316.

116 Para uma história do movimento de cultura popular, ver Ray B. Browne, *Against Academia: The History of the Popular Culture Association/American Culture Association and the Popular Culture Movement, 1967-1988*, Bowling Green: Bowling Green State University Popular Press, 1989.

117 Ver Diane M. Douglas, "The Machine in the Parlor: A Dialectical Analysis of the Sewing Machine", *Journal of American Culture* 5, n° 1 (primavera de 1982): 20-29. A tese de Diane de que a máquina de costura se tornou um ponto focal nos debates sobre os papéis sociais das mulheres no século XIX pode ser relacionada às discussões posteriores sobre eletrodomésticos e a transformação do trabalho doméstico no século XX levantadas por Ruth Schwartz Cowan e outros autores em *Technology and Culture*. Artigos adicionais relacionados ao design no *Journal of American Culture* incluem James J. Best, "The Brandywine School and Magazine Illustration: Harper's, Scribner's and Century, 1906-1910", *Journal of American Culture* 3, n° 1 (primavera de 1980): 128-144; Bettina Berch "Scientific Management in the Home: The Empress's New Clothes", *Journal of American Culture* 3, n° 3 (outono de 1980): 440-445; Jean Gordon e Jan McArthur, "American Women and Domestic Consumption: Four Interpretive Themes", *Journal of American Culture* 8, n° 3 (outono de 1985): 35-46; Bridget A. May, "Advice on White: An Anthology of Nineteenth-Century Design Critics' Recommendations", *Journal of American Culture* 16, n° 4 (inverno de 1993): 19-24; Richard Martin, "American Chronicle: J. C. Leyendecker's Icons of Time", *Journal of American Culture* 19, n° 1 (primavera de 1996): 57-86; e "The Great War and the Great Image: J. C. Leyendecker's World War I Covers for *The Saturday Evening Post*", *Journal of American Culture* 20, n° 1 (primavera de 1997): 55-74.

118 Não é por acaso que muitos historiadores da cultura popular tenham recebido formação como professores de inglês.

119 Ver, por exemplo, Ann Uhry Abrams, "From Simplicity to Sensation: Art in American Advertising, 1904-1929", *Journal of Popular Culture* 10, nº 3 (1977): 620-628; Marianne Doezema, "The Clean Machine: Technology in American Magazine Illustration", *Journal of Popular Culture* 11, nº 4 (inverno de 1988): 78-92; Richard Martin, "Gay Blades: Homoerotic Content in J. C. Leyendecker's Gillette Advertising Images", *Journal of Popular Culture* 18, nº 2 (verão de 1995): 75-82; e Thomas Beckman, "Japanese Influences on American Advertising Card Imagery and Design", *Journal of Popular Culture* 19, nº 1 (primavera de 1996): 7-20.

120 Para uma descrição da fundação da SHOT, ver Melvin Kranzberg e William H. Davenport, "Introduction: At the Start", em Melvin Kranzberg e William H. Davenport (eds.), *Technology and Culture*, Nova York: Schocken Books, 1972, pp. 9-20.

121 Ver, por exemplo, Michael Brian Schiffer, "Cultural Imperatives and Product Development: The Case of the Shirt-Pocket Radio", *Technology and Culture* 34, nº 1 (janeiro de 1993): 98-113; Regina Lee Blaszczyk, "'Reign of the Robots': The Homer Laughlin China Company and Flexible Mass Production", *Technology and Culture* 36, nº 4 (outubro de 1995): 863-912; e David McGee, "From Craftsmanship to Draftsmanship: Naval Architecture and the Three Traditions of Early Modern Design", *Technology and Culture* 40, nº 2 (abril de 1999): 209-236. Ver também o ensaio de resenha de John Staudenmaier e Pamela Walker Lurito Laird, "Advertising History", *Technology and Culture* 30, nº 4 (outubro de 1989): 1031-1036. Esse ensaio apresenta o livro de Roland Marchand, *Advertising the American Dream: Making Way for Modernity, 1920-1940*, muito admirado por historiadores do design.

122 Thomas P. Hughes, "Emerging Themes in the History of Technology", *Technology and Culture* 20, nº 4 (outubro de 1979): 707. Hughes considera a possibilidade de que esse conceito também restrinja a pesquisa.

123 Ver, por exemplo, Robert S. Woodbury, "The Legend of Eli Whitney and Interchangeable Parts", *Technology and Culture* 1, nº 3 (verão de 1960): 23-54; e Russell I. Fries, "British Response to the American System: The Case of the Small Arms Industry after 1850", *Technology and Culture* 16, nº 3 (julho de 1975): 377-403.

124 Merritt Roe Smith, *Harpers Ferry Armory and the New Technology: The Challenge of Change*, Ithaca: Cornell University Press, 1977. O fato de que o livro de Smith recebesse o prêmio Fredrick Jackson Turner pela Organization of American Historians foi visto pelos historiadores da tecnologia como um feito inovador na aceitação de seu campo pela academia.

125 Ruth Schwartz Cowan, "The 'Industrial Revolution' in the Home: Household Technology and Social Change in the Twentieth Century", *Technology and Culture* 17, nº 1 (janeiro de 1976): 1-23. O artigo de Ruth Cowan também foi definido por Thomas Schlereth, historiador da cultura americana, como um avançado exemplo de pesquisa da cultura material que procurava ligar o estudo dos artefatos com o interesse emergente dos historiadores sociais pela história das mulheres e da família. Schlereth o incluiu em sua antologia, *Material Culture Studies in America*, Nashville: American Association for State and Local History, 1982. Além disso, Ruth Cowan tem contribuído para a literatura dos estudos sobre as mulheres, vinculando assim suas pesquisas sobre as mulheres e a tecnologia domiciliar a um processo mais amplo de repensar o estudo das mulheres na sociedade americana. Ver seu artigo sobre os efeitos da máquina de lavar sobre as mulheres trabalhadoras, "A Case Study of Technical and Sociological Change" em Mary S. Hartman e Lois Banner (eds.), *Clio's Consciousness Raised: New Perspectives on the History of Women*, Nova York: Octagon Books, 1976, pp. 245-253. O mais abrangente trabalho de Ruth Cowan sobre a tecnologia domiciliar é *More Work for Mother: The Ironies of Household Technology From Open Hearth to the Microwave*, Nova York: Basic Books, 1983. Outro livro que trata da tecnologia domiciliar e o papel das mulheres no lar é Susan Strasser, *Never Done: A History of American Housework*, Nova York: Pantheon, 1982. Ver também artigos selecionados em Joan Rothschild, *Machina ex Dea: Feminist Perspectives on Technology*, Nova York e Oxford: Pergamon Press, 1983; e Martha Moore Trescott (ed.), *Dynamos and Virgins Revisited: Women and Technological Change in History*, Metuchen: Scarecrow Press, 1979.

126 Ver Joan Vanek, "Household Technology and Social Status: Rising Living Standards and Status and Residence Differences in Housework", *Technology and Culture* 19, nº 3 (julho de 1978): 361-375; Jane Busch, "Cooking Competition: Technology on the Domestic Market in the 1930s", *Technology and Culture* 24, nº 2 (abril de 1983): 222-245; e Christine Bose, Philip Bereano e Mary Malloy, "Household Technology and the Social Construction of Housework", *Technology and Culture* 25, nº 1 (janeiro de 1984): 53-82.

127 Ver John S. Staudenmaier, "What Shot Hath Wrought and What SHOT Hath Not: Reflections of Twenty-five Years of the History of Technology", *Technology and Culture* 25, nº 4 (outubro de 1984): 707-730. O artigo de Staudenmaier resume parte do material em seu extenso estudo como um livro sobre a SHOT e seu periódico, *Technology's Storytellers: Reweaving the Human Fabric*, Cambridge: MIT Press, 1985.

128 Nina E. Lerman, Arwen Palmer Mohun e Ruth Oldenziel, "Versatile Tools: Gender Analysis and the History of Technology", *Technology and Culture* 38, nº 1 (janeiro de 1997): 21.

129 Ibid., p. 22.

130 Ibid.

131 Além do já citado artigo de Staudenmaier, ver Eugene S. Ferguson, "Toward a Discipline of the History of Technology", *Technology and Culture* 15, nº 1 (janeiro de 1974): 13-30.

132 Ruth Schwartz Cowan, *A Social History of American Technology*, Nova York e Oxford: Oxford University Press, 1997, p. 3.

133 Joan Rothschild, introdução a *Design and Feminism: Re-Visioning Spaces, Places, and Everyday Things*, editado por Joan Rothschild com a assistência de Alethea Chang, Etain Fitzpatrick, Maggie Mahboubian, Francine Monaco e Victoria Rosner, New Brunswick e Londres: Rutgers University Press, 1999, pp. 2-3.

134 Barry M. Katz, "Review Essay: Technology and Design — a New Agenda", *Technology and Culture* 38, nº 2 (abril de 1997): 453. Os quatro livros em resenha eram Victor Margolin (ed.), *Design Discourse: History Theory Criticism*; Richard Buchanan e Victor Margolin (eds.), *Discovering Design: Explorations in Design Studies*; Victor Margolin e Richard Buchanan (eds.), *The Idea of Design*; e Dennis Doordan (ed.), *Design History: An Anthology*. Todos, exceto *Discovering Design*, eram antologias de artigos de *Design Issues*.

135 Katz, "Review Essay", p. 466.

136 Para uma descrição dessa mudança, ver Peter N. Stearns, "The New Social History: An Overview", em James B. Gardner e George Rollie Adams (eds.), *Ordinary People and Everyday Life*, Nashville: American Association for State and Local History, 1983, pp. 3-21.

137 Susan E. Hirsch, *Newark, 1800-1860*, Filadélfia: University of Pennsylvania Press, 1978.

138 Lizabeth A. Cohen, "Embellishing a Life of Labor: An Interpretation of the Material Culture of American Working-Class Homes, 1885-1915", em Schlereth, *Material Culture Studies in America*, 289-305. O artigo de Cohen foi publicado originalmente no *Journal of American Culture* 3, nº 4 (inverno de 1980): 752-775. Embora complemente o interesse dos historiadores do trabalho pela cultura da classe trabalhadora americana, o artigo foi publicado inicialmente em um periódico que pretendia contestar as abordagens dominantes nos estudos americanos e depois entrou para uma antologia como exemplo de pesquisa em cultura material.

139 Shulamit Volkov, *The Rise of Popular Antimodernism in Germany: The Urban Master Artisans*, 1873-1896, Princeton: Princeton University Press, 1978.

140 Volkov, *The Rise of Popular Antimodernism in Germany*, p. 4.

141 Joan Campbell, *The German Werkbund: The Politics of Reform in the Applied Arts*, Princeton: Princeton University Press, 1978.

142 Peter Stansky, *Redesigning the World: William Morris, the 1880s, and the Arts and Crafts*, Princeton: Princeton University Press, 1985.

143 Ver Michael B. Miller, *The Bon Marché: Bourgeois Culture and the Department Store, 1869-1920*, Princeton: Princeton University Press, 1981; e Rosalind H. Williams, *Dream Worlds: Mass Consumption in Late 19th Century France*, Berkeley: University of California Press, 1982.

144 Ver Deborah Silverman, "Nature, Nobility, and Neurology: The Ideological Origins of Art Nouveau in France, 1889-1900" (tese de doutorado, Princeton University, 1983). O livro baseado na tese, *Art Nouveau in Fin-de-Siècle France: Politics, Psychology, and Style*, Berkeley: University of California Press, 1989, é um saudável antídoto aos estudos estilísticos de *art nouveau* que dominaram a literatura da história do design durante muitos anos.

145 Roland Marchand, *Advertising the American Dream: Making Way for Modernity, 1920-1940*, Berkeley: University of California Press, 1985. Ver a resenha favorável ao livro de Marchand feita por Jeffrey Meikle em *Design Issues* 3, nº 1 (primavera de 1986): 85-86. Meikle afirmou que o livro "pode ser o mais importante estudo histórico isolado da cultura de massa americana entre as duas grandes guerras". Para um estudo anterior de como a publicidade era concebida para estruturar valores americanos, ver Stuart Ewen, *Captains of Consciousness: Advertising and the Social Roots of the Consumer Culture*, Nova York: McGraw-Hill, 1976. Ver também Stuart e Elizabeth Ewen, *Channels of Desire: Mass Images and the Shaping of American Consciousness*, Nova York: McGraw-Hill, 1982.

146 A história do consumo é o tema central da antologia *The Culture of Consumption: Cultural Essays in American History*, Richard Wightman Fox e T. J. Jackson Lears (eds.), Nova York: Pantheon, 1983. A relação entre imagens fotográficas e atitudes do consumidor foi discutida por Sally Stein em "The Composite Photographic Image and the Composition of Consumer Ideology", *Art Journal* 41, nº 1 (primavera de 1981): 39-45.

147 No capítulo sobre as feiras mundiais americanas, Marchand dedicou considerável atenção ao papel de designers industriais como Walter Dorwin Teague e Norman Bel Geddes na criação de exposições empresariais. Dois artigos baseados na pesquisa para esse capítulo foram publicados em *Design Issues: Roland Marchand*, "Part 1 — The Designers Go to the Fair: Walter Dorwin Teague and the Professionalization of Corporate Industrial Exhibits, 1933-1940", *Design Issues* 8, nº 1 (outono de 1991): 4-17; e "Part II — The Designers Go to the Fair: Norman Bel Geddes, the General Motors 'Futurama,' and the Visit to the Factory Transformed", *Design Issues* 8, nº 2 (primavera de 1992): 23-40. Ambos foram posteriormente publicados em Dennis Doordan (ed.), *Design History: An Anthology* [A Design Issues Reader], Cambridge: MIT Press, 1995.

148 Betts posteriormente publicou parte do material de sua dissertação em um artigo em Design Issues, "Science, Semiotics, and Society: The Ulm Hochschule für Gestaltung in Retrospect", *Design Issues* 14, nº 2 (verão de 1998): 67-82.

149 Jeffrey L. Meikle, "Introduction", *Journal of Design History* 12, nº 1 (1999): 3.

150 Para uma discussão da situação para o design gráfico, ver Allon Schoener, "Are the Documents of Graphic Design Being Saved?", *AIGA Journal of Graphic Design* 3, nº 4 (1985): 2-3, 12.

151 A Biblioteca do Congresso recebeu uma subvenção de US$500 mil da IBM, uma das principais clientes de Charles e Ray Eames, para processar o material e preparar um catálogo para uma grande exposição sobre sua obra.

152 O Museu Vitra Design organizou os locais europeus para a exposição e o catálogo *The Work of Charles and Ray Eames*, que acompanhou as mostras em ambos os lados do Atlântico. Antes de abrir em Washington, a exposição foi vista no Museu do Design em Londres. Ela foi resenhada por Nicholas Maffei em *Design Issues* 15, nº 1 (primavera de 1999): 75-79. Maffei é um ex-estudante de mestrado de Jeffrey Meikle em estudos americanos na Universidade do Texas, Austin, e atualmente está concluindo um doutorado em história do design no Royal College of Art em Londres e lecionando ali a história da tecnologia.

153 Remington produziu diversos projetos a partir do arquivo, inclusive vários livros; o Graphic Design Archive on Laserdisc, que tem 31 mil fotogramas de imagens de arquivo de design gráfico; o Design Archives Online, composto de dois módulos on-line que apoiam cursos de história do design no RIT; e o 20th Century Information Design, um curso de educação à distância apresentando a obra de Will Burtin.

154 Ver Gretchen Lagana, "Collecting Design Resources at the University of Illinois at Chicago", *Design Issues* 3, nº 2 (outono de 1986): 37-46.

155 Para uma coleção de ensaios de Lupton e J. Abbott Miller sobre temas críticos e históricos relacionados ao design gráfico, ver Ellen Lupton e J. Abbott Miller, *Design Writing Research: Writings on Graphic Design*, Nova York: Princeton Architectural Press, 1996.

156 Ver os catálogos de Lupton, *Period Styles: A History of Punctuation*, Nova York: Herb Lubalin Study Center of Design and Typography, 1988; Writing & the Body, *Writing/Culture*, 3, Nova York: Herb Lubalin Study Center of Design and Typography, 1990; e *The ABC's of Triangle Square Circle: the Bauhaus and Design Theory*, Nova York: Herb Lubalin Center of Design and Typography, 1991. Para acompanhar a exposição da Bauhaus, Lupton organizou um simpósio intitulado "The Bauhaus and Design Culture: Legacies of Modernism", que foi realizado na Cooper Union em 20 de abril de 1991. Entre os oradores estavam Maud Lavin, Rosemarie Bletter, Mike Mills e eu.

157 A política de exposições continuou com o curador Lawrence Mirsky.

158 William Bevington, *National Graphic Design Archive: An Overview of the NGDA*, Nova York: Cooper Union, 1994.

159 Em 1991, a companhia abriu uma Galeria Motorola em Pequim e posteriormente criou uma série de exposições fotográficas itinerantes. Atualmente Sharon Darling está trabalhando em uma proposta para reinventar o Museu Motorola como o Global Futures Fórum.

160 Ver a entrevista de Steven Heller, "Merrill C. Berman, Design Collector", *Print* 53, nº 6 (novembro/dezembro de 1999): 40B, 191-192.

161 Ver o catálogo *Graphic Design in the Mechanical Age: Selections from the Merrill C. Berman Collection with Essays by Maud Lavin, Deborah Rothschild, Ellen Lupton, and Darra Goldstein*, New Haven e Londres: Yale University Press/Williams College Museum of Art/Cooper-Hewitt, National Design Museum/Smithsonian Institution, 1998.

162 Nos últimos dez anos, diversos museus contrataram curadores de design. Cara McCarty passou do Departamento de Design do MoMA para o Museu de Arte de St. Louis, Craig Miller deixou o Departamento de Artes Decorativas no Metropolitan Museum of Art para se tornar curador de design no Museu de Arte de Denver e o crítico Aaron Betsky foi contratado como curador de arquitetura e design no Museu de Arte Moderna de San Francisco.

163 Ver Kathryn B. Hiesinger e George Marcus (eds.), *Design since 1945*, Filadélfia: Philadelphia Museum of Art, 1983. O referencial das artes decorativas na exposição foi observado por Charles H. Carpenter Jr. em "The Way We Were: An Exhibition Review", *Winterthur Portfolio* 20, nº 1 (primavera de 1985): 71-80.

164 Ver o catálogo da exposição, *Japanese Design: A Survey of Design since 1950*, de Kathryn B. Hiesinger e Felice Fisher, *Filadélfia: Philadelphia Museum of Art, 1994*. Ver também o ensaio de resenha sobre a exposição e o catálogo escritos por Andrew Pekarik em *Design Issues* 11, nº 2 (verão de 1995): 71-84.

165 Ver, por exemplo, os catálogos *Marcel Breuer: Furniture and Interiors by Christopher Wilk*, Nova York: Museum of Modern Art, 1981; Stewart Wrede, *The Modern Poster*, Nova York: Museum of Modern Art, 1988; e Magdalena Dabrowski, Leah Dickerman e Peter Galassi, Aleksandr Rodchenko, com ensaios de Aleksandr Lavrent'ev e Varvara Stepanova, Nova York: Museum of Modern Art, 1998.

166 Ver o catálogo *High Styles: Twentieth Century American Design*, Nova York: Whitney Museum of American Art/Summit Books, 1985.

167 Os curadores eram David Hanks (1900-1915), David Gebhard (1915-1930), Rosemarie Haag Bletter (1930-1945), Esther McCoy (1945-1960), Martin Filler (1960-1975) e Lisa Phillips (1975-1985).

168 Curiosamente, embora belos objetos estejam sendo celebrados em grandes mostras em museus e com muita divulgação, muitos historiadores e críticos de arte contemporânea, influenciados pelas teorias de Roland Barthes, Jean Baudrillard e outros, assumem uma visão crítica do papel que os objetos e as imagens produzidos em massa desempenham na cultura contemporânea. Ver, por exemplo, Peter D'Agostino e Antonio Muntadas (eds.), *The Unnecessary Image*, Nova York: Tanam Press, 1982, e o catálogo de exposição *Damaged Goods: Desire and the Economy of the Object*, Nova York: New Museum of Contemporary Art, 1986.

169 Ver os catálogos *Design in America: The Cranbrook Vision, 1925-1950*, Nova York: Abrams, 1983; e Richard Guy Wilson, Dianne Pilgrim e Dikran Tasjian, *The Machine Age in America*, 1918-1941, Nova York: Harry N. Abrams, 1986.

170 Ver o catálogo *"The Art That Is Life": The Arts & Crafts Movement in America, 1875-1920*, Wendy Kaplan (ed.), Boston: New York Graphic Society, 1987.

171 Ver o catálogo escrito por Sharon Darling, *Chicago Furniture: Art, Craft & Industry, 1833-1983*, Nova York: Norton, 1984.

172 Essa citação é tirada do material explicativo sobre a web page do museu.

173 Para abrangentes resenhas das três exposições, ver Charles K. Hyde, "'The Automobile in American Life', an Exhibit at the Henry Ford Museum, Dearborn, Michigan", *Technology and Culture* 30, n° 1 (janeiro de 1989): 105-111; Jane Webb Smith, "Streamlining with Friction: An Exhibition Review", *Winterthur Portfolio* 25, n° 1 (primavera de 1990): 55-66; e Larry Lankton, "'Made in America' at the Henry Ford Museum", *Technology and Culture* 35, n° 2 (abril de 1994): 389-395.

174 Ver o catálogo de Katherine C. Grier, *Culture & Comfort: People, Parlors, and Upholstery, 1850-1930*, Washington: Smithsonian Institution Press, 1988.

175 Ver os catálogos, *Vienna Moderne, 1898-1918, Houston: Sarah Campbell Blaffer Gallery, 1978*; e David McFadden (ed.), *Scandinavian Modern Design, 1880-1980*, Nova York: Harry N. Abrams, 1982.

176 Ver o catálogo, *Mechanical Brides: Women and Machines from Home to Office*, Nova York: Cooper-Hewitt/National Design Museum/Smithsonian Institution/Princeton Architectural Press, 1993, bem como a resenha da exposição escrita por Susan Sellers, "Mechanical Brides: The Exhibition", *Design Issues* 10, n° 2 (verão de 1994): 69-79, e a resenha do catálogo feita por Helen Searing, *Design Issues* 10, n° 2 (verão de 1994): 80-83.

177 Ver o catálogo, *The Bathroom, the Kitchen, and the Aesthetics of Waste: A Process of Elimination*, Cambridge: MIT List Visual Art Center, 1992. Para uma exaustiva resenha da exposição, ver Annmarie Adams, "Waste Not, Want Not: An Exhibition Review", *Winterthur Portfolio* 27, n° 1 (primavera de 1992): 75-82.

178 Ver Ellen Lupton e Elaine Lustig Cohen, *Letters from the Avant-Garde: Modern Graphic Design*, Nova York: Cooper-Hewitt/National Design Museum/Smithsonian Institution/Princeton Architectural Press, 1996; e *Mixing Messages: Graphic Design in Contemporary Culture*, Nova York: Cooper-Hewitt/National Design Museum/Smithsonian Institution e Princeton Architectural Press, 1996.

179 Ver o catálogo de Russell Flinchum, *Henry Dreyfuss: Industrial Designer: The Man in the Brown Suit*, Nova York: Cooper-Hewitt/National Design Museum/Smithsonian Institution e Rizzoli, 1997.

180 Ver o catálogo de William J. Hennessey, *Russel Wright: American Designer*, Cambridge: MIT Press, 1983.

181 Ver os catálogos *Finnish Modern Design: Utopian Ideals and Everyday Realities, 1930-1997*, Nova York: Graduate Center for Studies in the Decorative Arts; New Haven e Londres: Yale University Press, 1998; e Susan Weber Soros, E. W. Godwin: Aesthetic Movement Architect and Designer, Nova York: Bard Graduate Center for Studies in the Decorative Arts; New Haven e Londres: Yale University Press, 1999.

182 Inicialmente, Zukowsky era curador de arquitetura, mas em 1987 o Instituto de Arte recebeu uma subvenção do National Endowment for the Arts para explorar a possibilidade de expandir o departamento e incluir o design. Zukowsky formou uma Comissão Consultiva de Design que tinha como membros Stephen Bayley, Neil Harris, David Hanks, Dianne Pilgrim, Stanley Tigerman, Peggy Loar, Paulo Polledri e eu. A comissão se reuniu duas vezes e em consequência dessas reuniões o museu decidiu expandir o Departamento de Arquitetura para um Departamento de Arquitetura e Design.

183 Ver o catálogo *Building for Air Travel: Architecture and Design for Commercial Aviation*, John Zukowsky (ed.), Munique e Nova York: Prestel and Art Institute of Chicago, 1996. Zukowsky também publicou parte da exaustiva pesquisa que realizou sobre o design de aeronaves e interiores de aviões como "Design for the Jet Age: Charles Butler and Uwe Schneider", *Design Issues* 13, n° 3 (outono de 1997): 66-81.

184 Ver o catálogo editado por Zukowsky, *2001: Building for Space Travel*, Nova York: Abrams, 2001; e John Zukowsky, *Space Architecture: The Work of John Frassanito & Associates for NASA*, Stuttgart e Londres: Edition Axel Menges, 1999.

185 O catálogo da exposição é *The Art of the Motorcycle*, Thomas Krens e Matthew Drutt (eds.), Nova York: Guggenheim Museum Publications/Harry N. Abrams, 1998.

186 Ver o catálogo *Designing Modernity: The Arts of Reform and Persuasion, 1885-1945*, Wendy Kaplan (ed.), Nova York e Londres: Thames & Hudson, 1995.

187 Ver o catálogo escrito por Jeremy Aynsley, *Graphic Design in Germany, 1890-1945*, Londres: Thames & Hudson, 2000, e a resenha de Barry Katz, "Leading 'The Simple Life': The Arts and Crafts Movement in Britain, 1880-1910", em *Design Issues* 16, n° 2 (verão de 2000): 87-89.

188 Doordan, "On History", p. 76.

189 Jeffrey L. Meikle, "Comments", trabalho apresentado no encontro da ASA, Nova York, 22 de novembro de 1987.

David Tartakover, "Who Will Utter the Mighty Acts of Israel?". Cartaz de protesto publicado após o massacre de refugiados libaneses pelo exército israelense nos campos de refugiados de Sabra e Shatila, no Líbano, setembro de 1982.

PROBLEMAS NARRATIVOS DA HISTÓRIA DO DESIGN GRÁFICO

A narratividade só se torna um problema quando desejamos dar aos acontecimentos reais a forma de uma história.

INTRODUÇÃO

Nos últimos anos, os estudiosos têm dedicado considerável atenção ao estudo das estruturas narrativas na história e na ficção.[1] No centro de suas preocupações se encontram diversas questões fundamentais, principalmente o que constitui uma narrativa em oposição a outras formas de sequenciamento temporal de ações e eventos e como uma narrativa pode pretender ser verdadeira ou fictícia. Com relação à primeira questão, Hayden White identificou três tipos de representação histórica: os anais, a crônica e a própria história. Desses, segundo ele, somente a história tem potencial para atingir uma finalização narrativa.[2] Pela organização de nossos relatos do passado em histórias, tentamos "fazer com que os eventos reais exibam uma coerência, integridade, plenitude e finalização de uma imagem da vida que é e apenas pode ser imaginária".[3] Embora alguns teóricos como White considerem a história uma narrativa que se refere a eventos fora de si mesma, outros, particularmente os que se definem como pós-modernistas, recusam-se a fazer uma distinção entre fato e ficção e, de fato, tratam toda história como ficção.[4] Não é essa a posição que assumirei neste ensaio, mas a menciono para reconhecer o clima no qual a ideia de história como realidade objetiva é fortemente contestada.

HAYDEN WHITE,

The value of narrativity in the reproduction of reality

[O valor da narratividade na reprodução da realidade]

A distinção feita por White entre a desordem dos eventos e a ordem que os historiadores procuram impor a eles é importante porque desnaturaliza a narrativa em si mesma e nos obriga a interpretar a estratégia do historiador como uma tentativa particular de ordenar os eventos, em lugar de apresentar o trabalho histórico como um relato objetivo do passado. Isso traz para o primeiro plano a necessidade de incluir uma análise do método do historiador na discussão de um trabalho de história, quer esse método tenha sido ou não explicitado pelo historiador.

O problema do método na construção de narrativas é particularmente crucial no campo da história do design, o que, desde a publicação em 1936 do livro de Nikolaus Pevsner, *Pioneiros do movimento moderno*, esteve altamente carregado de juízos morais e estéticos que condicionaram as escolhas de tema e as estratégias narrativas que os historiadores têm adotado.[5] Adrian Forty, um destacado historiador da arquitetura e do design, afirmou que a avaliação da qualidade no design é fundamental para a iniciativa da história do design.[6]

Não acredito que a qualidade do design seja a preocupação principal do historiador do design, embora ela levante questões necessárias sobre como diferentes pessoas valorizam produtos. Na verdade, a questão do objeto da história do design raramente foi tratada ou debatida com precisão. Isso tem resultado em considerável confusão no campo, situação que a iniciativa de estabelecer o design gráfico como área temática distinta da história do design tem sido incapaz de evitar, apesar da singularidade de seu foco.[7]

QUESTÕES EM HISTÓRIA DO DESIGN GRÁFICO

O primeiro livro sobre o assunto a obter atenção generalizada foi a *História do design gráfico*, de Philip Meggs, de 1983.[8] Ele abrange uma ampla gama de materiais e tem sido muito usado como texto em cursos. Em 1988, Enric Satué, designer gráfico em Barcelona, publicou *El diseño gráfico: desde los orígenes hasta nuestros días* (Design gráfico: das origens até hoje), publicado inicialmente como uma série de artigos na revista espanhola *On*. Os livros mais recentes sobre o tema são os de Richard Hollis, *Graphic Design: A Concise History*, e o de Paul Jobling e David Crowley, *Graphic Design: Reproduction and Represen-*

tation since 1800.[9] Além disso, houve obras complementares, como *Thirty Centuries of Graphic Design: An Illustrated Survey*, de James Craig e Bruce Barton, publicada em 1987, e *The Thames and Hudson Encyclopedia of Graphic Design + Designers*, de Alan e Isabella Livingston, publicada em 1992.[10] Números variáveis de verbetes sobre designers gráficos e empresas também foram incluídos em obras de referência como *Contemporary Designers*, *The Conran Directory of Design* e *The Thames and Hudson Encyclopedia of 20th Century Design and Designers*. Houve também crônicas e histórias do design gráfico em determinados países, como *Visual design: 50 anni di produzione in Italia*, de Giancarlo Iliprandi, Alberto Marangoni, Franco Origoni e Anty Pansera, e *La grafica in Itália*, de Giorgio Fioravanti, Leonardo Passarelli e Silvia Sfligiotti; *The Graphic Spirit of Japan*, de Richard S. Thornton; *Chinese Graphic Design in the Twentieth Century*, de Scott Minick e Jiao Ping; *El diseño gráfico en España: historia de una forma comunicativa nueva* (Design gráfico na Espanha: história de uma nova forma de comunicação), de Enric Satué; *A Fine Line: A History of Australian Commercial Art*, de Geoffrey Caban; *Dutch Graphic Design, 1918-1945*, de Alston W. Purvis, e *Dutch Graphic Design: A Century*, de Kees Broos e Paul Hefting; *The Origins of Graphic Design in America, 1870-1920*, de Ellen Mazur Thomson, e *Graphic Design in America: A Visual Language History*, o catálogo de uma exposição a cargo da curadora Mildred Friedman no Walker Art Center em 1989.[11]

Conquanto essa fartura de publicações seja louvável pela atenção que dedica ao tema, não resultou em esclarecimento pelos respectivos autores de como o design gráfico foi constituído, nem definiu um curso satisfatório para o desenvolvimento mais pleno de uma estrutura narrativa que pode começar a explicar o design gráfico como prática. O termo "design gráfico" tal como é aplicado na maioria dos livros sobre o assunto permanece problemático. W. A. Dwiggins foi o primeiro a empregá-lo em um ensaio que escreveu para o *Boston Evening Transcript* em 1922.[12] O termo foi posteriormente adotado, a partir de algum momento após a Segunda Guerra Mundial, para substituir subdenominações como "arte gráfica", "arte comercial" e "arte tipográfica".[13]

Alguns autores usam "design gráfico" para descrever todas as tentativas desde o início dos grupamentos humanos para se comunicar com dispositivos gráficos. Escrevendo em 1985 em um número especial do *AIGA Journal of Graphic Design* sobre o tema da história do design gráfico, Philip Meggs notou o desacordo entre os especialistas quanto ao âmbito histórico do objeto:

> **Alguns defendem a visão de curto prazo e acreditam que o design gráfico é uma atividade nova, oriunda da Revolução Industrial. Outros advogam uma visão de longo alcance, acreditando que a essência do design gráfico é dar forma visual às comunicações humanas, atividade que tem uma ancestralidade distinta que data do manuscrito medieval e dos primeiros impressores da Renascença.[14]**

Quando se considera o próprio livro de Meggs, fica claro que ele escolheu a "visão de longo alcance" porque identifica as pinturas rupestres de Lascaux como o começo de uma sequência que em última instância se vincula aos cartazes contemporâneos de April Greiman. Da mesma forma, como afirmam Craig e Barton na introdução ao seu levantamento ilustrado,

> **O design gráfico — ou comunicação visual — começou na pré-história e foi praticado ao longo dos séculos por artesãos, escribas, impressores, artistas comerciais e até artistas plásticos.[15]**

Enric Satué assume uma perspectiva igualmente longa, iniciando sua narrativa com um capítulo intitulado "O design gráfico na Antiguidade".

O problema com os relatos abrangentes da história do design gráfico propostos por Meggs, Craig e Barton e Satué é que eles afirmam uma continuidade entre objetos e ações que na realidade são descontínuos. Os programas de identidade corporativa não surgiram do design de emblemas da Renascença e tampouco foi o design de livros um precedente direto para a direção de arte publicitária. Sugerir essas ligações pela disposição dessas práticas diferentes em uma narrativa linear torna difícil, se não impossível, deslindar seus fios distintos e escrever um relato mais complexo de suas relações recíprocas.

Fazer isso é partir de uma posição diferente da dos textos acima mencionados. Significa examinar muito mais de perto a atividade do design como uma maneira de entender os passos específicos pelos quais os designers expandem as fronteiras da prática. Essa estratégia é considerada por Richard Hollis na introdução a *Graphic Design: A Concise History*:

> **A comunicação visual em seu sentido mais amplo tem uma longa história... Como profissão, o design gráfico existiu somente a partir da metade do século XX; até então, anunciantes e seus agentes usavam os serviços fornecidos por "artistas comerciais". Esses especialistas eram visualizadores (artistas do layout); tipógrafos que realizavam o planejamento detalhado do título e do texto e davam instruções para a composição; todo tipo de ilustradores, produzindo tudo, desde diagramas mecânicos até esboços de moda; retocadores; artistas do desenho de letras e outros que preparavam artes finais para reprodução. Muitos artistas comerciais — como os designers de cartazes — combinavam várias dessas habilidades.[16]**

A distinção de Hollis entre os diferentes especialistas que produzem "arte comercial" é útil porque facilita seguir as linhas distintas da prática, como tipografia, ilustração e direção de arte, que às vezes se entrelaçam dentro de uma determinada categoria profissional. Se mantivermos a separação entre essas linhas, poderemos então examinar mais a fundo os discursos específicos dentro de cada um e entender melhor como suas histórias são contextualizadas e recontextualizadas em novas narrativas.[17]

Costuma-se incorporar à história do design gráfico, por exemplo, os projetos gráficos dos poetas e artistas do início do século XX, ainda que muitas vezes fossem produzidos fora da relação entre cliente-profissional que normalmente caracteriza a atividade profissional do design. As inovações de sintaxe e mesclas de fontes como vemos no livro do poeta futurista Filippo Tommaso Marinetti *Parole in Libertà* [Palavras em liberdade] eram componentes essenciais de textos poéticos específicos que ele escreveu, tal como mais tarde seriam as formas visuais de poemas concretos escritos por outros. Da mesma forma, o pequeno livro de El Lissitzky *Of Two Squares* teve como origem o argumento a favor de uma nova estratégia de leitura que tinha implicações no pensamento de Lissitzky que iam muito além da ordem formal da

Examinando mais o passado distante que o momento da vanguarda modernista, Meggs descreve as práticas visuais do Renascimento e do Rococó como "design gráfico", com isso sugerindo uma continuidade entre a atividade do design durante esses períodos e a prática contemporânea. Embora designers posteriores tenham se dedicado à tipografia, ao design de livros e a formas aparentadas de produção visual que eram praticadas em períodos muito anteriores, a maioria o fazia dentro de um tipo significativamente diferente de contexto profissional que não é tão contínuo com atividades anteriores quanto sugere o uso da terminologia por Meggs.

página do livro. Quando o livro de Lissitzky foi assimilado ao discurso da "nova tipografia" por Jan Tschichold em 1925, ele foi recontextualizado e seu sentido original foi alterado de uma nova maneira de pensar a leitura para um argumento a favor de um formalismo moderno do design. Essas mudanças de intenção e contexto tendem a ser eliminadas quando diversos produtos gráficos são recombinados dentro de uma narrativa de assimilação baseada em um tema como modernidade ou inovação.

Estêncil de Andy Kaufmann numa parede no distrito dos abatedouros de Nova York.

Outro problema é a combinação entre design gráfico e comunicação visual, conforme vemos na introdução de Craig e Barton. O design gráfico é uma prática profissional específica, enquanto o termo "comunicação visual" denota uma atividade fundamental de representação visual (eu incluiria aqui a linguagem e os gestos corporais codificados, bem como os artefatos) à qual todos se dedicam.[18] Comunicação visual é uma categoria consideravelmente mais ampla do que design gráfico, que ela inclui. Uma história da comunicação visual também sugere uma estratégia narrativa inteiramente diferente da de uma história do design gráfico. A primeira remonta corretamente às pinturas rupestres de Lascaux e Altamira e continua até os exemplos atuais de pichações urbanas. A ênfase numa história da comunicação visual é essencialmente sociológica e não exclui ninguém em termos profissionais. Conquanto tal história possa concentrar-se nas questões semânticas de como palavras e imagens transmitem visualmente intenções comunicativas, seu tema principal é o ato da comunicação em si mesmo.[19]

Inversamente, se tivermos de aderir de forma mais estrita ao sentido de "design gráfico" como uma descrição da prática profissional que surgiu em um determinado momento histórico, seremos obrigados a considerar o modo como tal prática foi institucionalizada para incluir alguns praticantes e excluir outros. Isso explicaria certamente a ausência de material vernacular feito por não profissionais.[20] Teríamos também de equacionar as maneiras pelas quais as diferentes formas de prática foram profissionalizadas. Os tipógrafos, calígrafos, diretores de arte e ilustradores devem ser considerados designers gráficos mesmo quando possuem suas próprias organizações, exposições, publicações e assim por diante?[21] A menos que a história do design gráfico honre as distinções entre essas práticas, não há como delinear como a profissão se desenvolveu em termos sociais. Por ironia, a identidade cultural do designer gráfico será fortalecida mais por uma abordagem dessa ordem do que pela combinação do design gráfico com todas as demais atividades produtoras de comunicação visual.

Adotando essa última estratégia, os textos de Meggs e Craig e Barton, em particular, não resultam em uma história do design gráfico como atividade profissional, nem em uma história da comunicação visual como explicação de atos humanos comunicativos. Em vez disso, minimizam as diferenças entre os dois e ignoram as distinções entre as imagens que incorporam, que vão dos hieróglifos egípcios aos anúncios de Ohrbach.

ESTRATÉGIAS NARRATIVAS DOS TEXTOS DE HISTÓRIA DO DESIGN GRÁFICO

Podemos agora nos voltar para os três importantes textos de Meggs, Satué e Hollis para melhor compreender como eles contam a história do design gráfico.[22] Em primeiro lugar devemos notar as diferentes ênfases que os autores atribuem aos períodos pré-industrial, industrial e pós-industrial. Meggs propõe o mais forte argumento a favor de uma continuidade entre eles, apresentando a descrição mais extensa da era pré-industrial. Estabelece analogias entre obras dos períodos anteriores e posteriores com base em características como arranjo formal, e unifica atividades comunicativas de diferentes períodos, atribuindo qualidades comuns a elas, como "gênio" e "expressividade".[23] Satué introduz três breves capítulos até o início do século

XIX, ao passo que Hollis começa sua história nos anos 1890 com uma discussão sobre o cartaz ilustrado.[24] Observando o material relativo aos séculos XIX e XX, os três autores têm muito em comum, particularmente nas seções que começam com o movimento *arts and crafts* e depois passam para os cartazes da virada do século, as vanguardas europeias, a "nova tipografia" na Alemanha, a propaganda do tempo de guerra, os designers emigrados para os Estados Unidos e o subsequente surgimento de um estilo americano da comunicação de massa, a identidade corporativa, a tipografia suíça e suas revisões, os cartazes ilustrados europeus e o design de protesto dos anos 1960.

Os três autores tiveram formação em design gráfico e compartilham opiniões similares sobre o cânone de sua profissão. Essa norma não foi desenvolvida fortuitamente nem institucionalizada à maneira de um cânone literário acadêmico. Resultou, isto sim, de um processo de seleção que tem celebrado projetos notáveis em revistas profissionais como *Novum Gebrauchsgraphik*, *Graphis* e *Print*, bem como em muitos livros ilustrados e ocasionais exposições em museus.[25] Um fator importante na canonização de peças de design gráfico é a satisfação visual que elas proporcionam a um habituado designer gráfico. Conforme demonstram os três livros em pauta, há um considerável consenso entre os autores com relação à qualidade visual dos trabalhos neles incluídos. O que em geral está ausente, porém, são descrições de trabalhos de designers menos conhecidos que desempenharam importantes papéis no desenvolvimento da profissão — por exemplo, Fritz Ehmke, na Alemanha, ou Oswald Cooper, nos Estados Unidos. Ehmke foi importante porque queria preservar as tradições do design em um momento em que Jan Tschichold e outros estavam promovendo a nova tipografia. Em Chicago, Cooper foi o melhor profissional de desenho de letras e layout que antecedeu o surgimento do design gráfico na cidade tal como o conhecemos.

Ateliê de Oswald Cooper, Chicago, c. 1922. Cooper está na prancheta ao fundo da sala.

Uma diferença importante entre Meggs, Satué e Hollis é a variante atenção que concedem a áreas geográficas fora da dominante corrente europeia e americana.[26] Satué, que é da Espanha, é consideravelmente mais perspicaz do que os outros dois autores quanto ao modo como o design gráfico se desenvolveu nos países de língua hispânica, bem como no Brasil. Ele dedica quase cem páginas a essa questão, enquanto Meggs dedica três páginas a "O cartaz do Terceiro Mundo", uma seção que se refere principalmente aos cartazes cubanos dos anos 1960, com uma breve menção a cartazes da Nicarágua, África do Sul e do Oriente Médio. Hollis, por sua vez, dedica pouco menos do que duas páginas aos cartazes cubanos em uma seção intitulada "Psychodelia, Protest, and New Techniques of the Late 1960s" ["Psicodelia, protesto e novas técnicas do final dos anos 1960"]. Nos textos de Meggs e Hollis, o design gráfico japonês é discutido sucintamente, mas os autores se referem principalmente à atividade no pós-guerra. Quando Meggs faz referência a trabalhos anteriores, menciona a impressão no Japão em seus primórdios e mais tarde fala sobre as impressões ukiyo-e por blocos de madeira do século XIX e sua influência sobre os designers ocidentais. Satué nem chega a incluir o Japão. Nenhum dos autores faz referência ao design moderno na China ou outros países asiáticos nem faz menção ao design gráfico na África.[27]

Embora Meggs apresente como gênios tipógrafos como Baskerville, Fournier e Bodoni, que trabalharam no século XVIII, ele funde a tipografia como prática a outras atividades de design quando chega ao século XX, quando negligencia, como fazem os outros dois autores, alguns dos mais eminentes tipógrafos modernos, como Victor Hammer, Jan van Krimpen, Giovanni Mardersteig e Robert Hunter Middleton.[28]

A relação dos três autores com outras práticas visuais, como a publicidade, é bem variável. Segundo Hollis,

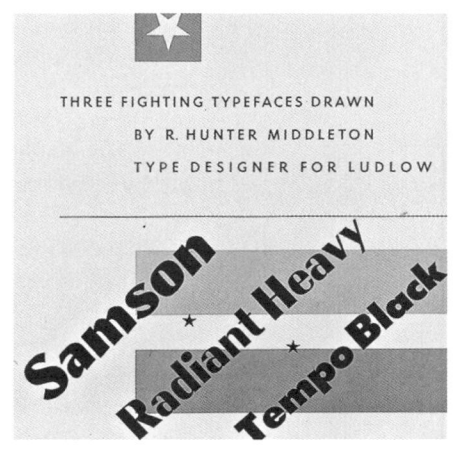

> **Ainda que eficazes, esses trabalhos [ou seja, cartazes do início do século XX na Alemanha, de Bernhard, Erdt, Gipkins e Hohlwein] pertencem a uma história da publicidade. Somente quando a publicidade tem um conceito visual único, conforme desenvolvido nos Estados Unidos nos anos 1950... é que ela ocupa um lugar importante na história do design gráfico.[29]**

Em contraste, Meggs nem sequer identifica esses cartazes como artefatos de publicidade. Ele os explica em termos de um estilo formal, que chama de "modernismo ilustrado". Satué também trata esses trabalhos como exemplares de um moderno estilo visual.

Dos três autores, Hollis é o mais atento às diferenças entre as práticas visuais, fazendo referência, por exemplo, à formação caligráfica de Edward Johnston, que projetou um alfabeto para o metrô de Londres em 1916. Ele também menciona a participação que tiveram os diretores de arte nos Estados Unidos no surgimento do design gráfico como profissão. Ao mesmo tempo, retira profissionais, firmas e trabalhos dignos de nota dos discursos em que estavam imbricados — tal como o discurso da publicidade — e os insere em uma narrativa diferente. Dessa forma, encontramos a "nova publicidade" não como resposta às limitações da publicidade anterior, mas como uma contribuição ao desenvolvimento de uma sofisticada sensibilidade visual no âmbito da profissão do design gráfico.

Embora nenhum dos autores escreva uma história exclusivamente de *connoisseur*, cada um deles é particularmente atento à qualidade visual. Isso desempenha um papel importante na construção de suas histórias, que são impelidas por mudanças na aparência e forma dos projetos, bem como por outros fatores. Faço essa observação não para optar por uma outra história, uma história social do design gráfico que subordine as discussões sobre a forma a argumentos sobre o significado social, mas para enfatizar que descrever como é a aparência dos artefatos não responde suficientemente à questão de por que eles têm essa aparência.[30]

Essa última questão só pode ser respondida extraindo-se os artefatos das narrativas que os reúnem com o propósito de criar uma tradição de inovação que nunca existiu. Os artefatos devem ser reinseridos nos vários discursos dos quais se originaram — quer estejam eles relacionados à arte, publicidade, tipografia ou impressão — e depois precisam ser relacionados de novas maneiras.

CONCLUSÃO

Como seria então uma história do design gráfico que respeitasse os diversos contextos discursivos da atividade do design visual? Ela preservaria muitos elementos das sequências narrativas estabelecidas por Meggs, Satué e Hollis, mas seria muito mais atenta a uma leitura minuciosa das práticas visuais a fim de discriminar entre os diferentes tipos de trabalho. Dessa forma entenderíamos melhor como o design gráfico foi moldado por empréstimos e apropriações de outras práticas e deixaríamos de vê-lo como uma linha singular de atividade. Pelo reconhecimento das muitas rotas no design gráfico, podemos aprender a vê-lo como mais diferenciado do que anteriormente admitíamos que fosse. Isso possibilitará que melhor relacionemos os novos campos de atividades que estão surgindo, como o design de informação, o design de interação e a gráfica ambiental, com os que anteciparam.

Evidentemente, a história do design gráfico não segue uma trilha linear nítida que possa ser caracterizada por temas unificadores como inovação, excelência, modernidade ou pós-modernidade. Como não existem padrões comuns que definam o desenvolvimento profissional nem existe uma base de conhecimento comum para fundamentar uma definição do que seja o design gráfico, seu desenvolvimento tem sido em grande parte intuitivo, e não conforma um conjunto de princípios compartilhados por todos os designers.[31] Embora a esfera do que chamamos design gráfico hoje tenha se expandido consideravelmente em relação ao que era no passado, isso não ocorreu de nenhum modo singular. Muitas vezes certos designers simplesmente passaram para novas áreas da prática e depois foram seguidos por outros.

Nem todos os designers gráficos trabalham nos mesmos tipos de projeto. Alguns se especializam em cartazes e atuam como artistas. Outros estão envolvidos em planejamento estratégico e usam habilidades gerenciais. E outros se especializam em gráficas de informação, que exigem um sólido conhecimento de ciências sociais.[32] Uma história do design gráfico deve explicar as diferenciações entre as várias atividades que recebem a rubrica de design gráfico. Deve reconhecer a tensão que deriva da tentativa de manter essas atividades unidas por meio de um discurso de unidade profissional enquanto os designers continuam a se mover em novas direções. O reconhecimento dessa tensão nos ensinará, em última instância, muito mais sobre o design gráfico e seu desenvolvimento do que a tentativa de criar uma narrativa falsamente consensual da história do design gráfico.

Cartazes de teatro, Amsterdã, 1999.

Notas

1 O estudo das formas narrativas é um campo distinto de pesquisa chamado narratologia. Uma introdução útil ao assunto é David Carrier, "On Narratology", em *Philosophy and Literature* 8, n° 1 (abril de 1984): 32-42. Para uma explicação completa do assunto, ver Mieke Bal, *Narratology: Introduction to the Theory of Narrative*, Christine van Boheemen (trad.), Toronto: University of Toronto Press, 1985.

2 Hayden White, "The Value of Narrativity in the Representation of Reality", *Critical Inquiry* 7, n° 1 (outono de 1980): 9.

3 Ibid., p. 27.

4 Linda Hutcheon apresenta uma descrição dessa posição em *The Politics of Postmodernism*, Londres e Nova York: Routledge, 1989. Ver particularmente o capítulo "Representing the Past".

5 Nikolaus Pevsner, *Pioneers of the Modern Movement from William Morris to Walter Gropius*, Londres: Faber & Faber, 1936. O livro foi posteriormente republicado em diversas edições revistas como *Pioneers of Modern Design from William Morris to Walter Gropius*.

6 Adrian Forty, "A Reply to Victor Margolin", *Journal of Design History* 6, n° 2 (1993): 131-132. O comentário de Forty fazia parte de uma resposta ao meu artigo "Design History or Design Studies: Subject Matter and Methods", publicado inicialmente em *Design Studies* 13, n° 2 (abril de 1992): 104-116 e republicado em *Design Issues* II, n° 1 (primavera de 1995): 4-15. Neste livro ele se encontra em uma versão resumida.

7 Há vários anos argumentos vêm sendo formulados a favor de uma história independente do design gráfico. Ver Steven Heller, "Towards an Historical Perspective", *AIGA Journal of Graphic Design* 2, n° 4 (1984): 5; o número especial da mesma publicação intitulado "The History of Graphic Design: Charting a Course", editado por Steven Heller, *AIGA Journal of Graphic Design* 3, n° 4 (1985); e Steven Heller, "Yes, Virginia, There Is a Graphic Design History", *AIGA Journal of Graphic Design* 10, n° 1 (1992): 4.

8 Philip B. Meggs, *A History of Graphic Design*, 3ª ed., 1983; Nova York: John Wiley & Sons, 1998.

9 Enric Satué, *El diseño gráfico: desde los orígenes hasta nuestros días*, Madri: Alianza Editorial, 1988; Richard Hollis, *Graphic Design: A Concise History*, Londres e Nova York: Thames & Hudson, 1994; e Paul Jobling e David Crowley, *Graphic Design: Reproduction and Representation since 1800*, Manchester e Nova York: Manchester University Press, 1996. Os livros de Meggs, Satué, Hollis e Jobling e Crowley foram precedidos por diversos volumes que eram basicamente crônicas visuais, como os de Karl Gerstner e Marcus Kutter, *Die Neue Graphik*, Teufen: Arthur Niggli, 1959; e Josef Müller-Brockmann, *A History of Visual Communication*, Teufen: Arthur Niggli, 1971. Um levantamento sucinto e ilustrado do design gráfico do pós-guerra é o livro de Keith Murgatroyd *Modern Graphics*, Londres e Nova York: Vista/Dutton, 1969.

10 James Craig e Bruce Barton, *Thirty Centuries of Graphic Design: An Illustrated Survey*, Nova York: Watson-Guptill, 1987; e Alan e Isabella Livingston, *The Thames and Hudson Encyclopedia of Graphic Design and Designers*, Londres: Thames & Hudson, 1992.

11 Giancarlo Iliprandi, Alberto Marangoni, Franco Origoni e Anty Pansera, *Visual design: 50 anni di produzione in Italia*, Milão: Idealibri, 1984; Giorgio Fioravanti, Leonardo Passarelli e Silvia Sfligiotti, *La grafica in Italia*, Milão: Leonardo Arte 1997; Richard S. Thornton, *The Graphic Spirit of Japan*, Nova York: Van Nostrand, 1991; Scott Minick e Jiao Ping, *Chinese Graphic Design in the Twentieth Century*, Londres: Thames & Hudson, 1990; Satué, *El diseño gráfico en España: historia de una forma comunicativa nueva*, Madri: Alianza Editorial, 1997; Geoffrey Caban, *A Fine Line: A History of Australian Commercial Art*, Sydney: Hale & Iremonger, 1983; Alston W. Purvis, *Dutch Graphic Design*, 1918-1945, Nova York: Van Nostrand Reinhold, 1992; Kees Broos e Paul Hefting, *Dutch Graphic Design: A Century*, Cambridge: MIT Press, 1993; Ellen Mazur Thomson, *The Origins of Graphic Design in America, 1870-1920*, New Haven e Londres: Yale University Press, 1997; e *Graphic Design in America: A Visual Language History*, Minneapolis: Walker Art Center e Nova York: Harry N. Abrams, 1989. Relatos mais curtos da história do design gráfico americano podem ser encontrados no número do quinto aniversário de *Print* (novembro-dezembro de 1989), editado por Steven Heller com artigos de diferentes autores sobre cada década a partir dos anos 1940 até os anos 1980, e o número especial de Communication Arts (março/abril de 1999), "Forty Years of Creative Excellence".

12 O ensaio de Dwiggins, "New Kind of Printing Calls for New Design", é reproduzido em Michael Bierut, Jessica Helfand, Steven Heller e Rick Poynor (eds.), *Looking Closer 3: Classic Writings on Graphic Design*, com introduções de Steven Heller e Rick Poynor, Nova York: Allworth Press, 1999, pp. 14-18.

13 As primeiras associações americanas de designers gráficos, respectivamente, o American Institute of Graphic Arts, fundado em Nova York em 1914, e a Society of Typographic Arts, estabelecida em Chicago em 1927.

14 Philip B. Meggs, "Design History: Discipline or Anarchy?" *AIGA Journal of Graphic Design* 3, nº 4 (1985): 2.

15 Craig e Barton, *Thirty Centuries of Graphic Design: An Illustrated Survey*, p. 9.

16 Hollis, *Graphic Design: A Concise History*, pp. 7-8.

17 Howard Lethalin apresenta um excelente modelo de como pesquisar as linhas distintas da prática do design em seu artigo "The Archeology of the Art Director? Some Examples of Art Direction in Mid-Nineteenth-Century British Publishing", *Journal of Design History* 6, nº 4 (1993): 229-246.

18 Hollis reconhece isso quando inclui "a pegada de um animal na lama" como uma forma de comunicação visual na introdução a *Graphic Design: A Concise History*.

19 Um excelente exemplo de abordagem sociológica da história da comunicação é J. L. Aranguren, *Human Communication*, Nova York e Toronto: McGraw-Hill, 1967. Aranguren discute tanto a comunicação linguística e visual como os meios de transmissão.

20 Isso não impede que projetos que atendem a padrões institucionais de qualidade sejam considerados dentro da norma mesmo que seus realizadores não sejam profissionais treinados, nem impede que os designers se apropriem de formas vernaculares para uso profissional, como fez Charles Spencer Anderson com seu design "bonehead" ["cabeça-dura"]. Mas exclui projetos que podem ser facilmente definidos como vernaculares por sua diferença em relação ao trabalho de profissionais. De fato, o design gráfico não é uma profissão com um corpo de conhecimento técnico capaz de excluir facilmente não profissionais. No mínimo, a proliferação de softwares de editoração possibilita cada vez mais que não profissionais se aproximem, ou pelo menos pareçam aproximar-se, de padrões profissionais. Tem havido, porém, debates no âmbito da profissão com relação ao lugar das artes gráficas populares na história do design. O falecido Tibor Kalman, J. Abbott Miller e Karrie Jacobs afirmaram em seu manifesto de 1991, "Good History/Bad History", que o design gráfico era antes um meio do que uma profissão e, portanto, sua história deveria incluir também as formas vernaculares. "Design gráfico", escreveram eles, "é o uso de palavras e imagens sobre mais ou menos qualquer coisa, mais ou menos em qualquer lugar", *Tibor Kalman: Perverse Optimist*, Peter Hall e Michael Bierut (eds.), Londres: Booth-Clibborn Editions and Nova York: Princeton Architectural Press, 1998, p. 77.

21 Histórias especializadas dessas práticas estavam entre os componentes que antecederam a história mais completa de Meggs. Livros de autores envolvidos com a tipografia, como Frederic Goudy, *Typologia*, Daniel Berkeley Updike, *Printing Types: Their History, Forms, and Use* ou Stanley Morison, *A Tally of Types*, apresentam descrições coerentes de como se desenvolveu o design gráfico e também formulam padrões de qualidade. O trabalho pioneiro de Frank Presbrey, *The History and Development of Advertising*, é uma história da prática publicitária profissional que descreve as mudanças que levam da venda de espaço às campanhas abrangentes.

22 Não incluí o livro de Jobling e Crowley *Graphic Design: Reproduction and Representation since 1800* nessa discussão porque seu objetivo não é ser uma história completa do design gráfico.

23 Assim, Meggs aplica o termo "expressionismo ilustrado espanhol" a manuscritos espanhóis do século X que apresentam letras como objetos ilustrados, ao passo que "expressionismo tipográfico americano" se refere ao design gráfico de Nova York dos anos 1950 e 1960.

24 O problema com a estratégia de Hollis de escrever uma narrativa progressiva que identifica os cartazes ilustrados como precursores do trabalho de design mais conceitual é que depois ela torna os cartazes menos acessíveis a outras histórias, como uma história da ilustração, que não possui um caráter similarmente progressivo. Para uma discussão das ideias de Hollis sobre design gráfico e sobre como elas influenciaram o texto de seu livro, ver Robin Kinross, "Conversation with Richard Hollis on Graphic Design History," *Journal of Design History* 5, nº 1 (1992): 73-90.

25 Martha Scotford discute os problemas da canonização na história do design gráfico em seu artigo "Is There a Canon of Graphic Design History?", *AIGA Journal of Graphic Design* 9, nº 2 (1991): 3-5, 13. Entre os aspectos que ela discute se encontra o de que as mulheres estão sensivelmente ausentes do cânone. Scotford toma medidas para corrigir essa situação com seu livro *Cipe Pineles: A Life of Design*, Nova York e Londres: Norton, 1999.

26 Refiro-me especificamente mais aos Estados Unidos do que à América do Norte. Embora o Canadá tenha uma história mais fértil de design gráfico, inclusive alguns excelentes designers na era pós-guerra, nenhum dos autores menciona o país como um país de destaque na prática de design gráfico. Uma excelente apresentação da história do design gráfico no Canadá foi feita por Peter Bartl no congresso do International Council of Graphic Design Associations (Icograda), em Dublin, em 1983. Para mais informações sobre o design gráfico canadense, ver Michael Large, "The Corporate Identity of the Canadian Government", *Journal of Design History* 4, nº 1 (1991): 31-42, e "Communication among All People, Everywhere: Paul Arthur and the Maturing of Design", *Design Issues* 17, nº 2 (primavera de 2001); e Brian Donnelly, "Mass Modernism: Graphic Design in Central Canada, 1955-1965 and the Changing Role of Modernism" (tese, Carleton University, 1997).

27 Ver *Dialogue on Graphic Design Problems in Africa*, Haig David-West (ed.), Londres: Icograda, 1983. Essa publicação relata uma conferência de 1982 realizada em Port Harcourt, Nigéria, sob o patrocínio do Icograda. Um dos poucos africanos a ingressar nas fileiras dos designers gráficos de renome internacional é Chaz Maviyane-Davies, do Zimbábue. Ver Carol Stevens, "A Designer from Zimbabwe", Print 47, no 5 (setembro-outubro de 1993): 84-91, 233. Desde o fim do apartheid, houve também um aumento de trabalhos de designers gráficos negros na África do Sul.

28 Esse obscurecimento da tradição tipográfica e a falta de reconhecimento suficiente para tipógrafos do século XX foram até certo ponto minorados pela publicação do livro de Sebastian Carter *Twentieth Century Type Designers*, Londres: Trefoil, 1987, e do excelente livro de Robin Kinross *Modern Typography: An Essay in Critical History*, Londres: Hyphen Press, 1992.

29 Hollis, *Graphic Design: A Concise History*, p. 31.

30 Esse é o objetivo de Jobling e Crowley em *Graphic Design: Reproduction and Representation*. Eles são mais bem-sucedidos do que Meggs, Hollis ou Satué na criação de um contexto social para os trabalhos que discutem, mas, conforme notei em uma resenha do livro, "às vezes os autores parecem mais estar escrevendo história social do que a história do design em seu contexto social". A resenha foi publicada em *Eye* 25, nº 7 (verão de 1997): 83-84.

31 Alguns designers e professores de design preferem hoje o termo *communication design*.

32 Para uma crítica do design gráfico como uma profissão baseada em arte, ver Jorge Frascara, "Graphic Design: Fine Art or Social Science?", em Victor Margolin e Richard Buchanan (eds.), *The Idea of Design*, Cambridge: MIT Press, 1995, pp. 44-55. O artigo foi originalmente publicado em *Design Issues* 5, nº 1 (outono de 1988): 18-29. Frascara propõe modificar a definição da qualidade do design do modo como as coisas parecem para o seu efeito sobre o público-alvo.

Hall da Wolfsonian-Florida International University, Miami Beach. Escultura *O lutador*, 1929. Dudley Baill Talcott (americano, 1899-1986). Feita pela Sculpture House, Nova York, alumínio fundido, 80" x 47" x 30".

O ESTOJO DE MARAVILHAS DE MICKY WOLFSON

Micky Wolfson é uma dessas pessoas fora do normal que provavelmente se sentiriam mais em casa no século XIX do que em nossa era atual de desmaterialização e comunicação eletrônica. É um homem que gosta de coisas materiais e viaja para muito longe para coletá-las. Em 1984 as ações que herdara do pai, um famoso incorporador imobiliário na área de Miami, foram vendidas para uma firma de investimento e Wolfson recebeu US$84,5 milhões em dinheiro, soma que utilizou para acumular mais de 70 mil objetos e 40 mil livros e periódicos que agora constituem o acervo da Fundação Wolfsonian em Miami Beach, Flórida.[1]

Wolfson começou a cultivar o instinto de colecionador ainda criança, quando juntou milhares de chaves de hotéis e de camarotes de navios ao viajar com os pais. Em Princeton estudou economia e civilização europeia e depois, após a pós-graduação na Johns Hopkins, ingressou no corpo diplomático americano. Foi vice-cônsul americano em Gênova, Itália, durante cinco anos, demitindo-se em 1971 para começar a vida como colecionador e homem do mundo em tempo integral.

Para melhor entender a natureza do ímpeto colecionador de Wolfson, podemos considerar as três categorias de coleção concebidas pela museóloga Susan Pearce: sistemática, fetichismo e suvenires.[2] Sistemática, segundo ela, é uma tentativa de representar uma ideologia. Como exemplo cita o Museu Pitt-Rivers, em Oxford, Inglaterra, que retrata a evolução da história natural. Fetichismo, diz ela, é a retirada do objeto do contexto histórico e cultural original e a recontextualização em termos dos interesses do colecionador. Um bom exemplo seria a acumulação de artes decorativas europeias por William Randolph Hearst em San Simeon, sua fazenda no sul da Califórnia. A coleção de suvenires é simplesmente a reunião de objetos aos quais o colecionador confere o poder mnemônico de evocar memórias pessoais de um tempo ou lugar.

Das três categorias descritas por Susan Pearce, a coleção Wolfsonian se aproxima de perto da primeira, a sistemática. Wolfson se concentrou no que chama de "artes decorativas e de propaganda" nos Estados Unidos e diversos países europeus — principalmente Alemanha, Itália, Inglaterra e Holanda — entre 1885 e 1945. Ao longo dos anos ele explicitou o propósito de sua coleção. Referindo-se a um discurso que proferiu em 1992 no Propaganda Ball, um evento que promoveu em Miami como levantamento de fundos para a fundação, Wolfson observava posteriormente em uma entrevista a um jornal:

Não há nenhuma dúvida de que temos uma missão e somos revolucionários. Esta fundação pretende influir no modo como as pessoas pensam a história e a arte; estamos decididos a marcar uma diferença... Sou um pedagogo e estou muito interessado em analogias. E não quero estar na moda — é por isso que escolhi a palavra propaganda. Estou decidido a livrar o mundo da opressão, da desgraça e da desinformação.[3]

Wolfson concentrou sua paixão de colecionador em um período importante da história europeia e americana, quando as forças de construção nacional estavam se fundindo em sólidas expressões culturais de identidade nacional. O período que selecionou também cobre as duas guerras mundiais, quando a ideia de propaganda foi definida por meio de campanhas de persuasão em massa controladas pelo governo.

A classe de objetos que Wolfson reuniu em mais de 25 anos de intensa coleta não segue nenhuma tipologia de coleção conhecida.

Por um lado, ele possui um senso estético altamente cultivado que o levou a adquirir alguns excelentes objetos de artes decorativas que todo importante museu cobiçaria. Por outro, ele acumulou uma vasta reserva de recordações nazistas e fascistas a que praticamente nenhum museu gostaria de estar associado. No meio de tudo se encontram brinquedos e jogos, importantes fragmentos e detalhes arquitetônicos, desenhos e maquetes para murais públicos, cartazes e uma gigantesca coleção de livros e periódicos.

A atração de Wolfson por insígnias, esculturas e cartazes dos nazistas e fascistas é ainda mais intrigante porque ele é judeu. Seria de se esperar que evitasse tais objetos, ou pelo menos os ignorasse, em lugar de adquiri-los. O fascínio por esses artefatos parece justificado, porém, em função do zelo missionário de apresentá-los como lembretes de ideologias políticas opressivas. Felizmente para ele, o mercado para tais objetos era um tanto limitado durante seu período mais ativo de coleta e ele conseguiu acumular um considerável tesouro de amostras de propaganda a um custo relativamente modesto. Por certo existem no mundo coleções comparáveis de material bidimensional de propaganda, incluindo cartazes e folhetos, em bibliotecas maiores e museus especializados, como a Biblioteca do Congresso, em Washington, e o Imperial

War Museum, em Londres, mas até agora nenhum exibiu a qualidade única do discernimento de colecionador de Wolfson, que combina um forte senso de valor estético com uma percepção aguçada da importância histórica de um objeto.

Wolfson é conhecido por ser uma pessoa um tanto reservada, o que dificulta analisar de perto as razões pessoais para a montagem da coleção. Apesar das declarações sobre sua intenção didática, sente-se que a reunião de tamanha miscelânea de materiais foi para ele muito divertida. "Nos primeiros dias", disse, "era pura auto-expressão".[4] Existem também declarações de Wolfson e casos ainda contados por outros que transmitem o prazer da caçada que animou as buscas. "Evito as coisas que os comerciantes colocam nas vitrinas frontais", observou em uma entrevista. "Gosto das salas dos fundos e dos porões".[5] De tudo o que Wolfson comprou, porém, sua aquisição mais grandiosa é o Castelo Mackenzie, uma mansão historicamente eclética em Gênova, Itália, que tem algo entre oitenta e cem cômodos. Wolfson, que o adquiriu por menos de US$1 milhão, mas já gastou mais de US$ 2 milhões só em reformas externas, o imaginou como um local para expor objetos da sua coleção que estavam guardados em um depósito europeu.

A paixão de Wolfson por objetos vai muito além da definição de Susan Pearce para a coleção sistemática e sugere uma chama interna a ele que motiva, mas também transcende, sua intenção didática. Certamente a coleção inicial de chaves não tinha nenhuma finalidade social e dá para perceber, por trás das declarações da importância cultural da coleção atual, um poderoso desejo de adicionar objetos que o atraem por motivos extremamente pessoais. É essa paixão, porém, que pode facilmente se perder para a percepção do público quando uma coleção pessoal se converte em museu.

Durante anos Wolfson despachou as aquisições de suas perambulações, que consumiam cerca de dez meses de cada ano, para depósitos na Europa e em Miami Beach. Por fim, começou a considerar como os pesquisadores poderiam ter acesso a esse material. Em 1987, contratou Peggy Loar, do Smithsonian, para criar uma instituição que abriria sua coleção a pesquisadores e ao público. Seu nome, Wolfsonian, era uma homenagem óbvia, ainda que um tanto abusiva, ao Smithsonian e significava a escala grandiosa das ambições cívicas de Wolfson.

Loar montou uma equipe de museu, incluindo a curadora Wendy Kaplan, e supervisionou a transformação de um depósito *art déco* em Miami Beach em uma combinação de museu, centro de estudos e reserva-técnica.[6] A primeira exposição do museu, *The Arts of Reform and Persuasion, 1885-1945*, que abriu em novembro de 1995, teve como curadora Wendy Kaplan. Com algumas peças emprestadas, a exposição incluía apenas cerca de 300 objetos e publicações do vasto estoque de Wolfson. A intenção da curadora era construir, a partir dos objetos que Wolfson havia reunido, uma narrativa social contando a história de como algumas das principais nações do mundo industrializado tentaram ajustar-se à ideia de modernidade.

O amplo catálogo editado por Wendy Kaplan, *Designing Modernity: The Arts of Reform and Persuasion, 1885-1945*, que foi selecionado para o prêmio George A. Wittenborn de 1995 pela Art Libraries Society of North America, tem um projeto magnífico e inclui muitas fotos, a maioria em cores.[7] Dez ensaios de destacados estudiosos são acompanhados por uma lista ilustrada de objetos da exposição. A fundação convidou os pesquisadores para irem a Miami Beach estudar a coleção e selecionar grupos de objetos nos quais basear seus ensaios. Os ensaístas são curadores e professores com interesses no design moderno e nas artes decorativas. Todos são conhecidos por textos sobre temas estreitamente ligados à coleção Wolfsonian: Wendy Kaplan, sobre o movimento *arts and crafts* na Inglaterra e nos Estados Unidos; Laurie Stein, sobre o Jugendstil alemão; Elinoor Bergvelt, sobre o trabalho da escola de Amsterdã e o artista Jan Toorop; Paul Greenhalgh, sobre as feiras mundiais e o modernismo no design; Jeffrey Meikle, sobre os designers consultores americanos e a história cultural dos plásticos; Irene de Guttry e Maria Paola Maino, sobre as artes decorativas italianas; Marianne Lamonaca, sobre a abstração orgânica nas artes decorativas e no design do século XX; Dennis Doordan, sobre a arquitetura e o design italianos; John Heskett, sobre o design na Alemanha; e Bernard Reilly, sobre gravuras e ilustrações políticas americanas.

O catálogo é a primeira tentativa de impor uma estrutura narrativa à coleção de Wolfson. Embora Wolfson tenha constantemente enfatizado o uso de seu material como fonte de narrativa social, também existem outras maneiras de interpretá-la. Mieke Bal afirmou que a coleção em si pode ser entendida como atividade narrativa.

Posso imaginar que se veja a coleção como um processo que consiste em um confronto entre objetos e mediação subjetiva informada por uma atitude. Objetos, mediação subjetiva, confrontos como eventos: tal definição operante contribui para uma narrativa e me permite discutir e interpretar o sentido do colecionar em termos narrativos.[8]

Embora a teoria de Mieke Bal sobre o colecionar como narrativa seja extremamente útil ao sugerir um modo de ler o processo de coleta em si como uma história, um meio de interpretação suscitado pelo relato pitoresco da carreira de colecionador de Micky Wolfson, seu foco no fetichismo como base da coleção limita gravemente os tipos de narrativa pessoal que uma coleção poderia representar. Apesar disso, a ideia de que poderia haver uma história pessoal significativa embutida no processo de coletar que resultou na Fundação Wolfsonian é tantalizante quando considerada contraponto à narrativa social da modernidade que os autores do catálogo relatam.

Ao contrário da maioria das coleções de museus, a Wolfsonian foi montada por um homem e representa sua visão. Essa visão engendrou as fronteiras de tempo e tipologia que determinavam o que Wolfson coletaria, mas não resultou em sua própria articulação, afora breves declarações polêmicas, do que significa a coleção. Essa situação pode ser contestada àquela do arquiteto britânico John Soane, que encheu seu palacete londrino em Lincoln's Inn Fields com modelos, desenhos, gravuras e fragmentos esculturais que tanto idealizavam o mundo clássico como serviam de inspiração para sua própria arquitetura.[9] Soane era a um só tempo colecionador e consumidor de sua coleção, o que nos permite examinar seus motivos como colecionador em termos dos usos que damos aos objetos que reunimos. Mas Wolfson, ao contrário de Soane, sempre disse que deixaria a interpretação aos estudiosos e, de fato, ele fez provisões em seus planos para o museu para ter um centro de estudos que seria regularmente visitado pelos pesquisadores para utilizarem seu material. Consequentemente, a escolha da modernidade como tema central da exposição e do catálogo deve ser vista mais como uma tentativa de terceiros para conceber um *grand récit* para a coleção do que uma indicação do

que Wolfson pretendia que as peças individuais significassem coletivamente quando as coletou.

Entretanto, a narrativa do catálogo não transmite uma visão singular. Ela abrange abordagens particulares do sentido da modernidade por parte de um grupo de estudiosos que empregam diferentes métodos para interpretar o material que selecionaram. A base de seu relato é a passagem progressiva de uma cultura agrária para uma cultura industrial, embora o relato aborde a resposta reacionária à industrialização, bem como a entusiástica acolhida a ela. Ao analisar o catálogo, é preciso considerar diversas questões. Uma delas é a da narrativa e de saber se coletivamente os ensaístas contam ou não uma história coerente. Outra é a questão da metodologia e do modo como os ensaístas usam os objetos de Wolfson para desenvolver seus argumentos.

As várias declarações de Wolfson sobre seus objetos repetem o tema de que esses corporificam valores socialmente importantes. Em essência, essa é uma abordagem clássica da cultura material. É reiterada nas frases de abertura do prefácio de Peggy Loar para o catálogo:

> **Uma das maneiras pelas quais uma civilização se define é em sua cultura material: sua infraestrutura, arquitetura, arte, mobiliário, ferramentas, tecnologias, *ephemera*. Por meio dos objetos as culturas são registradas, proporcionando-nos evidência tangível relativa a transformações nos valores e na política.[10]**

Essa declaração é uma tentativa de posicionar a Fundação Wolfsonian como algo diferente de um museu de arte. Somos demandados a encarar os objetos que ela abriga mais como indicadores de atitudes culturais do que como exemplares de um valor estético superior.

A exposição e o catálogo são divididos em três seções: Enfrentando a Modernidade, Celebrando a Modernidade e Manipulando a Modernidade: Persuasão Política. Os ensaios na primeira seção começam com os anos 1890 e os da segunda e terceira com os anos 1920, mas todos têm aproximadamente 1940 como data de encerramento. Por isso, as divisões não são estritamente cronológicas, mas atitudinais. Não nos é apresentada uma descrição sequencial rigorosa do engajamento na modernidade, mas sim uma comparação de atitudes em sua direção.

O tema dominante da primeira seção é como a produção artesanal foi incorporada aos discursos de identidade nacional. O ensaio de abertura de Wendy Kaplan sobre o nacionalismo romântico e o design entre 1890 e 1930 procura apresentar um amplo enquadramento para as histórias nacionais mais específicas que vêm a seguir. Na Rússia, o nacionalismo pan-eslávico, uma reação à ocidentalização, foi um discurso poderoso para dar sentido às artes nativas. O movimento *arts and crafts* na Inglaterra, afirma a autora, foi uma resposta à rápida e extensa industrialização daquele país. O movimento foi extremamente influente no continente, mas a autora nota que ali ele foi recebido de diferentes maneiras. Para países como a Noruega e a Finlândia, que estiveram sob domínio estrangeiro por prolongados períodos, o artesanato se tornou símbolo de uma identidade nacional independente. Dentro desse argumento, itens da coleção de Wolfson, como o tapete *ryijy* projetado pelo arquiteto finlandês Eliel Saarinen ou as gravuras retratando a sala de estar de Saarinen em Hvitträsk, a residência e ateliê que compartilhava com dois colegas fora de Helsinki, corporificam valores nacionalistas.

O ensaio de Wendy Kaplan também cria um contexto para nele incorporar uma caixa irlandesa de papel de carta e escrivaninha que exemplificam fortes influências celtas, juntamente com uma das obras-primas na coleção de Wolfson, o vitral retratando cenas da literatura irlandesa, que foi feito por Harry Clarke para a sede da Organização Internacional do Trabalho, em Genebra, mas não foi instalado. A autora encerra o ensaio com uma amostra da conclusão da narrativa do catálogo, declarando que

> **Foi preciso apenas uma geração passar para que se revelassem algumas consequências inquietantes do nacionalismo romântico. Conforme explorado nos ensaios posteriores deste livro, a elevação da cultura terrena, camponesa, como o único reflexo verdadeiro da alma nacional poderia resultar em uma intolerância em relação a quem não fosse considerado parte da sociedade nativa.[11]**

A tentativa de Wendy Kaplan de vincular as artes como signos do nacionalismo romântico da virada do século a seu papel inverso como significantes do fascismo e nazismo nacionalistas suscita questões sobre como os colaboradores do catálogo definiam sua relação com a coleção Wolfsonian. Talvez a autora, como curadora da exposição, tivesse uma predisposição especial para encontrar coerência na multiplicidade de objetos que Wolfson colecionou. Mas a ligação que estabelece na conclusão do ensaio é discutível. Embora Hitler, por exemplo, estivesse interessado na cultura camponesa, no discurso do regime nazista os artefatos que retratavam essa cultura foram, em sua maioria, recriados mais para representar um mito do *volk* do que como uma representação autêntica dos valores culturais do povo. Da mesma forma, as culturas camponesas jamais chegaram a se tornar paradigmas dominantes na Alemanha ou na Itália, onde formas modernas de tecnologia e planejamento, mais do que a celebração da vida camponesa, eram necessárias para sustentar o poder político e a força militar.

O papel dos objetos no discurso da identidade nacional é central ao ensaio de Paul Greenhalgh sobre o design inglês entre 1870 e 1940. Greenhalgh dá às formas de determinados objetos menos atenção do que a dada por alguns dos outros ensaístas e mais aos argumentos ideológicos aos quais os objetos foram incorporados. Como exemplo de como o passado britânico foi garimpado para produzir novas versões da identidade britânica, cita a reinvenção de William Morris, renomado socialista, após sua morte. Isso foi feito pela própria companhia de Morris, à qual foi dedicada uma seção inteira na Exposição Franco-Britânica de 1898. Despojado de sua política, Morris foi celebrado como "o novo Chippendale" e sua biografia subsequente, publicada por sua empresa, fazia mais referência a seu idealismo do que ao seu socialismo. Para Greenhalgh, conciliatória, a solução inglesa foi redescrever em novas formas as narrativas estereotipadas da vida inglesa. Assim, a canastra de Gordon Russell feita a mão em 1927 possuía a simplicidade de uma mobília moderna, embora incorporando as juntas de tarugo e dobradiças Tudor do passado.

Outros ensaios presentes na primeira seção do catálogo são o de Laurie Stein sobre a questão do design e da identidade nacional na Alemanha entre 1890 e 1940 e o de Elinoor Bergvelt sobre as artes decorativas em Amsterdã entre 1890 e 1930. O modo como ambas as autoras utilizam os objetos wolfsonianos é mais representativo de uma abordagem das artes decorativas, quando uma leitura atenta da aparência e dos materiais de um objeto é combinada com uma tentativa de tratar questões de produção e explicar as fontes e influências do objeto. Essa estratégia difere da de alguns outros ensaístas que incorporam os objetos mais diretamente a narrativas que se concentram em valores sociais ou políticos. Laurie Stein escreve com propriedade, particularmente sobre a mobília *Jugendstil* de Peter Behrens e Josef Olbrich, e introduz material novo sobre os debates em torno do design na Alemanha na virada do século. Mas a história que ela conta da formação do Werkbund, dos debates na exposição de 1914 e da transformação da escola de artes e ofícios de Henry van de Velde

em Weimar na Bauhaus tem sido frequentemente repetida, e sua versão não oferece novas perspectivas de significado.

Os exemplos do modernismo holandês inicial que Elinoor Bergvelt discute são menos conhecidos e no ensaio ela cria um contexto para alguns objetos fascinantes da coleção de Wolfson, particularmente livros como a tradução holandesa do livro de Walter Crane *Claims of Decorative Art* e o volume de palestras de William Morris projetado por Hendrik de Roos. No tratamento do mobiliário holandês, ela destaca o trabalho pouco conhecido de Michel de Klerk, o principal arquiteto da Escola de Amsterdã. Ficamos sabendo que Wolfson possui a maioria dos móveis de de Klerk ainda existentes, cerca de 25 peças das aproximadamente 200 originais. Essas peças, que eram inadequadas para produção industrial, têm forte influência de motivos orientalistas, notadamente o lânguido luxo do harém de um paxá. O fato de que Wolfson sentisse tanta atração por elas e acumulasse tantas (sendo o impulso para completar uma série uma das características de um colecionar fetichista) pode nos dizer mais sobre seus sonhos e suas fantasias do que sobre a importância social da mobília.

No ensaio que abre a segunda seção do catálogo, o historiador cultural Jeffrey Meikle assume a posição de que as sociedades modernas não tinham nenhuma singular estratégia para se ajustar à mudança. Ele contesta o argumento defendido por alguns teóricos do moderno, como Marshall Berman, de que a modernidade foi uma ruptura com o passado. Em vez disso, propõe três estratégias para o que chama de "domesticação" da modernidade durante os anos entre as guerras. A primeira era uma abordagem evolucionista segundo a qual a vida moderna era vista como uma continuidade ininterrupta e inevitável do passado; a segunda implicava designar zonas discretas, notadamente a cidade moderna, como locais onde se podia experimentar o moderno e depois retirar-se para um *habitus* mais tradicional; e a terceira era assimilar diretamente ícones da modernidade ao próprio ambiente pessoal como maneira de domar seus aspectos ameaçadores. Para ilustrar esse argumento, em meio à coleção de Wolfson Meikle encontrou inúmeros exemplos de gravuras, cartazes, placas, painéis pintados e até objetos comerciais, como brinquedos, suvenires e produtos industriais. Como historiador cultural, ele tem menos interesse em questões de produção, autoria ou estilo do que alguns dos outros ensaístas e está mais preocupado com a criação da sua própria narrativa de modernidade dentre o vasto leque de artefatos de Wolfson.

Meikle trata os artefatos como textos que materializam representações de atitudes culturais e os interpreta em grande parte mediante leituras iconográficas. Tal abordagem é necessariamente especulativa e adquire sua substância da persuasividade do argumento. As três estratégias de Meikle de enfrentar a modernidade oferecem novas maneiras provocativas de ler os artefatos da era moderna, mas ele também não consegue resistir ao mergulho em Freud, uma fonte favorita de metodologia para os teóricos culturais. Em uma passagem, aborda uma imagem do trem de Henry Dreyfuss, o 20th Century Limited, que encontra em uma cartela de fósforos da coleção do rei Farouk que foi comprada em sua totalidade por Wolfson. Meikle observa o seguinte:

> **O contorno geral da locomotiva também sugeria associações mistas. Se a sua forma tubular impetuosa, terminando no olho circular de um único farol dianteiro, parecia tão fálica a ponto de sugerir um jorro grandioso, sua frente larga, lida verticalmente como uma figura humana, assumia a forma de uma mulher vigorosa, de seios fartos, cuja saia amplamente arredondada sugeria a possibilidade de uma dilatada gravidez. A imagem prometia uma aproximação entre o reino masculino da tecnologia e o reino feminino da natureza — mas sem nenhuma indicação do resultado.[12]**

Ele prossegue para sugerir que a miniaturização da imagem da locomotiva na capa da cartela de fósforos era uma maneira de torná-la mais familiar e, assim, domá-la. Embora Meikle não dê nenhuma indicação de ser um freudiano convicto, sua leitura dessa imagem nos reporta à possibilidade de narrativas ocultas embutidas na atividade de colecionador de Wolfson.

Os outros dois ensaios nessa seção, de Irene de Guttry e Maria Paola Maino e Marianne Lamonaca, abordam questões de como o design e as artes decorativas na Itália mudaram do final dos anos 1890 para o início dos anos 1930, em conformidade com os modos pelos quais os artesãos e designers assimilavam as modernas formas e técnicas de produção. Em seu ensaio sobre os usos do ferro forjado e do alumínio, Irene de Guttry e Maria Paola Maino narram a transição do artesanato para a indústria. Retomando um tema introduzido por Kaplan, Stein e Bergvelt, discutem o impacto do movimento *arts and crafts*, que na Itália, país menos industrializado do que a Inglaterra, levou os críticos a condenarem mais a excessiva decoração e "desordem eclética" do que o sistema fabril. Em suma, o movimento sustentou os argumentos iniciais a favor do racionalismo que surgiriam novamente nos anos 1920 na arquitetura do Gruppo 7.

O ensaio é ilustrado com alguns exemplos fascinantes e pouco conhecidos de objetos decorativos em ferro forjado — um candelabro, um porta-retratos e uma cama — de Alessandro Mazzucotelli, o mestre do stile floreale ou *art nouveau* italiano. Umberto Bellotto

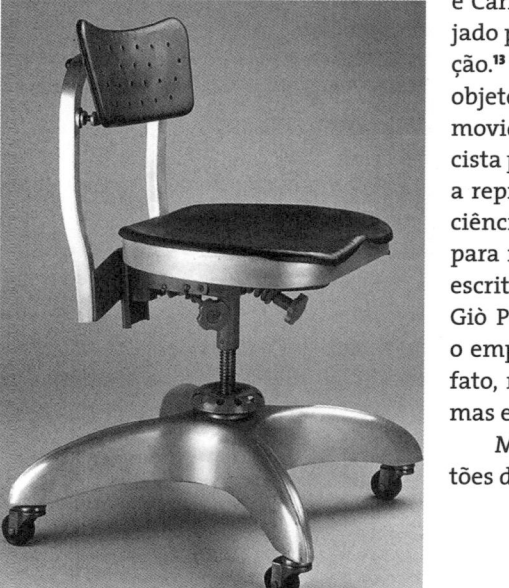

e Carlo Rizzarda são outros artesãos em ferro forjado para os quais as autoras chamam nossa atenção.[13] Elas introduzem uma leitura política dos objetos quando explicam que o alumínio era promovido como material preferido pelo regime fascista porque podia ser produzido na Itália e passou a representar a política de autarquia e autossuficiência econômica de Mussolini. Além do seu uso para novos objetos modernos, como a mobília de escritório da sede da Montecatini projetada por Giò Ponti, sua promoção também desestimulava o emprego do ferro para objetos decorativos e, de fato, resultou na destruição de muitas obras-primas em ferro forjado como atos de patriotismo.

Marianne Lamonaca também aborda questões de ecletismo e coesão estética no discurso das artes decorativas e do design italianos durante os anos entre guerras. Seu tema é o "retorno à ordem", que segundo ela assumiu múltiplas formas. Houve uma ênfase renovada no passado da Itália como fonte de formas para representar a moderna identidade nacional. Como contrapartida ao que chama de "historicismo eclético", o retorno a formas e motivos clássicos pretendia corporificar versões modernas da *romanità* (romanidade) e *latinità* (latinidade). Como exemplo dessa nova influência clássica, apresenta um prato de jantar de Giò Ponti que, inspirado pela arte romana e etrusca, mostra figuras em trajes antigos em várias posições de atividade e repouso. Fazendo referência a outros exemplos que utilizavam design do passado, como o serviço de jantar de inspiração rococó de Guido Andlovitz e a mobília rústica que estimulou versões modernas de Duilio Cambellotti, Marianne Lamonaca demonstra que nenhuma estratégia estética peculiar dominou a busca por uma identidade moderna na Itália. Embora situe efetivamente os objetos para representar a interação entre valores formais e valores sociais, a diversidade de suas escolhas, que vão do feito a mão ao produzido em massa, milita contra um argumento consequente sobre como as questões de identidade nacional eram representadas no design de produtos destinados ao consumo público. Conforme observa, "o 'retorno à ordem' na Itália teve muitos aspectos, em geral ambíguos".[14] A mescla de objetos produzidos em massa e objetos únicos que ela cita representa as contradições na estratégia de coleta de Wolfson. Conforme mostrado anteriormente, ele argumentou contra estar na moda e pela capacidade de sua coleção fornecer esclarecimento social e político, ainda que haja mais de uma sensibilidade em ação em Wolfson. Ele é tão atraído pelo trabalho manual refinado e pela iconografia idiossincrática de um gabinete feito a mão quanto pelo argumento político generalizado de uma placa nazista. Tal como no ensaio de Marianne Lamonaca, essas atrações duplas pelo decorativo e propagandístico não são facilmente combinadas numa narrativa única.

Os ensaios na seção final, porém, concentram-se totalmente no setor público. Todos abordam mais a propaganda do que a decoração, embora a questão da estética e sua relação com a ideologia nacional não seja ignorada. Dennis Doordan, em seu estudo dos artefatos na Itália fascista, define uma nova categoria, o design político, que, segundo ele, "denota o conjunto total de objetos produzidos durante

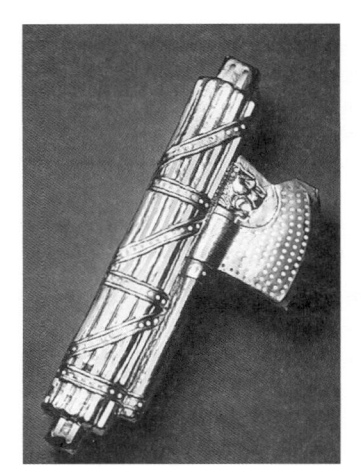

um determinado período e que está voltado especificamente para temas políticos. A categoria inclui tudo, desde trabalhos efêmeros em papel até monumentos duradouros de arquitetura".[15] Doordan, que escreveu um importante estudo sobre a arquitetura fascista, é particularmente sensível ao impacto público da arte da propaganda. Ele descobre tentativas parecidas de reforçar o poder do regime fascista em objetos que vão do arco triunfal de Marcello Piacentini Monumento à Vitória, em Bolzano, a uma luminária de parede em formato de fasces romanas. Ao contrário de muitos acadêmicos que estudam o movimento futurista de Marinetti como a contribuição italiana para a vanguarda, Doordan o situa diretamente em um contexto político e o vincula à propaganda fascista. Concluindo uma análise do precoce livro futurista de Marinetti, *Zang Tumb Tuuum*, de 1914, Doordan observa que "[m]uitos elementos dessa *ars rhetorica* futurista mais tarde chegariam ao design político fascista".[16] Seu ensaio, mais do que muitos outros nesse catálogo, demonstra com sucesso a afirmação de Wolfson de que o decorativo e o propagandístico podem constituir duas faces da mesma moeda. Wolfson reconhece o poder da propaganda em pequenos itens como medalhões, em objetos domésticos como o prato pintado com o slogan "Fascismo Futurismo" da série Vida de Marinetti, bem como em cartões-postais, cartazes e bandeiras. O reconhecimento dessa percepção por Doordan permite que ele conclua convincentemente que

a diversidade dos projetos políticos reunidos na coleção Wolfsonian exige um modelo alternativo para a prática totalitária, um modelo para o qual a criação de uma cultura política de massa não exige a mesma forma de expressão para todos os grupos. Em vez disso, os designers têm liberdade para escolher dentre um conjunto de ideais e símbolos e expressá-los de diversas maneiras, cada um deles legível e conforme à natureza de uma diferente clientela política e social.[17]

Tal como Doordan descobre continuidade narrativa entre o momento de vanguarda do futurismo e a propaganda da Itália fascista, John Heskett critica as histórias do design que postulam uma ruptura entre as formas de objetos na República de Weimar e o período nazista.

As histórias do design desse período separaram essas duas fases em uma base muito simplista: a República de Weimar é retratada como um florescimento do design moderno que se encerrou quando Hitler chegou ao poder; o Terceiro Reich é geralmente ignorado.[18]

Em seu ensaio, Heskett desenvolve um argumento já por ele exposto anteriormente de que os nazistas não eram oponentes empedernidos do design moderno; eles apenas escolheram formas apropriadas para atender a diferentes propósitos políticos.[19] Como uma ponte entre a rígida estética geométrica do movimento moderno e o classicismo monumental da arquitetura cívica nazista, ele recorre ao modernismo conservador anterior de Julius Posener, que identificava o passado como base para um estilo moderno contemporâneo. Heskett descreve tentativas dos teóricos nazistas, já em 1922, de combinar ideias revolucionárias e conservadoras. Sua referência ao modernismo conservador alimenta seu argumento de que nem toda ideologia estética nazista estava baseada em visões nostálgicas da simplicidade *völkisch*. Com efeito, alguns designers trabalhando durante o período nazista eram modernistas declarados. Como exemplos, Heskett cita Wilhelm Wagenfeld, representado no ensaio por seus vasilhames de comida de vidro cúbico, e Hermann Gretsch, que projetou uma ampla gama de produtos, desde estufas de ferro forjado até utensílios domésticos de plástico.

Como Doordan, Heskett escreve sobre diferentes tipos de design, mas não se concentra na iconografia política tão exclusivamente quanto Doordan. Está particularmente interessado na política de um design nacional e se empenha em desacreditar o argumento de que todo design realizado no período nazista era *kitsch*.

A premissa de que o regime nazista apenas engendrou trabalho de pouco valor é, eu diria, insustentável, já que subestima inteiramente dois fatores. O primeiro é que projetos de alto calibre continuaram a ser produzidos no Terceiro Reich: uma ideologia condenável não produz necessariamente design inferior e a criatividade pode florescer em condições perversas. O segundo fato é que, quando usados para fins políticos, os artefatos atendem a objetivos que se estendem muito além das formas, funções e dos significados atribuídos a eles nos processos e nas práticas do design.[20]

A defesa de Heskett da continuidade entre o design moderno da República de Weimar e os padrões de design que operavam em organizações seletas do Terceiro Reich desafia as teorias de disjunção entre o modernismo das democracias liberais e o tradicionalismo dos regimes repressivos fascista e nazista subsequentes. Também desmente o argumento de Wendy Kaplan em favor de uma ligação entre o nacionalismo romântico do século XIX e o uso ignóbil de um passado pré-industrial pelos fascistas e nazistas nos anos 1930. Mais uma vez, os dois focos de Wolfson, o decorativo e o propagandístico, dão apoio à tese de Heskett. Um postal alemão de 1936 citado por Heskett mostra o deque de refeições do zepelim Hindenburg, cuja parede de mármore e mobília de aço tubular lembra de uma forma mais suave a sobriedade do pavilhão de Barcelona de Ludwig Mies van der Rohe de 1929, enquanto as estatuetas de cerâmica de R. Förster mostrando o jovem Hitler uniformizado estão, apesar de sua referência nazista, firmemente incrustadas numa longa tradição do gosto popular alemão.

A descrição de Heskett do design no Terceiro Reich deriva muito de sua própria distinção entre design e arte decorativa. O design, na visão de Heskett, é para consumo de massa e difere do objeto singular em suas condições de criação e concepção, bem como em seu modo de fabricação. O foco do autor no design industrial é mais penetrante do que o de qualquer dos outros ensaístas e exige especial atenção às diferentes maneiras pelas quais os especialistas que escreveram para esse catálogo usaram a coleção Wolfsonian.

No ensaio final do catálogo, Bernard Reilly discute questões mais de representação do que de produção, mediante a comparação de imagens de trabalhadores na arte alemã, italiana e americana dos anos 1930. Sua abordagem é iconográfica e também histórica, na medida em que usa analogias visuais entre pinturas de culturas diferentes para sugerir similaridades entre os três países, em lugar de supor que circunstâncias históricas produziram diferenças que tornam quaisquer comparações formais meramente acidentais. No início do ensaio ele afirma:

Este ensaio comparará uma série de trabalhos que abordam o tema da produção. Mostrará como e até que ponto os trabalhos refletem as realidades econômicas da época nos três países e as políticas oficiais com respeito à indústria e à força de trabalho adotadas pelos três governos. Essa comparação também sugerirá que apesar do profundo abismo ideológico que separava dois regimes militaristas e fascistas de uma sociedade pluralista, democrática, havia um tema comum subjacente nas várias estratégias de persuasão adotadas pelos três. Esse tema era o recente papel afirmativo a ser assumido pelo governo nacional na vida e no bem-estar do indivíduo.[21]

O argumento de Reilly parecia inverter os de Doordan e Heskett de que a singular ideologia de um regime de controle centralizado podia se manifestar de formas distintas. Embora certamente exista algo de útil por chamar a atenção para imagens similares em culturas diferentes, a tentativa de estabelecer paralelos políticos entre as imagens pode ser enganosa. Reilly compara um cartaz do artista italiano Marcello Dudovich, uma página de calendário para o Gabinete de Política Racial do Partido Nazista feito por Ludwig Hohlwein e o estudo de Frank Shapiro para um mural dos correios americanos para ilustrar sua observação de que os três regimes estavam preocupados com a coesão da família. Conquanto esse possa ser o caso, as razões ideológicas para promover a família eram suficientemente diferentes em cada país e suscitam questões acerca do valor da comparação. Tivesse Reilly se concentrado antes em questões de retórica do que de iconografia, poderia ter utilizado melhor o imaginário para explicar como cada governo construiu argumentos distintos para sua agenda específica com imagens que de outro modo poderiam parecer similares.

Como consequência das preocupações e dos métodos variados dos dez estudiosos, o catálogo não oferece uma leitura única da coleção de Wolfson. Alguns ensaístas se concentram no modo como os objetos funcionam como exemplares de técnicas de produção e juízos estéticos, enquanto outros renunciam a essas preocupações a favor de leituras que as consideram significantes de valores ideológicos. Essas abordagens interpretativas são um resultado inevitável das complexas estratégias de coleta de Wolfson, que flutuam entre a procura de objetos que transmitam ideais sociais e políticos significativos e a busca do puro prazer visual. Se admitirmos também que existem subtextos narrativos ocultos vinculados ao envolvimento psíquico mais profundo de Wolfson com os objetos que coletou, podemos ver que a conversão de uma coleção pessoal em um museu é um processo que resiste a um significado único. Isso é evidente no catálogo de Wendy Kaplan, que nos deixa mais com uma sensação das possibilidades narrativas ainda por explorar na coleção Wolfsonian do que com uma história que exclui outras interpretações.

Notas

1 Para informações adicionais sobre a vida de Wolfson, a história de sua paixão por colecionar e a fundação do Museu Wolfsonian, ver John Malcom Brinnin, "Mitchell Wolfson, Jr. The Man and His Mission", *Journal of Decorative and Propaganda Arts* (outono de 1988): 80-93; Tom Austin, "A Gentleman and a Scholar", *New Times* (30 de dezembro ce 1992-5 de janeiro de 1993): 11-12, 14, 18, 21-22; e John Dorschner, "What Hath Micky Bought?", *Herald Tropic*, 29 de outubro de 1995, pp. 6-16.

2 As categorias de Pearce são mencionadas em John Windsor, "Identity Parades", em John Elsner e Roger Cardinal (eds.), *The Culture of Collecting*, Cambridge: Harvard University Press, 1994, p. 50.

3 Micky Wolfson, citado em Austin, "A Gentleman and a Scholar", p. 22.

4 Ibid.

5 Dorschner, "What Hath Micky Bought?", p. 10.

6 O Wolfsonian agora faz parte da Florida International University.

7 Wendy Kaplan (ed.), *Designing Modernity: The Arts of Reform and Persuasion, 1885-1945*, Nova York: Thames & Hudson, 1995.

8 Mieke Bal, "Telling Objects: A Narrative Perspective on Collecting", em Elsner e Cardinal, *The Culture of Collecting*, p. 100.

9 Para uma análise crítica de Soane como colecionador, ver John Elsner, "The House and Museum of Sir John Soane", em Elsner e Cardinal, *The Culture of Collecting*, pp. 155-176.

10 Peggy Loar, prefácio a Kaplan, *Designing Modernity*, p. 7.

11 Wendy Kaplan, "Traditions Transformed: Romantic Nationalism in Design, 1890-1920", em Kaplan, *Designing Modernity*, p. 44.

12 Jeffrey L. Meikle, "Domesticating Modernity: Ambivalence and Appropriation, 1920-1940", em Kaplan, *Designing Modernity*, p. 165.

13 A extensão das posses de Wolfson nessa área, conjugada ao fascínio pela arquitetura de bolo de casamento do Castelo Mackenzie e pela mobília orientalista de de Klerk, sugere uma trilha que pode nos levar a uma melhor compreensão das propensões estéticas de Wolfson. Ele demonstrava pouca inclinação por colecionar a austera mobília de aço tubular que melhor representava o modernismo na Alemanha nos anos 1920. Por outro lado, manifestava um gosto por abordagens mais vistosas e dramáticas da forma.

14 Marianne Lamonaca, "A 'Return to Order': Issues of the Classical and the Vernacular in Italian Inter-War Design", em Kaplan, *Designing Modernity*, p. 195.

15 Dennis Doordan, "Political Things: Design in Fascist Italy", em Kaplan, *Designing Modernity*, p. 226.

16 Ibid., p. 230.

17 Ibid., 251.

18 John Heskett, "Design in Inter-War Germany", em Kaplan, *Designing Modernity*, p. 257.

19 Ver John Heskett, "Modernism and Archaism in Design in the Third Reich", *Block* 3 (1980): 13-24.

20 Heskett, "Design in Inter-War Germany", em Kaplan, *Designing Modernity*, p. 283.

21 Bernard Reilly, "Emblems of Production: Workers in German, Italian, and American Art during the 1930s", em Kaplan, *Designing Modernity*, p. 289.

HISTÓRIA DO DESIGN E ESTUDOS EM DESIGN

A história do design como matéria acadêmica recebeu seu primeiro grande estímulo no início dos anos 1970 na Grã-Bretanha. Em 1960, o *First Report* do National Advisory Council on Art Education (NACAE), conhecido como Relatório Coldstream, estipulava que todos os alunos de arte e design deveriam aprender a história das próprias disciplinas. Dez anos depois, uma comissão conjunta do NACAE e do National Council for Diplomas in Art and Design insistia que os cursos de história da arte e do design incorporassem métodos históricos sofisticados e relacionassem as respectivas práticas com questões e preocupações sociais. O disposto nesses relatórios, porém, basicamente se aplicava mais ao setor politécnico do que ao universitário.[1]

Professores de história do design foram trazidos de outros campos, como história da arte, por exemplo, e depois postos a trabalhar no desenvolvimento de currículos. Os novos cursos estabeleceram uma narrativa inicial para o campo, particularmente à medida que temas de cursos eram traduzidos em livros de texto e publicações para um público mais geral.

Na introdução às atas de uma primeira conferência de história do design em Brighton, Penny Sparke escreveu que

Walter Gropius e Adolph Meyer,
fábrica modelo, exposição
Werkbund, Colônia, 1914.

> [c]omo disciplina acadêmica, ela [a história do design] sem dúvida é filha das escolas de arte, onde o número crescente de alunos de design precisa de uma perspectiva histórica mais relevante a suas necessidades imediatas do que a propiciada pela história tradicional das belas-artes e em grande parte foi dentro de seus limites que ela floresceu e rendeu frutos.[2]

Independentemente da atividade docente na Grã-Bretanha, também foram criados cursos de história do design nos Estados Unidos, na Escandinávia e em outros países.[3] Com esses cursos, surgiu uma incipiente comunidade internacional de historiadores do design, estimulada por várias realizações institucionais — a fundação da Sociedade de História do Design na Grã-Bretanha em 1977 e do Fórum Escandinavo de História do Design em 1983, a série de conferências regulares e eventos especiais organizados por esses e outros grupos, diversas conferências internacionais de história do design e a criação de periódicos especializados que propiciam aos historiadores do design um lugar para publicarem suas pesquisas.[4]

A importância da história do design também tem sido reconhecida de modo intermitente por profissionais do design. Sessões conduzidas por historiadores são realizadas em conferências e congressos nacionais e internacionais de design, como os organizados pelo International Council of Graphic Design Associations (Icograda) e pela Industrial Designers Society of America (IDSA). O Icograda constituiu um Grupo de Trabalho de História do Design que se correspondeu durante vários anos em meados da década de 1980 e produziu uma bibliografia de história do design.[5] Embora as associações nacionais e internacionais não tenham criado um envolvimento sustentado com a história do design, isso não tira o mérito do poderoso efeito pedagógico da matéria sobre os futuros designers. Por meio de cursos de história do design ministrados por historiadores do design ou por professores de oficinas de design, estudantes em diversos países passaram a compreender o contexto cultural mais amplo no qual os designers trabalharam e no qual continuam a trabalhar.

Pensar a história do design como uma disciplina baseada em sólidas premissas do que é o design e de como podemos estudar seu passado é ignorar as dinâmicas travessias de fronteiras intelectuais que estão ocorrendo em outros lugares. Pesquisadores de fora da história do design, por exemplo, têm descoberto que o design é um tema rico para a pesquisa histórica e alguns dos melhores feitos iniciais da história do design procederam de pesquisadores de outros campos, como história da arte, estudos americanos e da história em si mesma.

Quando a história do design começou a surgir na Grã-Bretanha, os envolvidos acharam importante demarcar o tema "design" com fronteiras que moldariam o desenvolvimento de suas explicações históricas. No final dos anos 1970, John Blake, administrador no British Design Council, insistia que a história do design se tornasse "uma espécie de coagulação de ideias" que poderia se desenvolver em "um corpo identificável de conhecimento que inequivocamente possa ser rotulado de 'história do design' — não como apêndice da história da arte, da arquitetura, da tecnologia ou, nesse sentido, de nenhuma outra área, embora com ligações óbvias com todas essas áreas".[6]

A partir dessa época acumulou-se um corpo de conhecimento, mas, visto em retrospectiva, esse material, diversificado tanto em método como em objeto, não explica qual é o marco da pesquisa para o historiador do design. Apesar disso, avançamos muito além das fronteiras estabelecidas pelos pesquisadores que começaram a escrever relatos sobre a história da atividade de design.

A história do design não se desenvolveu com base em um bem entendido tema ou em um conjunto de métodos e princípios para a orientação da pesquisa. Em vez disso, cresceu em resposta à literatura inicial na área, a princípio celebrando-a e depois criticando-a. Entre os primeiros textos que equacionaram os termos dos debates posteriores, o mais influente foi o de Nikolaus Pevsner, *Pioneiros do movimento moderno*, publicado inicialmente em 1936 e mais tarde revisto como *Pioneiros do design moderno: de William Morris a Walter Gropius*. Pretendo examinar mais de perto esse livro por diversas razões; primeiro, porque propunha uma narrativa para a história do design da qual partiu a maioria dos historiadores do design de hoje e, em segundo lugar, porque levanta a questão de qual pode ser a contribuição de uma narrativa histórica ao entendimento do design. Para a minha análise, utilizei a edição revista de 1960, que ainda contém as premissas básicas formuladas por Pevsner em 1936. O fato de que ele não alterou substancialmente suas opiniões nos anos seguintes testemunha sua firme convicção em sua tese inicial.

Com formação em história da arte na Alemanha, Pevsner pertencia a um pequeno grupo de estudiosos que procuravam identificar uma qualidade distintiva da modernidade na arte, literatura e em selecionados objetos funcionais de seu tempo. Como muitos de seus predecessores alemães, infundiu um elevado sentido de moralidade em sua narrativa. Estava preocupado com o estabelecimento de sólidas bases para a discriminação estética, uma iniciativa que expandiu a partir de sua origem na apreciação especializada em direção a um sentido de pertencimento ao tempo próprio. Para Pevsner, certos objetos eram modernos e outros não. Ao final de *Pioneiros*, encontramos a seguinte declaração, colocada ao lado de uma foto da fábrica modelo que Walter Gropius e seu sócio Adolph Meyer projetaram para a exposição da Werkbund de 1914 em Colônia:

> **É a energia criativa deste mundo em que vivemos e trabalhamos e que queremos dominar, um mundo de ciência e tecnologia, de velocidade e perigo, de lutas árduas e nenhuma segurança pessoal, que é glorificada na arquitetura de Gropius e enquanto este for o mundo e essas forem suas ambições e problemas, o estilo de Gropius e outros pioneiros será válido.[7]**

Para sustentar essa elevada base moral, Pevsner instalou uma dicotomia maniqueísta entre a virtude, representada pela obra de Gropius e dos demais pioneiros que admirava, e o vício, que via materializado no estilo atravancado e hiperornamentado dos artigos ingleses da Grande Exposição de 1851. Ele explicava da seguinte maneira a horrorosa situação da exposição:

> **Economistas e filósofos foram cegos o bastante para proporcionar um fundamento ideológico para a atitude criminosa do empregador. A filosofia ensinou que o livre desenvolvimento da energia de todos era o único caminho natural e saudável do progresso. O liberalismo reinou inquestionado tanto na filosofia como na indústria e implicava liberdade total do fabricante para produzir qualquer coisa inferior e repulsiva, desde que ele se saísse bem com isso. E ele facilmente se saía, porque o consumidor não tinha tradição, nem educação nem lazer e, tal qual o produtor, era uma vítima desse círculo vicioso.[8]**

O método de Pevsner é um método muito tradicional na filosofia alemã. Ele definiu uma categoria kantiana para o sublime, que identificou como o estilo do movimento moderno e depois relatou a história da busca por realizá-lo. O livro termina em triunfo. Pevsner encontrava o sublime na obra de Gropius e seus colegas pioneiros e até 1960 ainda acreditava que essa obra corporificava os verdadeiros princípios do design.[9]

Os exemplos que Pevsner incluiu em sua narrativa são unificados apenas pelo seu próprio juízo *a priori* de que representam estágios de uma busca da verdade. Assim, *Pioneiros* não responde ao desafio de John Blake de que a história do design se torne "um corpo de conhecimento identificável". A agenda subjacente ao livro de Pevsner exclui a maior parte do que hoje aceitaríamos como tema apropriado para a história do design. Pevsner não só estabeleceu limites geográficos estritos para sua pesquisa — o foco principal era a Europa Ocidental e a Grã-Bretanha — mas também excluiu todos os objetos da vida cotidiana utilizados pelas pessoas comuns. Para Pevsner, o estudo do design era um ato de discriminação moral pelo qual os objetos comuns eram separados daqueles que corporificavam uma qualidade extraordinária.[10] Foi esse enredamento da moralidade com o tema que ainda hoje torna *Pioneiros* um livro problemático.

Entretanto, Pevsner encontrou apoio para seus valores depois que se mudou para a Inglaterra em 1933. Críticos britânicos como John Gloag e Herbert Read viram em seu método um meio de argumentação a favor da melhoria do design britânico. Em *An Enquiry into Industrial Art in England*, os resultados de uma pesquisa realizada por Pevsner sobre o setor fabril nas Midlands, ele concluía que "90% da arte industrial britânica são desprovidos de qualquer mérito estético".[11]

Dada a visão restritiva de Pevsner sobre objetos dignos de pesquisa histórica, não admira que tantos esforços tenham sido feitos desde a publicação de seu livro para ampliar o objeto da história do design. Na Inglaterra, Reyner Banham foi um dos primeiros a promover uma paixão pela cultura popular, particularmente a originada na América. Banham, membro do Independent Group, um círculo de artistas, arquitetos e críticos que se reuniam no Institute of Contemporary Art em Londres no início dos anos 1950, foi um elo importante para Pevsner desde que ele havia escrito sua dissertação, mais tarde publicada como *Theory and Design in the First Machine Age*, quando Pevsner estava no Courtauld Institute of Art.

Durante os anos 1950, Banham trabalhou ativamente como crítico da arquitetura e do design na *Architectural Review* e em outras publicações. Nessa condição, transmitiu um entusiasmo, embebido em inteligência crítica, por objetos produzidos em massa e também pelos diversos produtos da cultura popular da época.[12] Em um ensaio hoje clássico, "Who Is This 'Pop'?", estabeleceu uma ligação importante entre a aprovação criteriosa de Pevsner da moderna arquitetura e design e a dos entusiastas da cultura popular. Distinguindo entre um perito em *pop art* e um *connoisseur* das belas artes, Banham afirmou que "[a] oposição é apenas de gosto; afora isso, a formação exigida para se tornar um *connoisseur* é a mesma".[13] Embora como crítico tenha escrito muitos artigos sobre cultura de massa, Banham não se vinculou ao movimento de história do design na Inglaterra até o início dos anos 1970, quando contribuiu para um livro sobre serviços mecânicos para o curso sobre arquitetura moderna e design da Open University e participou de uma conferência sobre design e cultura popular na Escola Politécnica de Newcastle. Para a conferência de Newcastle, ele apresentou um trabalho sobre automóveis americanos intitulado "Detroit Tin Revisited".[14] Em um obituário para Banham, publicado no *Journal of Design History*, Penny Sparke afirmou a importância dessa intervenção. Para ela, o trabalho "serviu para inserir no contexto da disciplina em recente formação, a história do design, o trabalho na área da cultura de massa com que ele [Banham] estivera envolvido desde meados dos anos 1950".[15] Comentando a ulterior importância do texto de Banham, ela dizia que

[n]ão só não estava ultrapassado como serviu para introduzir na nova disciplina um elemento que não dependia inteiramente nem do período histórico nem dos fundamentos teóricos do Movimento Moderno. Essa era uma mensagem importante, cujo pleno significado ainda não foi totalmente apreendido e ao qual ainda são totalmente devedores os historiadores do design que hoje se empenham em áreas como consumo, feminismo, gosto e semântica dos objetos.[16]

Sparke está certa em atribuir a Banham um papel capital na inauguração do objeto da história do design. Seu trabalho deu aos historiadores mais jovens a confiança para explorar a história de todo tipo de artigos da produção em massa. Mas Banham não forneceu nenhum princípio para a definição do design como um assunto com fronteiras defensáveis.

Outro historiador britânico do design, John Heskett, trouxe para a história do design um novo conjunto de preocupações quando escreveu sobre aviões militares, tanques e veículos blindados em uma história do design industrial publicada em 1980. Com um interesse específico no entendimento das condições para a inovação do design, Heskett observou que o design de armas era "fortemente condicionado pelas atitudes militares".[17] Inaugurando uma linha de investigação que alguns historiadores do design depois adotaram, declarava que "[a] estética do medo raramente é discutida, ou mesmo admitida, e, no entanto, as poderosas formas impessoais de armamento militar estão entre as imagens mais generalizadas e evocativas de nossa era".[18]

Contudo, apesar da ampliação da história do design para incluir a cultura popular e os armamentos militares, deve-se notar também, de um ponto de vista feminista nos anos 1980, que seu objeto ainda parecia demasiado estreito. Cheryl Buckley argumentou de modo convincente em 1986 que

Ateliê de bordado, Royal School of Art Needlework, c. 1905

[a]té agora, os historiadores do design valorizaram mais e consideraram mais dignos de análise os criadores de objetos produzidos em massa... Excluir o artesanato da história do design é, na verdade, excluir da história do design grande parte do que as mulheres projetaram. Para muitas mulheres, os modos de produção artesanal eram o único meio de produção disponível, porque elas não tinham acesso nem às fábricas do novo sistema industrial nem à formação ofertada pelas escolas do novo design. De fato, o artesanato propiciava às mulheres uma oportunidade para expressarem suas habilidades criativas e artísticas fora da profissão do design dominada pelos homens.[19]

O que vimos até agora é uma progressiva abertura da história do design para incluir temas bem além do que Pevsner estaria disposto a reconhecer como válido. Como material a ser incluído podemos citar o design na Ásia, África, América Latina e outras regiões do mundo fora da órbita europeia e norte-americana. Mas mesmo tendo feito isso, ainda estaríamos diante do incômodo problema de se e como podemos estabelecer fronteiras para o campo. Já temos uma fragmentação nas histórias dos ofícios, do design gráfico e do design industrial. Conquanto essas divisões atendam a propósitos convenientes para a educação de estudantes que se preparam para carreiras em uma ou outra das atividades artesanais ou de design, elas não têm nenhuma correspondência legítima com categorias fundamentais da atividade do design e são apenas medidas-tampão para afastar o problema inevitável de tentar definir o "design" em si mesmo.

No primeiro capítulo de seu livro *Disegno industriale: un riesame* (O design industrial reconsiderado), intitulado "Definição", Tomás Maldonado fez uma tentativa de definir o design industrial, que é apenas um aspecto do tema mais amplo: "Por design industrial normalmente se quer dizer o planejamento de objetos fabricados industrialmente, ou seja, pela máquina, e em série".[20] Mas Maldonado observa que essa definição não é inteiramente satisfatória, já que não distingue entre a atividade do designer industrial e o que tradicionalmente pertencia ao engenheiro. É difícil, diz, demarcar no design de um produto industrial onde termina o trabalho de um e começa o do outro. Maldonado também encontra problemas nas tentativas passadas de produzir uma história única do design moderno e conclui que "[e]m termos estritos não se trata de uma história, mas de múltiplas histórias".[21]

Maldonado tem razão ao destacar a dificuldade de demarcar distinções entre tipos diferentes de atividade de design. A definição do que faz um designer industrial mudou muitas vezes e continuará a mudar. Como prova desse fenômeno na engenharia, Yves Deforge discutiu a formação oitocentista do engenheiro da seguinte forma:

> **Durante o período de transição, que em alguns casos durou até o início do século XX, a formação de engenheiros ainda incluía o conhecimento de tecnologia da construção ou ciência industrial, bem como uma iniciação ao conhecimento de estilos e ao desenho artístico acadêmico. Essa formação os deixava conceber interessantes montagens nas quais a função signo se manifestava**

por formas e decorações inspiradas por estilos clássicos ou pela imitação de efeitos arquiteturais.[22]

Após muitos anos de separação no século XX entre a educação para o que Deforge chama de "função utilidade", representada pela formação técnica dos engenheiros, e a "função signo", exemplificada pela educação mais estética dos designers industriais, temos agora alguns designers que reviveram a prática mais completa do século XIX pela obtenção de títulos tanto em engenharia como em design industrial.

O aspecto que desejo demonstrar aqui é que o design não significa uma classe de objetos que podem ser alfinetados como borboletas. Projetar é uma atividade em constante transformação. Assim, como podemos estabelecer um corpo de conhecimento sobre algo que não tem identidade fixa? Do ponto de vista do século XIX, essa é uma pergunta perturbadora. A mentalidade do século XIX floresceu na classificação. Durante esse período, grandes museus foram construídos para abrigar coleções de objetos distintos, como flora e fauna, arte erudita, artes decorativas e tecnologia. Fronteiras entre o natural e o artificial foram claramente traçadas. A arte foi também diferenciada do artesanato e os dois foram distinguidos ainda da tecnologia. Esse é o legado que claramente informava a história de Pevsner e hoje continua a nos incomodar. Mas atualmente nas universidades, como no mundo dos museus, poderosas forças intelectuais estão rompendo as fronteiras que outrora pareciam imutavelmente separar os campos do conhecimento. Tomemos como exemplo a história da arte. Seu objeto se ampliou para incluir temas como outdoors, displays de museus e suvenires. A história do design também foi incorporada à esfera do historiador da arte sem ninguém pestanejar. E os métodos da história da arte se multiplicaram amplamente à medida que os estudiosos foram atraídos por teorias críticas de muitos outros campos e disciplinas, como antropologia, sociologia, filosofia e psicanálise. Nesse ponto, poder-se-ia até argumentar que o termo "estudos de arte" representa mais efetivamente a gama diversificada de práticas que hoje constitui o que está sendo pesquisado e ensinado nos departamentos de história da arte em todos os Estados Unidos e outros países.

Em um convincente ensaio intitulado "Blurred Genres: The Reconfiguration of Social Thought", o antropólogo Clifford Geertz afirma que "o presente amontoado de variedades de discurso chegou ao ponto em que está ficando difícil rotular autores (O que é Foucault — historiador, filósofo, teórico político? E Thomas Kuhn — historiador, filósofo, sociólogo do conhecimento?) ou classificar obras (O que é o *After Babel* de George Steiner — linguística, crítica, história da cultura? E *On Being Blue* de William Gass — tratado, conversa, apologética?)".[23] Geertz continua:

> **É um fenômeno geral e distintivo o bastante para sugerir que aquilo a que estamos assistindo não é apenas mais um novo traçado do mapa cultural — o deslocamento de algumas fronteiras contestadas, a demarcação de alguns lagos de montanha mais pitorescos —, mas uma alteração dos princípios de mapeamento.[24]**

Vista da perspectiva de Geertz de como o discurso intelectual está mudando, a expansão do objeto da história do design desde a metade dos anos 1930, quando Pevsner publicou *Pioneiros*, pode ser considerada apenas um outro traçado do mapa do design. Embora essa expansão tenha prosseguido em anos recentes para incluir mais novos temas, como o design nas regiões fora da Europa e dos Estados Unidos e a pesquisa de questões relacionadas ao consumo, ela não contribuiu para uma reformulação radical de como devemos refletir sobre o próprio design.

Quando Geertz escreve sobre "uma alteração dos princípios de mapeamento", está se referindo à desconfiança da época com os métodos de interpretação existentes desde longa data em disciplinas tão diversas como a etnografia, a filosofia e até a economia.[25] Métodos básicos de interpretação em disciplinas que outrora eram consolidados estão sendo hoje contestados e, em certos casos, rejeitados. Não é simplesmente um fenômeno temporário, mas uma revolução fundamental nos tipos de reflexão com que queremos nos envolver como seres humanos, já que o que encaramos como conhecimento é a mera codificação de nossa experiência coletiva no mundo.[26]

Tendo partido de um objetivo limitado como o fornecido por Pevsner, é compreensível que uma energia significativa tivesse sido investida na ampliação da gama de temas que os historiadores do design poderiam estudar. Embora tenhamos começado a incorporar material novo das regiões menos desenvolvidas do mundo, aprendemos também com diversas historiadoras feministas que categorias inteiras de objetos, quer sejam projetados ou produzidos, estão sob suspeita por causa de sua relação com a cultura patriarcal, que perpassa todas as regiões geográficas.

O feminismo propiciou uma poderosa crítica da história do design, embora as historiadoras feministas estejam divididas entre as que mantiveram uma definição estática do "design" e da relação da história com ele e as que estão interessadas em usar a história para explorar como poderia ser uma nova prática feminista do design.[27] Apesar dessas diferenças, porém, as feministas tiveram de romper as distinções entre história, teoria e crítica a fim de estabelecer uma posição vantajosa da qual conceber o design e a história do design.

Mas mesmo quando consideramos o design a partir de novas posições, devemos ainda nos perguntar se estamos estudando uma classe específica de objetos que são estabilizados em categorias, como artes ou objetos produzidos industrializados, ou se o objeto do design é realmente muito mais amplo. Penso que essa última posição seja verdadeira. A história do design no século XX mostra-nos que os designers não foram limitados por um conjunto de princípios e regras que interditassem o escopo de seu trabalho. Ao contrário, inventaram o objeto de sua profissão à medida que avançaram.

Henry Dreyfuss e Norman Bel Geddes, por exemplo, passaram do design de produtos para a criação de cidades-modelo para a Feira Mundial de Nova York em 1939, enquanto Raymond Loewy projetou um espaçoporto do futuro para a mesma feira e mais tarde passou a trabalhar para a National Aeronautics and Space Administration (Nasa) no interior da cápsula Skylab. Nos anos pós-guerra, Charles e Ray Eames e muitos outros designers criaram projetos inteiramente novos que não foram imaginados pelos consultores anteriores. Na Itália, várias gerações de designers, incluindo Franco Albini, Ettore Sottsass Jr., Mario Bellini e Andrea Branzi — todos com formação inicial em arquitetura — ficaram em um contínuo vaivém entre design, arquitetura e urbanismo. E não devemos esquecer R. Buckminster Fuller, cuja carreira como engenheiro e designer desafia todas as categorias anteriores da prática.

R. Buckminster Fuller com um modelo de sua Dymaxion House, c. 1927.

Dado esse processo de contínua invenção que expande nosso entendimento prévio do que fazem os designers, faz mais sentido conceber o design o mais amplamente possível a fim de lançar as bases para o seu estudo. Se considerarmos o design como a concepção e o planejamento do mundo artificial, podemos reconhecer o artificial como uma categoria mutável em rápida transformação à medida que a invenção humana reiteradamente desafia sua relação com o natural. Para apreender a importância da inteligência artificial, da engenharia genética e da nanotecnologia, devemos progressivamente ampliar nossa compreensão do que é o design e ao mesmo tempo nos ocupar com o estabelecimento de suas narrativas históricas.

As mudanças decisivas momentosas por que passa o mundo atualmente estão nos obrigando a reconsiderar como devemos abordar o design como objeto de estudo. Eu diria que ele é a atividade ampla do projetar, com seus resultados multifacetados, que pode abrir para os historiadores do design uma gama de novas questões importantes que não foram colocadas antes de forma coerente e pode simultaneamente possibilitar aos designers a consideração de novas possibilidades para a prática.

Utilizando uma concepção ampliada do artificial como a base para nossas pesquisas, poderemos assim empreender novas investigações do que é projetar e como isso afeta o modo de organizarmos possibilidades para a ação humana. Logo, essas questões nos obrigam a reconsiderar como constituímos anteriormente a história do design. Já que não podemos isolar uma classe fixa de produtos — sejam eles materiais ou imateriais — como objeto para a história do design e uma vez que precisamos, em vez disso, pensar o ato de projetar como um ato de invenção contínua, não é realista crer que possamos demarcar um terreno estável que possa ser reivindicado pelos historiadores do design. O que antecipo é que o design possa funcionar como um tema fecundo em torno do qual possam ser organizados os mais diversos tipos de pesquisa, tanto relacionados à história como à situação contemporânea.

Dessa forma, desejo propor dois locais para a história do design — um em relação ao discurso e aos interesses específicos dos próprios profissionais e o outro em relação ao campo mais amplo do discurso do design, onde ela possa contribuir para a pesquisa em curso sobre o design e seu futuro. No campo mais amplo, a história pode desempenhar um papel poderoso que atualmente é negligenciado. Os historiadores carregam o conhecimento da melhor prática do design do passado, bem como a identificação de práticas e atividades de design que precisam ser repetidas.[28] Também conseguem sustentar padrões baseados na experiência e a partir das atividades anteriores extrapolar possibilidades para o futuro. À medida que se intensifica uma cultura de pesquisa do design, será importante envolver os historiadores para que se engajem nas questões atuais de interesse profissional e forneçam uma "visão longa" que, em outros aspectos, está fazendo falta.

Até agora, poucos historiadores do design buscaram esse papel. Conquanto se possa afirmar que a história do design é um campo relativamente novo e que as energias do historiador são melhores quando voltadas para o desenvolvimento da própria comunidade de pesquisa, também se pode propor que os historiadores do design são urgentemente necessários para impedir que o discurso do design dê uma guinada forte demais rumo à técnica como tema dominante de pesquisa. Os historiadores têm capacidade para ajudar a moldar a consciência da comunidade do design e contribuir para a articulação de seus ideais, princípios e suas agendas de pesquisa.

A tensão entre reflexão e técnica, que desejo diferenciar da dicotomia clássica teoria-prática, é marginalizada ou atenuada em muitas profissões. Na pesquisa de doutoramento em trabalho social, por exemplo, pelo menos tal como conduzida em muitas universidades americanas, existem cursos de história do trabalho social, que normalmente são ministrados por acadêmicos do trabalho social, mas os alunos são fortemente incentivados a realizar projetos de pesquisa quantitativa para suas dissertações. Tais tensões existem em outros campos como o planejamento urbano, no qual muitas vezes são os envolvidos com questões políticas atuais que dominam o lado reflexivo da educação em planejamento.

Um envolvimento mais forte dos historiadores com a florescente cultura de pesquisa em design significaria o fim da Design History Society ou de qualquer outro grupo de historiadores do design que se reúna para desenvolver a história do design como campo. Significaria uma abertura maior da parte dos historiadores do design para enfrentar e refletir sobre questões da prática atual e envolver-se com pesquisadores do design com interesses diferentes dos seus.

Esse engajamento deve funcionar em duas direções. Em primeiro lugar, pode contribuir para o discurso mais amplo sobre o design e ajudar a estruturar a reflexão do design como uma atividade embasada na experiência histórica, bem como na técnica atual; e, em segundo lugar, pode abrir o objeto da história do design para novos temas que de outro modo seriam esquecidos. A incorporação da história do design em um campo mais amplo de pesquisa em design suscita um diálogo com outros pesquisadores além dos historiadores. Isso não tira o valor da identidade própria da história do design, mas contrabalança a tendência de mantê-la como um campo distinto de atividade com relevância primordial para os próprios profissionais.

Em "As múltiplas tarefas da pesquisa em design" a seguir, apresento uma visão pluralista da pesquisa em design que pode abranger muitos tipos diferentes de conhecimento. Para o meu propósito aqui, simplesmente definirei a pesquisa em design como o campo de pesquisa que aborda questões de como fazemos e usamos produtos em nossa vida cotidiana e de como o fizemos no passado. Esses produtos compreendem o domínio do artificial. A pesquisa em design aborda questões de concepção e planejamento, produção, forma, distribuição e uso dos produtos. Ela considera esses temas tanto no presente como no passado. Com os produtos, ela também abarca a rede discursiva na qual produção e uso estão imbricados. Seu objeto inclui a cultura visual e material, bem como o design de processos e sistemas.

Estudiosos em diferentes esferas de pesquisa já estão contribuindo para um discurso mais amplo sobre design. Na antropologia cultural, por exemplo, Mary Douglas e Baron Isherwood, Grant McCracken, Daniel Miller e outros têm escrito muito sobre consumo, embora nele se concentrem como um ato simbólico, sem levar em conta as questões de como os produtos são projetados e executados, além de como são efetivamente incorporados às atividades cotidianas dos usuários. Em seu importante livro *Material Culture and Mass Consumption*, publicado em 1987, Miller foi particularmente crítico do tipo de história do design que "pretende ser uma pseudo-história da arte, na qual a tarefa é localizar grandes indivíduos como Raymond Loewy ou Norman Bel Geddes e retratá-los como os criadores da moderna cultura de massa".[29] Depois da publicação de *Material*

Culture and Mass Consumption, Miller participou de diversas conferências patrocinadas e copatrocinadas pela Design History Society na Grã-Bretanha e seu livro tem sido citado por alguns historiadores do design como um trabalho importante para a área. Miller centrou sua atenção no consumidor e afirmou, com outros antropólogos, que o consumo não é um ato passivo, mas um projeto criativo por meio do qual as pessoas colocam produtos em uso em sentidos que não foram necessariamente os pretendidos por aqueles que os projetaram e produziram. Com isso ele ampliou o contexto no qual estudar os produtos na cultura contemporânea.

Entretanto, não desejo privilegiar a antropologia cultural como a base disciplinar para a pesquisa em design. Ela é apenas uma dentre uma série de disciplinas e campos estabelecidos — entre eles a filosofia da tecnologia, a teoria geral dos sistemas, os estudos culturais e a psicologia cognitiva — cujos pesquisadores estão agora começando a reconhecer a importância do design na vida contemporânea. Quando reflito sobre a forma que a pesquisa em design pode assumir em um contexto universitário, não imagino uma nova disciplina que fechará suas fronteiras a intervenções de outras áreas. Eu adotaria a sugestão de Robert Kates que foi fundamental no estabelecimento de um programa sobre a fome mundial na Brown University. Em lugar de se concentrar na questão das fronteiras disciplinares, o professor Kates enfatizava a definição dos problemas para pesquisa:

> **Mas nós não somos uma disciplina, nem deveríamos ser, apesar de nossa prototeoria, de novos materiais acadêmicos ou cursos universitários. Precisamos ser inclusivos, não exclusivos; precisaremos de novas habilidades e percepções à medida que mudam nossas investigações atuais.[30]**

O desafio para aqueles de nós que estudam o design no início do século XXI é estabelecer um lugar central para ele na vida contemporânea. Isso requer novas concepções ousadas e o tipo de abertura advogada pelo professor Kates, em lugar do pensamento mais limitado que até agora tem caracterizado grande parte do estudo do design. Os historiadores têm um papel central a desempenhar nesse processo e ainda resta saber se aceitarão o desafio.

Notas

1 Para este artigo, baseei-me em um trabalho de Clive Ashwin, apresentado em uma conferência de 1977 sobre história do design na Brighton Polytechnic. Ver Ashwin, "Art and Design History: The Parting of the Ways?", em *Design History: Fad or Function?*, Londres: Design Council, 1978, pp. 98-102. Ver também Jonathan Woodham, "Recent Trends in Design Historical Research in Britain", em Anna Calvera e Miquel Mallol (eds.), *Historia desde la periferia: historia e historias del diseño. Actas de la 1ª Reunión Científica Internacional de Historiadores y Estudios del Diseño*, Barcelona 1999/Design History Seen from Abroad: History and Histories of Design. Proceedings of the 1st International Conference of Design History and Design Studies, Barcelona 1999, Barcelona: Universitat de Barcelona Publications, 2001, pp. 85-97.

2 Penny Sparke, introdução a *Design History: Fad or Function?*, p. 5.

3 Ver meu ensaio "Design History in the United States, 1977-2000" neste livro.

4 Um encontro internacional de historiadores do design foi organizado por Anty Pansera, Fredrik Wildhagen e eu em Milão em maio de 1987. A esse seguiu-se outro, planejado por Paul Greenhalgh, Fredrik Wildhagen e eu no Victoria and Albert Museum em Londres em dezembro de 1990. O evento mais recente, organizado por Anna Calvera e com o título "First International Conference of Design History and Design Studies" (embora não fosse o primeiro), foi realizado em Barcelona em abril de 1999 e foi seguido de outro realizado em Havana, Cuba, em junho de 2000. Os anais do congresso de Milão foram publicados como *Tradizione e modernismo, 1918/1940: atti del convegno* (Tradição e modernismo: O design entre as guerras, 1918-1940: Atas do congresso), Anty Pansera (ed.), Milão: L'Arca

Edizioni, 1988. Os anais do congresso de Barcelona, editados por Anna Calvera e Miquel Mallol, foram publicados em 2001 (ver nota 1 acima). O primeiro periódico acadêmico de design a publicar artigos de história do design talvez tenha sido *Design Issues*, fundado em 1984. O *Journal of Design History* começou a ser publicado na Grã-Bretanha em 1988 e o anual *Scandinavian Journal of Design History*, sediado no Museu Dinamarquês de Arte Decorativa em Copenhague, começou em 1991. Mais recentemente, o Bard Graduate Center for Studies in the Decorative Arts, Design and Culture fundou um novo periódico acadêmico, *Studies in the Decorative Arts*, que frequentemente incursiona pela história do design. O periódico catalão *Temes de Disseny* também publica academicamente artigos ocasionais sobre história do design, como o periódico brasileiro *Arcos*.

5 As iniciativas do Icograda em história do design ocorreram em virtude da visão de seu então presidente Jorge Frascara. Ele instituiu um grupo de trabalho e captou recursos para publicar a bibliografia. Ver Victor Margolin, *Design History Bibliography*, Londres: Icograda, 1987.

6 John Blake, "The Context for Design History", em *Design History: Fad or Function?* 56.

7 Nikolaus Pevsner, *Pioneers of Modern Design from William Morris to Walter Gropius*, Harmondsworth: Penguin, 1960, p. 217.

8 Ibid., p. 46.

9 Apesar dessa convicção conforme declarada em *Pioneiros*, Pevsner havia começado a repensar algumas de suas opiniões dos anos 1950. Ver Pauline Madge, "An Enquiry into Pevsner's Enquiry", *Journal of Design History* 1, nº 2 (1988): 122-123. Madge está se referindo ao livro de Pevsner, *An Enquiry into Industrial Art in England*, publicado em 1937.

10 Uma ênfase na discriminação do gosto também pode ser encontrada em um dos mais importantes textos de história da arte dos anos do pós-guerra. Ver Horst Janson, *History of Art*, 2ª ed., Nova York: Prentice Hall and Harry N. Abrams, 1977.

11 Pevsner, *An Enquiry*, citado em Madge, "An Enquiry into Pevsner's Enquiry", p. 122.

12 Para uma discussão do trabalho de Banham como crítico, ver Nigel Whiteley, "Olympus and the Marketplace: Reyner Banham and Design Criticism", *Design Issues* 13, nº 2 (verão de 1997): 24-35.

13 Reyner Banham, "Who Is This 'Pop'?" em Reyner Banham, *Design by Choice*, Penny Sparke (ed.), Londres: Academy Editions, 1981, p. 94.

14 Reyner Banham, "Detroit Tin Re-visited", em *Design, 1900-1960: Studies in Design and Popular Culture of the 20th Century*, Thomas Faulkner (ed.), Newcastle: Newcastle upon Tyne Polytechnic, 1976, pp. 120-140.

15 Penny Sparke, "Peter Reyner Banham, 1922-1988", *Journal of Design History* 1, nº 2 (1988): 141.

16 Ibid., p. 142.

17 John Heskett, *Industrial Design*, Nova York e Londres: Thames & Hudson, 1980, p. 190.

18 Ibid.

19 Cheryl Buckley, "Made in Patriarchy: Toward a Feminist Analysis of Women and Design", em Victor Margolin (ed.), *Design Discourse: History Theory Criticism*, Chicago e Londres: University of Chicago Press, 1989, p. 255. O ensaio foi publicado originalmente em *Design Issues*, 3, nº 2 (1986): 3-14. Buckley revisitou e expandiu suas opiniões anteriores em um artigo publicado uma década depois, "Made in Patriarchy: Theories of Women and Design — A Reworking", em *Design and Feminism: Re-Visioning Spaces, Places, and Everyday Things*, editado por Joan Rothschild com a assistência de Alethea Chang, Etain Fitzpatrick, Maggie Mahboubian, Francine Monaco e Victoria Rosner, New Brunswick e Londres: Rutgers University Press, 1999, pp. 109-118.

20 Tomás Maldonado, *Design Industriale: Un Riesame*, rev. e ampl., Milão: Feltrinelli, 1991, p. 9. A primeira edição surgiu em 1976.

21 Ibid., p. 16.

22 Yves Deforge, "Avatars of Design: Design before Design", em Victor Margolin e Richard Buchanan (eds.), *The Idea of Design: A Design Issues Reader*, Cambridge: MIT Press, 1995, pp. 21-28.

23 Clifford Geertz, "Blurred Genres: The Reconfiguration of Social Thought", em Geertz, *Local Knowledge: Further Essays in Interpretive Anthropology*, Nova York: Basic Books, 1983, p. 20.

24 Ibid.

25 Ver, por exemplo, John S. Nelson, Allan Megill e Donald N. McCloskey (eds.), *The Rhetoric of the Human Sciences: Language and Argument in Public Affairs*, Madison: University of Wisconsin Press, 1987; e Donald N. McCloskey, *If You're So Smart: The Narrative of Economic Expertise*, Chicago e Londres: University of Chicago Press, 1990.

26 Um bom exemplo de um estudo sobre o design que atravessa diferentes campos é Tim Putnam e Charles Newton (eds.), *Household Choices*, Londres: Futures Publications, 1990. O catálogo do Household Choices Project inclui ensaios escritos por historiadores, antropólogos e especialistas em habitação e apresenta também várias sequências fotográficas. John Murdoch, em sua introdução ao catálogo, notou a influência de novos métodos na história da arte e crítica literária sobre a pesquisa em design: "A ideia de que o produto, normalmente no ponto de venda, pode ir além do controle do fabricante e entrar em um domínio de entendimento, interpretação e uso variáveis pareceu menos familiar do que havia recentemente se tornado para os historiadores da arte e certamente menos familiar do que era para os críticos de textos escritos." (5) *Household Choices* nos levou a uma distância considerável do livro de Pevsner *Pioneers of the Modern Movement*, um livro com o qual dificilmente pode ser comparado. Não é moralista em relação à qualidade dos produtos nem privilegia os artefatos do movimento moderno como mais dignos de nossa atenção do que outros. Tampouco dá primazia às intenções do designer na definição do significado de um produto. Ele sugere uma identidade mais complexa para o produto do que simplesmente o resultado de um processo de design. Em lugar disso, está situado num contexto e seu significado é criado, em parte, pelos usuários.

27 Na literatura da história do design feminista merecem destaque Judy Attfield e Pat Kirkham (eds.), *A View from the Interior: Feminism, Women, and Design*, Londres: Women's Press, 1989; Isabelle Anscombe, *A Woman's Touch: Women in Design from 1860 to the Present Day*, Nova York: Viking, 1984; Penny Sparke, *As Long as It's Pink: The Sexual Politics of Taste*, Londres: Pandora, 1995; e Pat Kirkham (ed.), *Women Designers in the USA, 1900-2000: Diversity and Difference*, New Haven e Londres: Yale University Press, 2000. A questão mais ampla de como os objetos assumem uma identificação de gênero é tratada em *The Gendered Object*, Pat Kirkham (ed.), Manchester e Nova York: Manchester University Press, 1996. Ver também Cheryl Buckley, "'The Noblesse of the Banks': Craft Hierarchies, Gender Divisions, and the Roles of Women Paintresses and Designers in the British Pottery Industry, 1890-1939", *Journal of Design History* 2, nº 4 (1989): 257-274; e "Design, Femininity, and Modernism: Interpreting the Work of Susie Cooper", *Journal of Design History* 7, nº 4 (1994): 277-294; e ainda Suzette Worden e Jill Seddon, "Women Designers in Britain in the 1920s and 1930s: Defining the Professional and Redefining Design", *Journal of Design History* 8, nº 3 (1995): 177-194.

28 Um bom exemplo disso seria a crítica à tentativa do ministro britânico do Comércio de moldar o gosto público ao produzir "produtos de utilidade" durante a Segunda Guerra Mundial e o esforço subsequente do Conselho de Design Industrial do pós-guerra de reforçar essa intenção. Ver o excelente conjunto de ensaios sobre o tema do design de utilidades em Judy Attfield (ed.), *Utility Assessed: The Role of Ethics in the Practice of Design*, Manchester e Nova York: Manchester University Press, 1999.

29 Daniel Miller, *Material Culture and Mass Consumption*, Oxford: Basil Blackwell, 1987, p. 142.

30 Robert Kates, "The Great Questions of Science and Society Do Not Fit Neatly into Single Disciplines", *Chronicle of Higher Education* (17 de maio de 1989): 81.

Vladimir Tatlin e seus assistentes construindo o Monumento à Terceira Internacional, Moscou, 1920.

OS DOIS HERBERTS

Desde o momento em que Herbert Simon propôs uma "ciência do design" em 1969, esse objetivo permaneceu impreciso. Tem havido constantes esforços, particularmente entre pedagogos do design, para fundamentar o design em um corpo de conhecimento com rigoroso domínio que acreditam constituir uma disciplina do design, mas não tem havido acordo quanto ao que constitui esse conhecimento. Entre os que conduziram ativamente esses esforços encontra-se Nigel Cross, editor do periódico britânico *Design Studies*. Em um editorial de 1996, Cross se manifestou contra engolfar o design com culturas estranhas, fossem da ciência ou da arte, embora admitisse o valor de empréstimos dessas culturas quando apropriados. Sua preocupação básica era com a legitimidade. "Precisamos conseguir demonstrar que os padrões de rigor e relevância em nossa cultura intelectual pelo menos correspondam aos das demais", escreveu.[1]

Na busca de legitimidade baseada em padrões existentes em outras culturas de pesquisa, Cross fazia coro a uma das preocupações de Simon, de que o design seja conceituado de modo a merecer estudo universitário. De fato, Cross fazia extensas citações do ensaio de Simon, "The Science of Design: Creating the Artificial" ["A ciência do design: criando o artificial"].[2]

A despeito das frequentes citações do trabalho de Simon como precedente para uma ciência ou disciplina do design, o que os analistas frequentemente deixam passar no ensaio anteriormente mencionado é que Simon procura legitimar o design como uma ciência mediante a máxima redução possível do papel do juízo intuitivo no processo do design. "No passado", escreve, "grande parte, se não a maior parte, do que sabíamos sobre design e sobre as ciências artificiais era intelectualmente delicada, intuitiva, informal e receitável."[3] Em lugar disso, ele define uma ciência do design como "um corpo de uma ministrável doutrina intelectualmente firme, analítico, em parte formalizável, em parte empírico, sobre o processo de design".[4] Assim, para ser legítimo, o pensamento de design deve ser transferível e verificável.

Lembremos que Simon apresentou as palestras nas quais se baseia seu livro no Instituto de Tecnologia de Massachusetts, uma das principais universidades técnicas americanas, e definiu seus padrões e critérios para uma nova ciência do design em termos que seriam aceitáveis a uma comunidade de engenheiros. Consequentemente, dedicou considerável atenção no capítulo sobre a ciência do design a modos lógicos que resultariam em métodos eficientes de solução de problemas. A tendência de Simon a um rigor lógico que ele crê ser fundamental a uma ciência respeitável do design é muitas vezes desconsiderada por aqueles que citam seu trabalho como precedente para uma nova disciplina do design. Poucos professores de design tentaram articular como Simon os elementos do processo de design de modo que, por inteiro ou em parte, pudesse ser reproduzido por um computador — um objetivo que Simon propôs em "The Science of Design". Ele desdenha o que chama de "métodos de receituário", que, segundo ele, afastaram o design do currículo das engenharias, e rejeita o juízo ou a experiência como bases para o design, porque esses não podem ser articulados em uma linguagem inteligível aos engenheiros. Prefere adotar processos de design que se corporificaram em "executar programas de computador: otimizar algoritmos, procedimentos de pesquisa e programas com finalidades especiais para projetar motores, equilibrar linhas de montagem, selecionar carteiras de investimento, localizar depósitos, projetar rodovias, diagnosticar e tratar doenças e assim por diante".[5]

A teoria do design de Simon é operacional. Ele está interessado em estratégias de tomada de decisão que sejam baseadas em procedimentos deduzidos matematicamente. Seu foco está antes no método do que no resultado. Embora evite o juízo ou a experiência como base para a tomada de decisão em design, utiliza exatamente essas qualidades para caracterizar os objetivos do design, que são definidos de forma tão assistemática em sua teoria quanto ele diria que era a metodologia na teoria de outrem. Ele define seus exemplos, sejam "cidades ou prédios ou economias", como sistemas complexos, permitindo-lhe, assim, privilegiar os métodos específicos de solução de problemas que vinha patrocinando como adequados para projetá-los. Os projetos de Simon são simplesmente dados, e não apresentados como entidades que possam ser contestadas de outras perspectivas.

Nos anos a partir do lançamento de *The Sciences of the Artificial* e edições subsequentes, houve pouca discussão acerca de uma ciência do design como oposta a uma disciplina e tampouco os mais preocupados com questões de disciplinaridade se sentiram constrangidos pela rejeição de Simon do juízo e da experiência. Mas o ensaio de Simon, com sua definição enganosamente abrangente da atividade do design ("Todos os que projetam divisam cursos de ação voltados para transformar as situações existentes em situações preferíveis"), se transformou em estímulo para uma orientação na atividade de pesquisa mais concentrada em criar modelos objetivos do processo de design do que em desenvolver uma teoria crítica da prática.

Se o termo "ciência do design" tivesse alcançado repercussão mais ampla, teria excluído grande parte da pesquisa e da atividade de design hoje existente. Procurar validar os métodos da prática do design de acordo com o discurso da ciência simplesmente criaria uma hierarquia de atividades baseada em uma concepção de rigor lógico que se tornaria, em minha opinião, um ponto de referência indesejável para a legitimação do design como matéria acadêmica.

Prefiro uma concepção muito mais aberta da atividade de design que não esteja preocupada em justificar uma esfera distinta de conhecimento de domínio como propósito principal da pesquisa. Reconheço o valor de tal conhecimento, mas quando ele é procurado ou definido de modo estrito demais, os pesquisadores tendem a excluir outras perspectivas valiosas. Em vez disso, acho saudável a multiplicidade de discursos, que pode contribuir para uma maior compreensão do design, tanto no sentido prático como no teórico.[6]

Até agora, a questão de saber se o design deve ser considerado ciência, disciplina ou uma prática mais pluralista permaneceu uma questão marginal a ser debatida entre teóricos. Mas hoje a questão tem uma nova urgência. Há um crescente movimento mundial no sentido de implantar programas de doutoramento em design e construir uma cultura de pesquisa acadêmica séria para o assunto.[7] Com o advento dessas iniciativas, torna-se imperativo interrogar o sentido em que constituímos o design, de modo a podermos criar as condições mais frutíferas para seu ensino e sua pesquisa. A questão da formação doutoral é particularmente importante, pois será pela pesquisa realizada em tais programas que será criado importante conhecimento novo de design.

Para que uma comunidade de pesquisa seja respeitada pelos pesquisadores de outros campos, bem como pelos leigos, deve haver certa percepção de que a profissão a que ela está ligada saiba como valorizar e utilizar os tipos de conhecimento produzidos pela comunidade. Por isso, é extremamente importante estruturar um debate sobre a natureza da atividade de design de forma a resultar em um entendimento maior sobre quais tipos de pesquisa em design serão julgados valiosos, mesmo que essas tendências de pesquisa estejam em conflito entre si. Não estou falando aqui de um campo acadêmico que deva concordar com método ou objetivo únicos de pesquisa, mas, ao contrário, de um campo que reconheça e valorize uma pluralidade de métodos e objetivos de pesquisa dotados de alguma relação comum com a profissão mais ampla com a qual se relacionam.

Quero argumentar aqui que a história, a teoria e a crítica devem desempenhar um papel central no campo diversificado da pesquisa em design e devem fazer parte do currículo em todo programa de doutoramento em design, bem como em programas no nível de graduação e mestrado. Das três matérias, a teoria continua a ser a mais difícil de caracterizar e a mais aberta a interpretações diferentes. A teoria do design, tal como Herbert Simon a define, complementa o currículo da ciência natural "na formação total de um engenheiro profissional — ou de qualquer profissional cuja tarefa seja solucionar problemas, escolher, sintetizar, decidir".[8] Simon propõe uma teoria operacional que inclua a teoria da utilidade, a teoria da decisão estatística, teorias de sistemas hierárquicos e teorias da lógica.[9] O modo como situou a teoria em seu currículo para uma ciência do design impossibilita colocar esse objeto em relação com a história ou a crítica sem questionar a justificação tácita para sua própria definição de design.

Embora Simon seja cuidadoso em distinguir a ciência do design da ciência natural, ele naturalizou os métodos do design e os embutiu em um referencial técnico da atividade design. Esse referencial privilegia o pensamento sistêmico como meio de gerar projetos de design e a eficiência como uma maneira de avaliar a efetividade do pensamento de design.

As definições de Simon da prática e da teoria do design se enquadram no que o falecido filósofo Herbert Marcuse chamou de "racionalidade tecnológica". Segundo Marcuse, esse é "um padrão de pensamento e comportamento unidimensional no qual as ideias, aspirações e os objetivos que, por seu conteúdo, transcendam o universo estabelecido de discurso e ação ou são repelidos ou são reduzidos aos termos desse universo. Eles são redefinidos pela racionalidade de um dado sistema e da sua extensão quantitativa".[10] Evidentemente, a rejeição de Simon ao juízo e à experiência como fontes não quantificáveis e não transferíveis de pensamento de design se encaixa na afirmação de Marcuse.

Marcuse prossegue e afirma que sistemas de racionalidade fechada definem o universo em que cada um vive de acordo com os termos dos que estão no controle. Conquanto minha intenção não seja afirmar que a formação em design deva ter uma orientação ideológica explícita, quero comentar a relevância da crítica de Marcuse ao modo como posicionamos a história, a teoria e a crítica na formação em design. O que acontece nos níveis de graduação e mestrado é que os cursos nessas matérias são subordinados à lógica da formação prática. Propiciam alguma forma de legitimação acadêmica e moderada conscientização, mas não se supõe que interroguem ou questionem o restante do currículo do design. Em suma, são incorporados a um sistema de racionalidade pedagógica.

O lugar subordinado da história, teoria e crítica na formação em design é concomitante com a dificuldade que a maioria dos designers enfrenta na visualização de formas de prática diferentes daquelas já dadas pela cultura. E ainda assim, conforme diz Richard Buchanan,

> **A suposição é que o design tem um objeto fixo ou determinado que é dado ao designer da mesma forma que o objeto da natureza é dado ao cientista. Entretanto, o objeto do design não é dado.**

Ele é criado pelas atividades de invenção e planejamento ou por qualquer outra metodologia ou procedimento que um designer considere úteis na caracterização do seu próprio trabalho.[11]

Buchanan não destaca uma agenda política como Marcuse, mas sua caracterização do design como indeterminado coincide com a preocupação de Marcuse pela reflexão crítica sobre o modo como criamos e perpetuamos as práticas sociais. Embora alguns possam afirmar que a tarefa do designer seja dada pela estrutura da cultura, notadamente pela atividade empresarial, argumentei em vários dos ensaios anteriores que ainda não conhecemos os limites do que pode ser projetado. Conforme declara Marcuse,

Toda sociedade estabelecida... tende a prejulgar a racionalidade de projetos *possíveis* para mantê-los dentro de seu marco. Ao mesmo tempo, toda sociedade estabelecida é confrontada com a realidade ou possibilidade de uma prática histórica qualitativamente diferente capaz de destruir o marco institucional existente.[12]

Se admitirmos a indeterminação do design e aceitarmos a explicação de Marcuse de como a sociedade estabelecida pode liquidar possibilidades alternativas, precisamos então reconhecer que a teoria do design em seu aspecto mais fundamental deve ser antes uma teoria de como o design funciona e pode funcionar na sociedade do que simplesmente uma teoria de técnicas. A crítica de Marcuse ao racionalismo tecnológico fornece uma base mais para a imbricação do design na atividade mais ampla do pensamento social do que para seu isolamento de sua situação social e uma teorização independente sobre seus processos de invenção. Ao manter o design em nossa visão como uma prática social, estamos sempre obrigados a considerar e avaliar as situações nas quais ele acontece, em lugar de naturalizar técnicas projetuais, como faz Simon.

Quando reconhecemos nossa relação com o social como parte de nossa relação com o design, podemos encontrar no pensamento de Marcuse um argumento convincente para colocar a história, a teoria e a crítica no centro de toda formação em design. Marcuse fornece a justificativa para reuni-las em um projeto integral de reflexão sobre o design que pode oferecer um entendimento crítico da prática e também da pedagogia.

Como antídoto para a unidimensionalidade do racionalismo tecnológico, Marcuse propõe uma lógica dialética decorrente de um espaço fora do sistema dominante de pensamento e prática. O que corporifica a lógica dialética é a história. A lógica dialética "atinge sua verdade se ela se libertar da objetividade enganosa que esconde os fatores atrás dos fatos — ou seja, se entender seu mundo como um universo histórico, em que os fatos estabelecidos são obra da prática histórica do homem"[13]

Os eventos históricos existem fora das circunstâncias atuais, porém marcam a continuidade da experiência humana. As lutas do passado também podem tornar-se lutas no presente. A experiência histórica pode oferecer alternativas às situações atuais e fornecer a substância para avaliar o presente de uma posição externa à sua própria lógica. O pensamento bidimensional para Marcuse é pensamento crítico, ao qual a cultura dominante resiste.

> **A realidade dada tem sua própria lógica de contradições — ela favorece os modos de pensamento que sustentam as formas estabelecidas de vida e os modos de comportamento que as reproduzem e aprimoram. A realidade dada tem sua própria lógica e sua própria verdade; o esforço para compreendê-las como tais e transcendê-las pressupõe uma lógica diferente, uma verdade contraditória.[14]**

Marcuse observa corretamente que essas lógicas diferentes não são operacionais e podem parecer fracas segundo os critérios do sistema dominante. Esse fato é exemplificado pelas distinções que alguns cientistas fazem entre ciência irrefutável [hard] e ciência maleável [soft], que muitas vezes se manifestam na política de promoção acadêmica e obtenção de bolsas. Isso também se refere à preocupação expressa por Cross em seu editorial em *Design Studies* em relação a seus colegas de pesquisa em design que podem ter visto sua recusada efetivação como acadêmico sênior porque seu trabalho não era considerado suficientemente rigoroso. Aponta-nos também a preocupação de Simon com o rigor lógico como critério dominante para se avaliar o pensamento de design.

Isso não quer dizer que o pensamento dialético não seja rigoroso. Mas a história, e também a teoria, pode facilmente ser vista como pensamento "maleável" comparada à lógica "inflexível" da ciência. O pensamento que se conforma aos valores dominantes de um sistema sempre parecerá mais legítimo do que o pensamento que brota fora desses valores. E, no entanto, a história pode nos fornecer exemplos que oferecem bases persuasivas para uma crítica ao presente.

A prática de William Morris nos mostra o poder da lógica dialética. Morris contrapôs à lógica da industrialização, exemplificada pela divisão e mecanização do trabalho, a prática pré-industrial da produção artesanal. Ele também procurou empregar esse pensamento estrategicamente em suas várias empresas. Embora não tenha obtido sucesso nem na transformação do sistema industrial nem na institucionalização de uma alternativa duradoura, seu pensamento e sua prática mantiveram viva uma crítica de oposição ao que muitos percebiam como aspectos desumanizadores da industrialização. As ideias de Morris foram sustentadas até hoje graças a uma linhagem distinta de pensadores, pedagogos e profissionais do design variando de Walter Gropius a E. F. Schumacher. Como pensador e profissional, Morris exerceu uma enorme influência sobre designers, pedagogos e teóricos posteriores, porque articulou com muita veemência uma oposição à racionalidade técnica de seu tempo. Seus argumentos ainda

Um modelo reduzido do Monumento à Terceira Internacional de Tatlin sendo puxado pelas ruas de Leningrado em um desfile, 1926.

são persuasivos à medida que lutamos para entender a turbulência atual de inovação tecnológica.

Quando história, teoria e crítica são marginalizadas dentro do pensamento de design, as condições sociais da prática do design diminuem de importância. O que alguns pedagogos querem chamar de conhecimento de domínio é basicamente conhecimento operacional, e não conhecimento que expande e aprimora a autopercepção do designer, com isso capacitando-o a fazer julgamentos mais informados sobre valores e objetivos. Entretanto, não basta simplesmente readmitir a opinião e a experiência na imaginação de design. Essas qualidades exigem análise e cultivo. Elas devem ser tratadas em si mesmas como objetos.

A história é nossa experiência coletiva. Quanto mais a conhecemos, mais podemos usá-la para questionar os valores vigentes da sociedade. Não ter um conhecimento da história é abrir mão de um espaço fora do sistema no qual se podem encontrar alternativas e também poder para mudar. Se, de fato, tivermos de reconhecer a contingência do design, teremos de admitir a contingência dos sistemas sociais. É paradoxal falar de indeterminação do design e depois enquadrá-lo em uma determinada situação da prática. Para que os designers realizem o potencial pleno do pensamento de design, deverão também aprender a analisar como as situações que formam a prática do design são em si mesmas construídas.

O design acontece dentro de um espaço social e sua contingência é orientada pelos valores e limites que informam projetos específicos. A teoria do design precisa reconhecer a interação entre as técnicas de atividade operacional e seu impacto e sua recepção culturais. Marcuse nota que "uma prática histórica específica é medida em relação a suas alternativas históricas".[15] Esse reconhecimento é essencial para o profissional crítico. Colocar o projeto de Marcuse de cultivo do pensamento crítico em um lugar mais central na formação e prática em design é reconhecer sua importância para o desenvolvimento da autoconsciência e de designers e pesquisadores com consciência social. São esses os que se encontram na melhor posição para determinar a agenda do design para a próxima geração.

Notas

1 Nigel Cross, editorial, Design Studies 17, n° 1 (1996): 1.

2 Embora Cross faça referência a Simon em seus escritos, não concorda com o conceito de Simon de uma "ciência do design". Para Cross, há uma distinção entre "ciência do design", uma tentativa rigorosa de extrair conhecimento das ciências naturais para uso do designer, e o seu conceito, oposto ao de Simon, de uma "ciência do design" que "procura melhorar nosso entendimento do design por meio de métodos 'científicos' (ou seja, sistemáticos, confiáveis) de pesquisa". Cross declara explicitamente que "uma 'ciência do design' não é o mesmo que um 'design científico'", a que ele se opõe. Ver Nigel Cross, "Designerly Ways of Knowing: Design Discipline versus Design Science", em Silvia Pizzocaro, Amilton Arruda e Dijon De Moraes (eds.), *Design Plus Research: Proceedings of the Politecnico di Milano Conference May 18-20*, Milão: Politecnico di Milano/ Ph.D. Program in Industrial Design, 2000, p. 45.

3 Herbert Simon, "The Science of Design: Creating the Artificial", em Simon, *The Sciences of the Artificial*, 3ª ed., Cambridge: MIT Press, 1996, p. 112.

4 Ibid., p. 113.

5 Ibid., p. 135.

6 Don Levine apresenta uma intrigante discussão sobre a disciplinaridade em seu artigo "Sociology and the Nation-State in an Era of Shifting Boundaries", *Social Inquiry* 66, n° 3 (agosto de 1996): 253-266. Levine argumenta em favor da obsolescência das fronteiras disciplinares nas ciências sociais quando afirma: "No momento, poucos conceitos, métodos ou problemas maiores pertencem exclusivamente a uma única disciplina das ciências sociais" (259). Em seguida, passa a comparar disciplinas acadêmicas com Estados-nações e conclui que as disciplinas continuam válidas como instituições que propiciam elementos de identidade profissional, mas acredita que, como os Estados-nações, as disciplinas limitadas foram radicalmente abaladas pelo surgimento de forças e tendências mais amplas.

7 Ver Richard Buchanan, Dennis Doordan, Lorraine Justice e Victor Margolin (eds.), *Doctoral Education in Design: Proceedings of the Ohio Conference*, Pittsburgh: School of Design, Carnegie Mellon University, 1999. Esse foi o primeiro congresso sobre o tema. Teve a participação de cerca de 75 pessoas de mais de 17 países. O segundo congresso foi realizado dois anos depois em La Clusaz, França, e os trabalhos desse congresso foram publicados em David Durling e Ken Friedman (eds.), *Foundations for the Future*, Staffordshire: Staffordshire University Press, 2000.

8 Simon, "The Science of Design: Creating the Artificial", p. 136.

9 Ibid., p. 134-135.

10 Herbert Marcuse, *One-Dimensional Man*, Boston: Beacon Press, 1964, p. 12. Marcuse apresentou pela primeira vez esse termo e o conceito de hegemonia social em um artigo de 1941, "Some Social Implications of Modern Technology", em Douglas Kellner (ed.), *Technology, War, and Fascism: Collected Papers of Herbert Marcuse*, volume 1, Londres e Nova York: Routledge, 1998, pp. 39-66. Quando o artigo foi ampliado para se tornar a base de *One-Dimensional Man*, as referências anteriores ao fascismo como uma corporificação da racionalidade tecnológica foram eliminadas. Em lugar disso, Marcuse concentrava sua crítica no sistema do capitalismo industrial mundial.

11 Richard Buchanan, "Rhetoric, Humanism, and Design", em Richard Buchanan e Victor Margolin (eds.), *Discovering Design: Explorations in Design Studies*, Chicago e Londres: University of Chicago Press, 1995, p. 24.

12 Marcuse, *One-Dimensioinal Man*, p. 219.

13 Ibid., p. 140.

14 Ibid., p. 142.

15 Ibid., p. x.

AS MÚLTIPLAS TAREFAS DOS ESTUDOS EM DESIGN

INTRODUÇÃO

O termo "design studies" ["estudos em design"] pode ter-se originado do título epônimo do periódico fundado na Grã-Bretanha em 1979, mas também é empregado para designar um campo acadêmico em expansão constituído de forma mais ampla. O interesse por esse novo campo caminhou de mãos dadas com a crescente atenção à pesquisa em design, uma atividade com um escopo extremamente amplo cujos objetivos e métodos estão apenas começando a ser articulados.

Alguns pesquisadores atualmente trabalham dentro de comunidades bem definidas relacionadas a seus interesses específicos, enquanto outros trabalham isoladamente. Dentro dessas comunidades, existem encontros regulares sobre história do design, gestão do design, ecodesign, pesquisa sobre o pensamento de design e inteligência artificial, que são complementados por serviços de correio eletrônico e congressos internacionais periódicos nos quais se compartilham interesses de pesquisa específicos. Entretanto, recentemente houve uma série de passos no sentido de criar foros mais amplos, nos quais esses interesses diversos pudessem ser questionados, contestados e debatidos com o entendimento de que o que está em jogo é o desenvolvimento de uma comunidade de pesquisa específica relacionada ao objeto do design.[1]

Action Office de Herman Miller, 1964. A equipe de pesquisa para esse sistema de mobília foi dirigida por Robert Probst.

Uma das grandes cisões entre os pesquisadores se dá entre os que procuram embasar a pesquisa em design em alguma noção de disciplinaridade ou conhecimento de domínio que use como modelo as ciências naturais ou sociais e outros que preferem uma abordagem mais aberta e pluralista, incluindo também métodos interpretativos das humanidades.[2] Existe também uma divisão entre os pesquisadores voltados para fins pragmáticos, como gerenciamento de projetos ou design para a fabricação, e aqueles para quem a pesquisa em design é um empreendimento mais especulativo.

Essa ausência de uma comunidade compartilhada entre todos os pesquisadores do design também tem sido um fator na educação em design. Ao contrário dos mais avançados programas de titulação, nos quais os alunos são introduzidos aos debates e conflitos em seu campo, nenhum programa de formação em design nos níveis de mestrado ou doutorado já colocou os alunos em contato com todas as áreas existentes de pesquisa; consequentemente, os programas acadêmicos em design continuam com uma temática limitada. Com o crescente movimento por implantar mais programas de doutorado na área, estamos diante do desafio de criar culturas acadêmicas que promovam nos alunos uma compreensão mais ampla da pesquisa em design. Farei aqui um ousado movimento retórico e proporei que "estudos em design" seja o termo para abranger a total amplitude desses esforços de pesquisa e se torne o local ou "topos" conceitual no qual esses possam ser colocados em relação recíproca.[3] Ao fazer isso, pretendo me valer de esforços anteriores e aprimorá-los para realizar uma meta semelhante.

OS MÉTODOS EM DESIGN

Até agora a tentativa mais ambiciosa de estabelecer uma ampla cultura de pesquisa para o design foi o movimento de *design methods* [métodos em design], cujos participantes atuaram principalmente na Grã-Bretanha durante mais ou menos 20 anos a partir do início dos anos 1960. Congressos pioneiros de *design methods* foram realizados no Imperial College em Londres em 1962 e em Birmingham em 1966. O simpósio de 1967, hospedado pela Portsmouth Polytechnic, foi, nas palavras de Geoffrey Broadbent, "um divisor de águas nos estudos dos métodos em design".[4] Nesse simpósio, os organizadores estabeleceram um confronto entre dois grupos: um identificado como "behaviorista" e o outro como "existencialista-fenomenológico". As duas posições extremas representadas por esses grupos eram caracterizadas, por um lado, pela busca de técnicas neutras para a mensuração do comportamento humano e, por outro, por uma tentativa de fomentar uma individualidade única em cada pessoa. A polarização levantou preocupações que levaram várias figuras importantes a deixarem o movimento, como fez Christopher Alexander, ou a contestarem com veemência suas premissas, como John Chris Jones.[5] Segundo Alexander, refletindo em 1971 sobre o movimento dos *design methods*,

> **A racionalidade, vista originalmente como o meio para abrir a intuição a aspectos da vida fora da experiência do designer, tornou-se, quase da noite para o dia, um estojo de métodos rígidos que obrigava designers e planejadores a agirem como máquinas, surdos a qualquer lamento humano e incapazes de rir.[6]**

E Jones, escrevendo em 1991, tinha uma recordação parecida:

> **Procurávamos ser abertos, realizar processos de design que fossem mais sensíveis à vida do que as práticas profissionais da época. Mas o resultado foi a rigidez: uma fixação de objetivos e métodos para produzir projetos que todos agora julgam ser insensíveis às necessidades humanas.[7]**

Apesar dessas defecções, porém, os congressos sobre métodos e pesquisa em design prosseguiram na Inglaterra durante os anos 1970 e início dos 1980. Falando em um congresso da Design Research Society em 1981, Bruce Archer — um engenheiro que dirigiu o Departamento de Pesquisa em Design no Royal College of Art durante muitos anos e foi um dos caracterizados como behavioristas no simpósio de Portsmouth de 1967 — propôs uma ambiciosa agenda para a pesquisa em design que incluía nada menos do que dez categorias. A agenda de Archer se baseava na convicção de que um corpo de conhecimento genuíno podia ser descoberto ao se dividir o design em uma série de temas distintos, cada um gerando as próprias verdades. A taxonomia do design, por exemplo, iria se concentrar na classificação de fenômenos na área de design; a praxiologia do design se referia à "natureza da atividade de projetar, sua organização e seu equipamento"; a filosofia do design era "o estudo da lógica do discurso em matérias de interesse na área do design"; por sua vez, a epistemologia do design estaria voltada para a identificação dos modos projetuais específicos do conhecer, acreditar e sentir.[8] O delineamento das categorias de pesquisas feito por Archer tinha por base a suposição de que o design podia ser claramente definido e que era possível identificar um conjunto de princípios básicos para caracterizá-lo.

Hoje encontramos poucos resultados da agenda de pesquisa de Archer, o que nos leva a indagar por que o plano geral por ele esboçado não foi seguido por outros posteriormente. Dentro do movimento dos *design methods*, houve consideráveis críticas, por parte de uma chamada segunda geração, às tentativas efetuadas pelos teóricos da primeira geração, como Archer, de comparar o design a uma ciência. Junto com essa crítica vinha um chamado por um design participativo, muito provavelmente como resposta aos movimentos políticos democráticos do final dos anos 1960.[9] Ambas as tendências podem ter contribuído para colocar em banho-maria a visão particular de Archer sobre a pesquisa básica em design.

Para Archer, esse objeto do design abarcava princípios, ideias, valores e práticas, e também coisas. Era imaterial e também material. Mas, como outros teóricos da primeira geração, ele acreditava que o conhecimento do design seria aprofundado se fosse embasado em um campo de investigação ao estilo das ciências. Ele privilegiava a observação como sua estratégia de pesquisa fundamental e supunha que o objeto do design poderia ser classificado dentro de suas dez áreas de conhecimento do design.

A crença de Archer no método científico era compartilhada por outro teórico, S. A. Gregory. Consideremos sua descrição da ciência do design:

> **A ciência do design está voltada para o estudo, a pesquisa e a acumulação de conhecimento sobre o processo de design e suas operações constituintes. Ela visa coletar, organizar e melhorar os aspectos do pensamento e informação disponíveis em relação ao design e especificar e conduzir pesquisa nas áreas de provável valor para designers profissionais e organizações de design.[10]**

Gregory queria que a prática do design fosse baseada no conhecimento sistemático, como desejava Archer, mas o esforço de ambos para elevar a pesquisa nesse campo seguindo o modelo da pesquisa científica não percebia o grau de diversidade a que podia chegar a pesquisa em design. No desenvolvimento dos métodos em design estava ausente o reconhecimento de que se tratava de um entre outros tipos de discurso. Caso os teóricos dos *design methods* tivessem dado atenção maior à pluralidade da reflexão no design, em vez de tentar definir a singularidade do design como uma ciência, o movimento não teria se tornado tão inflexível quanto seus críticos achavam que fosse.

Mais tarde, porém, Archer passou a repensar a direção de pesquisa que havia inicialmente proposto. Refletindo sobre o estado da pesquisa em design em um discurso na International Conference on Engineering Design em 1985, lamentava que

> **[u]ma parte muito grande de nosso trabalho nesse campo, como demonstra este congresso, permanece em um nível muito alto de generalização. Ainda fazemos demasiadas declarações apoiadas em um nível muito baixo de comprovação. Mal chegamos a ter uma teoria bem fundamentada.**[11]

Em retrospecto, porém, o movimento dos *design methods*, apesar das críticas de Alexander e Jones à sua rigidez, postulou um conjunto valioso e ainda irrealizado de objetivos e propósitos. Em primeiro lugar, o movimento procurou criar um espaço autônomo no qual os designers pudessem refletir sobre sua própria prática; e, em segundo, tentou estabelecer uma comunidade de pesquisadores que abarcasse muitas formas de prática, da arquitetura e do design industrial até o planejamento, o design gráfico e a cibernética.

A abertura do movimento à realização de ligações entre essas práticas foi realmente um incentivo para John Chris Jones, que escreveu com desenvoltura sobre o futuro do design na introdução à edição de 1981 de seu livro fundamental, *Design Methods: Seeds of Human Futures*. Nele, argumentava que fazer um produto único não era suficiente. Era preciso também levar o pensamento de design a se preocupar com a situação maior em que o produto existiria. Jones descreveu da seguinte forma sua versão abrangente dos métodos do design:

> É mais verdadeiro dizer que os métodos do design se destinam
> ao projeto de "todas-as-coisas-juntas", a situação total como a
> chamei na introdução original, significando as funções e os usos
> das coisas, os "sistemas" em que elas são organizadas ou
> os "ambientes" em que elas operam.[12]

Ele identificou esses sistemas como os "conjuntos operacionais de que a vida moderna está sendo formada e produzida: sistemas de trânsito, programas de computador, programas educacionais, hipermercados etc. Essa é a escala do design".[13]

O *design methods* foi predominantemente um movimento britânico, mas temas esquivalentes foram desenvolvidos também nos Estados Unidos. A "ciência do design" de Herbert Simon foi um exemplo. Nas palavras de Simon, essa ciência estava "preocupada com o modo como as coisas devem ser, com a concepção de artefatos para alcançar metas".[14] Simon voltou sua atenção para a melhoria da eficiência dos projetos e defendia como ferramentas os processos de design que já haviam sido codificados em programas de computador. "Desde que esses programas existem", disse ele, "não se trata de um processo de design que se esconda atrás do manto do 'juízo' ou da 'experiência'. Qualquer juízo ou experiência que tenha sido usado para criar os programas deve agora ser a eles incorporado e consequentemente ser observável."[15]

PESQUISA ORIENTADA POR PROJETOS

Havia um nível de abstração no movimento dos *design methods* e na "ciência do projeto" de Simon que a maioria dos profissionais acredita estar muito distante das situações concretas do design. Entretanto, a separação da reflexão sobre o design do que chamarei de "pesquisa orientada por projetos" é um primeiro passo necessário para se conceber o design como uma prática mais autônoma que pode ocorrer independentemente de um enquadramento do mercado. Com o tempo, essa separação pode criar novas possibilidades de reflexão sobre a prática, mas, enquanto isso, os profissionais têm se inclinado a desenvolver suas próprias agendas de pesquisa direcionadas para formas de produção orientadas pelo mercado. Uma área da pesquisa metodológica diz respeito à fabricação. Vários livros sobre esse tema foram escritos por engenheiros industriais que estão buscando assumir o controle do processo de design de produtos. O design para a excelência (DFX), design para a fabricação (DFM), design total e design robusto [método Taguchi] são exemplos de novos métodos de fabricação. Esses se baseiam no reconhecimento de que é necessário um pool de conhecimento compartilhado, incluindo uma concepção teórica do produto, para o sucesso no desenvolvimento de produtos.[16] O objetivo dos pesquisadores nessa área, como observa John Fox, é "ampliar o conceito de design, da noção popular de ser apenas um conjunto de desenhos ou esboços para a mais ampla sequência de onde ele começa e onde ele termina".[17] Tais métodos enfatizam as técnicas de integração dos diferentes tipos de perícia exigidos para produzir um produto de qualidade em vez de lidar com uma teoria geral sem relação com a tarefa específica. Eles advogam que, para alcançar sucesso, os membros da equipe responsável pelo desenvolvimento de um produto precisam entender-se, respeitar-se e cooperar entre si.[18] Os envolvidos no desenvolvimento de produto devem também compartilhar valores sobre o nível de qualidade do produto que estão empenhados em alcançar. James Bralla lista nada menos do que 14 características de qualidade que vão desde o desempenho, a durabilidade e o custo até a segurança, estética e correção ambiental.[19] É importante notar que a estética, que historicamente dominou o discurso público sobre o design, é apenas uma dentre as muitas qualidades dentro desse processo.

A crescente literatura sobre qualidade do produto tem se desenvolvido principalmente no âmbito da comunidade da engenharia de projeto. Ela está baseada em um conhecimento técnico dos processos da linha de montagem e incorpora pesquisas atuais desde marketing e gestão, além de psicologia cognitiva e industrial, sociologia e ciências ambientais. O método que foi concebido para combinar os diferentes tipos de conhecimento necessários ao desenvolvimento integrado de produtos é a "engenharia simultânea", que implica uma participação compartilhada de toda a equipe de projeto nas decisões importantes que afetam a criação do produto.

Quando uma equipe de engenharia simultânea funciona com sucesso dentro de uma empresa fabril, ela representa um exemplo de como a teoria, a pesquisa e a prática podem ser integradas em uma situação de projeto. Uma empresa fabrica uma linha particular de produtos. Ela deseja melhorar um produto existente ou produzir um novo dentro de sua linha. Isso acarreta repensar os papéis de seus empregados no processo de design. A pesquisa é então centrada em dois objetivos: definir as características do produto e conceber um processo adequado de produção. Para alcançar esses objetivos, alguém precisa rever a literatura sobre o comportamento do consumidor, a qualidade do produto e questões de uso, além de estudos sobre experiências anteriores, administração de projetos e formação de equipes. Essa pesquisa envolve também a investigação de novas tecnologias e estratégias de engenharia que possam ser aplicadas ao processo de produção. Extensos esforços de pesquisas desse tipo são voltados para tarefas concretas e seu valor pode ser medido nos termos do sucesso ou fracasso do produto no mercado. Um propósito principal da pesquisa em design para a fabricação é elaborar e justificar um modelo conceitual do produto que possa ser compartilhado por todos os participantes de seu desenvolvimento. Essa pesquisa pode utilizar e integrar conhecimento de muitos campos diferentes, a fim de definir um novo produto e um processo para sua criação.

Intenção semelhante a repensar o processo do design e ampliar seu escopo pode ser encontrada no trabalho de estudiosos no campo do design ambiental que estão interessados em investigações que possam resultar em uma arquitetura mais habitável.[20] A diferença entre esses estudiosos e os envolvidos em pesquisa para a fabricação é que os pesquisadores em design ambiental tendem a trabalhar de modo independente dos arquitetos, incorporadores e órgãos habitacionais responsáveis pela maior parte do design e da construção de imóveis. Eles buscam unir a pesquisa e a prática arquitetônicas, o que não foi fácil de alcançar no passado. Os pesquisadores de design ambiental se queixam da relutância dos arquitetos em fazer uso de dados sobre como os edifícios afetam o comportamento humano. Eles atribuem essa atitude ao "problema das duas culturas". A arquitetura permanece como uma cultura de teorias artísticas, enquanto os pesquisadores em design ambiental investigam os efeitos físicos, sociais e psicológicos dos edifícios sobre os moradores. Em seguida, os arquitetos ficam sem disposição de utilizar essa pesquisa por receio de que ela afete seus projetos.

Uma situação parecida está surgindo no design de produto, no qual há um interesse crescente pela pesquisa etnográfica sobre o uso dos produtos. Entretanto, os designers de produto e os fabricantes, ao contrário de muitos arquitetos, possuem um forte interesse em incorporar os resultados dessa pesquisa a seu processo de design e fabricação. A indústria de computadores tem sido particularmente rápida na utilização dessas pesquisas e fabricantes de outros produtos complexos estão seguindo o exemplo. Donald Norman, em um livro recente, *The Invisible Computer*, designou a pesquisa etnográfica como uma das seis habilidades dentro de um processo de pesquisa sobre a experiência do usuário que chama de "desenvolvimento centrado no ser humano".[21] De fato, os cientistas sociais estão agora entrando para firmas de design tal como fizeram os engenheiros e arquitetos nos anos 1930. Embora ainda no âmbito da cultura do consumidor, as tendências de pesquisa anteriormente mencionadas têm o efeito de aumentar o poder do designer. O que isso significa, porém, é que os designers precisam saber mais sobre disciplinas diferentes das suas. Precisam estar familiarizados com a literatura em campos afins como as ciências sociais, a engenharia e a teoria de administração. Conquanto não possam se tornar antropólogos, por exemplo, precisam realmente entender que tipos de questões afins os antropólogos abordam e como o conhecimento dessas questões pode ser aplicado na organização e gestão de um projeto de design complexo. Desse modo, um objetivo principal da pesquisa orientada por projetos é aplicar o conhecimento de diversas disciplinas ao design de produtos para uso.

O DESIGN COMO PRÁTICA CULTURAL

A pesquisa em design orientada por projetos continua a produzir resultados eficazes, mas ainda é limitada pelas situações nas quais ela acontece. A maior parte é realizada no setor fabril dos países industrializados e não questiona as premissas econômicas e culturais fundamentais com as quais esse setor opera.

Para considerar aspectos do design que são diferentes de seus métodos operacionais, precisamos de modos de pensar que reconheçam o design como uma prática dentro da cultura e que apliquem ao seu estudo os métodos usados para entender outras práticas culturais e seus resultantes artefatos. Embora a pesquisa orientada por projetos integre conhecimento de campos diversos para melhorar um produto final, o estudo do design como cultura busca um entendimento da prática do design no campo social mais amplo no qual ela ocorre. Ele engloba as preocupações e os interesses da comunidade inteira envolvida com o design — designers, usuários, gestores, merchandisers, curadores de museus, historiadores, críticos e teóricos, para citar alguns exemplos. O aspecto cultural da pesquisa em design está solidamente enraizado antes nas técnicas das humanidades e ciências sociais do que nas ciências naturais. Assim como a pesquisa orientada por projetos, ela reúne pesquisadores de muitos campos, embora seu objetivo seja mais o de produzir um entendimento maior do design como um todo do que o conhecimento aplicado relacionado ao trabalho orientado por projetos.[22] Embora a história do design seja um assunto periférico para os teóricos dos *design methods*, ela é extremamente importante para esse novo domínio dos estudos em design, porque situa o desenvolvimento do design ligando a história do pensamento e da prática projetuais aos seus resultados no presente.

Em um ensaio anterior neste livro, "História do design e estudos em design", propus a inclusão da história do design em um campo mais amplo da pesquisa em design, porque acredito que a história, quando colocada em relação a outras disciplinas, pode contribuir muito para o estudo do design na cultura contemporânea, bem como para seu papel na cultura do passado. Conquanto não deseje subordinar a pesquisa histórica à pesquisa para a prática, acredito que ela possa tanto informar como ser informada pela prática se a ambas fosse dedicada maior atenção. Quando não é esse o caso, a ênfase na prática tende a ser diminuída pelos historiadores e substituída por um foco no consumo ou no uso.

Um bom exemplo de como a história e a teoria do design podem se informar produtivamente uma à outra é encontrado na sociologia, na qual a história do pensamento sociológico, embora um estudo com domínio próprio, continua a ser um forte fator na formação de sociólogos profissionais. A sociologia se desenvolveu de tal modo que alguns estudiosos realizam suas principais pesquisas no campo da história, enquanto outros fazem da teoria ou do trabalho de campo seu foco central. No entanto, o sociólogo R. Stephen Warner nota a relação potencial desses interesses diferentes quando declara que

> [a]s habilidades do historiador, conquanto exijam prática, não são inteiramente esotéricas e quanto mais próximo no tempo o objeto de nossas explicações, mais essas habilidades se aproximam das do antropólogo ou do sociólogo pesquisador de campo.[23]

O exemplo de Warner nos mostra que reflexão e prática, embora exigindo domínios distintos para o seu desenvolvimento, também se entrecruzam em determinadas situações.

Para facilitar essas interseções, acredito que o estudo do design como cultura seria mais intenso quando organizado por temas, e não pelas disciplinas acadêmicas convencionais. Isso promoveria um estudo mais interdisciplinar do que se o meio principal de preparar pesquisadores do design fosse o do treinamento disciplinar em história ou antropologia. No contexto de uma universidade, a pesquisa em design, por isso, pode ser ficar mais bem abrigada em um dinâmico centro interdisciplinar do que em um departamento.

Como prelúdio à minha discussão dos temas dentro do estudo do design como uma prática cultural, devo observar que *design* se refere tanto a uma atividade como a um produto; consequentemente, o design como cultura tem relações com disciplinas que estudam a ação humana, como a sociologia e a antropologia, e com aquelas que estudam os objetos, como a história da arte ou a cultura material. O produto em si, qualquer que seja sua forma, é suportado por sua concepção, planejamento e feitura, por um lado, e por sua recepção, pelo outro. Um estudioso pode enfatizar a concepção e o planejamento de objetos, que pode envolver pesquisa sobre invenção, produção ou política de design. Ou a pesquisa poderia ser feita sobre a recepção do produto usando teoria da recepção ou retórica.

Proponho quatro temas centrais ou *topoi* para a abordagem cultural da pesquisa em design: prática do design, produtos de design, discurso do design e um discreto quarto *topos* — o metadiscurso, que é a investigação reflexiva dos estudos em design em si mesmos. Esses quatro temas abarcam a complexidade da cultura do design e os papéis que nela desempenham seus diferentes atores — designers, gestores, teóricos, críticos, formuladores de políticas, curadores e usuários. Os temas derivam do reconhecimento de que o design é uma atividade dinâmica cujos métodos, produtos e discurso são interativos e em constante transformação.

O estudo da prática do design inclui as atividades relativas à concepção, ao planejamento e à produção de um produto, e aqui defino um produto em termos amplos, como fiz em alguns dos ensaios anteriores. A prática do design se refere às pessoas, aos processos e às organizações que estão envolvidas no planejamento do produto e na produção, bem como as organizações envolvidas com as políticas do design. A prática do design pertence ao reino da ação social, que tradicionalmente foi estudada por sociólogos, antropólogos, psicólogos e outros cientistas sociais. Aqui incluiria livros como o de Donald Schon, *The Reflective Practitioner*, o de Lucy Suchman, *Plans and Situated Action*, e o de Donald Norman, *The Psychology of Everyday Things*.

O estudo de produtos de design enfatiza a identidade e a interpretação dos produtos. Os métodos aplicáveis a essa área são, em primeiro lugar, teorias da interpretação, como a semiótica e a retórica, mas também a estética e métodos que podem ser deduzidos do estruturalismo, pós-estruturalismo ou da psicanálise. O estudo de produtos inclui os modos como as pessoas dão sentido a eles como objetos de reflexão e também de função. Vínculos nessa área seriam feitos com estudiosos de história da arte e do design, filosofia, antropologia, estudos culturais, cultura material, estudos de tecnologia e campos afins. Entre os livros representativos se encontram *The Meaning of Things*, de Mihalyi Czikszentmihalyi e Eugene Rochberg-Halton, *The System of Objects*, de Jean Baudrillard, *Doing Cultural Studies: The Story of the Sony Walkman*, de um grupo de colegas na Open University e na Leicester University, e *Picturing the Beast: Animals, Identity, and Representation*, de Steve Baker.

O estudo do discurso do design está voltado para os diferentes argumentos sobre o que é e pode ser o design enquanto corporificado na literatura do design. Essa área é o lócus para a filosofia e a teoria, bem como para a crítica do design. A literatura do design é o registro de como se desenvolveu historicamente a reflexão sobre a prática e os produtos do design. Ela inclui trabalhos de John Ruskin e William Morris, Siegfried Giedion, Jan Tschichold, Herbert Read e Reyner Banham, além de Tomás Maldonado, Gillo Dorfles e Paul Rand, para citar alguns dos autores mais destacados. Têm sido muito raros os estudos sobre a literatura do design e trabalhos adicionais nesse campo ajudariam a definir padrões para futuros autores.[24] Nessa área poderiam ser feitas ligações com teóricos literários, filósofos e críticos de arte e da arquitetura.[25] Considero esse tema particularmente importante, já que é aquele que deve proporcionar o marco para o discurso contemporâneo. É muito comum os designers se pronunciarem sobre sua prática sem o conhecimento de como suas preocupações podem fazer parte de uma longa tradição histórica.

O último tema, o metadiscurso dos estudos em design, é o lugar para a reflexão sobre o campo inteiro e como seus diferentes componentes operam em suas interrelações. Sua literatura metodológica incluiria historiografia, teoria crítica e sociologia do conhecimento. Entre os exemplos de uma área — história do design — estariam o inspirador artigo em duas partes de Clive Dilnot, "The State of Design History", em *Design Issues*, e a crítica de Cheryl Buckley sobre as amarras patriarcais da história do design no mesmo periódico.

Além de delinear uma gama de temas, é importante também tratar as questões de como a pesquisa em design como prática cultural se encaixaria dentro dos programas existentes e futuros de pósgraduação em design. Por um lado, ela deve ser parte da formação de todo estudante de design, seja qual for o nível dessa formação. Atualmente esse papel está sendo desempenhado por cursos de história do design, bem como por outros em temas individualmente criados por professores — ética do design, design sustentável ou design para o espaço virtual. Por outro lado, poderia ser tema para um programa específico de doutorado em estudos em design que enfatizaria a identidade cultural do design. Isso suscita a questão sobre quem seria atraído para tal doutorado e o que se poderia fazer com ele. Em primeiro lugar, um doutorado em estudos em design com uma ênfase cultural contribuiria para a criação de um profissional informado e crítico e poderia até indicar o caminho, dependendo da pesquisa do aluno, para novas formas de prática. Em segundo lugar, tal doutorado seria útil a um professor de design que poderia então levar para a sala de aula a relação entre a reflexão e a prática. Esse modelo foi bem desenvolvido na arquitetura, na qual é comum arquitetos ou planejadores procurarem doutorados em história, teoria e crítica de seu campo. Em terceiro lugar, gestores de design, curadores de museus ou formuladores de políticas poderiam utilizar essa formação para explorar e refinar sua compreensão do design para aprofundar suas próprias práticas. E em quarto, esse componente dos estudos de design poderia atrair historiadores, antropólogos, sociólogos ou cientistas políticos que poderiam estudar os aspectos culturais do design como parte da sua própria formação doutoral.

Não imagino que esses programas especializados de estudos em design se generalizem pela academia, mas certamente várias universidades podem prover centros nos quais se desenvolva um valioso conhecimento novo. Esse conhecimento pouco a pouco adentraria as salas de aula de design, os ateliês, as publicações e exposições e teria a função de levantar problemas e provocar questões. Ele é de grande necessidade neste momento crítico na história do design, quando os designers estão enfrentando nocivas divisões da prática e também o desafio de novas tarefas sociais. Até agora, a riqueza e a complexidade da cultura do design têm sido por demais invisíveis tanto para os pesquisadores e profissionais como para o público em geral. O estudo sério do design como cultura tem potencial para sanar essa situação.

ESTUDOS EM DESIGN NA ACADEMIA

Retornemos agora ao tema maior dos estudos em design e seus múltiplos veios de pesquisa. O momento é adequado para levar os estudos em design para a academia como um campo de pesquisa na acepção ampla que sugeri no início deste ensaio.[26] No momento, as fronteiras tradicionais nas humanidades e ciências sociais, estabelecidas no século XIX, estão desabando.[27] Em sua relação com as ciências sociais essa situação foi abordada em um estudo interdisciplinar realizado no início dos anos 1990. O relatório sobre essa iniciativa tem muito a nos dizer sobre como os estudos de design podem ser organizados dentro do contexto da universidade. Os autores do relatório, intitulado *Open the Social Sciences: Report of the Gulbenkian Commission on the Restructuring of the Social Sciences*, observam:

> **Estamos em um momento em que se rompeu a estrutura disciplinar existente. Chegamos a um ponto em que ela foi questionada e que estruturas opcionais estão tentando encontrar seu espaço.[28]**

O relatório faz quatro recomendações que apoiam o tipo de organização acadêmica que funcionaria para os estudos em design. Os autores insistem nas seguintes mudanças na estrutura da pesquisa doutoral e pós-doutoral: expansão de instituições que possam reunir estudiosos por pequenos períodos para explorar temas específicos; estabelecimento de programas de pesquisas integradas dentro das universidades que atravessem as fronteiras tradicionais e contem com financiamento por períodos limitados de tempo; designação de professores de mais de um departamento e a mesma recomendação para estudantes de pós-graduação. Com relação a esses últimos, os autores perguntam

> **Por que não tornar obrigatório que os alunos que procuram um doutorado em uma dada disciplina façam um certo número de cursos ou realizem uma certa quantidade de pesquisas que sejam definidas como dentro da esfera de um segundo departamento? Isso também resultaria em uma variedade incrível de combinações. Administrada de um modo liberal mas sério, transformaria o presente e o futuro.[29]**

Conforme afirmei, a pesquisa em design precisa muito de um lugar onde os pesquisadores que estão desenvolvendo suas diferentes linhas possam interagir. Isso é crucial para que se possam oferecer sensatos programas acadêmicos em níveis avançados. O relatório da Comissão Gulbenkian fornece um ótimo precedente para se pensar como constituir uma nova e produtiva comunidade de estudos em design na academia. Ele sugere ainda que tal comunidade deve operar também do lado de fora da sala de aula.

Podemos considerar uma associação futura entre pesquisadores do design que seja capaz de abarcar as diversas comunidades especializadas em pesquisa em design. Esse é o modelo que atualmente existe em disciplinas bem estabelecidas, como a sociologia, a literatura ou a história da arte. Nos Estados Unidos, por exemplo, a College Art Association abarca várias associações filiadas que mantêm seus próprios encontros durante a conferência anual maior, embora os membros da sociedade participem também nas sessões gerais dos congressos. A College Art Association, como acontece com associações semelhantes de sociólogos, antropólogos ou literatos, é um lugar onde novas questões são apresentadas e debatidas.

No campo do design, a Design Research Society, criada em 1967 e sediada na Grã-Bretanha, provavelmente abrange a classe mais ampla de estudiosos e profissionais interessados na pesquisa em design. A agremiação possui uma rede internacional em mais de 35 países, composta por pesquisadores com formações diversas que vão do design e da arte até a engenharia, psicologia e ciência da computação. Segundo as publicações de divulgação da entidade, suas metas incluem: incentivar a comunicação entre todas as disciplinas do design, apoiar a melhoria do desempenho do design e contribuir para um corpo coerente de pesquisa e conhecimento em design.

A entidade está agora envidando esforços para ampliar sua esfera de interesses. Isso era evidente na publicação de divulgação de seu congresso em setembro de 2002, "Common Ground" ["Terreno comum"], que procurava atrair pesquisadores que trabalhavam em uma gama completa de campos, desde a história do design e o eco-design até a gestão de design e a inteligência artificial.

O design é importante demais para continuar a ser um objeto de estudo tão fragmentado quanto atualmente o é. Não estou propondo o tipo de ordem estrutural que os teóricos dos *design methods* como Bruce Archer imaginavam como um modo de conter a pesquisa em design; o que desejo é ver uma iniciativa pluralista que possa crescer e desenvolver-se por meio de discussão e debate. Tal iniciativa necessita de diferentes posições e pontos de vista. Mas falo aqui de um pluralismo que prospera antes no envolvimento do que no isolamento. Graças a tal engajamento, a pesquisa em design intensificará a dimensão de consciência e reflexão que são centrais a toda atividade produtiva de design. Dessa maneira, pode contribuir para a formação de profissionais mais conscientes e destacar, ao mesmo tempo, o design como um componente de cultura cujo estudo concerne a todos.

Notas

1 Entre os grupos envolvidos na organização de encontros abrangentes de pesquisa em design nos últimos anos encontram-se a Academia Europeia de Design, a Sociedade Japonesa para a Ciência do Design, a Sociedade Coreana de Ciência do Design, a Associação de Ensino de Design do Brasil e a Design Research Society. Em maio de 2000, um congresso internacional de pesquisa em design, intitulado "Design plus Research", foi realizado no Politecnico di Milano. Organizado pelo programa de doutoramento em design industrial do Politecnico, o congresso levantou questões sobre vários pontos relativos a problemas e desafios da construção de uma comunidade de pesquisa em design. Ver Silvia Pizzocaro, Amilton Arruda e Dijon de Moraes (eds.), *Design plus Research: Proceedings of the Politecnico di Milano Conference, May 18-20, 2000*, Milão: Politecnico di Milano/Ph.D. Program in Industrial Design, 2000. A iniciativa mais recente foi empreendida pela Design Research Society, que está planejando um importante congresso internacional para 2002 com o título "Common Ground". A intenção dos organizadores é reconhecer a nova maturidade da emergente comunidade interdisciplinar de pesquisa em design.

2 O número especial de *Design Issues* sobre pesquisa em design, editado por Alain Findeli, inclui várias posições sobre o tema, embora ainda dentro de uma amplitude limitada comparada com o que é possível. Ver *Design Issues* 15, nº 2 (verão de 1999).

3 Estou ampliando minha proposta anterior para "estudos em design" como "uma prática interpretativa, firmemente enraizada nas técnicas das humanidades e das ciências sociais". Essa foi a definição que propus em uma versão anterior deste ensaio, "The Multiple Tasks of Design Research", em *No Guru No Method: Discussion on Art and Design Research*, Pia Strandman (ed.), Helsinki: University of Art and Design Helsinki, 1998, p. 47. É provável que o termo seja contestado, pois já se encontra em uso por grupos com concepções divergentes de seu significado.

4 Goeffrey Broadbent, "The Morality of Designing", em Robin Jacques e James A. Powell (eds.), *Design: Science: Method: Proceedings of the 1980 Design Research Society Conference*, Guildford: Westbury House, 1981, p. 309.

5 Geoffrey Broadbent, "Design Methods — 13 Years After — A Review", em Jacques e Powell, *Design: Science: Method*, p. 3.

6 Christopher Alexander, citado em C. Thomas Mitchell, *Redefining Designing: From Form to Experience*, Nova York: Van Nostrand Reinhold, 1993, p. 51.

7 John Chris Jones, "Opus One, Number Two", em Jones, *Designing Designing*, Londres: Architecture, Design and Technology Press, 1991, pp. 158-159.

8 Os dez temas de Archer estão descritos no ensaio "A View of the Nature of Design Research," em Jacques and Powell, *Design: Science: Method*, p. 33.

9 Ver Nigel Cross (ed.), *Design Participation: Proceedings of the Design Research Society's Conference*, Manchester, setembro de 1971, Londres: Academy Editions, 1972.

10 S. A. Gregory, "Design Science", em S. A. Gregory (ed.), *The Design Process*, Nova York: Plenum Press e Londres: Butterworths, 1966, p. 323.

11 Bruce Archer, citado em Bill Hollins e Stuart Pugh, *Successful Product Design*, Londres: Butterworths, 1990, p. 10. Hollins e Pugh utilizam a declaração de Archer em apoio à sua proposição de que pouca pesquisa de peso foi realizada na área da gestão de design.

12 Ibid., p. xxvi. Nos anos após Jones publicar suas edições originais e revistas de *Design Methods*, sua proposta de que o design vá além do estreito foco em produtos para considerar uma situação mais ampla tem nitidamente se inserido na corrente dominante da prática do design.

13 Ibid.

14 Herbert A. Simon, "The Science of Design", em Simon, *The Sciences of the Artificial*, 3ª ed., Cambridge e Londres: MIT Press, 1996, p. 114.

15 Ibid., p. 135.

16 Ver, por exemplo, James G. Bralla, *Design for Excellence*, Nova York: McGraw-Hill, 1996; John Fox, *Quality through Design: The Key to Successful Product Delivery*, Londres: McGraw-Hill, 1993; Bill Hollins and Stuart Pugh, *Successful Product Design: What to Do and When*, Londres: Butterworths, 1990; e M. Helander e M. Nagamachi, *Design for Manufacturability: A Systems Approach to Concurrent Engineering and Ergonomics*, Londres: Taylor & Francis, 1992.

17 Fox, *Quality through Design*, p. ix.

18 Fox salienta a enorme superposição entre os papéis do designer e do engenheiro nesse processo. Ele nota que esses papéis não são fixos. O papel de cada um na equipe de design, diz, é fluido e "depende da inclinação específica e escolha do indivíduo".

19 James G. Bralla, *Design for Excellence*, pp. 18-19.

20 Para uma boa introdução a esse campo, ver Gary T. Moore, D. Paul Tuttle e Sandra C. Howell (eds.), *Environmental Design Research Directions*, Nova York: Praeger, 1985. Embora a pesquisa de seus membros se dê principalmente no campo da arquitetura, a Environmental Planning Association lista todas as formas de design como estando dentro de sua esfera de atuação.

21 Donald A. Norman, *The Invisible Computer: Why Good Products Can Fail, the Personal Computer Is So Complex, and Information Appliances Are the Solution*, Cambridge e Londres: MIT Press, 1998, pp. 189-191.

22 Em uma conferência intitulada "Descobrindo o design", que Richard Buchanan e eu organizamos na Universidade de Illinois em Chicago, em novembro de 1990, um pequeno grupo de pesquisadores e profissionais se reuniu para discutir os sentidos em que o design pode ser estudado. Os participantes, entre historiadores, sociólogos, psicólogos, cientistas políticos, teóricos dos estudos culturais, filósofos, designers e especialistas em marketing, exploraram temas comuns, em lugar de defender fronteiras disciplinares. Uma seleção dos trabalhos da conferência foi publicada em Richard Buchanan e Victor Margolin (eds.), *Discovering Design: Explorations in Design Studies*, Chicago: University of Chicago Press, 1995. A conferência "Discovering Design" nasceu de diversos encontros anteriores em Chicago organizados por Marco Diani e eu e patrocinados pelo Center for Interdisciplinary Research in the Arts (CIRA) na Northwestern University. O primeiro encontro, realizado em fevereiro de 1988, era intitulado "Design, Technology, and the Future of Postindustrial Society". O segundo, "Design at the Crossroads", ocorreu em janeiro de 1989. Ambos os eventos incluíram participantes de diversas disciplinas e práticas. Os anais do segundo encontro foram publicados com o título de *Design at the Crossroads*, Evanston: CIRA Monograph Series, 1989. Foi publicada uma tradução francesa em um periódico de design na Universidade de Montreal, *Informel* 3, nº 1 (inverno de 1989).

23 R. Stephen Warner, "Sociological Theory and History of Sociology: Autonomy and Interdependence", *Sociological Theory: A Semi-Annual Journal of the American Sociological Association* 3, nº 1 (primavera de 1985): 22.

24 Ver, por exemplo, o número especial "A Critical Condition: Design and Its Criticism", editado por Nigel Whiteley, *Design Issues* 13, nº 2 (verão de 1997).

25 O número de livros e artigos que podem ser listados aqui é imenso. É preciso notar, porém, que ao contrário da situação na arquitetura, não houve reflexão sobre a história do design, algo que é urgentemente necessário. Para uma listagem de fontes, ver meu ensaio bibliográfico, "Postwar Design Literature: A Preliminary Mapping", em Victor Margolin (ed.), *Design Discourse: History, Theory, Criticism*, Chicago: University of Chicago Press, 1989, pp. 265-288.

26 Uma tentativa de criar um marco de pesquisa acadêmico foi feita por Christopher Frayling, reitor do Royal College of Art (RCA) em 1993. Frayling distinguiu três modelos de pesquisa em design, que derivou do historiador e crítico de arte Herbert Read — pesquisa sobre a arte e o design, pesquisa pela arte e pelo design e pesquisa para a arte e o design. A pesquisa sobre a arte e o design inclui o tradicional triunvirato história, teoria e crítica, mas também incorpora pesquisa estética ou perceptiva e pesquisa das perspectivas técnica, material e estrutural em arte e design. A pesquisa pela arte e pelo design está centrada no projeto de ateliê e diz respeito ao que é também conhecido no Reino Unido como pesquisa conduzida pela prática. Como exemplos Frayling cita a pesquisa sobre o comportamento dos materiais, adequando uma peça de tecnologia para executar novas tarefas ou documentando uma experiência prática de ateliê. Nesse tipo de pesquisa, a documentação do que é realizado é um componente essencial. Segundo Frayling, a terceira categoria, a pesquisa para a arte e o design, é a mais difícil de caracterizar. É uma área em que o transmissor principal da realização da pesquisa é um objeto de arte ou design ou um conjunto desses objetos. No Royal College of Art, diz, a pesquisa para o design não é no momento uma opção, embora doutorados honorários sejam concedidos como honrarias a indivíduos por conjuntos destacados de trabalhos expostos ou publicados. Ver Christopher Frayling, "Research in Art and Design", *Royal College of Art Research Papers* 1, nº 1 (1993-1994). Sobre o desenvolvimento de métodos pedagógicos para graus de pesquisa avançada no RCA, ver Alex Seago, "Research Methods for MPhil & Ph.D. Students in Art and Design: Contrasts and Conflicts", *Royal College of Art Research Papers* 1, nº 3 (1994-1995).

27 Os estudos em design podem ser comparados a outros modos de organizar pesquisas que envolvem múltiplas disciplinas como estudos de área (isto é, eslavos ou latino-americanos), étnicos (sobre os negros ou hispânicos americanos) ou de períodos (medievais ou renascentistas). Programas ou centros de pesquisa multidisciplinar foram criados nos últimos 30 anos porque os interesses de pesquisa de muitos estudiosos ultrapassaram as fronteiras disciplinares. Tais programas ou centros também possibilitaram que pesquisadores de diferentes disciplinas se comunicassem com mais facilidade e muitas vezes realizassem pesquisas adicionais com base em preocupações comuns. Além dos programas e centros, conferências e publicações também possibilitaram que estudiosos compartilhassem ideias e publicassem suas pesquisas superando fronteiras disciplinares.

28 *Open the Social Sciences: Report of the Gulbenkian Commission on the Restructuring of the Social Sciences*, Stanford: Stanford University Press, 1996, p. 103. A comissão, que era presidida por Immanuel Wallerstein, contou com Calestous Juma, Evelyn Fox Keller, Jürgen Kocka, Dominique Lecourt, V. Y. Mudimbe, Kinhide Mushakoji, Ilya Prigogine, Peter J. Taylor e Michel-Rolph Trouillot.

29 Ibid., p. 105.

FONTES

Os capítulos deste livro, ou partes nele contidas, foram apresentados ou publicados da seguinte forma:

1: DESIGN

"Pensando o design no fim do milênio" ["Thinking about Design at the End of the Millennium"] foi publicado originalmente com o mesmo título como resenha de uma conferência em *Design Studies* 13, nº 4 (outubro de 1992): 343-354. Reproduzido com permissão da Elsevier Science.

"O design na encruzilhada" ["Design at the Crossroads"] foi apresentado inicialmente como palestra com o mesmo título para a Industrial Designers Society of America, seção de Chicago, em novembro de 1989 e posteriormente apresentado como "Design at the Crossroads Revisited" na Conferência sobre Renovação Tecnológica em Design, em Curitiba, Brasil, em junho de 1992. Foi publicado com o título original em *Revue Sciences et Techniques de la Conception* [Paris] 1, nº 2 (1992): 153-160.

"A experiência com produtos" ["The Experience of Products"] é uma combinação de dois trabalhos. O primeiro foi apresentado com o título "Products and Experience" na conferência "Design — Pleasure or Responsibility?", na Universidade de Arte e Design, em Helsinki, Finlândia, em junho de 1994, e foi publicado com o mesmo título no volume dos trabalhos da conferência por Päivi Tahkokallio e Susann Vihma (eds.), *Design — Pleasure or Responsibility?*, Helsinki: University of Art and Design, 1995, pp. 54-65. O segundo trabalho foi apresentado com o título "Experience, Use, and the Design of Products" na conferência "Revision of Use", em Bonn, Alemanha, em outubro de 1994, e foi publicado como "Getting to Know the User" em *Design Studies* 18, nº 3 (julho de 1997): 227-236. Reproduzido com permissão da Elsevier Science.

"Ken Isaacs: designer de matrizes" ["Ken Isaacs: Matrix Designer"] começou como palestra com o mesmo título na Graham Foundation for Advanced Studies in the Fine Arts, Chicago, 29 de novembro de 1995. Foi apresentado novamente no Museu Nacional Cooper-Hewitt de Design em Nova York em outubro de 1996. O ensaio é publicado aqui pela primeira vez de forma bastante modificada.

"Expansão ou sustentabilidade: dois modelos de desenvolvimento" ["Expansion or Sustainability: Two Models of Development"] foi escrito inicialmente como "Design and the World Situation" para a International Conference on Product Design, em Londres, Inglaterra, em 7 de julho de 1995. Foi novamente apresentado na Industrial Designers Society of America, seção de Boston, em 21 de fevereiro de 1996, e depois em espanhol no Fifth International Design Symposium, na Universidade de Nuevo Leon, Monterrey, México, em 4 de março de 1996. O trabalho foi publicado como "Global Equilibrium or Global Expansion: Design and the World Situation", *Design Issues* 12, n° 2 (verão de 1996): 22-32. © 1996 by the Massachusetts Institute of Technology. Uma versão resumida em espanhol foi publicada em *tipoGráfica* 10, n° 29 (1996): 10-15; uma versão resumida em italiano em *Stileindustria* 1, n° 4 (dezembro de 1995): 12-19; e uma versão similar em alemão em *form* 157, n° 1 (1997). A versão mais longa foi republicada como "Design and the World Situation" em Tevfik Balcioglu (ed.), *The Role of Product Design in Post-Industrial Society*, Ankara: Metu Faculty of Architecture Press/Kent Institute of Art & Design, 1998, pp. 15-34.

"Design para um mundo sustentável" ["Design for a Sustainable World"] foi apresentado com o mesmo título no Internationales Forum für Gestaltung, "Globalisierung und Regionalisierung," em Ulm, Alemanha, em setembro de 1997, e depois no quinto Encuentro de Diseño Industrial, em Havana, Cuba, em junho de 1998. Foi publicado com o mesmo título em *Design Issues* 14, n° 2 (verão de 1998): 83-92. © 1998 by Victor Margolin. Uma tradução em alemão foi publicada nos anais do IFG, *Globalisierung/Regionalisierung*, *kritisches Potential zwischen zwei Pólen*, Frankfurt am Main: Anabas, 1998, pp. 190-99; uma tradução em português em *Arcos* [Rio de Janeiro] 1, n° 1 (outubro de 1998): 40-49 e uma versão espanhola em *tipoGráfica* n° 38 (1998): 37-40.

"A política do artificial" ["The Politics of the Artificial"] foi apresentado com o mesmo título na série de palestras "Technology, Society, and Representation" no California College of Arts and Crafts, San Francisco, em abril de 1991, e posteriormente no Museu Nacional de Design Cooper-Hewitt; na Universidade do Estado do Ohio; e na Universidade do Texas em Austin. "The Politics of the Artificial" foi publicado em *Leonardo* 28, n° 5 (1995): 349-356. © 1995 by The International Society for the Arts, Sciences and Technology (Sast). Foi reproduzido em Richard Roth e Susan King Roth (eds.), *Beauty Is Nowhere: Ethical Issues in Art and Design*, Amsterdã: G+B Arts International, 1998, pp. 171-188. Uma tradução para o português foi publicada em Estudos em *Design* [Rio de Janeiro] 5, n° 1 (agosto de 1997), 69-88.

2: PESQUISAS EM DESIGN

"História do design nos Estados Unidos, 1977-2000" ["Design History in the United States, 1977-2000"], que foi consideravelmente ampliado neste livro para trazer a narrativa ao tempo presente, foi originalmente apresentado como "A Decade of Design History in the United States, 1977-1987" na conferência do décimo aniversário da Design History Society, em Brighton, Inglaterra, em setembro de 1987. Foi publicado sob o mesmo título no *Journal of Design History* 1, n° 1 (1988): 51-72. Publicado com permissão da Oxford University Press.

"Problemas narrativos da história do design gráfico" ["Narrative Problems of Graphic Design History"] foi publicado inicialmente como ensaio com o mesmo título em *Visible Language* 28, n° 3 (outono de 1994): 233-243.

"O estojo de maravilhas de Micky Wolfson" ["Micky Wolfson's Cabinet of Wonders"] foi publicado como resenha com o título "Micky Wolfson's Cabinet of Wonders: From Private Passion to Public Purpose" em *Design Issues* 13, n° 1 (primavera de 1997): 67-81. © 1997 by the Massachusetts Institute of Technology.

"História do design e estudos em design" ["Design History and Design Studies"] foi apresentado numa conferência sobre história e historiografia do design no Politecnico di Milano, Milão, Itália, em abril de 1991. Foi depois publicado como "Design History or Design Studies: Problems and Methods" em *Design Studies* 13, n° 2 (abril de 1992): 104-116. Reproduzido com permissão da Elsevier Science. O ensaio foi reproduzido em Arttu [Helsinki] 5 (1992) e em *Design Issues* 11, n° 1 (primavera de 1995): 4-15. Uma versão italiana foi incluída nos anais da conferência do Politecnico, Vanni Pasca e Francesco Trabucco (eds.), *Design: Storia e Storiografia*, Bologna: Progetto Leonardo, 1995, pp. 51-74.

"Os dois Herberts" ["The Two Herberts"] foi apresentado sob o título "History, Theory, and Criticism in Doctoral Design Education", na Conference on Doctoral Education in Design, na Universidade do Estado de Ohio, em outubro de 1998. Foi publicado com o mesmo título em Richard Buchanan, Dennis Doordan, Lorraine Justice e Victor Margolin (eds.), *Doctoral Education in Design: Proceedings of the Ohio Conference, 8-11 de outubro de 1998*, Pittsburgh: School of Design, Carnegie Mellon University, 1999, e depois republicado em *form/work* [Sydney, Austrália] 4 (março de 2000): 9-18.

"As múltiplas tarefas da pesquisa em design" ["The Multiple Tasks of Design Studies"] combina dois trabalhos. O primeiro foi apresentado como "Design Research and Design Studies: Why We Need Both" na conferência "No Guru, No Method?" sobre pesquisa em design na Universidade de Arte e Design, Helsinki, em setembro de 1996. Uma versão um pouco diferente foi apresentada como "The Multiple Tasks of Design Research" na Terceira Conferência Brasileira sobre Pesquisa e Desenvolvimento em Design, em outubro de 1998, no Rio de Janeiro. O trabalho original foi publicado como "The Multiple Tasks of Design Research" em Pia Strandman (ed.), *No Guru No Method? Discussion on Art and Design Research*, Helsinki: University of Art and Design, 1998, pp. 43-47. O segundo trabalho, "Design Studies: Proposal for a New Doctorate", foi apresentado inicialmente na conferência "How We Learn What We Learn" em Nova York e publicado com o mesmo título em Steven Heller (ed.), *The Education of a Graphic Designer*, Nova York: Allworth Press, 1998, pp. 163-170.

CRÉDITOS DAS ILUSTRAÇÕES

Eduardo Terrazas. Foto de Laurie McGavin Bachman. Cortesia do Museu Nacional de Design Cooper-Hewitt.

Centro da Cidade do México, 1999. Foto do autor.

Bairro Silverlake, Sunset Boulevard, Los Angeles, 1996. Foto do autor.

Tóquio. Cortesia do autor.

Sinalização de direção, Aeroporto Internacional de O'Hare, Chicago, Illinois. Foto do autor.

Sinalização de direção, Aeroporto de Sydney. Foto do autor.

Caixa automático, Chicago, Illinois. Foto do autor.

Manequim vestindo patins motorizados projetados por Antoni Pirello, c. 1948. Henry Ford Museum, Dearborn, Michigan. Foto do autor.

Showroom, AS Tiram Produkter, Karasjok, Noruega, 1994. Foto do autor.

Ludwig Mies van der Rohe, cadeira Brno projetada para a residência de Tugendhat, Brno, República Tcheca, 1932. Cortesia do autor.

Pratos tchecos que pertenceram originalmente à avó do autor. Foto do autor.

Cadillac dos anos 1950 ainda rodando pelas ruas de Havana, Cuba, 1998. Foto do autor.

Marit Kemi Solumsmoen em seu ateliê/loja, Karasjok, Noruega, 1994. Foto do autor.

Ken Isaacs e modelo com a Estrutura Viva original, 1954. Cortesia de Ken Isaacs.

Desenho de uma das primeiras estruturas vivas. Cortesia de Ken Isaacs.

Desenho de matriz. Cortesia de Ken Isaacs.

Caixa de conhecimento, c. 1962. Cortesia de Ken Isaacs.

Versão posterior da Estrutura Viva. Cortesia de Ken Isaacs.

Casa Caixa de Sapato. Cortesia de Ken Isaacs.

Folheto de microdormitório, 1967. Cortesia de Ken Isaacs.

Estrutura de praia. Cortesia de Ken Isaacs.

Ken Isaacs sentado em sua Supercadeira. Cortesia de Ken Isaacs.

Microcasa. Cortesia de Ken Isaacs.

Desenho de grande Microcasa. Cortesia de Ken Isaacs.

Microcasa contemporânea construída por alunos de arquitetura da Universidade de Illinois em Chicago, c. 1998. Foto do autor.

Vendedor de café em Jerusalém oriental. Foto do autor.

Relógios Swatch em uma vitrina, Via Manzoni, Milão, 1994. Foto do autor.

Pequeno carro em Amsterdã, 1999. Foto do autor.

Poste telefônico com o nome do cruzamento de ruas em braile, Curitiba, Brasil, 1992. Foto do autor.

Lampiões a querosene vernaculares, Rio de Janeiro, 1992. Foto do autor.

Evelyn Grumach, logotipo para a Cúpula da Terra Rio-92. Reproduzido com permissão do autor.

Veículo de transporte em bicicleta, Amsterdã, 1999. Foto do autor.

Plataforma de ônibus, Curitiba, Brasil, 1992. Foto do autor.

Conchas de plástico, Curitiba, Brasil, 1992. Foto do autor.

Carroça de madeira para coleta de material reciclável, Curitiba, Brasil, 1992. Foto do autor.

Bancas de mercado, Curitiba, Brasil, 1992. Foto do autor.

Caixas de reciclagem, Bonn, Alemanha, 1994. Foto do autor.

Amolador de facas em uma praça pública, Florianópolis, Brasil, 1992. Foto do autor.

Capacete de fibra ótica projetado pela CAE Electronics Ltd. Cortesia do autor.

Capa do catálogo da Universidade de Cincinnati, s/d. Cortesia do autor.

Boletim do Fórum de História do Design, 1984. Cortesia do autor.

Anais do Primeiro Simpósio sobre a História do Design Gráfico, 1984.

Cartaz para o primeiro simpósio "Modernismo e ecletismo", 1987. Cortesia do autor.

Design since 1945, exposição no Museu de Arte da Filadélfia, 1983. Cortesia do Museu de Arte da Filadélfia.

High Styles: Twentieth-Century American Design, exposição no Whitney Museum of American Art, 1985. Cortesia do Whitney Museum of American Art.

The Machine Age in America, exposição no Brooklyn Museum, 1986. Cortesia do Brooklyn Museum.

The Automobile in American Life, exposição no Henry Ford Museum, Dearborn, Michigan, 1987. Foto do autor.

Scandinavian Modern Design, 1880-1980, exposição no Cooper-Hewitt, National Design Museum, 1982. Cortesia do Cooper-Hewitt, National Design Museum.

David Tartakover, "Who Will Utter the Mighty Acts of Israel?" Cartaz, setembro de 1982.
Cortesia de David Tartakover.

Filippo Tommaso Marinetti, *Parole in Libertà*, 1919.
Cortesia do autor.

Shepard Fairey, estêncil de Andy Kaufmann em um muro no distrito de empacotamento de carne de Nova York, 1999. Foto do autor.

Ateliê de Oswald Cooper, Chicago, c. 1922. Cooper está na prancheta de desenho ao fundo da sala.
Cortesia do autor.

Robert Hunter Middleton, anúncio de fontes de letras da Chicago 27 Designers, c. 1942.
Special Collections Department, Richard J. Daley Library, Universidade de Illinois em Chicago.

Cartazes de teatro, Amsterdã, 1999. Foto do autor.

Saguão do The Wolfsonian-Florida International University, Miami Beach. Sculpture, The Wrestler, 1929. Dudley Vaill Talcott (American, 1899-1986). Feita pela Sculpture House, Nova York, molde de alumínio, 2m x 1,17m x 76,8cm [80" x 47" x 30 3/4"]. Foto do autor.

The Wolfsonian, originalmente Washington Storage Company (1927, Robertson & Patterson, arquitetos; anexo 1936, Robert M. Little, arquiteto; renovação 1992, Mark Hampton, arquiteto, e William S. Kearns, sócio; E. W. Charles Construction Company, empreiteiro). The Wolfsonian-Florida International University, Miami Beach, Flórida. Foto de Richard Sexton.

Soane Museum, Londres. Foto do autor.

Cadeira de jantar com braços, 1915-1916. Projetada por Michel de Klerk (holandês, 1884-1923). Encomenda de F. J. Zeegers para 't Woonhuys (A Residência), Amsterdã. Fabricada e vendida por 't Woonhuys, Amsterdã, c. 1917. Mogno, mohair [pelo de cabra angorá], estofamento em veludo, tiras de couro, bronze, 1,11m x 66,6cm x 55cm [44 1/2" x 26 5/8" x 22"]. Foto de Bruce White. The Mitchell Wolfson Jr. Collection, The Wolfsonian-Florida International University, Miami Beach, Flórida.

Capa de cartela de fósforos, The 20th Century Limited, c. 1940. Publicada pelo New York Central System, Nova York, 9,3cm x 3,7cm [3 3/4" x 1 1/2"]. Foto de Bruce White. The Mitchell Wolfson Jr. Collection, The Wolfsonian-Florida International University, Miami Beach, Flórida.

Cadeira da sede da Montecatini, Milão, 1938. Projetada por Gio Ponti (italiano, 1891-1979). Fabricada por Kardex Italiano, Itália. Alumínio, aço pintado, couro artificial almofadado. 76,7 cm x 47 cm x 47 cm [30 1/4" x 18 1/2" x 18 1/2"]. Foto de Bruce White. The Mitchell Wolfson Jr. Collection, The Wolfsonian-Florida International University, Miami Beach, Flórida.

Luminária de parede, Fascio, c. 1940. Itália. Prata galvanizada sobre cobre, vidro. 75 cm x 32 cm x 8,9 cm [29 1/2" x 12 5/8" x 3 1/2"]. The Mitchell Wolfson Jr. Collection, The Wolfsonian-Florida International University, Miami Beach, Florida.

Miniaturas, c. 1937. Projetadas por Richard Förster (alemão, data desconhecida). Fabricadas por Porzellan Manufaktur Allach, Allach and Dachau (Baviera), Alemanha. Porcelana vitrificada. 30,5 cm [12"] de altura, a mais alta. Foto de Bruce White. The Mitchell Wolfson Jr. Collection, The Wolfsonian-Florida International University, Miami Beach, Flórida.

Walter Gropius e Adolph Meyer, fábrica modelo, exposição Werkbund, Colônia, 1914. Cortesia do autor.

Cadillac dos anos 1950, Los Angeles, Califórnia, 1992. Foto do autor.

Ateliê de bordado, Royal School of Art Needlework, c. 1905. Cortesia do autor.

R. Buckminster Fuller com um modelo de sua casa Dymaxion, c. 1927. Cortesia do autor.

Vladimir Tatlin e seus assistentes construindo o Monumento à Terceira Internacional, Moscou, 1920. Cortesia do autor.

Dante Gabriel Rossetti, poltrona Sussex vendida por Morris, Marshall, Faulkner & Co, c. 1865.

Modelo reduzido do Monumento à Terceira Internacional de Tatlin em desfile pelas ruas de Leningrado, 1926. Cortesia do autor.

Herman Miller, Escritório de Ação, 1964.
Cortesia de Herman Miller Inc.

Muro pintado em Monterrey, México, 1996. Foto do autor.

ÍNDICE ONOMÁSTICO

As referências a figuras estão indicadas por f.

H

Hahn, Gerda, 136n7
Hammer, Victor, 245
Hanks, David, 223n33, 233n167, 235n182
Haraway, Donna, 142, 143, 150, 154
Harris, Neil, 235n182
Harrison, Charles, 208
Hawken, Paul, 120
Hawley, Christine, 27, 30
Hayden, Dolores, 184
Hefting, Paul, 239
Heidegger, Martin, 144
Hejduk, John, 27, 28-9, 34, 37
Helfand, Jessica, 176, 233n37
Heller, Steven, 176-7, 178, 223n35, 223n37, 249n11
Henderson, Kathryn, 172
Henthorn, Cynthia, 186
Herbert, Robert, 184
Heskett, John, 182, 189, 257, 266-9, 278
Hiesinger, Kathryn, 210
Hine, Thomas, 177
Hirsh, Susan, 204
Hitler, Adolf, 261, 267-8
Hodgetts, Craig, 96
Hodik, Barbara J., 175, 178
Hoffmann, Josef, 225n56
Hofmann, Armin, 179
Hohlwein, Ludwig, 245, 269
Hollander, Michael, 96
Hollins, Bill, 318n11
Hollis, Richard, 238, 241, 243-6, 248n9, 249n18, 250n24, 251n30
Holloway, Dennis, 96
Horn, Richard, 225n55
Houze, Rebecca, 185, 220n2
Hughes, Thomas P., 230n122
Hurtig, Martin, 19n2
Hutchcroft, Joe, 174
Hutcheon, Linda, 248n4

I

Iliprandi, Giancarlo, 239
Illich, Ivan, 83, 92, 113
Isaacs, Ken, 14, 81-103, 82f
Isenstadt, Sandy, 219
Isherwood, Baron, 285

J

Jacobs, Karrie, 25-6, 37, 224n40, 249n40
Jacobsen, Arne, 215
Jencks, Charles, 103n10
Jobling, Paul, 238, 248n9, 250n22, 251n30
Johnston, Edward, 246
Jollant, Françoise, 220n1
Jonas, Wolfgang, 136n9
Jones, John Chris, 106, 125, 141, 304, 318n12
Jones, Richmond, 208
Juma, Calestous, 320n28

K

Kaliski, John, 31
Kalman, Tibor, 25-6, 37, 178, 179, 187, 224n40, 249n20
Kane, Patricia, 194
Kant, Immanuel, 222
Kaplan, Wendy, 212, 256-7, 260, 268, 270
Kash, Don, 49
Kates, Robert, 286
Katz, Barry, 203-4
Kaufman, Andy, 242f
Keller, Evelyn Fox, 230n28
Kelly, Rob Roy, 177
Kempton, Willard, 79n31
Kettering, Karen, 186
Kimmelman, Michael, 225n55
King, Alexander, 110, 115-6
Kingery, W. David, 198
Kinross, Robin, 251n28
Kirkham, Pat, 173-4, 189, 222n26
Klerk, Michel de, 262, 262f, 270n13
Knoll, Florence Schust, 85, 211, 215
Knowles, Janette, 186
Kocka, Jürgen, 320n28
Koetter, Fred, 30
Krell, David, 28, 29, 37
Krimpen, Jan van, 245
Kuhlman, Roy, 177
Kuhn, Thomas, 281
Küng, Hans, 116
Kutter, Marcus, 248n9

Miller, Herman, 87, 302f
Miller, J. Abbott, 40, 177, 180, 214, 224n40, 233n155, 249n20
Miller, Michael, 205
Miller, Tom, 208
Miller, Wallis, 185
Mills, Mike, 233n156
Minick, Scott, 239
Mirsky, Lawrence, 233n157
Moentmann, Elise, 185
Moholy-Nagy, László, 19n2, 83, 105, 168
Moholy-Nagy, Sybil, 83
Mohum, Arwen Palmer, 201
Moles, Abraham, 78n19
Montague, John, 169
Moravec, Hans, 159n32
Morello, Augusto, 54n17
Morgan, Ann, 169
Morison, Stanley, 250n21
Morris, William, 193, 205, 261-2, 274, 298, 313
Moscoso, Victor, 177
Motherwell, Robert, 223n37
Mudimbe, V. Y., 320n28
Müller-Brockman, Josef, 248n9
Mumford, Lewis, 97
Murdoch, John, 288n26
Murgatroyd, Keith, 248n9
Mushakoji, Kinhide, 320n28
Mussolini, Benito, 264
Muthesius, Herman, 77n1, 121, 141

N

Nakamatsu, Yoshiro, 50
Nelson, George, 84-5, 87, 185
Nickles, Shelley, 185
Nietzsche, Friedrich, 144
Nitsche, Eric, 176
Norman, Donald, 13, 37, 38-9, 60, 67-8, 310, 313
Noyce, Robert N., 50
Noyes, Eliot, 225n55

O

Ogata, Amy, 185
Ohmae, Kenichi, 109
Olbrich, Josef, 262
Oldenziel, Ruth, 201
Origoni, Franco, 239
Ouspensky, Peter, 9
Owen, Nancy, 186, 189

P

Packard, Vance, 135n1
Pansera, Anty, 239, 287n4
Pantzar, Mika, 80n33
Papanek, Victor, 121, 123-4, 125-6, 135, 135n1
Passarelli, Leonardo, 239
Patton, Don, 208
Pearce, Susan, 254, 256, 270n2
Peccei, Aurelio, 108
Pekarik, Andrew, 233n164
Pevsner, Nikolaus, 166, 183, 238, 248n5, 274-6, 277, 278-9, 280, 281, 287n9
Philips, Lisa, 211, 233n167
Piacentini, Marcello, 266
Pile, John, 225n55
Pilgrim, Dianne, 24, 206, 212, 214-5, 235n182
Pineles, Cipe, 178, 208, 250n25
Ping, Jiao, 239
Pirello, Antoni, 44f
Plater-Zyberk, Elizabeth, 100
Platus, Alan, 32
Pointon, Marcia, 189
Pollak, Martha, 219
Polledri, Paulo, 235n182
Ponti, Gio, 189, 264, 264f
Porter, Glen, 206
Posener, Julius, 267
Poynor, Rick, 176, 177, 223n37
Presbrey, Frank, 250n21
Prigogine, Ilya, 320n28
Prown, Jonathan, 228n109
Pugh, Stuart, 318n11
Pulos, Arthur, 166, 180-1, 207, 218, 224n51, 225n55
Purvis, Alston W., 239
Putnam, Tim, 172

Este livro foi composto
com as famílias tipográficas
The Sans e *The Serif*,
desenhadas por Lucas de Groot
A impressão se deu sobre
papel *off-set 90g/m²* na Markgraph.